自閉症兒童的治療與教育

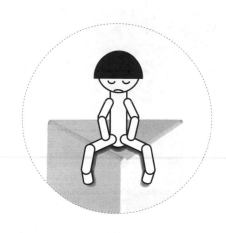

黃金源　　主編

黃金源、賴碧美、謝宛陵
許素真、鄭秀真、李一飛　等著

作者簡介

黃金源 ➡（主編、第一、二、三、四、五、十、十二章）

> 學歷　國立台灣師範大學教育碩士
> 美國俄勒岡大學特殊教育研究所研究
> 美國北科羅拉多大學特殊教育博士

> 經歷　中學教師九年、大學教師二十三年
> 現已經退休，專事寫作

賴碧美 ➡（第六章）

> 學歷　國立台中教育大學國民教育研究所特殊教育碩士

> 經歷　私立惠明學校教師

> 現職　台中縣三和國小特殊班教師

謝宛陵 ➡（第七章、附錄三）

> 學歷　國立台中教育大學國民教育研究所特殊教育碩士

> 經歷　台北縣板橋國中在家教育巡迴教師
> 台北市興雅國中資源班教師
> 台中縣大雅國中資源班教師

> 現職　台北縣新埔國中資源班教師

許素真 ➡（第八、十一、十二章）

| 學歷 | 國立台中教育大學特殊教育與輔助科技研究所碩士 |

| 經歷 | 祥記實業股份有限公司企劃專員 |
國際貿易業務人員董事長秘書

| 現任 | 台中縣大明國小資源班教師 |

鄭秀真 ➡（第九章）

| 學歷 | 美國北科羅拉多大學幼教碩士 |

| 經歷 | 國立台中教育大學兼任講師 |
弘光科技大學兼任講師
中洲技術學院兼任講師

| 現職 | 國立和美實驗學校教師 |

李一飛 ➡（附錄一、附錄二）

| 學歷 | 國立台中教育大學國民教育研究所（特殊教育教學碩士班）碩士 |

| 現職 | 台中縣公明國小啟智班教師 |

主編序

　　撰寫這本書的初衷是因為接觸到許多自閉症兒童的父母，看到他們的淚水與聽到他們的哭泣，那種無助的吶喊，激起我感同身受的情懷。希望寫一本對他們實用易懂的書，供父母們參考，協助他們脫離困境。

　　目前特殊教育走入與普通教育融合的教育，所以普通班中也經常出現自閉症兒童。由於普通班老師普遍缺乏教導特殊兒童的知識與經驗，所以學校中經常出現老師和自閉症兒童的父母激烈衝突。更嚴重的情況是：普通班的家長聯合佈局陣線對抗自閉症兒童的父母。如果有一本書能像百寶箱一樣，提供普通班老師們解決各種問題的錦囊妙策，或許可以讓衝突減少至最低的程度。

　　基於這樣的認識，所以本書首先詳細敘述自閉症兒童的主要特徵——認知變異、感覺變異、語言變異以及行為變異，並針對各種變異提出有效的處理的對策。接著介紹目前世界上證實有效、且普遍使用的各種教學法，包括結構化教學法、社會故事教學法、遊戲治療、圖片兌換溝通系統教學法等。

　　顧及所有父母的希望——企盼目前的科學是否已經製造出有效的萬靈丹，可以讓自閉症兒童藥到病除、完全痊癒。筆者也懷抱著秦始皇當初尋找長生不老藥的渴望心情，瀏覽當今的文獻，將搜尋結果詳盡分析，並將分析結果呈現於本書，協助父母少走冤枉路、少花冤枉錢。過去眼見許多父母帶著孩子遠走美加，去注射腸促胰激素（secretin），做聽覺統合治療，這些治療目前還是無法證實其療效。不但花費時間金錢，同時治療無效後，那種落空的心情也是十分難受。也許本書的第二章能給父母一些建設性的建議。

　　其中，本書的第十二章介紹重度障礙兒童（包括重度智障及低功能自閉症兒童）的課程與教學，完整的介紹重度障礙兒童教育的終極指南——社區本位課程。依照筆者的看法，社區本位課程是教育重度障礙兒童唯一的一線曙光。尤其是社區本位課程所設計的教學法——修正與支持技術，更是教導重度障礙兒童的不二法門。筆者考慮到：要求每位教師構想各種重度障礙兒童生存技能的修正與支持的教學設計，根本是完全不可能的任務。所以筆者指導台中教育大學兩個年級的研究生，以團體討論的方式，結合每位學生的智慧與經驗，設計了社區本位課程中最重要的領域——生活自理技巧、居家生活技巧與社區生

活技巧等領域的生存技能的修正與支持的教學設計。讓所有老師有本萬能烹飪手冊,作為教導重度障礙兒童的萬靈丹。

由於筆者目前處於重度殘障狀態,想要獨力完成一本涵蓋自閉症兒童治療與教育所有課題的書籍,確實力有不逮,所以邀請了筆者所指導的研究生,就他們的專長,合力著作這本書,讓本書早日與家長及老師見面。同時也見證特殊教育的終極目的:殘而不廢、障而無礙的精義。

由於本書共同作者的協同努力外,王大延教授的鼓勵、心理出版社副總經理林敬堯先生的全力促成、台中教育大學特教系學生數度協助校稿,讓本書得以順利問世,在此一併致謝。

目錄

註1：附錄一、附錄二、附錄三之內文作者眾多，均為主編指導之台中教育大學研究生，因聯絡不易，未能一一聯繫上，敬請見諒。如有任何疑問，請與李一飛老師及謝宛陵老師聯繫。

註2：黃金源老師另有「自閉症問題行為的輔導」一章提供給需要的老師與家長，意者請洽 sharewy@mail2000.com.tw。

註3：許素真老師之「圖片兌換溝通系統教學法」一章另有完整版，意者請洽 sujen826@gmail.com。

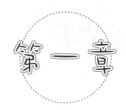

第一章

泛自閉症障礙兒童

美國精神醫學會的《心理疾病診斷統計手冊》第四版（DSM-IV）（American Psychiatric Association, 1994）使用廣泛性發展障礙（pervasive developmental disorder, PDD）一詞，來包含典型自閉症及其他類似自閉症兒童。2000 年的《心理疾病診斷統計手冊》第四版修正版（DSM-IV-TR）（American Psychiatric Association, 2000）仍然以廣泛性發展障礙稱之。然而，目前多數的文章與書籍大都以「泛自閉症障礙」或「自閉症系列障礙」（autistic spectrum disorder, ASD）作為此類兒童的通稱。

泛自閉症障礙通常包括：

1. 典型自閉症：發生於三歲前，含社會互動、溝通、想像性遊戲等三種障礙，並存有定型的行為、興趣及活動。
2. 亞斯伯格症（Asperger syndrome）：社會互動障礙及局限的興趣和活動，無明顯的語言障礙，智商約在中等或中等之上。
3. 雷特氏症（Rett syndrome）。
4. 兒童崩解症（childhood disintegrative disorder）。
5. 廣泛性發展障礙非特定型（pervasive developmental disorder-not otherwise specified）或一般所稱的「非典型自閉症」（atypical autism）。

目前普遍的共識是：泛自閉症障礙兒童有社會互動缺陷、語言障礙、有限的興趣，及欠缺遊戲的行為技能等共同特性。

第一節　典型自閉症

一、行為特徵

　　一般人對「自閉症兒童」一詞，常望文生義的以為是那種把自己封閉起來，不與人交往的兒童。時下年輕人流行的口語：「你又在自閉了！」「喂！你少自閉一點好不好？」充分說明一般人對自閉症兒童的誤解。即使時至今日，仍有許多老師將那些不與人說話、不和人互動的學童稱為自閉症兒童。

　　學術上「嬰幼兒自閉症」（infantile autism）一詞，首度出現於 1943 年美國小兒科醫師 Leo Kanner 所發表的一篇論文中，當時 Kanner 醫師在臨床上發現一群兒童，具有共同的特徵如下（Trevarthen, Titken, Papoudi, & Robarts, 1996）：

　　1. 無法與人建立社會關聯。

　　2. 不能正確地使用語言溝通。

　　3. 過度企求事物的同一性。

　　4. 迷戀於某些東西。

　　5. 良好的認知潛能（筆者註：這可能是指零碎的天賦）。

　　自從 Kanner 將這一群具有同特徵的兒童命名為嬰幼兒自閉症以後，無數的專家開始努力揭開自閉症的神秘面紗。這五十多年來，人們對自閉症已有較深入的了解。但 Kanner 醫師所敘述自閉症的五項特徵中的前四項，一直到 1994 年美國精神醫學學會的《心理疾病診斷統計手冊》第四版，仍然以它為主要鑑定標準。

　　自閉症是終生少有痊癒可能的障礙，現在已經被認為是腦部神經發育障礙。他們的行為特徵略述如下。

(一) 溝通的問題

　　語言發展緩慢或沒有語言，使用的詞彙與通常的意義不同。

(二) 感覺變異造成怪異行為

日常生活中表現出，在視、聽、觸、嗅、味、痛等感覺有某種程度的變異。

1. 前庭覺異常（不敏感）：非常喜歡旋轉，可以旋轉多圈卻不會頭暈，常會拿著書包當作圓心不停的自轉。身體不斷搖晃，會沒有目的的搖晃手、頭或身體其他部位。

2. 壓力覺不敏感：會躺在床上，要求父母壓在他們身上；會用跳動來做自我刺激；他會用牙齒去咬東西，有時是書桌、把手、電視遙控器、沙發等，都有他咬過的痕跡。也喜歡咬指甲。

3. 觸覺防衛：不喜歡別人觸碰，會以手撥開或閃躲；剪指甲覺得很不舒服，指甲留得長長的，不能剪短。害怕別人抱他，一抱他便會全身僵硬。從小到大都不喜歡穿內褲；不刷牙、洗頭髮。

4. 視覺異常：喜歡看旋轉的東西，看到可旋轉的東西會拿起來旋轉。如喜歡觀看玩具車輪轉動，將玩具車子翻轉過來並用手轉動車輪；或是推動玩具車子，觀看玩具車輪轉動；沖馬桶，看水的漩渦等等。

5. 痛覺不敏感：跌倒受傷，他一點反應都沒有，好像根本沒有事發生一樣。

6. 聽覺異常：對某些聲音很敏感，某些聲音則聽而不聞。有時對周圍很大的吵雜聲無反應；卻對高頻率聲音無法忍受，如鐵琴高音、嗚嗚的風吹聲、馬達高速轉動聲；不喜歡突然巨響，例如：選舉造勢、放鞭炮、廟會遊行；無聊時，會跑去沖馬桶，聽水的聲音。

(三) 缺乏想像性遊戲

遊戲分為兩部分：一是與玩具互動部分，二是與人互動部分。

1. 與玩具互動部分

(1)大部分是簡單、重複、操弄性玩法，無法正確的使用玩具，把玩具車顛倒過來玩。無法功能性使用玩具，通常是拿來在地上揮、磨、丟或是拿來敲出聲音，能轉的東西也會拿來轉。玩玩具車時，一定排成一直線以及玩過隧道的遊戲。遊戲簡單少有變化，大部分時間都只玩交通工具，

特別是火車；會把車子倒過來看車輪子的轉動。

(2)功能較高或年紀較大，才會以正確的方法來玩小車子。依照玩具的性質而有適當的玩法。

(3)缺乏想像性的遊戲：不會啟動假裝性的遊戲，例如：把積木當車子、香蕉當電話，很少玩假裝性的遊戲，也不會玩角色扮演的遊戲（如扮家家酒）。

2. 與人互動部分

(1)很少看別人怎麼玩而跟著玩，常常自己一個人玩，不會模仿別人的動作。

(2)不會玩有規則性遊戲（game），高功能自閉症比較有可能玩有規則性的遊戲。

（四）強迫性的行為

固著性，常常抗拒變更生活常規，在學校如果座位被換過，便嚎啕大哭；排列東西，排得很整齊；抽屜開著或沒關好，他一定會關好；堅持東西要放正；睡覺時，要把枕頭上小熊的圖案擺正才肯睡；車子玩完後，一定要放在固定位置；房子外面新擺放桌子，她就會不能接受，氣得大哭；一定要將鞋子的魔鬼氈貼好，整齊地擺放鞋子；在學校吃午餐時，一定先把飯吃完，再吃第一樣道菜，吃完再吃第二道菜；每一餐只挑一種食物吃，煮三道菜只吃一樣，煮五道菜也只吃一樣。畫畫只要有一點小差錯，整張圖就不要了；考聽寫，寫錯一題就哭得很嚴重；玩電腦遊戲，一出現錯誤就立刻關機；玩小魔女的遊戲，同學扮演巫婆的角色，說用魔法把她變成魔鬼，就大哭大叫要變成白雪公主，而且堅持要原來那個同學變的才行。畫圖要跟實際的動物很像，例如老師用交叉的斜線表示烏龜殼紋路，他馬上說那不是烏龜。他不畫卡通，因為他說卡通並不像原來的動物或人。

（五）人際互動困難

1. 缺乏眼神接觸

自閉症兒童自嬰兒時期就無法如正常嬰兒一樣與照顧者建立眼神的接觸。

當親人對自閉症兒童說話時，他常不會目視對方，縱使用雙手將他的臉轉向你，他的眼睛還是飄忽不定，這是自閉症兒童的危險癥候。根據宋維村（1983）的觀察：有些自閉症兒童與人眼神接觸在「量」上與正常兒童極少差異，可是在「質」上卻差異極大。平常人眼神會說話，例如含情脈脈、淡淡哀愁的眼神、憤怒的目光。正常成人也知道，與人說話眼睛注視對方表示尊重，規避的眼神是心懷鬼胎。換句話說，正常兒童和人目光接觸時，眼神有傳遞訊息的功能。例如正常兒童要你抱他或幫他做事時，他除了用語言或動作表達外，還會用眼神來配合。但是自閉症兒童即使有足夠的眼神接觸，但是視線接觸卻是空洞的，好像不在看你的感覺。

自閉症兒童看任何東西，均是驚鴻一瞥（眼睛接觸極短暫），包括別人的眼睛。筆者的學生描述其教學經驗是這樣的：「當我們教他跳繩時，他幾乎是不看我們，但是很奇怪他都會做動作」。但是，有些自閉症兒童或成人仍可能有眼神接觸，表現親暱、微笑或笑，表現某種程度的情緒。

2. 缺乏依戀行為

一般兒童在出生後第七、八週時，開始會對人展露微笑。到三、四個月後，當親人接近、伸手要抱他的時候，他會手足舞蹈十分興奮。幼年時期更是常常依戀父母或親人，父母或親人的出現令他高興，父母或親人的離去會令他難過。父母要去哪兒，一般兒童通常會跟著屁股走。這種依戀的行為是幼童和父母建立親密關係的基石，自閉症兒童卻無此依戀行為，所以自閉症兒童較困難與父母或照顧她的人建立親情（bonding behavior）（宋維村，1983）。

有些自閉症兒童的父母發現，他的兒子很乖，隨便給個玩具，或將他丟在沙坑上，便獨自玩一個早上，不會要求別人的關心及注意。對父母離開或回來，沒有特別的興奮或悲傷。自閉症兒童這種行為讓父母覺得自閉症兒童是如此冷漠，讓父母傷心不已。缺乏依戀的行為使得自閉症兒童較容易走失，帶自閉症兒童外出宜特別注意。

自閉症兒童人際關係的另一個特色是從小就不怕陌生人，他們到陌生的環境，並不會像正常兒童一樣緊拉父母不放，而是自己四處遊蕩。雖然有些自閉症兒童在陌生的情境中，也有尋找媽媽的傾向。

3. 缺乏互動行為

　　自從Kanner醫師發現自閉症兒童開始，自閉症兒童缺乏人際互動，不與人玩（自己玩自己的，或自己翻閱書本雜誌），也不參與別人的遊戲，對別人的存在視若無睹，對別人的逗弄和呼喚相應不理，即便是自己的父母也無依附及互動行為。他們常常自我滿足於某特定的事物或特殊的感覺經驗。Kanner醫師長期追蹤這群自閉症兒童發現，他們幾乎孤獨過一生，因此有孤獨俠的封號。

　　自閉症兒童不會主動與人交往或親近別人。缺乏主動性是自閉症兒童主要特徵之一，他們很少有主動接近別人的行為，也很少主動與人說話或參與遊戲。

　　自閉症兒童不僅不會主動與人互動，對周遭的人、事、物及其變化都漠不關心。自閉症兒童對待他人如同無生命的東西一樣，例如有一位媽媽告訴筆者：他的兒子強拉他的祖母與父母在沙發上坐成一排，正如同他平日將玩具排成一排一樣。

　　自閉症兒童常常沉迷於自己的世界中，或過度專注於某一細小的東西，而無視於他人或他物的存在，對別人的親近也缺乏反應，許多自閉症兒童不理會別人的叫喊，聽而不聞像聾子一樣。許多有經驗的教師常常會鼓勵正常兒童去關懷自閉症兒童，但是正常兒童卻經常有熱臉貼人冷屁股的感覺，日子一久，正常兒童也就逐漸疏離了。加上正常兒童隨著年齡漸長，親密夥伴愈多，形成親密團體，就更不會主動關心自閉症兒童了。

　　自閉症兒童沒有聯合注意（joint attention）的行為。所謂「聯合的注意」是兩人以上同時注視某物的能力。一般兒童約在八至十二月大時會發展出此項社會能力。此項能力使得尚未有語言能力的幼兒，使用肢體語言與別人分享喜悅的情緒或事物。這種聯合的注意使幼兒能與人建立親密情感依附及人際互動。自閉症兒童常常被指稱不會用手指出某事物與人分享，無法將自己的東西展示給別人看，無法與人分享美景，不能和人共同完成一個活動或作品，這是缺乏聯合注意的能力所致。

4. 人際關係差

　　自閉症兒童的人際關係不良是必然的，因為自閉症兒童欠缺察顏觀色的能力，更不可能和顏悅色主動討好別人及表達親暱關係（一位自閉症兒童的爸爸很難過地告訴筆者說，打從他的兒子出生到小學四年級，從未叫過他一聲爸

爸）。

別人對他的關愛，既不了解更不知感激。對別人的關心也不做反應（例如：同伴主動叫他時，他根本不予以理會；對小朋友的主動邀約，更視若無睹，漠視別人的存在），這種不理人的行為常常嚇走或拒退主動要和他做朋友的同伴。

宋維村（1983）表示經過治療的學齡兒童，雖然會和親人接近也有視線接觸，也可表達一部分的親情。但是仍然有嚴重的人際關係障礙，最明顯的是：

(1)他們通常缺少朋友，仍然學不會和別人維繫持久的友情。

(2)他們通常不會和同伴做團體性的活動或遊戲。

(3)他們通常缺少同情心、同理心，比較難以體會別人的情緒感受。

此外，自閉症兒童負面的行為常常會引起反感。這些負面行為包括：在公共場所喊叫、玩弄自己的生殖器、不適當的言語、向人吐痰、摸人頭髮或胸部；發脾氣、攻擊、過動、吃大便、搖動身體、不停跳躍、大喊大叫、咬手、打頭；他們常堅持固定儀式的行為模式，惹出不少麻煩，更引人反感；有時沉溺於自己的感官刺激（如不斷開關教室的門以製造聲響），造成同學討厭；與其他小朋友相處時，常干擾別人、干擾團體秩序，中斷別人的遊戲、破壞別人的作品，令人討厭。有時做出危險動作卻不自知（如推倒一鍋湯麵）。

自閉症兒童很少依文化規範行事。在學校中，他不順從、不和人合作，不會遵守日常生活規範，我行我素，破壞秩序，干擾教學活動。自閉症兒童也很少依從老師的指令行事，例如當老師要學生到花園澆花，他可能喝水或摘花。

有些自閉症兒童由於語言的限制，常常無法表達需求。當其所欲不遂的時候，往往會爆發脾氣，此時既難安撫又難管理，對照顧者而言，真是傷腦筋。

二、鑑定標準

美國精神醫學會的《心理疾病診斷統計手冊》第四版修正版（American Psychiatric Association, 2000）對自閉症的診斷標準如下：

1. 在下列分屬於(1)、(2)、(3)大項中的十二個小項目至少具有六個或以上的項目，其中至少具有(1)中的兩個項目、(2)中一項、(3)中有一項。

　　(1)自社會互動中有質的缺陷，並至少具有下列之中的兩項：

　　　　①在多重非口語語言（如視線接觸、面部表情、身體姿勢、以姿勢規

範社會互動等）的使用上，有顯著的障礙。

　　②無法發展出適合其發展水準的同儕關係。

　　③缺乏主動性尋求與人分享喜悅、興趣或成就的行為（如很少拿自己
　　　喜歡的東西給別人看，或指出來）。

　　④缺乏社會性、情緒性的交互關係。

　⑵在溝通方面有質的缺陷並至少具有下列中的一種：

　　①完全沒有口語或口語發展遲緩。

　　②有語言能力者，在啟動或持續會話的能力上有顯著缺陷。

　　③使用刻板的、重複的語言或隱喻式的語言。

　　④缺乏符合其發展年齡的、富變化的、自發性的假裝性遊戲或社會性
　　　模仿遊戲。

　⑶在行為興趣或動作方面有局限的、刻板的、重複的形式，並至少具有
　　下列一項：

　　①在興趣方面，有一種或一種以上刻板的、有限的形式，其強度與焦
　　　點均迥異於常人。

　　②對特別的、非功能性的常規或儀式有異常的堅持。

　　③有刻板而重複的動作（如扭動手或手指、拍手、擺動身體等）。

　　④經常沉迷於東西的某一部分。

2. 三歲以前有下列領域中至少一種的發展性遲緩或功能性異常：

　⑴社會互動。

　⑵社會性溝通時的語言使用。

　⑶象徵性遊戲或想像性遊戲。

3. 此障礙無法用雷特症或兒童崩解症加以說明。

三、自閉症的盛行率

　　根據 Fombonne、Mazaubrun、Cans 與 Grandjean（1997）在法國的調查結
果：

1. 盛行率（prevalence）為萬分之 5.35，若包括其他廣泛發展障礙為萬分之
　16.3。

2. 社會階級與居住地區沒有差異。這點與一般人的印象有些出入，在台灣

很流行一句話就是：自閉症出現在三師（律師、醫師、教師）的家庭特別多。這種錯誤印象來源可能是這三種人對子女的成長與教育特別關心，所以發現兒童發展異於常態，便立即尋求醫學治療與教育介入。

3. 伴隨其他下列醫學狀況，這些醫學狀況可能是導致自閉症的原因。

    (1)1%結節性硬化症（tuberous sclerosis）。

    (2)9%染色體異常，包括染色體脆弱症（fragile X）。

    (3)9%腦性麻痺。

    (4)4.6%感覺障礙。

    (5)0.6%多發性神經纖維瘤（neurofibromatosis）。

    (6)0.6%德國麻疹。

    (7)1.7%唐氏症。

四、自閉症的分類

(一) 依自閉症兒童的功能分類

王大延（2000）將自閉症兒童依其功能的高低，分成高功能、中功能、低功能等三類。高功能者其 IQ 在七十以上，語言能力與正常八歲兒童比較，不可低於平均數以下兩個標準差（與一百個兒童做比較，至少在還贏過二至三人），社會互動能力亦是依此標準判定。中功能者其 IQ 在五十至七十之間，語言能力與正常八歲兒童比較，不可低於平均數以下三個標準差（與一千個兒童做比較，至少還贏過二至三人），社會互動能力之判定亦是如此。低功能者其 IQ 在五十以下，語言能力與正常八歲兒童比較，低於平均數以下三個標準差，社會互動亦是如此。

(二) 依自閉症兒童的社會互動分類

Wing 與 Gould（引自王大延，2000）經長期的觀察發現：自閉症兒童在社會互動的反應上有明顯的差異。因此將自閉症依社會互動的表現之差異，分為隔離型、被動型及主動型。

1. 隔離型

此為典型的自閉症，其特徵如下：

(1)與人接觸時，會表現出強烈的負面情緒。

(2)欠缺口語的表達能力。部分此類的自閉症兒童終其一生都沒有口語的能力。若有發展出口語能力，其語言特徵只是鸚鵡語言、代名詞反轉或重複的鸚鵡語言。

(3)此類自閉症兒童非口語能力嚴重欠缺，沒有意願從事雙方溝通或互動，缺乏眼神的接觸、缺乏臉部表情，以及缺乏社會性肢體語言表達力。約在十至十二個月大時，無法與一般兒童一樣發展出共享式的注意力，例如與父母共享他的發現或快樂的心情。

(4)沒有想像性的遊戲，通常只有重複的、固著的行為表現，也沒有模仿他人的遊戲或日常生活的能力。

(5)對感覺刺激的反應：會對熱、冷、光有強烈的行為反應。早年會有踮腳尖走路的情形。

(6)情緒障礙的表現：沒有理由的笑或情感的轉變，或有情緒失控、攻擊行為、破壞公物、大叫、當眾脫衣服等行為（依筆者的看法，這類屬於中、低功能自閉症）。

2. 被動型

(1)與人接觸會主動要求他想要的，但沒有主動與他人互動的行為。可以接受他人身體的接觸或肢體上接觸的行為，並能愉悅地享受與他人親近的行為，而且若有人帶領可以和他人一起玩遊戲。

(2)口語表達能力較上述隔離型為佳，可以有很長的句子，但表達的意思是重複的。

(3)想像性的遊戲仍然欠缺，有模仿他人遊戲的行為，但欠缺整體性。例如，玩老闆煮菜的遊戲，一般兒童會詢問客人要吃什麼，煮完菜會拿給客人吃。但是自閉症兒童沒有詢問客人及拿給客人吃的部分。自閉症兒童的遊戲也欠缺創新性，例如同樣是煮菜，一般兒童會利用各種不同的玩具代表不同的菜色，但是自閉症兒童只會用某單一玩具代替而已（依筆者的看法，這類屬於高功能自閉症）。

(4)這類兒童不排斥與人互動，在介入上比較容易，預後效果較佳。

3. 主動但特異型

　　(1)會主動與人接觸、親近人，但卻是單向的，例如會問問題，但不要他人的答案，也不理會他人的反應。

　　(2)語言發展較前二者為佳，但是聲調及發音上有異常的現象。此類兒童在重複性及固著性亦有所見，特別喜歡排列的遊戲（依筆者的看法，這類可能屬於亞斯伯格症）。

第二節　亞斯伯格症

一、行為特徵

　　1944 年維也納的精神醫學家亞斯伯格（Hans Asperger）發表一篇文章，描述一群特殊社會障礙兒童，這群兒童大都是男生，男女的比率約 6 至 9：1。他們出生後的第一年之發展與正常兒童沒有多人差別，唯一的異常是亞斯伯格症兒童、自閉症兒童及注意力缺陷過動症兒童，都有前額較大的現象，亞斯伯格症者比自閉症兒童還要大（Sandler, Gillberg, & de Souza, 2002）。他們常常是先會說話後才會走路，大多有動作笨拙的現象。約兩歲左右，出現社交及情緒異常、自我中心、缺乏同情心。在人際關係上，眼睛常常不看人、講話像背書，而且要求遣詞用字的正確性，缺乏幽默感，常對某種現象或事物有特殊的嗜好，並全力以赴地鑽研它。Asperger 醫生將此類兒童稱為「自閉性人格違常」（宋維村，1997）。

　　Trevarthen 等人（1996）歸納亞斯伯格症的主要特徵如下：

1. 社會互動障礙，笨拙的社會互動能力。
2. 動作笨拙（通常會，但是不一定會有），也容易有感覺變異。
3. 「具體的」或「迂腐的、學究式的」語言。
4. 全心投入的興趣（通常會有）。
5. 普遍缺乏幽默感，對幽默無鑑賞力。
6. 刻板行為。
7. 語言發展沒有顯著的落後。
8. 智力發展沒有顯著的落後。

9. 固執而不會變通的思考。

10. 心中掛念某些特定事物。

依據筆者與亞斯伯格症兒童接觸的經驗，歸納出下列特徵。

(一) 說話（speech）與語言（language）

1. 幾乎大多數的亞斯伯格症都會過分談論自己喜歡而別人未必有興趣的話題。有時候會滔滔不絕的講他喜歡的話題，卻不注意別人是否喜歡，他卻不斷重複說過的話，反覆地不停的說。所以描述他們講話像在演講一樣，其實一個演說家也會注意台下聽眾的反應，但是亞斯伯格症兒童卻對當面的聽眾視若無睹，這個可能是因為他們缺乏察顏觀色的能力。

2. 經常問，或說不合適的話。例如：在媽媽和身材中廣的級任老師面前，問媽媽說：「我們老師怎麼長得像大象？」因為對情境的掌握不佳，所以有時候講話會很不得體而傷害其他人。

3. 不了解隱晦的笑話，從字面上的意義理解對話的內容（如困難理解隱喻或俚語）。例如亞斯伯格症兒童一定會對這個文句「白髮三千丈」表示懷疑：怎麼頭髮可能有三千丈。

4. 講話像大人一樣，以書卷味或書呆子或咬文嚼字的方式講話。這個特徵沒有普遍性，也就是少數的個案有此特徵。

5. 部分亞斯伯格症的兒童說話會有怪異的聲音特質（有如唱歌、尾音上揚）或怪異的音調。這個特質可以因為年齡增長而逐漸消失。

(二) 人際互動的特質

1. 很少用肢體語言，少有面部表情或表現不合適的表情。迴避或有限的眼神接觸，所以與人交談時，難於理解社會性線索（例如輪流對話、禮貌等）。

2. 很難與人建立關係，儘管有興趣交友，但是始終很少或沒有朋友。但不能歸咎於害羞、注意力或缺乏經驗。可能的原因是：他們缺乏擬情能力與察顏觀色的能力。

3. 偏好與成人為伴，或者與年齡較大的的大哥哥或大姊姊為友，勝過於同輩。

4. 難於理解別人的情感，缺乏擬情的能力，很少有興趣於別人所說或別人有興趣的東西。試圖將狹隘的興趣加諸於他人身上。

(三) 怪異行為

1. 不會配合環境調整行為（如在圖書館大聲說話）。
2. 對有興趣的事表現不適當的行為（狂熱）。
3. 生活常規的細微改變，會有強烈的反抗表現（固著性）。對未規劃的事情發生時，經常表現焦慮或恐慌。
4. 可能有重複、強迫性或儀式性的行為。出現這種行為的機率比典型自閉症少。
5. 表現不成熟或較幼稚的行為。表現這種不成熟幼稚的行為通常發生在小學或國中階段。到了高中幼稚的表現逐漸減少。
6. 經常發脾氣或暴怒，特別在群眾中或被要求的情境。對批評過度敏感，且會做出報復的行為。

(四) 認知能力

1. 大部分的亞斯伯格症兒童有中等或中上的智力。有些甚至極為優秀。大部分的亞斯伯格症兒童有優秀的機械性記憶力。
2. 對局限、有興趣的領域表現優秀的能力，對其他領域則表現平平或中上程度。對某狹隘的科目表現極端或過度的興趣，幾乎可以用狂熱形容。他們只對自己狂熱的興趣過分專注，因而對其他資訊不太關心，所以可能表現缺乏常識。

(五) 感覺、動作特徵

1. 亞斯伯格症兒童與自閉症兒童相同，大多數兒童或多或少有某些感覺變異的情況。
2. 粗動作與精細動作較笨拙：部分亞斯伯格症兒童的粗大動作表現笨拙與不協調，走路時像鴨子或企鵝走路一樣，這是經常可以聽到的描述。部分的兒童對書寫或其他工作（如扣鈕釦或打字等需要精細動作）有困難。

二、盛行率

亞斯伯格症兒童的盛行率：每一萬名學童中約有四十八位（Kadesjo, Gillberg, & Nagberg, 1999）。

三、鑑定基準

《心理疾病診斷統計手冊》第三版修正版（American Psychiatric Association, 1987）並沒有將亞斯伯格症像自閉症、雷特症或兒童崩解症，單獨列為廣泛發展障礙的一種特定型。這類兒童被歸入「廣泛發展障礙非其他特定型」。《心理疾病診斷統計手冊》第四版（American Psychiatric Association, 1994）才將亞斯伯格症單獨列為廣泛發展障礙的一種特定型。

亞斯伯格症與自閉症明顯的區別是：他們沒有明顯的在認知發展和語言發展上有落後的情形，同時在生活自理、適應行為（非指社會互動）上，沒有不適應的情形。相反地，他們通常在動作發展上有落後的情形，動作笨拙是這類兒童的特徵。

《心理疾病診斷統計手冊》第四版修正版（American Psychiatric Association, 2000）對亞斯伯格症的診斷標準如下：

1. 在社會性互動方面有質的缺陷，並至少具有下列兩項：
    (1)顯著有使用非口語行為的缺陷，如社會互動的姿勢、面部表情、視線接觸、身體姿勢等。
    (2)無法發展與維持符合其發展水準的同儕關係。
    (3)缺乏主動尋求與他人互動，諸如分享喜悅、興趣或活動的行為（如很少拿自己感興趣的東西給別人看或指出來）。
    (4)難於與人有社會或情緒的相互關係。
2. 在行為、興趣、活動方面有重複的、局限的、刻板的型式，並至少具有下列一項：
    (1)沉溺於一種或一種以上刻板的、狹隘的興趣，其強度與焦點均迥異於常。
    (2)明顯地對特別的、非功能的常規或儀式有異常的堅持。
    (3)有刻板而重複的動作（如晃動手或手指、拍手、擺動身體等）。

(4)經常沉迷於東西的某一部分。

3. 臨床上有顯著的社會、職業或其他功能的障礙。

4. 無明顯語言發展遲滯的現象。

5. 與同年齡相比較，其認知發展、生活自理、適應行為（非指社會互動）、對周遭事物的興趣，無明顯的發展落後之情形。

6. 此症並非精神分裂或其他類型的廣泛性發展障礙。

四、亞斯伯格症與高功能自閉症的相同與相異處

因為亞斯伯格症兒童與高功能自閉症兒童有太多相似之處，彼此不容易分辨。有些研究結果認為：亞斯伯格症只不過是較高功能的自閉症，根本不必區分為另一類自閉症（Miller & Ozonoff, 2000）。歷來有許多學者曾對此兩類兒童做區隔。由於兩者的區隔性不大，教學方法雷同，目前許多學者著書時，均將兩者並列。綜合先前的研究，歸納亞斯伯格症與高功能自閉症（HFA）的相異與相同處：

(一) 相異處

亞斯伯格症比高功能自閉症在兒童早期有更多的親暱行為（對父母的社會性反應），喜歡與人相處（對同伴的興趣）、與人分享興趣，有想像性遊戲。生理上較多的右腦損傷（Trevarthen et al., 1996）。

亞斯伯格症兒童也比高功能自閉症兒童較少出現同一性行為（定型行為）、語言使用變異（重複地說話、鸚鵡語言、代名詞反轉），以及妄想、出神。

生理上較少出現癲癇、X-染色體脆弱症、結節性硬化症、腦電波異常（Trevarthen et al., 1996）。

亞斯伯格症兒童也比高功能自閉症兒童有較優秀的語言能力，例如：在聽從指示和語句重複上明顯較優秀，但在數字、背誦兩者無差異（Iwangaga, Kawasaki, & Tsuchida, 2000）。

根據Iwangaga等人（2000）的研究，亞斯伯格症嬰幼童時期的站立平衡及交叉直線前進，低於高功能自閉症兒童（Miller & Ozonoff, 2000），亞斯伯格兒童走路較僵硬、笨拙。

（二）相同處

　　亞斯伯格症兒童與高功能自閉症兒童抽象思考能力差，斤斤計較於文字表面的意義，不易了解笑話、成語或暗喻。他們也都有執行功能障礙，也一樣會有眼神迴避、很少啟動溝通（對話）、有儀式性行為（堅持生活常規）等（Trevarthen et al., 1996）。

　　智商的範圍約在正常及高於正常的範圍。亞斯伯格症候群的語言智商高於操作智商，剛好與自閉症相反（Ghaziuddin & Mountain-Kimchi, 2004）。亞斯伯格症候群兒童比高功能自閉症智商上平均高出十五個百分點。在魏氏量表語文方面，亞斯伯格症候群兒童比高功能自閉症高二十五點；在操作智商方面，亞斯伯格症候群兒童比高功能自閉症低 4.5 點（王大延，2000），亞斯伯格症兒童可能有不尋常的死記（rote memory）能力，稱之為照相式記憶力。

五、亞斯伯格症兒童的特徵及教育對策

（一）語言能力（溝通）

　　一般的自閉症兒童腦傷在左腦及前額，故語言能力受損。但是亞斯伯格兒童的語言流暢能力很好，可以直接與人對談。語言發展良好，有時候會被稱為小教授，因為他說話的樣子像大人，而且語彙十分豐富，廣博的詞彙，說話流暢；文法的能力也不錯，語言正經八百，甚至吹毛求疵。

　　一般而言，他們的音調很標準，但是有些兒童會說話音調後揚；或不善於控制音調、音量；或使用不自然的腔調。Jansson-Verkasalo 等人（2003）研究亞斯伯格症兒童的聽覺處理訊息的能力，發現亞斯伯格症兒童對聲音的編碼（encoding）及對聲音的辨別有缺陷，對單音區別比音節區別有更嚴重的缺陷，這可能是有些兒童會有怪腔怪調或尾音上揚的原因。

　　亞斯伯格症兒童的主要語言問題在於：

1. 不易了解笑話、諷刺、成語及隱喻

　　例如：無法理解用「晶瑩剔透」形容玉雕昆蟲之美，他們會堅持說：「玉是石頭，怎麼會和昆蟲扯上關係？」Emerich、Creaghead、Grether、Murray 與 Grasha（2003）比較亞斯伯格症、高功能自閉症及正常兒童對卡通及幽默笑話的理解，發現前兩者都比正常兒童差，但是前兩者相互比較，亞斯伯格症略勝

一籌。Losh 與 Capps（2003）也發現，亞斯伯格症兒童在複述故事內容時的表現，比一般兒童好，但是在細緻描述個人經驗時較差，而且比較不會推論或看出因果關係。

　　亞斯伯格兒童傾向以「字面上」（literal）的意義去理解會話的內容。所以有些語詞其意義是在文字之外，具弦外之音者，如「七上八下」（形容忐忑不安）；「火冒三丈」「怒髮衝冠」（形容非常生氣）；「三頭六臂」（形容一個人很厲害），他們較難理解。Ozonoff、Dawson 與 McPartland（2002）等人曾舉一個例子：他打電話給某人，結果一位兒童接電話。他問說：「你媽媽在家嗎？」該兒童回答說：「不在。」然後掛斷電話。絲毫沒有覺知對方問「你媽在家嗎？」的意思是想和他的媽媽說話。所以不會詢問對方的電話，以便要媽媽回電，或請對方等一下再來電。

2. 語用是亞斯伯格症兒童最大的困難

　　(1)不善於解讀他人的肢體語言，對非語言溝通的學習能力差。

　　(2)缺乏臉部表情，有限的手勢，表現不合適的注視或身體語言。

　　(3)有時會使人覺得他是對人談話而不是對某人談話。

　　(4)不敏感或缺乏圓通；誤解社會性線索；不會判斷社會距離。

　　(5)說話的內容以他自己興趣的為重心，大多數說話的內容集中在他們喜歡的事物，千篇一律、一再重複相同的主題，有時十分冗長。他們可能支配整個談話情境，一直說話而使別人無法插嘴。

　　(6)啟動（initiate）或維持對話的能力不良。

　　這兩項語言能力缺陷，主要來自於缺乏推論別人信念之能力，即心智理論缺陷之故（Martin & McDonald, 2004）。

（二）人際互動

　　亞斯伯格症候群兒童、高功能自閉症兒童會與人接觸互動，當別人接近他們時他們也會有回應。他們會表現出交友的興趣並參與團體，所以他們可能會有些朋友，但是在與人互動或交友的過程較不易成功，因為他們比較不太理解人際互動的複雜性，不知如何做？如何說話？如何在說話的過程中注視對方，並以點頭、微笑表示對對方的談話很有興趣。他們可能不知保留一些不該說出

的話，例如：在老師面前說：「老師胖得像大象」，或隨便問個人的隱私。因此在人際互動上給人有幼稚的感覺。

Baron-Cohen、Richler、Bisarya、Gurunathan 與 Wheelwright（2003）進行一項比較研究：比較男人、女人及亞斯伯格成人之系統商數（systemizing quotient）與擬情商數（empathizing quotient），結果在系統商數方面，男人比女人高；擬情商數剛好相反，男人比女人差。另一方面，在系統商數上，亞斯伯格症及高功能自閉症比正常人高；擬情商數比正常人低。

後來若干研究也證實，亞斯伯格症兒童對他人擬情的理解能力差。比較難於理解別人的思想、情感、計畫、希望及觀點。對別人的感情比較沒有興趣、比較不關心，也許他們對自己的情感亦復如此。他們不太注意父母、兄弟或姊妹受傷、生病或悲傷，也很少給予慰藉（Baron-Cohen & Wheelwright, 2004; Lawson, Baron-Cohen, & Wheelwright, 2004; Ozonoff et al., 2002）。

眼睛不會看著正走向他們的人；不容易知曉大家都知道的社會性線索，因而容易被佔便宜（因為不易察覺別人欺騙或惡作劇）；較難從別人的觀點看事情，自我中心、不理解他人，所以常常做出不合適的動作，導致人際互動之挫折，社會互動的困難，不善於表達自己，一張沒有表情的臉。

比較喜歡獨處，對個人空間有強烈的意識感，當他人靠得太近，會表現不舒服的感覺；難以了解人際互動的規則；極端自我中心；有可能不喜歡身體的接觸。通常有慾望成為社會的一份子。

亞斯伯格症兒童比起其他泛自閉症兒童有較高的興趣與人互動，但是由於他們缺乏技巧啟動與人互動的機制，及回應各種社交場合，較不能夠推論別人的想法或信念，所以常常被認為是自我中心、社會性笨拙、情緒遲鈍、沒有彈性、不理解非語言的社會訊息。

他們拙於解釋在某一社會情境下紛至沓來的非口語訊息，如面部表情、姿勢、語調等所共同結合展現的訊息。亞斯伯格症兒童到了青年期，甚至於成人，可能仍不甚了解社會行為的規則，包括眼神接觸、人際距離、姿勢、動作等（Myles & Simpson, 2002）。

他們通常難於理解他人的感覺與思想，也就是有心智理論的缺陷。Ozonoff、Rogers 與 Pennington（1991）指出，亞斯伯格症兒童可以通過心智理論的作業，但無法將學得的知識用於日常生活中。心智理論缺陷意涵：(1)困難

推論別人之意圖；(2)難以理解自己的行為對別人的影響，難於學會輪流及其他互動技巧。

處理對策

　　避免孩子被欺負或嘲笑。高年級的小朋友可以教導他們認識自閉症障礙，並教導如何與之相處。透過合作學習以強調他的專長，如閱讀技巧、單字、詞彙、記憶力等，讓其他同學有機會欣賞他的優點。

　　教導孩子如何辨認社會線索，並教導多種不同情境的應對技巧。教導他如何說、說些什麼。示範互動技巧，並做角色扮演。

　　雖然他們不易理解別人的情緒，但是他們可以被教導如何應對。當他們非故意的冒犯，不夠機靈圓滑或感覺遲鈍時，應教導他們為什麼這種反應不合適，以及如何反應才是正確的。

　　他們常常與社會隔離，所以老師應設法減少其獨處的時間，鼓勵參與活動，要求正常的學生問他們問題，教師可安排較機靈的同學做他的夥伴（Williams, 1995）。

（三）動作協調不良

　　亞斯伯格症候群兒童腦部受傷的部位在右腦及前額，故動作發展顯著笨拙、僵硬，姿勢笨拙，平衡感也不好，對需要技巧性動作的遊戲不靈光（Dunn, Myles, & Orr, 2002; Miller & Ozonoff, 2000; Rinehart, Bradshaw, Brereton, & Tonge, 2001; Wing, 1981）。

　　精細動作不良造成書寫困難、書寫速度緩慢，寫字的字體相對比較大，有可能影響繪畫的能力（Beversdorf et al., 2001）。

　　Weimer、Schatz、Lincoln、Ballantyne 與 Trauner（2001）比較亞斯伯格症兒童與正常兒童動作的差異性發現：亞斯伯格症的單腳閉眼平衡、交叉腳的姿勢、重複的拇指食指並置，這些動作較差，輕扣手指、填塞木栓板、拖曳東西、視動統整這些動作沒有區別。這種障礙屬於本體覺的缺陷，因此動作表現不協調且過度依賴視覺維持平衡。

　　Tantam 指出亞斯伯格症的鑑定標準：(1)無法金雞獨立；(2)接球困難；(3)大部分無名指無法彎曲（王大延，2000）。

處理對策

1. 參與體育課，以學習為主而非競爭，競爭會引起挫折。

2. 給予書寫前之練習活動，如描繪塗格子。

3. 給家庭作業時，應考慮該生的書寫速度。

4. 考試時應給予較多的時間（Williams, 1995）。

(四) 零碎天賦

亞斯伯格症候群兒童可能有不尋常的死記能力（如筆者所稱的照相式記憶），意即他們可以在極短的時間內，暴露在大量的資訊後，能夠完全複述見聞。他們可能記住家裡錄影帶內容，城市的道路，毫不費力地記住大量單字（Ozonoff et al., 2002）。

他們可能有強烈或狹隘的、不平常的興趣，例如對噴泉、電扇、火車站、拉鍊等東西很有興趣，也可能對電腦、下棋、音樂有天賦。

筆者遇過若干亞斯伯格症兒童，發現他們所表現的特殊能力像是有個個案對自然科學極有興趣，筆者與他相處近一天的時間，他有如一位專業領域的學者，滔滔不絕地講述生活周遭的各種自然與物理現象。當時和他一起出遊的幾位研究生，對他的自然科學知識都嘆為觀止。

另一個個案，他對股市特別有興趣，他可說出任何一天股市開盤行情及收盤行情。他可以很快速的告訴你哪一天是星期幾？

有位五年級小朋友對汽車特別有興趣，爸爸因此為他訂閱汽車雜誌，所以他可以告訴你：市面上所有廠牌的車輛之出廠日期、汽缸大小、上市時的價格。

有位小朋友有照相式記憶力，各種語言的歌曲聽過一遍，便可以唱出該歌曲；記住兩百捲以上錄影帶的內容。

有位小朋友對昆蟲極為投入，家中瓶瓶罐罐裝的都是他所捕捉的昆蟲所製作而成的精美標本，其所繪畫的東西也都是昆蟲，他所繪畫的昆蟲不論比例、光照與陰影，有如照片，差別只是畫素不同；他也可以說出所有昆蟲的學名。他對昆蟲的了解，恐怕連生物老師也望塵莫及。

亞斯伯格症候群兒童特殊興趣：偏向思考性的興趣，對某些科技或科學領域有高深的知識或技能。例如對印度橡樹有興趣時，每天會去研究蒐集。與人對話時，會以其興趣為內容，滔滔不絕（王大延，2000）。

處理對策

　　就教育觀點而言，從一個人的長處著手，使其長處得以做更大的發揮，將可以增強其自信心，並獲得最大的成就。Temple Grandin 是一位自閉症患者，憑藉其強烈的求知慾及對動物的嗜好，造就他成為著名的動物學家。

(五) 有限的、全然投入的興趣

　　亞斯伯格症的孩子常有古怪、奇怪、專心的固著；對他們有興趣的東西極為專注，可以在他們興趣的東西專注數小時之久，而且不覺得疲倦。甚至可以不吃、不喝、不睡。上述對昆蟲極有興趣的學童便有此種情況，甚至拒絕學習其興趣之外的東西。

　　他們不自主地演講他們興趣的東西；重複地問他們有興趣的東西；上述酷愛自然科學的那位學童，便是一直反覆演說他所知道的一切，不管聽者有無興趣，甚至聽者已經覺得陳腔濫調，他仍是滔滔不絕反覆陳述。

　　他們可能無法甩開某些想法；只注意自己的癖好，不管外在環境的要求，甚至因而與外界隔離、孤立或衝突。

處理對策

　　不要允許他們一直問相同的問題，限定只能在某時段可討論該問題，讓討論該問題成為生活常規，任何其他時候問此問題都要給予制止。當他停止問相同問題，讓出時間給其他小朋友問問題時，應立即給予讚美。有些孩子會拒絕他們沒有興趣的作業時，老師態度宜堅決肯定，讓孩子知道教室規則應遵守。

　　有時候老師可以做若干妥協，例如他喜愛昆蟲，可以讓他畫昆蟲、寫昆蟲的文章，學習文法時以昆蟲為內容，數學時也以昆蟲做應用題（Williams, 1995）。

(六) 強迫性的特性

　　缺乏思考的彈性，可能缺乏想像力；他們喜歡依慣例（routine）、儀式行事；堅持同一性（sameness），厭惡變化，容易為一點點的小改變所擊倒；喜歡具體、可預測的事物，當他們面對不可知的事會焦慮、煩惱；傾向於機械性的活動，例如收集、拆除、組合等活動。對環境的各種壓力源過度敏感，過度

壓力、疲倦、感官刺激過度都會讓他們失去平衡。

超高標準的道德感：例如看到有人過馬路闖紅燈，會說「闖紅燈，抓起來」。看到警察抓賊，會幫忙抓，易被誤認為具攻擊性（王大延，2000）；這種表現其實與缺乏彈性思考有關。亞斯伯格症兒童常以文字表面的意義（literal）去理解，難以理解文字所隱含的用意，所以堅持闖紅燈要受處罰，他們無法想像若干情況下闖紅燈是被允許的。另外，也與他們缺乏觀點取替（perspective-taking）的能力有關，他們容易以自己的觀點去評斷問題、缺乏同理心，不易理解別人的處境與困難（心理學上稱之為情境歸因），所以堅持犯罪者都應受處罰。

處理對策

1. 提供可預測、安全的環境。
2. 減少改變、轉換。
3. 提供一致性的生活常規。
4. 避免令他驚訝的事，生活上的任何改變（變更計畫、改變行程、行事曆、改變生活常規）應讓他預知及準備（Williams, 1995）。

(七) 情緒上易受傷害

情感豐沛，對外界刺激敏感，例如，看到蛋糕上的裂痕而哭泣：「可憐的蛋糕就像山脈被河流切割」（王大延，2000）。

亞斯伯格症兒童有能力在普通班與人競爭，但是他們缺乏情緒上的資源去應付普通班的要求。他們會因為缺乏變通而感受壓力、低自尊、常自我批評、不能忍受錯誤。到了青少年時期可能傾向於憂鬱（成人時有高比率的憂鬱症），當感受壓力時，會爆發脾氣或暴怒反應。

亞斯伯格症成人有較多的主觀性失眠，但是檢查其睡眠狀態並無異常。顯然其失眠原因在於主觀性的焦慮所引起（Tani et al., 2005）。

處理對策

透過一致性減少爆發情緒的機會，如預先告知生活上的改變事項，對其能力較弱的領域施予補救教學以減少挫折。教導亞斯伯格症兒童處理其過大的壓

力,以避免暴怒。當他們情緒發作時,教導具體可行的步驟,如:(1)深呼吸三次;(2)慢慢算手指三下;(3)請問老師。將上述具體步驟寫在紙上,放入口袋中,隨時可取用。

　　老師宜盡量不隨其情緒起伏,要有耐心、同情心、保持鎮定、就事論事。不要期待亞斯伯格症的孩子理解別人的喜悅與憂傷,相同地,他們也不善於表達情感。他們會隱藏其憂鬱,不表現於外。老師應敏感於其行為之改變,那些改變可能代表其憂鬱症,例如較凌亂、不專注、孤立、降低壓力閾限、長期疲倦、哭泣、自殺徵候。將此徵候報告心理治療者,以便及早發現、及早治療。

　　青少年時期的亞斯伯格症患者容易罹患憂鬱症,曾有一個個案對數學作業不再抱怨困難,可是數學成績一直退步,原來是逃入幻想世界。所以此時期教導社會性技巧十分重要,因為他們不容易與人建立正常的人際關係,正常的人際關係有助於抒解情緒。

　　有研究指出:亞斯伯格症患者憂鬱症狀的程度與社會歸因有顯著的正相關。即憂鬱症狀的程度愈嚴重者,愈是將社會互動失敗歸因於能力不好。此外,愈聰明的亞斯伯格症患者愈不會將成功歸之於運氣或工作困難度。顯然有必要教導具憂鬱傾向的亞斯伯格症患者,學習將失敗歸之於能力以外的因素(Barnhill, 2001)。

　　回歸主流的亞斯伯格症學童應由固定的專業人員與之接近,以便一天評估一次。可由老師提供的資訊,或親自和該生接近得到資訊。對其困難的學術領域應予以協助。他們對學業上的挫敗反應強烈,如果其情緒易受傷的話,應安置於特殊班。有時候用個人助教可以提供情感上的支持、回饋,這種安排比其特殊班的教育更好(Williams, 1995)。

(八) 攻擊行為

　　亞斯伯格症兒童並無特別多的攻擊行為,但是由於人際互動的障礙造成挫折,有時會因此引起攻擊行為,尤其是在青少年時期之後,攻擊行為的出現率較高。

　　由於亞斯伯格症兒童及青少年缺乏與人互動的能力,參與適當的互動性的遊戲時,往往表現粗魯而古怪的行為,因為它們往往不了解適當的社會習俗,例如不願意輪流玩遊戲,或與人對話(常常只談自己興趣的話題)。

不理解同伴的微妙社會性線索，人際關係笨拙，社會關係僵硬，自我中心，缺乏擬情的了解。缺乏了解社會行為的規則，缺乏覺察可接受的社會行為模式，傾向誤解社會線索及隱藏的訊息（例如在擁擠的場所，會解釋成別人要侵犯他），表現社會不能接受的行為反應。上述特殊的障礙常常導致亞斯伯格症兒童面臨危機，因而導致攻擊的行為。

防止之道

因為他們的攻擊行為來自壓力失控，笨拙的問題解決技巧，缺乏預測結果的能力，所以不宜用高壓的手段（懲罰）對付攻擊行為。有效的治療策略是認知及行為改變策略：運用「社會故事」（social story）教導認知社會性線索，並教導如何表現正確的行為，以預防嫌惡情緒之發生。由於亞斯伯格症的兒童有比較好的認知能力及語言能力，所以對社會故事教學有良好的效果。研究顯示，社會故事不僅可以教導各種社會生存技巧，同時可以用來消除自閉症兒童的攻擊行為（Gray & Garand, 1993; Swaggart et al., 1995）。

(九) 專注力不佳

亞斯伯格症學童容易因外在的刺激而分心或被吸引而離開工作，難以專注教室裡的工作（有時候其實不是注意力不佳，而是注意奇怪的東西，他們不容易分辨什麼是有關、無關，所以容易注意不相干的事物上），隱退入自己內在的世界，甚至做起白日夢，難以在團體中學習。

自閉症兒童與亞斯伯格症比一般正常兒童有顯著的睡眠障礙，那些有睡眠障礙的亞斯伯格症兒童在醒來後，顯得懶散與迷惘、精神不集中。但是睡眠問題可以藥物與行為治療，預後效果佳（Polimeni, Richdale, & Francis, 2005）。

處理對策

1. 作業應該分成若干的細小單位，老師宜時時給予回饋並提醒注意。如果過分分心，若在工作時間內未完成指定工作（屬於不專注造成的），則需在休息時間補足。
2. 有時候他們十分固執，此時老師宜堅決地堅持，將工作分成小單位，並結構性地分派時間完成，使他得到自然增強。

3. 在普通班，他如果有精細動作不靈活、專注力不佳、凌亂等問題時，應減少他的家庭作業或課堂作業。此時可讓學生在資源班時，予以補足完成作業。

4. 讓他坐在前面的座位，並時時問他問題，以導引他的注意力。

5. 設計若干非口語的訊息（知覺線索、提示），導引他的注意力（如做注意的手勢或拍拍肩膀）。

6. 班級上若有熱心、有意願服務的同學，可鼓勵他與亞斯伯格症兒童成為學習夥伴，時時提醒他注意、回到座位或專心聽講。

7. 老師要時時提醒他遠離幻想，回到現實。這將是不停的戰鬥，因為他們的幻想世界較真實世界更美麗（Williams, 1995）。

(十) 學業困難

亞斯伯格症的孩子通常有一般水平或高於普通水準的能力（特別是語言領域），但是缺乏較高水準的思考能力與理解力，也缺乏解決問題的能力，它們往往認字的能力很好，但是理解能力差，所以不要以為他們唸書很流利，便假定他們理解。

他們傾向拘泥於字面上的意義；他們的印象是具體的；抽象能力缺乏；情緒上的細微差異、多重的意義、關聯的知識，對他們而言很難了解。他有優秀的機械性的記憶力、豐富的說話形式與語彙，給人錯誤的印象，以為他了解別人所說的話，事實上他常常只是複誦別人的話。

處理對策

1. 課業宜考慮學生的能力，使不斷地成功以增強動機，而非不斷挫折引起焦慮。

2. 不要因為他們會複誦所教的課業，就以為他們已經明白。

3. 當課業較為抽象時，給予較多的解釋，盡可能簡單化。

4. 利用他們優秀的記憶力，盡量讓他們記更多的事實性知識。

5. 他們對沒有興趣的功課往往不會努力，所以對他們不感興趣的學科，仍然要求一定的水準。在規定的時間內，對所規定的作業，不僅要完成而且要求到某水準，若有書寫凌亂情形，應要求更正（Williams, 1995）。

六、結語

自閉症專家 Simon Baron-Cohen 認為牛頓及愛因斯坦兩位天才可能都是亞斯伯格症患者，因為根據傳記，他們都有許多亞斯伯格症的明顯症候，例如：他們都有過分的興趣、人際關係與溝通困難。牛頓最為典型，他少說話，過分專注於興趣而常常忘記吃飯，對少數僅有的朋友冷淡或發脾氣，在演講廳即使沒有一個聽眾他還是會對空無一人的大廳演講。五十歲便崩潰於憂鬱與妄想症。愛因斯坦小時候也是孤獨者，有強迫性的重複話題，還有他沉迷學術、戀愛、站在正義的一方，這些都是典型亞斯伯格症的徵候。Simon Baron-Cohen 本身也承認：用傳記評量一個人是自閉症是不可能的，但他認為這個假定對教育亞斯伯格症兒童很有意義，他透露一線曙光：若能發展亞斯伯格症兒童的長處，他們也可以有傑出表現，不必一定要陷入悲慘的境地（Muir, 2003）。

第三節　雷特氏症

雷特氏症是澳洲 Andreas Rett 醫生所發現，於 1966 年發表研究，報告一群具有共同症候的女童。後人將此症候以 Rett（雷特）氏症候群命名，其盛行率約為一萬到一萬五千分之一（1/10000ー1/15000），智障機率僅低於唐氏症（Shahbazian & Zoghbi, 2002）。

雷特症的女童出生時發展正常，約在五個月後出現症狀：成長遲滯、喪失說話能力、小頭症、運動失調症、認知發展受阻。

患者通常可以活到成人，但每年死亡率 1.2%，死亡的人當中約四分之一突然不明原因死亡，可能原因呼吸不正常或心臟異常。

除了典型雷特症，另有五種非典型雷特症類型。五種非典型雷特症是以症狀的嚴重程度，發生退化的時間及語言保留的情況區分。雷特症的變異型可能情況較輕，例如在喪失說話能力後，她有可能可以發出若干字，但並不適用於相關的情境，這是較輕微的情形；相反的，比較嚴重的情況是癲癇，發生於六個月左右以後（Shahbazian & Zoghbi, 2002）。

雷特症起初被認為是神經退化的疾病，因為身體發展呈現退化的情況，但是經過多數的研究證實，雷特症只是神經發展停止而已。Shahbazian 與 Zoghbi

（2002）指出，核磁共振顯示在前額及控制動作的皮層椎狀體神經元的樹狀突長度較短、較密集，脊椎的樹狀突數目也較少。大腦皮層基礎神經結、視丘、下視丘、杏仁核以及 substantia nigra 的神經元較小，但是較密集；同時 substantia nigra 的神經元色素較少，意味著神經元發展停滯，因為黑色素通常在出生後的第五週到十二至十五歲累積在這些神經元上。

一、主要行為特徵

1. 奇怪的刻板式、反覆性手指扭絞動作。兩手手指彎曲，手部經常搓動、擰扭的動作，乍看之下，像似祈禱的動作，所以在歐美雷特症兒童又被稱之「沉默的天使」（郭恆榮，2000）。

2. 強烈固執行為，社會互動困難等自閉症候。

3. 溝通能力低下，絕大部分無語言。

4. 智能低下、癡呆，所以最簡單的生活自理技能難以發展。

5. 大腦皮質萎縮，有時會有痙攣、癲癇；小頭症的腦容量減少是灰質受到的影響較大，白質受到影響較少；隨年齡增加，整體腦部的血流量較正常低 22%，但是前六個月正常。

6. 因為肌肉無力導致四肢萎縮，走路步伐失調、不穩定，需以輪椅代步，精細動作與粗動作失調。

7. 腦波到三歲通常是正常的，之後開始出現異常。

8. 睡覺時呼吸正常，醒著時，卻出現不規則的呼吸（五到十五歲期間，大部分醒著的時候會呈現週期性呼吸暫停及間歇性呼吸急促），尤其是病人在情緒或生理的壓力下。因為呼吸不正常僅在清醒狀態下發生，因此懷疑是調節呼吸的自動系統受傷，而不是控制睡眠呼吸時的自律系統受傷（Julu et al., 2001）。

9. 不自主的流口水、白天會嚴重磨牙、不太吃東西、便秘；笑瞇瞇、有眼神接觸、喜音樂（王大延，2000；郭恆榮，2000）。

10. 雷特症患者通常體重較低，較多呼吸困難及胃腸症狀，多吞嚥問題，對柔軟會黏的或易脆的食物忍受力低，飲食困難，食慾差（Isaacs, Murdock, Lane, & Percy, 2003）。

二、診斷標準

根據《心理疾病診斷統計手冊》第四版修正版（American Psychiatric Association, 2000）對雷特氏症候群的診斷標準如下（引自楊宗仁譯，無日期）：

1. 下列三項均成立：
   (1)產前及產中的發育顯然正常。
   (2)出生之後前五個月期間的心理動作發展顯然正常。
   (3)出生時的頭圍正常。
2. 在正常發展時期之後，所有下列各項皆開始發生：
   (1)年齡在五到四十八個月之間，頭部生長的速度減緩。
   (2)年齡在五到三十個月之間，失去原先已學會目的取向的手部技巧，之後並發展出刻板的手部運動（如手絞扭或洗手）。
   (3)在病程早期即失去對社會接觸的興趣（雖然之後仍可發展出社會互動）。
   (4)出現協調不良的步法或軀幹運動。
   (5)表達性及接受性的語言發展嚴重損害，並有嚴重心理動作遲滯。

三、病因

早期因雷特症患者通常身高體重不足，所以營養學家及小兒科醫生 K. J. Motil 認為此疾病與食物的消化吸收有關。他發現雷特症的患者都有口部功能異常的現象，他曾使用胃切開手術，將營養劑灌入患者身體，而使其體重從三十磅增加至四十八磅。Motil 也發現雷特症的女孩比一般正常的女孩在睡眠或靜止時，其新陳代謝率較低（相差 23%）（Lee, 1999）。

雷特症的各種病徵屬於退化性的疾病。患者血液中有較高的阿摩尼亞（高氨血症，hyperammonia）。在早期發展期間其中腦、上腦幹及前額血液循環不好，到十二個月時，腦的圓周較小。起初被認為是神經退化的疾病，因為身體發展呈現退化的情況，但是多數的研究證實，雷特症只是神經發展停止而已。

由於患者清一色是女童，所以醫生相信此症狀是與性染色體有關的隱性遺傳疾病。此種現象與 ALD 症候群（影片「羅倫佐的油」即在描述此症狀）及 Lesch-Nyhan 症候群相反，此兩種症狀僅發生於男童身上。

一直到 1999 年左右研究者才發現：存在於 X 染色體中的 Methyl-CpG-binding Protein 2（MECP2）基因與雷特症有關（Baker, B., 1999; Baker, O., 1999）；兒童神經、基因學家 Huda Zoghbi 是第一個公布 Rett 與 MeCP2 關係的人（Gura, 1999）。

　　Lombroso（2000）指出，雷特症是 X 染色體突變，如果是男生，沒有另外的 X 染色體來產生功能性蛋白，所以在胎兒期間就死了；女生因為有另一個 X 染色體可做互補的角色，產生某種程度的蛋白，但是量不足所以出生後幾個月就出現問題。這說明雷特症是清一色女童的原因。

　　Dani 等人（2005）指出，雷特氏症與 MECP2 基因突變有關。其機轉是 MECP2 錐狀體的神經元自發性活動減少，這種減少不是因為神經元內在的本質改變，而是皮層的興奮與抑制的平衡被破壞而傾向抑制。

　　一般而言，雷特症通常為女性，但是雷特症男生偶爾也出現在醫學的報導上。Shute（2002）報導一個家庭，出現女兒及孫女都是雷特症。女兒的母親 Tiffany 也有雷特症的基因，但只出現輕微的學習障礙。Tiffany 後來生了一個兒子，也帶有雷特症的基因，只活到一足歲便死了。從這個悲劇家庭可知：雷特症會遺傳，而帶有雷特症基因的男童是活不了的。進一步說明了為什麼雷特症只出現在女童身上的原因。

　　Clayton-Smith、Watson、Ramsden 與 Black（2000）報導一個活得較久的個案：這個男生的細胞正常，細胞中存在 MECP2 突變的基因，也就是 MECP2 突變的基因以鑲邊的形式存在正常細胞中。該童出生時正常體重 4.1 公斤，頭圍正常，是個滿安靜的嬰兒，好養護。他從不爬行，到十五個月可以走路；兩歲期間開始說單一個字的話；大約滿兩歲開始失去對周遭的興趣及說話能力；三歲開始出現癲癇，核磁共振掃瞄發現腦幹、前額、顳葉萎縮；六歲時，胸腔脊柱側彎，下肢肌肉不良，步態蹣跚，腳小呈藍色且肥大，很少用手，常見將兩手拿到中線，但是沒有明顯扭手的動作，在停止呼吸時會磨牙，經常流口水，笑口常開，是個快樂的兒童，平時用眼睛運動來溝通。

四、病情發展情況

　　Leonard 等人（2005）報告了一個個案：一個女孩初生第一年，父母並無特別困擾，但是到十六個月父母開始不放心，因為他不會自己走路，而且開始

失去先前學會的話，第十七個月第一次跌倒在地上碰到水泥地板，但沒有失去意識。兩歲生日，本來已經會自己吃飯和推玩具車，被重複的手部動作取代，包括永不休止的咬及吸手指。三歲生日後開始出現癲癇，退化也持續進行。七歲死於肺炎。

此症狀的病情發展如下（王大延，2000；Trevarthen et al., 1996）：

出生時身心發展正常，病發時間通常是在半歲到一歲之間。開始以固定型式且可預測的型式退化，停止獲得新技巧，頭部成長退化，開始出現自閉症的症狀，如退縮及眼神接觸消失，對玩具的興趣也消失。

第一階段（六至十八個月），雷特症女童出生時頭圍正常，通常在出生五個半月後，出現腦部發展遲緩，腦愈來愈小，出現畸型的小頭症，身高、體重都呈現退步的現象。九個月開始顯現分心、姿態不良、肢體動作不協調，十二個月後仍有語言，十八個月後語言完全退回或保留一點點。此階段停止獲得新技巧，並開始出現自閉症的症狀如：退縮及眼神接觸消失。

第二階段（一至四歲），開始學得的技巧退化，包括語言及手的運用，逐漸出現不規則的呼吸、軀體及姿態不穩、固定的手部扭動，半數在此時出現癲癇。

第三階段（四至五歲），病情看起來較穩定，其實此時已經退化得差不多，開始發展個人獨特的溝通方式（如用眼睛指示），癲癇常發生。

第四階段（五至十五歲或更大），癲癇變少，但是動作萎縮持續，活動力降低，脊柱側彎。

整體而言，此症在病發後，各種身心功能逐漸退化或發展遲緩：

1. 反應變得遲鈍，引不起好奇和興趣，動機及情緒低落。
2. 語言發展遲滯或語言表達完全喪失，會說話者常因舌頭運動困難而說不清楚。
3. 走路姿勢變得怪異，必須雙腳要張得很開，才能維持平衡。
4. 類似自閉症的退縮、莫名激動。
5. 逐漸喪失嘴巴、手臂、手掌的自主運動，停止抓物品，也不會玩玩具。固定型式的舔物、滑舌，拍手、重複地搓手、扭手。
6. 兩歲時自閉似的退縮及莫名激動停止，但是已呈智障，出現哭笑難分、喃喃兒語的聲音。此時看不出有學習的跡象，沒有自主的手部動作，也

沒有理解語言的徵候。

五、雷特症的治療

　　雷特症退化的過程可以透過各種治療予以改善，目標要放在改善、延緩動作退化的進程，並改善溝通功能。物理治療目標是為了改善走路與平衡，維持全程的運動功能，至少要保持功能性運動，並防止肢體變形；職能治療則要放在促進和改善手部運動；音樂治療和其他輔助性的治療可以促進溝通與選擇活動；騎馬與水療可促進平衡、發展保護性的反應，同時可作為休閒與娛樂。研究顯示，減少重複的手部運動，可以增加敏銳性及集中注意力，同時可以減少激動與自傷行為。間歇性使用手部或肘的夾板，可減少手部運動，並鼓勵優勢的手做有目的的運動。有關間歇性使用手部或肘的夾板，可減少手部運動，並鼓勵優勢的手做有目的的運動。這個物理治療效果是在 1988 年研究成功的，但是 Tuten 與 Miedaner（1989）複製了這個研究，卻發現並無效果，一來沒有增進進食技能，也沒有減少扭手的動作。研究者認為前個研究對象是十五歲，處於發展第四期，而本研究對象是處於發展第二期，可能夾板治療要在年齡較大、較晚期才發生效果。

第四節　兒童崩解症

　　兒童崩解症（childhood disintegrative disorder, CDD）係較新的名詞，過去使用過的名詞有：Heller's syndrome、dementila infantilis、disintegrative psychosis、disintegrative disorder 等。一直到 ICD-10（World Health Organization）與《心理疾病診斷統計手冊》第四版（American Psychiatric Association, 1994）才定名為兒童崩解症。

一、行為特徵

　　此類兒童係 Thcodor Heller 醫生於 1908 年提出。當時他發表文章描述兒童崩解症共同的特徵是：兒童出生後到三至四歲期間各項發展正常，病發之後，呈現進行式的：(1)智力崩解，逐漸變差；(2)生活自理能力崩解，突然地又隨地大小便；(3)動作能力崩解，愈來愈緩慢遲鈍；(4)語言能力崩解，仍能回答，但

是講得很少；(5)神經系統出現障礙，常常有癲癇症狀，偶爾出現幻覺、幻聽；(6)自傷行為等。心情明顯變化、喪失語言、各項能力退化，殊少可能恢復。由發病的時間推斷，使人懷疑是預防注射後導致腦傷所致。

二、診斷標準

1969 年 Heller 醫生建議下列四項診斷標準：(1)病發於三至四歲之間；(2)明顯的智能上及行為上的退化及語言上明顯退化或障礙；(3)伴隨行為或心情上（鬧情緒，過度焦慮、不安、害怕）的症狀及幻覺；(4)沒有明顯的神經功能障礙（正常的面容）。

《心理疾病診斷統計手冊》第四版修正版（American Psychiatric Association, 2000）對兒童崩解症的診斷標準如下：

1. 初生後至少前兩年是明顯正常發展，表現出與生理年齡相當的口語與非口語溝通、社會關係、遊戲及適應行為。

2. 十歲前在下列領域中至少有兩個領域，臨床上顯著喪失先前習得的技巧：

　　(1)表達性或接受性語言。

　　(2)社會性技巧或適應行為。

　　(3)大小便控制。

　　(4)遊戲。

　　(5)動作技巧。

3. 下列領域中至少有兩個領域有功能異常的情形：

　　(1)社會性互動有質的缺陷（例如非口語行為有缺陷，無法發展同伴關係，缺乏社會或情緒的互動關係）。

　　(2)在溝通上有質的缺陷（例如缺乏口語語言或發展遲緩；無法啟動或維持對話；固定而重複地使用某些口語；缺乏各種假裝性的遊戲）。

　　(3)拘限、重複、定型的行為型式、興趣、活動，包括各種定型的動作或習癖。

4. 此症狀無法以其他特定的廣泛發展障礙或精神分裂症加以解釋。

三、盛行率

成因不明，盛行率（prevelence rate）約十萬分之一。男女的比率在 1977 年之前的報告為約 3：1，其後的報告約為 5.5：1，整體評估約 4：1。

四、病情發展

趙文崇（1996）對兒童崩解症的病情發展做如下的描述：

此類兒童在過去亦被歸類為非典型自閉症，但目前也被排除在外。它是屬於退化性的疾病，病童發病於三到六歲之間，發病後，各種身心功能逐漸退化。

兒童期崩解症也是在兒童時期出現的一種廣泛性發展障礙。大部分的小孩是在三到六歲之間發作。類似雷特症候群的患者，小孩發病後逐漸喪失已習得的各式技巧，起先是失去情緒的控制，對環境喪失興趣，明顯的社交退縮的行為出現。同時會有語音語言能力的退化現象，對語言的認知與表達都明顯受到影響，起先是構音、語法的崩解，到最後變得完全瘖啞無聲。運動控制能力的喪失也很明顯，非常被動，無法自己穿衣、繫鞋帶、不會遊戲、大小便失禁等。若發生較晚，一些學齡患童的學業成績突然一落千丈是首先令人注意的現象。隨後各式語言溝通能力的障礙逐漸明顯，有時會有成人失語症的種種特徵。因為有些小孩會出現有視覺、聽覺或嗅覺的幻象，以及一些奇怪的行為，因此有人以精神病來視之。男女病人都有，但此型的發展障礙以男性居多。病程的發展有兩個特徵：第一個特徵是發病後，大概都會在六到十二個月之間，達到病情的頂端，然後逐漸穩定，甚至有些微的恢復，令人覺得病情受到控制的錯覺。然而病情卻不會完全恢復，仍維持有相當的障礙。尤其是語言及社交方面的能力退化，使人容易給予自閉症的診斷。第二個特徵是運動障礙逐漸惡化，起先雖有行動笨拙的表徵出現，但大部分的神經理學檢查仍維持在相當合理正常的範圍之內。但隨著病程的進展，僵直性麻痺、徐動症、肌張力異常及抽搐等等神經症狀逐一出現，到最後完全無法行動，令人考慮是否為代謝性神經退化症之一種變異。

第五節　廣泛發展障礙非其他特定型

《心理疾病診斷統計手冊》第四版修正版（American Psychiatric Association, 2000）對此類兒童的說明如下：

廣泛發展障礙非其他特定型（pervasive developmental disorder not otherwise specified, PDD-NOS）是指，兒童在交互性的社會互動發展，出現嚴重而廣泛的發展障礙，伴隨語言或非語言溝通技巧障礙，或者出現固定型式的行為、興趣或活動，但是鑑定基準未符合特定型的廣泛發展障礙（指自閉症、亞斯伯格症、雷特氏症、兒童崩解症）或精神分裂、分裂型人格異常、逃避型人格異常等障礙之標準。這一類包括非典型自閉症（atypical autism），其行為症狀未符合典型自閉症的鑑定標準，因為症狀出現較晚，非典型的症狀或某項（subtype）症狀未達標準皆是。換句話說，廣泛性發展障礙非特定型通常是指在社會性互動、溝通缺陷、拘限而重複的行為等行為類型與自閉症、亞斯伯格症相同，但是在質量不同，如在眼神接觸上，非特定型的兒童可能比一般兒童較少，但是比自閉症兒童較多。廣泛發展障礙非其他特定型兒童可能比自閉症兒童對他人有更大的興趣，但質與量可能比正常兒童差。他們也可能在語言與社會發展出現遲滯。早期可能出現固定行為，但當兒童語言與社會性互動較多時便消失了。

參考文獻

◎ 中文部分

王大延（2000）。**台中縣自閉症種子教師研習會講義**。

宋維村（1983）。自閉症患者的成長過程。**特殊教育季刊，11**，5-9。

宋維村（1997）。自閉症的診斷和亞型。載於李玉霞（主編），**家長資源手冊**。台北市：中華民國自閉症基金會。

郭恆榮（2000，10月5日）。沉默的天使。**台灣日報**。

楊宗仁（譯）（無日期）。**DSM-IV 雷特氏症候群診斷標準**。取自國立台北師範學院特教中心自閉症網頁。

趙文崇（1996）。由自閉症談幼兒期發展障礙。載於**特殊教育論文集**（第8501
　輯）。台中市：國立台中師範學院特殊教育中心。

◯ 英文部分

American Psychiatric Association (1987). *Diagnostic and statistical manual of mental
　disorders* (DSM-Ⅲ-R) (3rd-R ed.). Washington, D. C.: The Author.

American Psychiatric Association (1994). *Diagnostic and statistical manual of mental
　disorders* (DSM-Ⅳ) (4th ed.). Washington, D. C.: The Author.

American Psychiatric Association (2000). *Diagnostic and statistical manual of mental
　disorders* (DSM-Ⅳ-TR) (4th-TR ed.). Washington, D. C.: The Author.

Baker, B. (1999). Genetic test for Rett syndrome now available. *Family Practice
　News, 29*(23), 7.

Baker, O. (1999). Faulty control gene underlies retardation (Rett syndrome). *Science
　News, 156*(14), 214.

Barnhill, G. P. (2001). Social attributions and depression in adolescents with Asperger
　syndrome. *Focus on Autism and Other Developmental Disabilities, 16*(1), 46.

Baron-Cohen, S., & Wheelwright, S. (2004). The empathy quotient: An investigation
　of adults with Asperger syndrome or high functioning autism and normal sex dif-
　ferences. *Journal of Autism and Developmental Disorders, 34*(2), 163.

Baron-Cohen, S., Richler, J., Bisarya, D., Gurunathan, N., & Wheelwright, S. (2003).
　The systemizing quotient: An investigation of adults with Asperger syndrome or
　high-functioning autism, and normal sex differences. *Philosophical Transactions
　of the Royal Society, Series B, Special issue on "Autism: Mind and brain", 358,*
　361-374.

Beversdorf, D. Q., Anderson, J. M., Manning, S. E., Anderson, S. L., Nordgren, R. E.,
　Felopulos, G. J., & Bauman, M. L. (2001). Macrographia in high-functioning ad-
　ults with autism spectrum disorder. *Journal of Autism and Developmental Disor-
　ders, 31*(1), 97.

Clayton-Smith, J., Watson, P., Ramsden, S., & Black, G. C. M. (2000). Somatic mu-
　tation in MECP2 as a non-fatal neurodevelopmental disorder in males. *The Lan-*

cet, 356. 9232, 830.

Dani, Vardhan, S., Chang, Q., Maffei, A., Gina, G., Rudolf, J. T., & Nelson, S. B. (2005). Reduced cortical activity due to a shift in the balance between excitation and inhibition in a mouse model of Rett syndrome (Neuroscience) (Author Abstract). *Proceedings of the National Academy of Sciences of the United States, 102,* 12560.

Dunn, W., Myles, B. S., & Orr, S. (2002). Sensory processing issues associated with Asperger syndrome: A preliminary investigation. *The American Journal of Occupational Therapy, 56*(1), 97-102.

Emerich, D. M., Creaghead, N. A., Grether, S. M., Murray, D., & Grasha, C. (2003). The comprehension of humorous materials by adolescents with high-functioning autism and Asperger syndrome. *Journal of Autism and Developmental Disorders, 33*(3), 253.

Fombonne, E., Mazaubrun, C. D., Cans, C., & Grandjean, H. (1997). Autism and associated medical disorders in a French epidemiological survey. *Journal of the American Academy of Child and Adolescent Psychiatry, 36*(11), 1561.

Ghaziuddin, M., & Mountain-Kimchi, K. (2004). Defining the intellectual profile of Asperger syndrome: Comparison with high-functioning autism. *Journal of Autism and Developmental Disorders, 34,* 279.

Gray, C. A., & Garand, J. D. (1993). Social stories: Improving responses of students with autism with accurate social information. *Focus on Autistic Behavior, 8,* 1-10.

Gura, T. (1999). Gene defect linked to Rett syndrome. *Science, 286*(5437), 27.

Isaacs, J. S., Murdock, M., Lane, J., Percy, A. K. (2003). Eating difficulties in girls with Rett syndrome compared with other developmental disabilities. *Journal of the American Dietetic Association, 103*(2), 224.

Iwanaga, R., Kawasaki, C., & Tsuchida, R. (2000). Brief report: Comparison of sensory-motor and cognitive function between autism and Asperger syndrome in preschool children. *Journal of Autism and Developmental Disorders, 30,* 169-174.

Jansson-Verkasalo, E., Ceponiene, R., Kielinen, M., Suominen, K., Jantti, V., Linna, S.L., Moilanen, I., & Naatanen, R. (2003). Deficient auditory processing in children with Asperger syndrome, as indexed by event-related potentials. *Neuroscience Letters, 338*(3), 197.

Julu, P. O. O., Kerr, A. M., Apartopoulos, F., Al-Rawas, S., Engerstrom, I. W., Engerstrom, L., Jamal, G. A., & Hansen, S. (2001). Characterisation of breathing and associated central autonomic dysfunction in the Rett disorder. *Archives of Disease in Childhood, 85*(1), 29.

Kadesjo, B., Gillberg, C., & Nagberg, B. (1999). Autism and Asperger syndrome in seven-year-old children: A total population study. *Journal of Autism and Developmental Disorders, 29*, 327-332.

Lawson, J., Baron-Cohen, S., & Wheelwright, S. (2004). Empathising and systemising in adults with and without Asperger syndrome. *Journal of Autism and Developmental Disorders, 34*(3), 301.

Lee, J. (1999). Coping with Rett syndrome. *Agricultural Research, 47*(2), 20-21.

Leonard, H., Davis, M. R., Turbett, G. R., Laing, N. G., Bower, C., & Ravine, D. (2005). Effectiveness of posthumous molecular diagnosis from a kept baby tooth (Case Report) (diagnosing Rett syndrome). *The Lancet, 366*. 9496, 1584.

Lombroso, P. J. (2000). Genetics of childhood disorders: XIV. A gene for Rett syndrome: News flash. *Journal of the American Academy of Child and Adolescent Psychiatry, 39*, 671.

Losh, M., & Capps, L. (2003). Narrative ability in high-functioning children with autism or Asperger's syndrome. *Journal of Autism and Developmental Disorders, 33* (3), 239.

Martin, I., & McDonald, S. (2004). An exploration of causes of non-literal language problems in individuals with Asperger syndrome. *Journal of Autism and Developmental Disorders, 34*(3), 311.

Miller, J. N., & Ozonoff, S. (2000). The external validity of Asperger disorder: Lack of evidence from the domain of neuropsychology. *Journal of Abnormal Psychology, 109*(2), 227.

Muir, H. (2003). Did Einstein and Newton have autism? *New Scientist, 178*(2393), p. 10.

Myles, B. S., & Simpson, R. L. (2002). Asperger syndrome: An overview of characteristics. *Focus on Autism and Other Developmental Disabilities, 17*(3), 132.

Ozonoff, S., Dawson, G., & McPartland, J. (2002). *A parent's guide to Asperger syndrome & high-functioning autism.* New York: The Guilford Press.

Ozonoff, S., Rogers, S. J., & Pennington, B. F. (1991). Executive function deficits in high functioning autistic individuals: Relationship to theory of mind. *Journal of Child Psychology and Psychiatry, 32*, 1107-1122.

Polimeni, M. A., Richdale, A. L., & Francis, A. J. (2005). A survey of sleep problems in autism, Asperger's disorder and typically developing children. *Journal of Intellectual Disability Research, 49*(4), 260.

Rinehart, N. J., Bradshaw, J. L., Brereton, A. V., & Tonge, B. J. (2001). Movement preparation in high-functioning autism and Asperger disorder: A serial choice reaction time task involving motor reprogramming. *Journal of Autism and Developmental Disorders, 31*(1), 79.

Sandler, A. D., Gillberg, C., & de Souza, L. (2002). Head circumference in autism, Asperger syndrome, and ADHD: A comparative study. *Journal of Developmental & Behavioral Pediatrics, 23*(6), 463.

Shahbazian, M. D., & Zoghbi, H. Y. (2002). Rett syndrome and MeCP2: Linking epigenetics and neuronal function (review article). *American Journal of Human Genetics, 71*(6), 1259.

Shute, N. (2002). Wrenching genes (Rett syndrome). *U. S. News & World Report, August, 46.*

Swaggart, G. L., Gagnon, E., Bock, S. J., Earles, T. L., Quinn, C., Myles, B. S., & Simpson, R. L. (1995). Using social stories to teach social and behavioral skills to children with autism. *Focus on Autistic Behavior, 10*(1), 1-15.

Tani, P., Lindberg, N., Nieminen-Von, Taina, W., Wendt, L. V., Alanko, L., Appelberg, B., & Porka-Heiskanen, T. (2005). Actigraphic assessment of sleep in young adults with Asperger syndrome. *Psychiatry and Clinical Neurosciences, 59.*

Trevarthen, C., Titken, K., Papoudi, D., & Robarts, J. (1996). *Children with autism: Diagnosis and interventions to meet their needs*. London: Jessica Kingsley.

Tuten, H., & Miedaner, J. (1989). Effect of hand splints on stereotypic hand behavior of girls with Rett syndrome: A replication study. *Physical Therapy, 69*(12), 1099.

Weimer, A. K., Schatz, A. M., Lincoln, A. I., Ballantyne, A. O., & Trauner, D. A. (2001). "Motor" impairment in Asperger syndrome: Evidence for a deficit in proprioception. *Journal of Developmental & Behavioral Pediatrics, 22*, 92-101.

Williams, K. (1995). Understanding the student with Asperger syndrome: Guidelines for teachers. *Focus on Autistic Behavior, 10*(2), 9-16.

Wing, L. (1981). Asperger syndrome: A clinical account. *Psychological Medicine, 11*, 115-129.

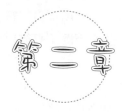

第二章

自閉症的原因及藥物治療

黃金源

第一節 自閉症的原因

造成自閉症的原因，到目前為止，所知不多。唯一可以確定的是：(1)心因論已不被接受，迄今尚未發現任何心理因素會導致自閉症，也就是說，自閉症非心理疾病，也不是沒有教養或不良親子關係造成，生理因素才是造成自閉症的原因；(2)沒有任何單一生理因素足以解釋所有自閉症的諸種症狀，它意味著自閉症是由多種因素造成。不同個案其病因不同，所以藥物治療之效果也因人而異（Ozonoff, Dawson, & McPartland, 2002）。

自 1943 年 L. Kanner 發現自閉症兒童起，一直到 1960 年代為止，心因論最盛行。這時期自閉症兒童的父母最為可憐，因為當時的專家認為：父母對子女冷漠、不關心是造成自閉症的主要因素，在當時自閉症兒童的父母被冠上「冷凍父母」的稱號。根據心因論的看法，將自閉症兒童帶離父母是最好的治療方法，自閉症兒童的父母應該接受教養子女的課程。

後來，發現自閉症並非後天父母親的管教態度不良造成，例如：自閉症兒童並不像受虐兒童對別人的照顧沒有反應，相反的，對照顧他們的人，有情緒性的依附，他們欠缺的是人際互動的彈性，這種缺陷也較難透過溝通而學會。所以他們受損的不是對照顧者維持情緒依附的基本系統，而是負責調節人際互動、友誼的中樞神經系統受損所致。

目前一般學者認為，自閉症是中樞神經系統受損，所引發的終身發展性障礙（Ritvo et al., 1990）。證據顯示自閉症兒童的基本障礙不是來自感覺通路的問題，而是腦部負責分配、聚焦與學習的神經元功能障礙，以致神經接受器無法以正確的方向及適當的敏感度選取刺激，這種神經元功能障礙同時也影響早期的腦部發育及調節情緒。中央網狀組織及相關邊緣系統構成腦部活動及敏感性的調節系統，此系統與選擇性注意、知動協調及記憶等心理功能有關，此外，它還決定感覺通路的活動水準與效能（Trevarthen, Titken, Papoudi, & Robarts, 1996）。底下敘述目前所知，造成自閉症的生理原因。

一、遺傳

(一) 雙生子研究

目前基因圖譜的相關研究尚未能充分證實某些基因與自閉症之關係。有關遺傳造成自閉症的論點，大都只能從雙生子的研究找到證據。早期若干雙生子研究（Bailey, et al., 1995; Folstein & Rutter, 1977; Ritvo, Freeman, Mason-Brothers, Mo, & Ritvo, 1985; Steffenburg et al., 1989）顯示：同卵雙生子同時是自閉症兒童的比率是36%至95%，異卵雙生子同時是自閉的比率則為0至23%。因為不管是同卵或異卵雙生子都擁有同等程度環境因素，同卵雙生子同時出現自閉症兒童的比率較高，足以證明基因是造成自閉症兒童的原因之一。反面來說，同卵雙生子擁有相同的基因，同時出現自閉症的比率不是百分之百，表示環境因素也會導致自閉症。

Greenberg、Hodge、Sowinsk與Nicoll（2001）發現，雙生子同時出現自閉症的比率高於兄弟姊妹，同卵雙胞胎比異卵雙胞胎同時患自閉症的機率也較大。根據台大醫院的研究，在二十一對雙胞胎自閉症兒童中，有十五對兩個都是自閉症，其餘的六對只有一個是自閉症，另一個則不是；而這十五對中的九對是同卵雙胞胎（李玉霞編，1997）。 另外兩宗國外研究結果顯示：36 至 91%的同卵雙生子同時是自閉症，但是並無一對異卵雙生子同時患有自閉症（Mesibov, Adams, & Klinger, 1997）。另有研究報告指出：十一個自閉症者結婚，其中一對雙方都是自閉症，其餘十對是單方自閉症，其第二代共四十八個小孩中，有二十二個是自閉症（引自王大延，2000）。根據上述研究結果說明自閉症與遺傳因素有關。

根據 Ritvo 等人（1990）之大規模調查研究發現：自閉症兒童的弟妹出現自閉症的機率是一般兒童的兩百一十五倍。一個家庭中出現第二個自閉症兒童的機率是 8.6%。假如第一個自閉症兒童是男生，出現第二個自閉症兒童的機率是 7%；假如第一個自閉症兒童是女生，出現第二個自閉症兒童的機率則是 14.5%。這項研究再度證實自閉症與遺傳之關係。

　　英國的研究者 Simon Baron-Cohen 發現：自閉症及亞斯伯格症兒童的優、缺點（如特殊的思維方式、拼圖技能、發現隱藏圖型的能力）都可以遺傳自父母親。這種發現說明，不僅自閉症本身會遺傳，而且與自閉症相關的優、缺點都會遺傳（Ozonoff et al., 2002）。

（二）染色體變異

　　染色體變異與特殊疾病的關係已經有許多研究確定，例如第二十一對染色體變異曾造成唐氏症，這個發現已是久遠的歷史。染色體變異的情況包括：位移（translocation）、斷裂脆弱（deletion）、附著（insert）、左右對換（inverse）、上下顛倒（reversal）等情況（Assumpca, 1998）。

　　自閉症是一種嚴重的神經發展障礙。已有許多染色體變異造成自閉症的相關研究。

　　王大延（2000）整理染色體變異與自閉症有關的情形如下：

　　第二、十九對──亞斯伯格症、典型自閉症。

　　第四、十對──高功能自閉症女童。

　　第十三對──可能低功能自閉症。

　　第十五對──出現最多典型自閉症。Gurrieri、Russo、Giordano、De Vincenzi 與 Neri（2001）研究指出：第十五對染色體異常（即出現三個染色體）也與自閉症有關（引自 Mesibov et al., 1997）。

　　第十七對──亞斯伯格症、兩眼距離過長、多指症、沒有痛覺。最近若干研究指出：HoxA1、HoxB1、Reelin 和 WNT-2 等基因受損是容易造成自閉症的原因。但是 Li 等人（2001）之研究，卻無法證實 HoxA1、HoxB1、Reelin 和 WNT-2 等基因扮演導致自閉症的重要角色。

　　第二十三對──X 染色體脆弱症與自閉症有關。

　　第二十三對染色體屬於性聯染色體（sex-linked chromosome），其變異情

形，包括：XO、XXX、XXY、X 染色體脆弱症（fragile X）等；XO：屬女性，其生命短促、青春期無第二性徵、不孕、智障；XXX：女生自閉症，功能極低；XXY：藍道克力夫症。

X 染色體脆弱症患者在 X 染色體上，有一異常的收縮或裂縫，其面貌通常十分特殊，如大而突出的耳朵、長鼻子、高額頭，還有大睪丸。除上述特徵外，其手指長、僵直、靈活性差，耳朵位置比一般人下面一點，有嚴重過動及攻擊行為，通常是重度智障，男女出現比率是 4：1（王大延，2000）。

X 染色體脆弱症（fragile X syndrome）通常與智障及自閉症有關。Hagerman 等人（1992）研究結果：女性 X 染色體脆弱症患者中約有 25%智商低於七十，約 28%智商在七十至八十四。同時有害羞、較少眼神接觸、注意力缺陷、行為問題。

在整體 X 染色體脆弱症之患者中，約有 10 至 15%呈現自閉症的行為，包括語言發展遲緩、過動、較少眼神接觸、自傷、傷人的行為和同一性行為（李玉霞編，1997）。

(三) PKU（Baron-Cohen & Bolton, 1995）

PKU 是基因引起代謝失調的症狀，此症可能造成智能不足及自閉症，是另一種隱性遺傳，它與漸進性的智能不足有關。假如PKU不治療的話，會發展出自閉症狀；反之，經過飲食治療，自閉症狀會消失，但智能障礙則不會消失（Mesibov et al., 1997）。

(四) 結節性硬化症（tuberous sclerosis）

結節性硬化症是一種顯性基因遺傳，患者身體會出現原因不明的小腫瘤，據估計其中約有 50%是自閉症。Smally、Tanguay、Smith 與 Gutierrez（1992）研究指出：約 39%結節性患者是自閉症，而此自閉症者中九成是中度智障（引自 Mesibov et al., 1997）。Bolton 與 Griffiths 以核磁共振及大腦掃瞄方式比較，研究自閉症患者與精神病患者，發現自閉症患者有較多的結節性硬化症。

(五) 神經纖維瘤（neurofibromatosis）

這也是基因造成，它也是自閉症的原因之一。

二、懷孕及出生時的困難

如高齡產婦；孕婦服用藥物；孕婦第四月至第八月間流血；Rh血型不合等因素；懷孕期超過四十二週（胎兒過度成熟，當母親營養不良時，會將胎便吸入體內而造成腦傷）；羊膜提早破裂、羊水流出；孕婦因高血壓導致妊娠中毒；早產兒或產程有缺氧之狀況等，都可能造成智能不足及自閉症（Baron-Cohen & Bolton, 1995）。

根據Zwaigenbaum等人（2002）的研究發現，自閉症與懷孕、出生時的困難有關，卻非重要因素，家庭因素可能更是直接原因，也就是遺傳因素可能扮演更重要的角色。

對於懷孕及出生時的困難是造成自閉症兒童的原因，也有持相反的意見者。有人認為自閉症及智能不足是造成懷孕及出生困難的原因而非其結果。其證據來自：由於基因病變造成的唐氏症寶寶，其母親在生產時通常有較多的產程困難（Ozonoff et al., 2002）。

另有研究報告指出，胎兒出生序亦與自閉症有關，例如兩個孩子的家庭中的第一胎，或四個兒童以上的第四胎及以後，比較常見自閉症，其原因尚無法解釋（Mesibov et al., 1997）。筆者認為較多的生產困難發生在第一胎，生產困難可能是造成自閉症的原因；第四胎以後出現較多自閉症，可能原因是父母年紀較大，精子與卵子較老化之故。

另一個懷疑是孕婦在嬰兒出生前注射催產素（oxytocin）。此催產素不但可以造成子宮收縮以催生，同時也能增進社會互動行為及依附行為。醫生懷疑嬰兒出生前注射催產素，使得嬰兒本身停止製造催產素，造成兒童未來人際互動困難（Ozonoff et al., 2002）。根據 BBC 廣播製作的「揭開人類心靈的面紗」（brain story）敘述：催產素引起愛情感受，即與愛情有關的模式行為，在哺乳、生產、性高潮時會增高，所以做愛時被壓、乳部被抓、不會有痛感而是快感，母親哺乳期間，乳部被吸有滿足感。相信這是催產素影響大腦的邊緣系統及腦幹，進而產生正向的情緒。

三、病毒感染、藥物或環境中有毒物質

人類胚胎在細胞分裂的初期，染色體會高度擴張、活動力提升。此時很容

易受到外界環境的改變而受到傷害破裂，造成傷害因素包括輻射、感染、化學物或新陳代謝之變化等（Assumpca, 1998）。

(一) 病毒感染

1. 德國麻疹：如在 1960 至 1970 年代之間的研究指出，約有 10%的德國麻疹孕婦所生產的嬰兒演變成自閉症兒童（引自 Ozonoff et al., 2002）。一些科學家相信，母親受病毒或德國麻疹感染，容易造成自閉症兒童。2003 年 Paul H. Patterson 加州科學研究所報告，當母老鼠感染修正過的流感病毒，也會生出自閉幼鼠。

2. 巨大性細胞（cytolomegalovims）病毒，與德國麻疹是兩種被懷疑與自閉症有關的病毒（曹純瓊，1994）。有研究報告指出，六十四個病例中，八個是自閉症，其他則是中重度智能不足（王大延，2000）；有些腦炎（encephalitis）患者也可能表現自閉症兒童的行為（Baron-Cohen & Bolton, 1995）。

3. 風濕性關節炎及其他免疫系統障礙在自閉症家庭特別高，Zimmerman 提到約 30 至 70%的自閉症兒童隱約可見免疫系統異常。哥倫比亞大學 Mady Hornig 研究免疫系統有問題的老鼠注射 thimerosal 疫苗結果出現自閉症行為。此研究僅以動物實驗，是否可推論到人類尚待進一步研究。

(二) 藥物或環境中有毒物質

1. Beth Crowell 生了三胞胎三個都是自閉症，Crowell 不相信基因是自閉症的唯一原因，她懷疑懷孕時曾服安胎藥 terbutaline 可能是原因。還有，一群在 Baltimore 的研究者發現：老鼠餵食 terbutaline 也生出自閉症的老鼠（Parsell, 2004）。

2. 在麻州里奧曼司特（Leomenster）的小鎮，自閉症的情形非常普遍，這裡是全美自閉症比率最高的地方。有趣的是，這裡正好就在一家太陽眼鏡公司煙囪的下風處（楊宗仁譯，無日期），此事隱含環境受有毒物資的污染，可能造成自閉症嬰兒的出生。最近 Reed Warren 博士提出嬰兒早期感染或暴露在有毒的環境造成自閉症的一個可能的解釋：他認為早期感染會誘發免疫系統自動反應，意即免疫系統會主動攻擊自身健康的

細胞如同攻擊外來病毒一樣，因此導致自閉症病變。其原理如同因感染病毒，使得免疫系統攻擊製造因素林的胰臟細胞，而導致糖尿病（Ozonoff et al., 2002）。

3. 三合一疫苗之爭議：1998 年一位英國醫生 Wakefield 首度提及麻疹、腮腺炎、德國麻疹（measles, mumps and rubella）三合一疫苗與腸胃疾病及自閉症之關係，掀起一陣軒然大波。許多父母從媒體得知此訊息後，極為恐慌。不過經過後來的研究結果顯示，三合一疫苗與自閉症的關係，只不過是一種憂慮，並無事實之根據。

下列敘述若干科學的研究報告：

Marwick 與 Mitka 根據其研究指出，三合一疫苗導致自閉症，尚未有科學的證據，若由父母選擇要不要注射，可能使更多的兒童受害。

Halsey 與 Hyman（2001）根據其研究認為：麻疹、腮腺炎、德國麻疹三種疫苗分開注射和同時注射對造成自閉症沒有顯著差異，分開注射卻會延遲對疾病的免疫功效。

Fombonne 與 Chakrabarti（2001）主張：三合一疫苗若會引起新型自閉症，即三合一疫苗造成自閉症伴隨退化及胃腸毛病。則下述六種狀況，至少有一種以上可得到驗證：

1. 兒童崩解症盛行率會增加。
2. 父母初次注意到子女是自閉症兒童的平均年齡，應與三合一疫苗注射的平均年齡接近。
3. 注射三合一疫苗所產生的自閉症兒童普遍會退化。
4. 退化症狀出現的年齡約在三合一疫苗注射後，與沒有退化症狀的自閉症兒童不相同。
5. 會退化的自閉症兒童將呈現有特殊的症候與嚴重症狀。
6. 會退化的自閉症兒童與胃腸病有關。

但是根據他們的研究，無法支持上述的情況存在，所以他們否定三合一疫苗與自閉症的關聯。

另一項在丹麥的大規模研究也發現，三合一疫苗與自閉症沒有任何關聯。此項研究比較 1991 到 1998 年期間，共有 537,000 位兒童注射三合一疫苗與無注射者，得自閉症的比率無顯著的差異（Madsen et al., 2002）。

上述研究終結三合一疫苗造成自閉症的風暴，父母可以放心讓幼兒接受三合一疫苗預防注射。

四、腦傷或功能不全

Ritvo 等人（1990）在猶他州進行一個大樣本的調查研究，發現研究樣本中二百三十三位自閉症兒童中，有二十六位（11%）自閉症兒童屬於罕見疾病兒童，包括由病毒或細菌感染基因變異或新陳代謝障礙所造成，這些兒童都有中樞神經系統（腦傷或功能不全）障礙，其智商也較低。

自閉症兒童是否有腦傷或功能不全，可透過解剖研究或結構影像技術（structural imaging）如斷層掃瞄（CT scan）或核磁共振（MRI）以檢查大腦構造是否異常；或透過功能影像（functioning imaging）技術以檢查大腦的某部分功能是否失常。

從解剖研究發現，自閉症兒童的腦部異常有二：(1)自閉症兒童的小腦細胞顯著較少，宋維村表示，這一缺陷與自閉症兒童的感覺變異有關，例如自閉症兒童常常有觸覺及聲音過度敏感或過度不敏感的情形（引自李玉霞編，1997）；(2)自閉症兒童的邊緣系統區的腦細胞較多，但是其體積較小、密度較大，可能因此異常結構而不能發揮其功能。邊緣系統與人的社會及情緒行為有關（引自 Ozonoff et al., 2002）。

有些專家相信，自閉症兒童的社會性行為缺陷與顳葉受損有關。研究顳葉受損後的猴子，也會表現類似自閉的行為，如無法發展出正常的社會關係、空白的表情、貧乏的肢體語言、缺乏眼神的接觸、固定的行為型態等。自閉症兒童的解剖研究，也發現其顳葉神經元尺寸較小，但每單位的神經元較多（Mesibov et al., 1997）。

根據BBC廣播製作的「揭開人類心靈的面紗」敘述：顳葉受損會激發宗教情操、生命的使命感。視聽幻覺，看到袘的荊冠長著活生生的綠色葉子。有一患者搭乘電梯上下樓梯三小時，只為了要看↑↓上下樓的箭號（這與自閉症兒童的感覺變異有相同情形，是否意味自閉症兒童顳葉受傷造成特別的諸種感覺變異）。

有些研究顯示：自閉症的腦橋或腦幹（前庭核）有問題。這些腦部畸型可由核磁共振發現（李玉霞編，1997；Baron-Cohen & Bolton, 1995）。因此自閉

症兒童有較多比率的感覺統合困難，換言之，自閉症兒童有較多數的感覺變異（包括視覺、聽覺、觸覺及運動覺）。

　　從功能影像研究發現，自閉症兒童的額葉功能異常（此區的電子活動量較低、流入的血流較少），但是此區的大小、形狀、位置並無異常。此區域功能異常造成自閉症兒童對周遭細小改變都會發脾氣，有強迫性要求東西保持原來的樣子，僵硬的問題解決方式，以黑白分明及具體的方式看東西。

　　此外，額葉功能異常與某些自閉症兒童執行功能障礙（executive disorder）有關。所謂執行功能即維持適當的解決問題心理組態，以達成目標的能力，包括計畫、執行、衝動控制、抑制具優勢卻不相干的反應、有計畫搜尋、彈性思考與行動等。自閉症兒童常有執行功能障礙的問題，此障礙與腦部前額功能異常或受傷、腦部化學成分異常有關（Ozonoff, et al., 2002）。

　　「揭開人類心靈的面紗」敘述一個案例：Michael 在越戰受傷，砲彈碎片穿入前額，造成額葉受傷。Michael 受傷前是個聰明有為的青年，但受傷後卻經常無法持續待在一個工作太久即被解僱，目前在醫院當工友，必須在指導下工作，做事無章法，不知在做什麼？為何而做？同時，額葉受傷後，衡量行為的後果能力受損，Michael亂花錢，無法維持兩性關係，無法朝長期目標前進。如果情境組織得好，他可以一步一步走下去，若是情境組織不好，他便行為凌亂。額葉受傷，使他計畫未來、遵循步驟、貫徹執行的能力喪失了。

　　Simon Baron-Cohen 博士（引自 Ozonoff et al., 2002）研究，人類從眼睛解讀到的情緒訊息，正常人大量倚賴amygdala及額葉從事此工作，換句話說，這兩個大腦部位擔負解讀從眼睛來的社會性及情緒的資訊。當自閉症兒童進行解讀從眼睛來的社會性及情緒的資訊時，則額葉的活動較少，amygdala則沒有活動。另一位 Robert Schultz 博士也發現當自閉症兒童看著別人臉孔時，大腦是用解讀物件的部位從事工作，這可能是自閉症兒童到三至四歲還不認得母親臉孔的原因。自閉症兒童可能是藉著其他線索，如母親的聲音來辨別母親與他人。這兩個研究說明，自閉症兒童為何較少與人有眼神接觸以及比較不了解別人的情緒、思想、意圖的原因。此項缺陷專家命名為心智理論（theory of mind）缺陷。

　　Dhossche（1998）曾報告，一個因臍帶繞頸、缺氧所導致的自閉症兒童，正如一般的腦傷兒童，該童到了青春期便併發精神分裂與焦慮症。Rodier

（2001）一篇有關鎮定劑誘發自閉症的研究報告，也指出因服用鎮定劑造成胎兒腦部受傷並導致自閉症。

檢查自閉症兒童的腦波並未發現有異常的現象，若自閉症兒童伴有癲癇，則其腦波異常，此乃是腦傷造成。事實上，多數自閉症兒童伴隨有癲癇的情形，但是常常未被發現，其原因是父母未重視其自閉症兒童是否伴隨有癲癇，未做進一步檢查，另一個原因是癲癇的偵測技術不足。Lewine 等人（1999）利用非侵入性的腦監測技術——腦磁波（magnetoencephalography, MEG），偵測五十位泛自閉症兒童在睡覺時的癲癇發作的情形。這五十位泛自閉症兒童原本僅有十五位被診斷有癲癇，但是腦磁波卻發現有四十一位（82%）有「無症狀」癲癇，而腦電波（electroencephalography, EEG）則只偵測出 68%。

有些研究者指出，自閉症患者的腦容量較大，正常發展的兒童在生命的前幾年腦神經元會被修剪，但自閉症兒童的則無修剪，因而造成腦容量較大。

人類的大腦皮質規範較高層的認知功能，其中包括語言、抽象思考、推理及計畫等，因為這些能力受損是自閉症兒童的主要特徵，因此自閉症兒童腦皮質受傷是合理的推論。

有研究指出，約有 43%的自閉症兒童有頂葉受傷。在非自閉症成人中，因為中風或腫瘤導致頂葉受傷，也會表現自閉症的選擇性注意力缺陷（Mesibov et al., 1997）。

另有研究發現，自閉症兒童的左撇子比正常兒童高。左撇子意味大腦顯示區域在右腦。一般而言，人類的語言集中在左半部，大腦左半部似乎代表智力、文學、邏輯等等，這些都在左腦，而視覺間關係與右半部的大腦有關，自閉症兒童通常語言能力發展受損，卻長於視覺空間技巧（Mesibov et al., 1997），可能基於這個原因。

另一研究發現，語言能力較差的兒童其右腦的活動力增加；反之，語言較好的兒童其左半邊的大腦活動力增強。研究者解釋說，語言能力受損的兒童由於左半邊大腦受損，傷害到左邊大腦的神經元，引起右腦替代性補償，而有較大的活動量，這項研究結果與自閉症兒童語言能力發展受損，卻長於視覺空間技巧相符合。

自閉症兒童常有學者症候群，學者症候群所顯露的本事通常是以右腦半球為主的一些功能，主要屬於非符號、藝術、視覺以及動作方面的才能，包括音

樂、藝術、數學、計算方式及其他各式各樣的能力（潘震澤譯，2002）。1980年，布林克發表了一項戲劇性的報告，他描述了一位正常的九歲男孩，在一顆子彈破壞了他的左腦半球，造成聾、啞及右半身麻痺的意外之後，出現了不尋常的「學者」技能。他能夠修理多段變速的腳踏車，以及設計新玩意兒，例如可以像真人一樣閃躲及快速移動的拳擊用沙包。「揭開人類心靈的面紗」也提到幾個個案因為左腦受傷而顯出從前所沒有的特殊才華，如繪畫的才能。透過這些特殊左腦受傷個案，迸出智慧的火花，對照自閉症兒童零碎天賦，推測出自閉症兒童左腦受傷的結論似乎允當。

五、人體內化學物質新陳代謝失調

有研究指出，自閉症兒童血小板內的 5-HT 值過高。研究者採用 L-dopa 治療，期能改善自閉症狀，但 L-dopa 雖能使血小板的 5-HT 值減少與血小板數量增加，但是自閉症狀卻仍無變化（曹純瓊，1994）。

部分研究指出：自閉症兒童血液和脊髓液中的血清素有過高的現象（李玉霞編，1997；Baron-Cohen & Bolton, 1995）；Piven 等人（1991）也發現自閉症兒童的血清素（serotonin, 5HT）顯著高於一般兒童；另外，有家族史的自閉症兒童，其血清高過於無家族史的自閉症兒童；這些研究顯示，也許血清過高是遺傳性自閉症的徵候。因為血清與腦部發育有關，所以有人懷疑過高的血清素，阻止中樞神經的發展，導致神經傳導的功能受損（Mesibov et al., 1997）。

血清素牽涉到睡眠、痛苦及感覺的知覺、動作功能、食慾、學習與記憶等生理功能。藥物治療如 fenfluramine 可以降低血清，但是對於自閉症狀的改善研究結果並不一致。整體而言，它對於智商、社會性的回應及溝通技巧沒有幫助，但是對過動行為有效減低。

自閉症兒童腦中的因多分（Beta-endorphins）過高。因多分是一種內源胺，人體內部產生的類似鴉片的物質，它與疼痛感覺鈍化有關，被懷疑是自閉症兒童自傷的原因，美國試用 Opiate Antagonist 使因多分作用減少並使神經復活。但是自閉症兒童的因多分是否過高，及因多分是否影響其社會性行為，研究結果尚無定論（Mesibov et al., 1997）。事實上，依筆者之見，自閉症兒童的自傷行為是來自負面情緒之表達，因多分（使疼痛感減弱）頂多是扮演讓自傷行為的「質」加重而已，它並不會增加自傷行為的爆發「量」（次數）。

有研究腦中過多的 opioid 導致自閉症的生化因素異常變化，造成痛覺不敏感及自傷行為。naltrexone naloxone 等藥物使用在動物上，有增加利社會行為（prosocial behavior）如說話、尋求接觸、友善的搖尾巴、理毛等行為。用在自閉症兒童身上可以有效減少積極症狀如過動、攻擊、自傷、固著行為。此外，可以增加說話、尋求接觸、眼神接觸、指出東西、微笑。

William Shaw 博士（楊宗仁譯，無日期）研究白假絲酵母菌可能導致自閉症，也可能使自閉症兒童的行為及健康惡化。健康的細菌限制了腸中酵母菌的成長，若使用過多抗生素摧毀了有益細菌，將使酵母菌呈倍數成長，它會在人體內釋放毒素，癱瘓中樞神經系統及免疫系統。下列行為與酵母菌過度成長有關：混亂、過動、注意力不足、昏睡、易怒、攻擊。健康問題包括：頭痛、胃痛、便秘、脹氣痛、疲勞、憂鬱。

Alan Friedman 就發現自閉症兒童的尿液鑑定出三種汰。其中一種是酪蛋白嗎啡汰（casomorphine 的衍生物），酪蛋白嗎啡是酪蛋白的分解物，存在乳製品中，自閉症兒童食用不含酪蛋白的食物時，臨床症狀有顯著的進步（楊宗仁譯，無日期）。Shattock（1998）指出：鈦汰（peptides）由無法消化的酪蛋白和麩質（gluten）形成。鈦汰是一種生化物質，它會穿過胃壁進入血流，干擾大腦發展，導致自閉症。

多巴胺異常論：一般精神病所服用的藥物（pimozide, haloperidol, L. Amphetamine）是屬於多巴胺阻斷劑，被用來治療自閉症兒童過動、攻擊、分心的症狀。pimozide 有改善過動、抑制不安定的情緒作用，也能改善興趣固定化和增高意願與動機；L. Amphetamine 亦能有效減少過動（曹純瓊，1994）。Haldol 曾經用來消除攻擊、過動及同一性的行為，同時可以增加注意力（宋維村，1997）。由上述報告顯示，自閉症兒童若兼過動症狀，則與腦內的多巴胺分泌過多有關，這是一種合理的推論。

現代許多生化療法，如 DMG、鎂、維生素 B6（Trevarthen et al., 1996）及 B15、腸激素等均可改善自閉症的部分症狀。這些研究成果等於證實：人體生化失調與自閉症有關（曹純瓊，1994；Baron-Cohen & Bolton, 1995）。

Dantini（2002）強調食物過敏與自閉症的關係。在 1970 年代他從事一項食物過敏與自閉症的關聯之研究。研究結果顯示：自閉症如果早期發現，可以單獨經由延緩敏感食物控制而痊癒。他發覺每位自閉症兒童的食物過敏並不相同，

但是牛奶和小麥最為普遍。早期發現自閉症對延緩敏感食物控制的效果最為重要。最近在費城他治療一個自閉症兒童，僅短短六週的食物控制就有顯著的進步。兩年前 Dantini 在鳳凰城東南自閉症研究中心與一群醫師一起工作。這個中心的創始者之一，Cindy Schneidera 博士也相信延緩敏感食物的療法，他第一個用此方法治療的患者，現已完全正常。最近該醫生碰到十二年前治療過的一位自閉症兒童的母親，他的兒子在畢茲堡大學的醫學中心診斷為自閉症，僅僅用兩個月的時間除去敏感食物之後，現在已經是相當正常而且活躍的青年。

第二節　自閉症的藥物治療

　　如前所述，自閉症是生理因素造成的障礙。生理上的缺陷導致後天發展障礙，才是自閉症的主要因素。既然自閉症是生理因素使然，藥物治療便成為自閉症兒童處遇的優先考慮。特教界的一句名言：「醫學的終止，教育的開始」，應用於自閉症兒童教育是十分正確的。自閉症兒童的父母應諮詢醫師考慮藥物治療的可能性或必要性。Katic 博士指出：藥物治療效果有限，它的主要目的應使用於若干症狀的消除，如不專注、過動、諸種強迫性行為、攻擊行為或自傷行為。尤其當這些行為干擾教育處理或參與社會生活時，才考慮藥物治療（Sherman, 2000）。

一、藥物治療

(一) 抗癲癇藥物

　　許多醫生也嘗試使用藥物治療的方法來消除自閉症兒童的伴隨障礙，根據 Aman、Van Bourgondien、Wolford 與 Sarphare（1995）調查研究發現：自閉症這個族群比其他障礙兒童較普遍使用藥物治療（精神病用藥及抗癲癇藥物）。

　　有人估計約 28 至 30%的自閉症兒童會有癲癇，通常發生於青春期（Gillberg, 1991）。有關自閉症兒童的青春期癲癇之症狀，分為有症狀癲癇及無症狀癲癇。無症狀癲癇又稱為隱藏式癲癇，睡覺時可偵測出腦波異常的現象。其表象行為是：發脾氣、攻擊或自傷行為，認知能力退化或青春期前學習狀況良好，到了青春期後學習進步緩慢或沒有進步。Tegretal 被證明為有效的抗癲癇的藥物，此藥物也曾經用來治療攻擊行為（宋維村，1997）。

另一種抗癲癇藥物 valproic 酸，治療成效顯著，自閉症兒童通常比一般兒童有較高比率的癲癇和腦波異常，但無癲癇卻有腦波異常的自閉症兒童仍然受惠於抗癲癇藥物，其原理不明。醫生曾檢查三位無任何生理原因導致自閉症的兒童，且無癲癇的情形，但是睡覺時有腦波異常的紀錄，經過一個月的 valproic acid 治療後，顯著增進社會技巧與語言，經過九個月的追蹤效果仍然持續。雖然自閉症狀未完全消失，卻已不符合診斷標準（Plioplys, 1994）。

Childs 與 Blair（1997）有一篇報告詳細報導，兩位同卵雙胞也是無癲癇症狀，但是在睡覺時腦波不正常，經過 valproic acid 治療後，自閉症狀顯著減少。

（二）精神病藥物之使用

Alain Katic 博士指出：抗精神病的藥物有明顯的臨床效果，但是副作用很大，所以應該作為自閉症治療的最後手段，而非首選。他說：文獻支持抗精神病藥物對攻擊行為及自傷行為的效果，但是副作用很大，影響使用的普及性。

1. 治療攻擊行為的藥物

haloperidol（haldol）曾經用來消除攻擊、過動及同一性的行為，同時可以增加注意力，其副作用是患者會有臉部、下巴、下顎及上肢，會有不自主的抽動，但一旦停藥，則副作用自然消失。

另一個研究，六個自閉症兒童服用 hadolol 五個月後，減少攻擊行為，但是對自傷行為無效（Sherman, 2000）。

Dhossche（1998）研究一位因臍帶繞頸、缺氧所導致的自閉症兒童。該童到了青春期併發精神分裂與焦慮症。後來用藥物 colzapine（400mg/一天）消除攻擊行為、幻覺並增進與人之互動，卻無法消除自閉症狀。

2. 鎮定劑

lorazepzm 對攻擊行為無顯著效果（Alllison, Basile, & MacDonald, 1991）。筆者以為，自閉症兒童多數無語言，攻擊行為是其情緒的表達方式，故鎮定劑無效。

另外，自閉症兒童會有遲發性不自主動作，患者會不自主抽搐、眨眼、嘟唇、吐舌、步伐拖曳、晃頭、蹬腳等動作，可用重鎮靜劑（抗精神病藥物）治療。

3. 抗憂鬱症藥物曾用來消除自閉症兒童的強迫症及固著行為

鋰鹽是躁鬱症的治療藥物，也用來治療出現週期躁鬱症及攻擊行為的自閉症兒童；心理刺激物（如利他寧）或安非他命，有時用來減少過動。

4. 心理興奮劑

許多自閉症兒童都附帶有過動症。心理興奮劑（psychostimulants）對過動症狀的消除有效，但是有副作用，服藥的學童反應量降低，而且食慾降低、體重減輕。有個研究，九位自閉症兒童服用利他能（ritalin）後，顯著降低過動症狀，但是有輕微失眠及食慾降低（Sherman, 2000）。

5. 有關 risperidone 藥物之研究

risperidone 是新一代抗精神病藥物，副作用較少。McDougle 等人（1997）研究短期 risperidone 治療自閉症兒童的安全性與有效性。十八位受試（其中十五位男生，三位女生）接受十二週的治療，樣本包括十一位自閉症，三位亞斯伯格症，一位兒童崩解症，另三位是廣泛發展障礙非特定型；其中有十四位為智能不足。服用劑量 1.8 [+ or -] 1.0 mg／一天。結果其中十二位有好的反應，包括減少重複的行為、攻擊行為、衝動及改善社會互動行為。他們也發現體重增加是其副作用。他們建議進一步用藥物與安慰劑、雙盲、交叉實驗以確認藥物的有效性。

Alain Katic 博士的研究指出，讓二十個自閉症兒童服用 risperidone，九個顯著改善，四個中等程度的改善，但有五個終止服藥因為副作用太大。整體而言，顯著體重增加是副作用（Sherman, 2000）。

俄亥俄州立大學醫學中心（Ohio State University Medical Center, 2002）研究一百零一位自閉症兒童使用 risperidone 的效果。其中四十九位為實驗組，五十一位為控制組，研究結果實驗組 69% 的自閉症兒童有正面效果，激動量表（包括爆發脾氣、心情轉變快速、自傷、攻擊行為）分數明顯降低；控制組則只有 12% 改善。本研究也發現 Risperidone 對過動行為及重複行為也有些許幫助。

6. 有關 naltrexone 藥物之研究

理論上內在的 opioid 功能失調是自傷行為的主因，許多自閉症兒童腦中分

泌過多的 opioid 包括因多芬 beta-endorphins，因而減低對疼痛的感覺，增加自傷行為。naltrexone 是一種因多芬的對抗劑，對於極端嚴重的自傷行為之治療有效，也可以減少過動行為。可是 Katic 指出，若干研究顯示 naltrexone 減少過動行為有些微效果，但對自傷行為無效（Sherman, 2000）。筆者堅持自傷行為來自於自閉症兒童生活的不如意，造成情緒緊張而爆發自傷行為。自傷行為應用功能性評量理解其原因以對症下藥。注射 naltrexone 可能降低自傷行為的程度而非次數。

　　Feldman、Kolmen 與 Gonzaga（1999）鑑於先前若干實驗結果，研究出 naltrexone 對自閉症兒童的語言有所助益，他們用二十四位三至八歲的自閉症兒童為受試，進行為期兩週隨機分配為實驗組及安慰劑組，進行雙盲、交叉的實驗研究，每位自閉症兒童服用 1mg/kg 劑量的 naltrexone，研究發現 naltrexone 對增進自閉症兒童的溝通技巧沒有幫助。

二、生化治療

(一) fenfluramine

　　用 fenfluramine 治療自閉症兒童，主要理論基礎是自閉症兒童血清素較高，服用 fenfluramine 來降低自閉症兒童的血清素，血清素是神經的傳遞物質，此藥物的療效，仍然未經證實。Aman 與 Kern（1989）回顧二十五個有關使用 fenfluramine 治療自閉症兒童的研究，結論指出：fenfluramine 能改善過度活動、不專注、固定行為及社會性關聯。

　　Varley 與 Holm（1990）對六個自閉症兒童接受 fenfluramine 的治療，做兩年的追蹤，發現 fenfluramine 治療引起無數問題而必須終止藥物治療，特別是對藥物的容受性、食慾及體重問題。

　　Aman、Kern、McGhee 與 Arnold（1993）以雙盲交叉實驗，研究二十八位注意力缺陷過動症及智障兒童，分別服用 methylphenidate（0.4 mg/kg/day）、fenfluramine（1.5 mg/kg/day）以及安慰劑為期四週，分別有老師及父母使用評定量表評量效果。由老師評量結果顯示，兩種藥物對行為問題、過動、興奮等都有效果，此外，methylphenidate 對不專注有效。由父母評量結果指出，兩種藥物都對過動、高活動量及行為問題有改善，另外 Fenfluramine 改善興奮及不合適的語言。

(二) 腸促胰激素

　　1998 年一個電視節目聲稱腸促胰激素（secretin）有效治療三位自閉症兒童，燃起父母的無限希望，引起一陣子的狂熱要求為其自閉症兒童注射腸促胰激素。

　　腸促胰激素是一種神經傳導物質，相信可以有效改善自閉症兒童的語文、說話、眼神接觸、睡眠、注意力、穩定情緒、減少自傷行為及過動行為。

　　不過證驗性研究對 secretin 的療效都無法證實，截至 2005 年為止，大部分的研究結果都證明 secretin 在改善自閉症兒童的語言、人際互動、或行為問題上並無顯著的效益。底下列舉若干研究：

　　Ahmad（1999）報導一篇 Adrian Sandler 的研究報告，該研究有五十六位自閉症兒童接受實驗，研究結果證實注射 scretin 並未改善自閉症兒童的症狀。有趣的是父母在得知研究結果後，仍然對 scretin 甚感興趣。推論父母願意嘗試未經證實效果的治療，主要的原因乃自閉症是一種嚴重的障礙。

　　Katic 指出：secretin 看起來是很有希望的一種藥物，但是一項控制的實驗研究發現：secretin 與服用安慰劑的控制組沒有差異（Sherman, 2000）。又根據 2001 年 8 月 *Contemporary Pediatrics* 雜誌報導一項研究，六十四位閉症兒童接受實驗，結果顯示兩劑 secretin 對自閉症兒童的語言、認知及諸種自閉症狀並無效益。

　　有研究指出，secretin 的副作用是注射初期（幾天至幾星期）有過動及攻擊的行為，此外要忍受長年腹瀉之苦（Rimland, 1998）。另有研究指出，注射腸促胰激素可能的副作用包括：紅嘴唇、胸前粉紅斑點（數分鐘後消失），過動、腹瀉、便秘（可能持續數天之久）。

　　但是根據另一個研究報告則說，scretin 的注射相當安全無副作用，對低 Scretin 的自閉症兒童有顯著增進社會性行為。相反地，2001 年 9 月 Repligen Corporation 宣布：對一百二十六位三歲到六歲兒童的實驗研究結果顯示，六十四位兒童在接受性語言、社會功能及整體症狀都有改善（Goodkin, 2001）。

　　根據 Unis 等人（2002）最新的藥效研究結果，仍然證實 secretin 無效。Molloy 等人（2002）將四十二位自閉症兒童隨機分派為兩組，接受雙盲交叉實驗，各組接受 secretin 及安慰劑注射各六週，以比較自閉症兒童語言及行為改善情況。實驗結果顯示 secretin 及安慰劑的效果沒有顯著差異。

2004 年，Repligen 公司為了取得 FDA 的許可，進行一項大規模研究，追蹤一百三十二位從二歲八個月到四歲十一個月的自閉症兒童，每位兒童接受六劑的注射，由家長及心理學家評估自閉症兒童的行為。最後 Repligen 宣布研究結果：secretin 無法證實能有效清除泛自閉症兒童的核心問題。這項研究結果等於宣布 secretin 治療自閉症兒童的研究，應該到此終止。

一年後 Handen、Benjamin 與 Hofkosh（2005）再度使用隨機分配、雙盲、交叉實驗設計，研究八個自閉症兒童使用 secretin 與安慰劑的效果，結果發現實驗組與控制組在行為或其他自閉症核心症狀沒有顯著差異。只有一個自閉症兒童在注射 secretin 三、四週後，在行為及核心症狀明顯改善。

筆者的看法是：泛自閉症兒童其病因複雜，單一藥物對整體自閉症兒童的治療效果有限。但是也不能因此否定腸促胰激素對某部分自閉症兒童的療效。筆者曾詢及若干父母對其自閉症兒童注射腸促胰激素的效果，大部分的父母表示無效，少數父母表示對情緒穩定很有效。因此科學研究如果能確定每位自閉症兒童的病因，對照腸促胰激素藥理機轉，然後進行治療，是最好的辦法。在科學無法做到此地步之前，父母可能要評估經濟負擔與藥物副作用及可能效益，再決定是否做此嘗試。

Secretin 雖然對自閉症的療效一直未受到證實，但是對精神分裂的療效卻受到肯定（Alamy, Jarskog, Sheitman, & Lieberman, 2004; Sheitman, al., 2004）。

Repligen 公司本身於 2004 年度對自閉症兒童療效大規模研究，結果無法證實效用，但是意外發現 secretin 對精神分裂有效，所以準備朝這方面努力。因為有部分重度智障兒童及自閉症兒童伴隨有精神分裂，如這種情形發生，注射 secretin 變得很有意義。

(三) DMG

DMG（dimethylglycine）是一種健康食品，不具毒性，也沒有顯著的副作用，可在食品店中買到。DMG 的藥效包括減少癲癇的發生，降低強迫行為及改善語言。部分兒童服用 DMG 後有過動的現象，如果此現象發生時，可服用 1600mcg 的葉酸以抵消副作用。

筆者曾接觸一個案，自三歲服用此藥物（DMG）到六歲時，語言有極為顯著的進步，個案的父母親對自閉症兒童教育極為關心與用心，將孩子的成長過

程拍攝成錄影帶。筆者曾觀看該童三歲時的表現，那位自閉症兒童三歲時，自閉症狀極為明顯，當時，他在觀看歌唱錄影帶時，只會張嘴、伸舌頭，像要說話狀，但還無語音，到六歲時已經可以和祖母對話，而且有視線接觸，僅僅尚殘留一些隱約可見的症狀。父母宣稱是服用 DMG 的結果。若父母說法是真實的，DMG 對此個案的效果真是有點不可思議。

根據鄭信雄醫師（1992）曾對一百多位自閉症兒童做兩個月的雙盲實驗，結果顯示：

1. 對 69%的自閉症兒童效果良好；31%沒有改善。

2. 對推理和抽象的智力測驗（Toni-II）也顯示進步（增加十一分）。

3. 進步的項目如：激動不安、鬱悶沒精神、重複動作、好動分心和語言失常，在四週內達到顯著有意義的進步。

4. 7%的自閉症有睡眠困難及較激動的現象，可以用葉酸改善。

有關 DMG 對自閉症之療效，筆者上網搜查近二十年之相關研究，僅有一篇，可見 DMG 對自閉症兒童的治療已經沒人感到興趣。

Montgomery（2006）在網路上發現四十年前研究 DMG 對自閉症兒童的效益後，進行一個小規模的試驗研究，得到很有希望的結果，正準備進行另一個大規模研究。

（四）維生素 B6 與鎂

目前的研究結果顯示，B6 對自閉症兒童的效益是，增加眼神接觸，較少自我刺激的行為，對旁邊的事物較有興趣，較少發脾氣，更多語言。

單獨服用巨量 B6 會引起四肢麻痺，加上「鎂」一起服用，便可預防。Pfeiffer、Norton、Nelson 與 Shott（1995）做了一項回顧，獲得結論：B6 加鎂可作為自閉症兒童治療的輔助療法，可以改善神經傳導系統的效能，從而疏解自閉症兒童的症狀。

值得注意的是：大量而長期使用 B6 將導致神經受損，明顯的肌肉衰弱及麻痺；高單位的鎂可能導致不尋常的心跳緩慢及衰弱。

（五）葉酸

葉酸（Folic acid）是維他命 B 群的重要成員之一。在身體內參加細胞中

DNA（去氧核醣核酸）與 RNA（核醣核酸）的合成。自閉症兒童服用葉酸的結果：46%有顯著的效果，它可幫助語言、情緒安定（抗憂鬱及焦慮）、改善睡眠的不安。

三、有關藥物治療結語

綜合上述的研究可知：到目前為止，尚未有藥物可以使自閉症完全痊癒。藉著藥物治療消除自閉症兒童的某些症狀，以增進教育介入的機會是目前可能的作為。有關自閉症兒童藥物治療，蔡逸周提出了下列的基本原則：

1. 藥物治療必須建立在正確的診斷上，有些自閉症兒童伴隨有神經病患（如妥瑞氏症），藥物的選擇必須根據特定的神經病理。

2. 嚴重行為問題或情緒障礙的患者，且對其他形式的治療沒有反應者，才考慮用藥。

3. 不管年齡大小及功能的等級（高、中、低功能），自閉症兒童本身應參與治療的過程。盡量幫助他們了解用藥的目的和理由，這樣可避免他們對用藥產生負面的態度和誤解。例如有些過動兒會因為吃藥而不過動，若一天不吃藥就過動，因為他相信過動是生理原因造成的，必須服藥才能控制。

4. 自閉症兒童的照顧者（家長或老師保育人員）應納入治療程序。他們可提供自閉症兒童功能及對藥物反應的資訊，供醫師用藥的參考，所以他們要被告知藥物治療的原因、可能的藥效及副作用。

5. 藥物的安慰劑（placebo）效果要注意，以決定該藥物是否繼續使用。所謂安慰劑的效果，是指醫師、父母或其他照顧者都可能因為期望而看到藥物的療效，但藥物是否真有療效尚有可議。此即實驗心理學上所稱「霍桑效應」（蔡逸周演講稿，高淑芬、蔡文哲翻譯），應加以注意。

參考文獻

◎ 中文部分

王大延（2000）。台中縣自閉症種子教師研習會講義。

宋維村（1997）。自閉症的診斷和亞型。載於李玉霞（主編），**家長資源手冊**。台北市：中華民國自閉症基金會。

李玉霞（編）（1997）。**家長資源手冊**。台北市：中華民國自閉症基金會。

曹純瓊（1994）。**自閉症兒與教育治療**。台北市：心理。

楊宗仁（譯）（無日期）。**DSM-Ⅳ雷特氏症候群診斷標準**。取自國立台北師範學院特教中心自閉症網頁。

潘震澤（2002）。孤島般的雨人天才。**科學人雜誌**（中文版），**6**，34-45。

鄭信雄（1992）。自閉症兒童的感覺統合教育方案。**特殊教育季刊，42**，11-14。

◎ 英文部分

Ahmad, K. (1999). Secretin may not be effective in treatment of autism. *The Lancet, 354*(9196), 2140.

Alamy, S. S., Jarskog, L. F., Sheitman, B. B., & Lieberman, J. A. (2004). Secretin in a patient with treatment-resistant schizophrenia and prominent autistic features. *Schizophrenia Research, 66*(2), 183.

Alllison, D. B., Basile, V. C., & MacDonald, R. B. (1991). Brief report: Comparative effects of antecedent exercise and Lorazepam on the aggressive behavior of an autistic man. *Journal of Autism and Developmental Disorders, 21*(1), 89-97.

Aman, M. G., & Kern, R. A. (1989). Review of fenfluramine in the treatment of the developmental disabilities. *Journal of the American Academy of Child and Adolescent Psychiatry, 28*, 549-565.

Aman, M. G., Kern, R. A., McGhee, D. E., & Arnold, L. E. (1993). Fenfluramine and methylphenidate in children with mental retardation and ADHD: Clinical and side effects. *Journal of the American Academy of Child and Adolescent Psychiatry, 32*(4), 851.

Aman, M. G., Van Bourgondien, M. E., Wolford, P. L., & Sarphare, G. (1995). Psychotropic and anticonvulsant drugs in subjects with autism: Prevalence and patterns of use. *Journal of the American Academy of Child and Adolescent Psychiatry, 34*(12), 1672.

Assumpca, Jr. F. B. (1998). Brief report: A case of chromosome 22 alteration associated with autistic syndrome. *Journal of Autism and Developmental Disorders, 28* (3), 253-255.

Bailey, A., Le Couteur, A., & Gottesman, I. et al. (1995). Autism as a strongly genetic disorder: Evidence from a British twin study. *Psychological Medicine, 25*, 63-77.

Baron-Cohen, S., & Bolton, P. (1995). *Autism: The fact.* Oxford: Oxford University Press.

Childs, J. A., & Blair, J. L. (1997). Valproic acid treatment of epilepsy in autistic twins. *Journal of Neuroscience Nursing, 29*(4), 244.

Dantini, D. C. (2002). Autism and food allergies (brief article). *Original Internist, 26* (1).

Dhossche, D. (1998). Brief report: Catatonia in autistic disorders. *Journal of Autism and Developmental Disorders, 28*(4), 329-331.

Feldman, H. M., Kolmen, B. K., & Gonzaga, A. M. (1999). Naltrexone and communications skills in young children with autism. *Journal of the American Academy of Child and Adolescent Psychiatry, 38*(5), 587.

Folstein, S., & Rutter, M. (1977). Infantile autism: A genetic study of 21 twin pairs. *The Journal of Child Psychology and Psychiatry, 18*, 297-321.

Fombonne, E., & Chakrabarti, S. (2001). No evidence for a new variant of Measles-Mumps-Rubella-Induced Autism. *American Journal of Psychiatry, 108*(4), 991.

Gilberg, C. (1991). The treatment of Epilepsy in autism. *Journal of Autism and Developmental Disorders, 21*(1), 61-87.

Goodkin, J. A. (2001). Secretin and autism, again (evaluation of secretin treatment for autism). *Contemporary Pediatrics, 18*(10), 16.

Greenberg, D. A., Hodge, S. E., Sowinsk, J., & Nicoll, D. (2001). Excess of twins among affected sibling pairs with autism: Implications for the etiology of autism. *American Journal of Human Genetics, 69*(5), 1062.

Hagerman, R. J., Jackson, C., Amiri, K., Silverman, A. C., O'Connor, R., & Sobesky, W. (1992). Girls with fragile X syndrome: Physical and neurocognitive status and outcome. *American Journal of Psychiatry, 89*(3), 395.

Halsey, N. A., & Hyman, S. L. (2001). Measles-Mumps-Rubella Vaccine and Autistic Spectrum Disorder. Report from the new challenges in childhood immunizations conference convened in Oak Brook, IL, June 12-13, 2000. *American Journal of Psychiatry, 107*(5), 1174.

Handen, Benjamin, & Hofkosh, D. (2005). Secretin in children with autistic disorder: A double-blind, placebo-controlled trial. *Journal of Developmental and Physical Disabilities, 17*(2), 95.

Lewine, J. D., Andrews, R., Chez, M., Patil, A. A., Devinsky, O., Smith, M., Kanner, A. et al. (1999). Magnetoencephalographic patterns of epileptiform activity in children with regressive autism spectrum disorders. *American Journal of Ps ychiatry, 104*(3), 405.

Li, J., Tabor, H. K., Nguyen, L., Gleason, C., Lotspeich, L. J., Spiker, D., Risch, N., & Myers, R. M. (2001). Lack of association between HoxB1, Reelin and WNT-2 Gene Variants and Autism in 110 Multiplex Families. *American Journal of Human Genetics, 69*(4), 576.

Madsen, K. M., Hviid, A., Vestergaard, M., Schendel, D., Wohlfahrt, J., Thorsen, P., Olsen, J., & Melbye, M. (2002). A population-based study of measles, mumps, and rubella vaccination and autism. *The New England Journal of Medicine, 347* (19), 1477.

McDougle, C. J., Holmes, J. P., Bronson, M. R., Anderson, G. M., Volkmar, F. R., Price, L. H., & Cohen, D. J. (1997). Risperidone treatment of children and adolescents with pervasive developmental disorders: A prospective, open-label study. *Journal of the American Academy of Child and Adolescent Psychiatry, 36*(5), 685.

Mesibov, G. B., Adams, L. W., & Klinger, L. G. (1997). *Autism: Understanding the disorder*. New York: Plenum Press.

Molloy, C. A., Manning-Courtney, P., Swayne, S., Bean, J., Brown, J. M., Murray, D. S., Kinsman, A. M., Brasington, M., & Ulrich, II C. D. (2002). Lack of benefit of intravenous synthetic human secretin in the treatment of autism. *Journal of Autism and Developmental Disorders, 32*(6), 545.

Montgomery, A. (2006). *Learning Disability Practice, 9*(2), 34.

Ohio State University Medical Center (2002). *Medication effective in treating children with autism*. Ascribe Higher Education News Service, July 31, 2002 pNA.

Ozonoff, S., Dawson, G., & McPartland, J. (2002). *A parent's guide to Asperger syndrome & high-functioning autism*. New York: The Guilford Press.

Parsell, D. (2004). Assault on autism: Scientists target drugs and other environmental agents that may play a role. *Science News, 166*(20), 31.

Pfeiffer, S. I., Norton, J., Nelson, L., & Shott, S. (1995). Efficacy of vitamin B6 and magnesium in the treatment of autism: A methodology review and summary outcomes. *Journal of Autism and Developmental Disorders, 25*(5), 481-493.

Piven, J., Tsai, G., Nehme, E., Coyle, J. T., Chase, G. A., & Golstein, S. E. (1991). Platelet serotonin: A possible marker for familial autism. *Journal of Autism and Developmental Disorders, 21*(1), 51-58.

Plioplys, A.V. (1994). Autism: Electroencephalogram abnormalities and clinical improvement with valproic acid. *Archives of Pediatrics & Adolescent Medicine, 148*(2), 220.

Rimland, B. (1998). The use of secretin in autism: Some preliminary answers. *Autism Research Review International, 12*, 4.

Ritvo, E. R., Freeman, B. J., Mason-Brothers, A., Mo, A., & Ritvo, A. M. (1985). Concordance for the syndrome of autism in 40 pairs of affected twins. *American Journal of Psychiatry, 142*, 74-77.

Ritvo, E. R., Mason-Brothers, A., Freeman, B. J., Pingree, C., Jenson, W. R., McMahon, W. M., Petersen, P. B. et al. (1990). The UCLA-University of Utah Epidemiologic Survey of Autism: The etiologic role of rare diseases. *American Journal of Psychiatry, 147*(12), 1614.

Rodier, P. M. (2001). Autism gene (mutation of HOXA1 gene may be a cause of autism). *The Brown University Child and Adolescent Behavior Letter, 17*(3), 2.

Shattock, P. (1998). Gut reaction (peptides linked to autism). *New Scientist, 158*. n2139, 42.

Sheitman, B. B., Knable, M. B., Jarskog, L. F., Chakos, M., Boyce, L. H., Early, J., &

Lieberman, J. A. (2004). Secretin for refractory schizophrenia. *Schizophrenia Research, 66*(2), 177.

Sherman, C. (2000). Drugs should play adjunctive role in autism. *Family Practice News, 30*(5), 45.

Steffenburg, S., Gillberg, C., & Hellgren, L. et al. (1989). A twin study of autism in Denmark, Finland, Iceland, Norway and Sweden. *Journal of Child Psychology and Psychiatry and Allied Disciplines, 30*(3), 405-416.

Trevarthen, C., Titken, K., Papoudi, D., & Robarts, J. (1996). *Children with autism: Diagnosis and interventions to meet their needs.* London: Jessica Kingsley.

Unis, A. S., Munson, J. A., Rogers, S. J., Goldson, E., Osterling, J., Gabriels, R., Abbott, R. D., & Dawson, G. (2002). A randomized, double-blind, placebo-controlled trial of porcine versus synthetic secretin for reducing symptoms of autism. *Journal of the American Academy of Child and Adolescent Psychiatry, 41*(11), 1315.

Varley, C. K., & Holm, V. A. (1990). A two-year follow up of autistic children treated with fenfluramine (case study). *Journal of the American Academy of Child and Adolescent Psychiatry, 29*(1), 137.

Zwaigenbaum, L., Szatmari, P., Jones, M. B., Bryson, S. E., MacLean, J. E., Mahoney, W. J., Giampiero, B. G., & Tuff, L. (2002). Pregnancy and birth complications in autism and liability to the broader autism phenotype. *Journal of the American Academy of Child and Adolescent Psychiatry, 41*(5), 572.

Rutledge.

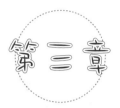

自閉症兒童的認知變異及教育對策

黃金源

    1943 年 Kanner 指出自閉症兒童的主要特徵：人際互動困難、語言變異、缺乏象徵性遊戲，此三項特徵一直是鑑定自閉症兒童的重要指標（American Psychiatric Association, 1994, 2000）。然而隨著研究者對自閉症兒童的了解，上述三項特徵已被認為是自閉症兒童的次級障礙或衍發性障礙。導致此衍發性障礙的根本原因稱之為基本障礙，它包括情緒知覺障礙、心智理論缺陷、執行功能缺陷（Ozonoff, Pennington, & Rogers, 1991）上述三項障礙屬於認知障礙。自閉症兒童除了上述基本認知障礙外，還並存其他認知功能變異，本文將詳細闡述，並說明因應對策。

第一節　一般認知功能變異

一、普通智力功能變異

    根據眾多研究報告指出，約有 70 至 80%的自閉症兒童是智能不足，換言之，約有 20 至 30%的自閉症兒童之智力正常。那些兼具智能不足的自閉症兒童中，約有 70%屬於中度或重度智障（趙文崇，1996）。另有報告指出自閉症兒童的智力分布，約有二分之一是重度智障；四分之一是中度智障；五分之一是輕度智障；只有6%在智商七十以上。不同的報告其結果不同，但是至少70%

以上的自閉症兒童是智能障礙則是共同的看法。

教育對策

針對中、低功能的自閉症兒童而言，其課程仍以社區本位課程（community based curriculum）較為適當，以協助他們獨立或半獨立生存於社區中。社區本位課程是專為中度智障兒童設計的課程，是屬於功能性課程的一種，但是課程設計的理論基礎，是重度智障兒童通常會生、長、老、死於社區之中，而且其學習能力低落，不可能學會所有生存於現代社會的各種技能，所以將課程的內容限制在生存於所在社區所必要技能。社區本位課程的教學原則如下：

1. 與生理年齡相當原則（chronological appropriate）：即依據學童的生理年齡來決定教學的內容，例如：一般兒童五歲時，大都會自己穿衣服，那麼也需要教導重度智能障礙兒童學會穿衣服。

2. 零推論原則（zero reference）：
   (1)自然環境（natural environment）：如要教導學童看紅綠燈過馬路，就必須在馬路上直接教導。
   (2)生態效度（ecological validity）：教導該童所居住社區能使用的技巧。
   (3)特定作業（task specific）：教導該童學會使用居家及所在社區的設備。

3. 修正（adapting）與支持（supporting）。

4. 功能性原則：應教導每日生活必須使用的技巧。

5. 部分參與原則（partial participation）。

社區本位課程內容有：(1)生活自理技巧；(2)居家生活技巧；(3)社區生活技巧；(4)溝通技巧；(5)休閒技巧；(6)功能性學術課程。有關社區本位課程筆者將出專書，即將出版敬請期待。

自閉症兒童的智力是操作智商（performance IQ）高於語言智商（verbal IQ）。因為自閉症兒童的語言能力受損，所以在智力測驗上的表現，語言智商自然吃虧。在魏氏智力測驗的語言測驗部分：自閉症兒童在數字記憶廣度分測驗（屬於短期記憶能力）上的表現，比其他分測驗較為優異。在語言理解分測驗（評估社會性知識，同時需要用語言表達）表現最差。除了語言理解分測驗外，在類同與詞彙兩個分測驗上自閉症兒童相對較差。若將自閉症兒童與接受性語言發展障礙的兒童相比較，自閉症兒童在這三方面的表現仍較遜色（Green,

Fein, Joy, & Waterhouse, 1995）。

Rutter（引自 Green et al., 1995）認為，自閉症兒童的基本認知缺陷在序列資訊處理與抽象化訊息。運用考夫曼兒童智力測驗（Kaufman Assessment Battery for Children）及魏氏智力測驗的部分分測驗（WISC-subtest）評估自閉症兒童的序列訊息處理能力與同時訊息處理能力，發現前者顯然是較大缺陷。

自閉症兒童的優勢認知功能是視—空間知覺，視知覺的組織能力，視知覺區別學習能力、動作技能及視動統整能力。在魏氏智力測驗上圖形配置與方塊設計上表現較為優異（Green et al., 1995）。許多自閉症兒童在拼圖上常常有優異表現，有些自閉症兒童的拼圖能力十分突出，在倒置圖案的狀況下仍可正確完成拼圖。有些自閉症兒童的建構能力極佳，可以輕易地拆除複雜機器（如錄音機）並重新組合。有些父母報告：其子女對地圖的記憶及認路線的能力極強。身體平衡能力優秀，也是自閉症兒童殘存能力之一。

所以要知道自閉症兒童的智能，最好以操作智商推估較為準確。在解讀自閉症兒童的智力測驗之結果，宜考慮此項變數。

教學時應從自閉症兒童的優勢能力入手，譬如拼圖遊戲、音樂律動、圖片教學、圖文並茂的書籍等，以提升教學成效及自閉症兒童的自信心。

圖片兌換溝通系統（picture exchange communication system, PECS）是針對中、低功能自閉症幼兒，教導功能性溝通與人際互動的教學策略。自閉症幼兒通常無口語能力，要教導使用手語或圖片替代性溝通，都很困難。圖片兌換溝通系統確實是極為優秀的教學策略，本書將闢專章討論。

二、零碎天賦

自閉症兒童可能具有計算、音樂、藝術、機械能力、空間關係、機械性記憶、記憶地圖、拼字、發音、聲調辨別等特殊才能。

少數自閉症兒童有十分優秀的機械性記憶力（rote memory）。根據筆者所接觸的個案顯示：有些自閉症兒童有極優秀的認路能力；有的擅長於記住家中每把鑰匙的歸屬；有些自閉症兒童會過目不忘地記住電話簿上的電話號碼；或是電視上的廣告詞。

有位自閉症兒童的父親告訴筆者：「他的兒子不管聽國語、台語、日語、英語或客家語的歌曲，只要聽過一遍，便可以唱出該歌曲的歌譜與歌詞。他家

中的兩百多部影片,隨意抽取一部影片,他都可以說出影片中的每一幕場景。」這顯示該學童具有照相式記憶的能力。這位父親還說:在該兒童三歲的時候,打魔術方塊,打了兩萬多分。這又顯出該童的手眼協調能力遠遠超乎常人。

曾有一個個案在觀看過紐約的聯合國大廈後,竟然可以如照相般地,鉅細靡遺的畫出整棟大廈(Frith, 1989)。還有位自閉症兒童在看過聖保羅教堂及艾菲爾鐵塔後,將此二景重現於畫紙(Frith, 1989)。這種超強的記憶力,筆者稱之為照相式記憶。因為他們能夠只見聞一次,便能絲毫不變地影音重現。有一位亞斯伯格症兒童在小學四年級時,憑著記憶(非實物素描)畫出各種昆蟲,畫得維妙維肖,簡直如照相一般(包括大小之比率及光線之投影),這種驚人的記憶力即使是資優生也是望塵莫及。

有些自閉症兒童有超常的計算能力,能用心算快速且正確的算出三或四位數以上的加、減、乘、除或開平方。

筆者在屏東時親眼目睹過一位自閉症兒童,能立即說出筆者詢問的任何日期是星期幾?乍看之下,像似該自閉症兒童記憶當時在校長手上的年曆一般,但是他們也能說出好久之前的日期,甚至未來的日期,他們似乎知曉其法則並以超快速度計算出來,這種計算速度比掌上型計算機更快(Baron-Cohen & Bolton, 1995)。

私立惠明學校的老師提及:該校有位視多重障兒童及另一位視障兒童均有此種能力。視障兒童既然看不見年曆,自然不會用記憶的方式,記住所有的日期。可見他們是用計算的方式,算出哪一天是星期幾?

到底這些學童他們是憑記憶或計算得知某日是星期幾?這個謎題在筆者(黃金源,2003)曾親自與兩位亞斯伯格症兒童對談,才得到解答。自閉症兒童之所以能計算所有年代的哪一天是星期幾,乃是因為萬年曆的週期是二十八年,所以只要記住這二十八年的每一天是星期幾,那麼他們就可以向前或向後推算任何年份的哪一天是星期幾?所以幾世紀前或幾十年後的哪一年哪一天是星期幾,都可以正確算出。但是要記住二十八年中每個日子是星期幾,也是需要超強的記憶力才能做到。

自閉症兒童的零碎天賦最近被稱為「學者症候群」(savant syndrome),他們整體的心智有所缺失,卻不相稱地具有孤立的驚人能力及才華。

學者症候群所顯露的本事通常是以右腦半球為主的一些功能,主要屬於非

符號、藝術、視覺以及動作方面的才能，包括音樂、藝術、數學、計算方式及其他各式各樣的能力（潘震澤譯，2002）。

下面三個例子引自〈孤島般的雨人天才〉（潘震澤譯，2002）一文：

個案 1：Lemke 是位音樂演奏名家。十四歲那年，他在電視上播放的電影裡首次聽到了柴可夫斯基的第一號鋼琴協奏曲，過了幾個小時，他就把這首曲子如行雲流水般毫無錯誤地彈了出來。萊姆克從來沒有學過鋼琴，到目前為止也沒上過一堂課；他眼睛失明並且患有腦性麻痺。萊姆克顯然擁有照相式記憶及靈巧的心理動作（psychomotor）能力。

個案 2：克雷蒙對於看過一眼的動物，不管時間多短暫，都能創造出完美的蠟像。克雷蒙這種表現，除了驚人的照相式記憶外，還要有靈巧的精細動作（fine motor）能力。

個案 3：Peek 是個行動百科全書，腦子裡記著超過七千六百本書的內容。他可說出：經過美國每個都市、城鎮或是郡縣的高速公路編號，還包括電話及郵政的區域出生年月日，他會告訴你哪一天是星期幾，以及你滿六十五歲「可以退休」的那天是星期幾。皮克的表現顯示：他具有照相式記憶及計算能力，可知道號碼、電視台的代號，以及當地的電話網路公司名稱。

底下是另一個個案，顯示他的驚人記憶力。

自閉症的 Steven 十一歲時，只坐一次直升機就畫出從空中俯瞰的倫敦空中鳥瞰圖，準確到連主要建築的窗戶數都一樣！現在到羅馬做測試，從未到過羅馬的 Steven，只在空中坐四十五分鐘的直升機後，就以三天的時間，在 4.5 碼（4.11 公尺）長的紙上，畫出非常精確的鳥瞰圖，讓人難以置信。

1980 年，布林克發表了一項戲劇性的報告，對於左腦半球的變化可能引發

學者症候群的重要性，提供了更多可信的證據。布林克是美國加州克拉夫頓丘學院的心理學家，他描述了一位正常的九歲男孩，在一顆子彈破壞了他的左腦半球，造成聾、啞及右半身麻痹的意外之後，出現了不尋常的「學者」技能。他能夠修理多段變速的腳踏車，以及設計新玩意兒，例如可以像真人一樣閃躲及快速移動的拳擊用沙包。

美國加州聖地牙哥「自閉症研究院」的林姆藍，也提出支持這種說法的證據。林姆藍手頭擁有全世界最大的自閉症資料庫，其中有超過三萬四千人的資料。他觀察到，自閉症患者最常出現的學者技能，與右腦半球的功能有關；而缺失最嚴重的能力，則與左腦半球的功能有關（潘震澤譯，2002）。

BBC廣播所拍攝的影片「揭開人類心靈的面紗」也提到幾個個案因為左腦受傷而顯出從前所沒有的特殊才華，如繪畫的才能。

透過這些特殊左腦受傷個案，迸出智慧的火花，對照自閉症兒童零碎天賦的說法，推測出自閉症兒童左腦受傷的結論似乎允當。

教育對策

自閉症兒童的零碎天賦應好好利用。有位路癡的媽媽碰巧有位認路十分優秀的自閉症兒童，每回外出時，都帶著自閉症兒童陪同，作為衛星導航裝置。

如前面所敘述那位自閉症兒童，可聽五種語言的歌曲，且只要聽一遍，就可以語音重現，具有這樣的音樂才賦，加上手眼協調能力極佳（該童在三歲時打魔術方塊獲得兩萬分以上的成績），事實上可以引導他成為演奏家或歌唱家。

有位自閉症兒童記憶力極好而且對汽車非常有興趣，他可以說出市面上任何廠牌、任何型號的車其出廠的時間、價格、馬力等等與汽車有關的各項資訊。因為該生其他能力普通，很難在學業上有好表現，所以他爸爸準備誘導他成為汽車銷售員。

單獨擁有優秀記憶力的自閉症兒童，將來可以充當圖書館或倉儲管理員。

BBC廣播所拍攝的自閉症影片中，描述一位超強記憶力及優秀的嗅覺區辨能力的自閉症兒童，後來運用此二項能力成為優秀的香水鑑賞師。

又如 Temple Grandin 利用其優秀的記憶力及對動物的狂熱興趣，成為世界知名的動物學家。

在台灣，筆者曾與一位亞斯伯格症兒童的父母詳細討論過，善用他兒子智

慧的火花，使他成為生物學家。因為他的兒子有極強烈的興趣在昆蟲的探究，他對昆蟲的學名及其生態之知識極廣，對昆蟲標本製作迅速精美，對昆蟲的繪畫維妙維肖。但是父母感嘆：在台灣的教育制度，比較難於讓他的兒子發揮所長，因為他的兒子除了對昆蟲感到興趣外，對所有學科則興趣缺缺，難於在聯考中過關，要就讀高中都有問題，何況進入大學更不可能。

這些問題是值得我們省思。

三、執行功能障礙（executive function disorder）

執行功能通常是指個體暫時解除受制於當前環境，代之心理表徵引導行為，維持合適解決問題的心理狀態，以便達成未來目標的能力，這種能力包括計畫、設定目標、撰寫執行細則；執行；衝動控制、抑制不相干的反應；有組織的搜尋；彈性的思考與行動（因人、事、物、時、地採取適當的因應措施）；記取教訓、預測可能行為結果與採取對應行動等能力，使得個體能隨機應變及未雨綢繆（Ozonoff et al., 1991）。

《基度山恩仇記》是一本世界名著，敘述一位年輕人受到朋友陷害，被抓去巴士底獄，後來挖地洞逃出監獄，然後展開一連串計畫精密的報復行動。本書所描述的主角就是執行功能極佳的人。

執行功能的機制在大腦額葉（frontal lobes）。若大腦額葉受傷，會喪失計畫、執行、彈性的功能，無法設定目標、設定執行的方式、彈性變化。Michael在越戰受傷，砲彈碎片穿入前額，結果受傷前是聰明有為的青年，但受傷後無法待在同一個工作太久，因為被解雇。目前在醫院當工友，必須在指導下工作，做事無章法，不知在做什麼？為何而做？額葉受傷後，衡量行為的後果能力受損，亂花錢，無法維持兩性關係，無法朝長期目標前進。如果情境組織的好，他可以一步一步走下去，若是情境組織不好，他的行為凌亂。額葉受傷，計畫未來、遵循步驟貫徹執行的能力喪失了（英國 BBC 廣播，2003）。Satish、Streufert 與 Eslinger（2006）運用策略管理刺激作業測驗（The Strategic Management Simulation, SMS），研究腦傷後遺症患者的執行功能，包括：策略功能、活動水準、資訊的利用、緊急情況反應、計畫、決策的廣度等。研究結果證實腦傷患者在這些能力顯著低下。

額葉之前額皮質（prefrontal cortical regions）特別關聯規範社會行為、情緒反應、社會性對談。額葉受損的病患常常表現缺乏領悟力、社會孤立、冷淡的情感、不尊重社會規範，在社會性交談中，他們常常加入不相干的話題。最近研究顯示：兒童期額葉損傷，常造成不理解別人觀點、未能展現合適的擬情（empathy）反應。

亞斯伯格症兒童（屬於泛自閉症的一種）的語言缺陷，最主要出現在語用的困難（正確使用語言於社會背景中）及對談的能力。亞斯伯格症兒童常常表現漫長的自言自語，對聽者的興趣需求漫不關心，難於組織談話內容使聽者易於明白，談話時常加入不相干題材、忽略重要相關細節，背誦事實的知識而未加以統整、關聯，使成為有意義的談話內容。此兩項缺陷與額葉受傷的兒童表現相同。

由於執行功能缺陷使得亞斯伯格症兒童常常表現漫無目的的活動與說話（speech）；僵硬、無彈性、固執；堅持固守不變的生活常規；不容許環境細微的改變；環境細微變動，會引發重大挫折；一再重複定型的行為；只注意細節、不看大局；容易被細小東西分心；狹隘的興趣；衝動、不易控制行為反應；可能擁有龐大知識，卻不知如何做有意義的運用（Ozonoff, 1995）。

Steel、Gorman 與 Flexman（引自 Ozonoff, 1995）研究高功能自閉症兒童的執行功能障礙，發現有較多的固著反應，解決問題的策略較僵硬而缺乏彈性。Prior 與 Hoffman（引自 Ozonoff, 1995）研究自閉症兒童及青少年發現：自閉症兒童在迷津測驗得分表現較差，顯現計畫能力及從回饋經驗改變問題解決策略能力的缺陷，他們缺乏從錯誤經驗記取教訓，固著於錯誤的解決問題之策略，反覆犯同樣的錯誤，無法發展新策略解決問題。他們在圖形描繪上顯得較注意細節，而非整體圖形。

教育對策

為了解決自閉症兒童執行功能障礙所造成的人際互動的困難，C. Gray 於1993 年發明社會故事教學法（Gray & Garand, 1993）。後來的實徵研究證實成效不錯（陳淑萍，1998）。有關社會故事教學法請參看本書〈社會故事教學法的理論與實務〉一章。父母或老師若要為自閉症兒童撰寫社會故事，可參考筆者所編《社會故事——自閉症兒童的教學法》（黃金源，2002）一書，該書附

有各教學領域社會故事範例。

四、狹隘的認知（又稱之為過度選擇，山洞式視野）

　　人類透過感官收錄外界的刺激以取得訊息。一般人通常可以同時眼觀四面、耳聽八方，甚至手到、眼到、口到、心到。換言之，通常人們可以同時接受各種感官所接受的訊息。但是許多自閉症兒童只能注意不同訊息管道（如視、聽、嗅、觸等）中的某一管道的訊息，或同一訊息管道中，某一部分的訊息，或一個刺激中的一小部分（王大延，1994；Green et al., 1995）。此一現象首度於 1979 年 UCLA 的一群專家（Lovaas, Koegel, & Schreibman, 1979）所提出。專家們相信：這就是為什麼自閉症兒童的父母常常會懷疑其子女是耳聾的原因。由於神經系統不成熟，自閉症兒童比較難於同步處理視覺及聽覺的訊息輸入，因此在教學時，不要要求他們邊看、邊聽。

　　自閉症兒童狹隘的認知可由下列兩個實驗獲得理解：

　　實驗一：說明自閉症兒童只能注意不同訊息管道（如視、聽、嗅、觸等）中的某一管道的訊息。實驗的第一階段：實驗者同時呈現視覺（燈光）、聽覺（聲音）及觸覺（在小腿上加壓力），然後教自閉症兒童對上述刺激做反應，並以糖果作為增強物增強對刺激做反應的行為。當所有的自閉症兒童學會對刺激做反應時，便進入實驗的第二階段，實驗者分開呈現視、聽及觸覺的刺激，然後要求自閉症兒童對刺激做反應。結果發現：某部分自閉症兒童只對視覺刺激做反應；另一部分自閉症兒童只對聽覺刺激做反應；另一部分自閉症兒童則只對觸覺刺激做反應。

　　實驗二：說明自閉症兒童可能只對同一管道的刺激中的某一部分做反應。實驗的第一階段：實驗者讓一群自閉症兒童學會分辨男女芭比娃娃。當受試可以完全正確分辨男生女生後，實驗者將男女的芭比娃娃的頭髮對調，其餘的部分保留不動。實驗者於是詢問自閉症兒童：何者為男生？何者為女生？有趣的結果發生了：有一部分的自閉症兒童竟然因為男女頭髮對調而改變了性別的認識，換言之，只有男生的頭髮改成女生的頭髮，男生就變成女生。第三階段的實驗是：將男生女生的鞋子對調，其餘保持不變，結果是另一部分的自閉症兒童將男生說成女生。

　　造成自閉症兒童這種狹隘認知的原因有三：

1. 完形能力差

人類對外界的知覺，傾向於將相似、相近或相關的東西，組成一完整的東西稱之為完形（gestalt）。例如：我們做色盲檢查時，實際上看到許多獨立的點，但是我們的知覺，會將相同顏色的小點，組成一個數字，這就是完形的能力。自閉症兒童可能欠缺這種完形的能力（Frith, 1989），所以會將一部腳踏車看成座墊、踏板、手把、輪子等各自分離、獨立的零件，並且只專注於腳踏車的某一部分的零件。研究顯示：自閉症兒童在隱藏圖形的測驗表現十分突出（Frith & Baron-Cohen, 1987），很明顯的，自閉症兒童常常是注意整個圖形的某一部分，而忽略整體的圖形。

2. 過度選擇

過度選擇（over selection）意指個體被某一目標物過度吸引，而忽略其他的目標物。例如當我們觀賞影片時，我們極可能忽視左右來往的行人。自閉症兒童常過度專注於他所喜歡的東西，這些東西常常是極細小、不重要的東西，卻無視於他人或他物的存在（王大延，1994）。有位自閉症兒童上課時，全然貫注於桌上鉛筆盒上的忍者龜，他會用各種角度注視它，而不會去注意老師所說的話。這種過度選擇的注意力可能是造成狹隘認知的原因。

3. 注意力缺陷（分離的注意能力不良）

筆者參考多位學者的看法，將注意力分成七個向度：(1)朝向刺激（orienting）；(2)掃瞄（scanning）；(3)聚焦（focusing）；(4)持久度（duration）；(5)分離（divided attention）；(6)轉移（shifting）；(7)警覺度（alertness）。

自閉症兒童主要的注意力缺陷是在聚焦、分離、轉移之向度出現困難。這三個向度的缺陷是因自閉症而呈現狹隘認知之故。茲詳細分析如下：

1. 聚焦

聚焦（focusing）是指將注意集中於某一標的，排除不相干的刺激。自閉症兒童有聚焦的能力，可是自閉症兒童卻常常注意一些不相干或不重要的刺激（Green et al., 1995）。例如：在生活中會造成一般兒童驚嚇的巨大聲響，自閉症兒童可能置若罔聞，但是對螢光燈所產生的小小嗡嗡聲卻十分專注。他們可

能注目於一般人根本不理會的細小瓦片或小小的反光，對遍地金鑽卻視若無睹。由此可見自閉症兒童具有基本聚焦的能力，但是他們不知道要聚什麼焦點。這種缺陷稱之為選擇性的注意力缺陷。

　　一般智能障礙兒童的選擇性注意力缺陷，是因為智力低不知如何做選擇。自閉症兒童的選擇性注意力缺陷則可能是感覺變異所造成。自閉症兒童這種選擇性注意力缺陷，也可能是其生活上的價值系統與人不同。自閉症兒童比一般兒童傾向於注意較少社會性、較不顯著的刺激（Frith & Baron-Cohen, 1987）。也有理論指出自閉症兒童的過度選擇是因為腦幹覺醒機轉的過度活動，迫使自閉症兒童縮小注意的範圍，以排除紛至沓來的刺激（Green et al., 1995）。

2. 分離的注意能力差

　　所謂分離的注意力（divided attention）是指個體一心數用，能在同一時間搜尋多項目標。自閉症兒童缺乏此種能力，所以只能專注某一標的物而忽略其他的目標。正如同初學開車者，只能專注於方向盤，而無暇去注意紅、綠燈或左右來車。小學低年級的小朋友也是因為缺乏此種能力，而無法一邊聽講、一邊作筆記。這種分離注意的能力較差，乃是造成自閉症兒童狹隘認知的原因。

　　英國BBC廣播在「揭開人類心靈的面紗」影片中揭露：老人爬山時，邊走邊說話，若遇到岩石便停止說話，小心跨過岩石，再繼續說話。老人家要跨過障礙物，心理上會動員所有資源，以便跨過障礙物，所以停止說話。年輕人可以邊走邊說話，因為年輕人不必動員所有資源去專心做一件事，所以可以邊走邊說話、同時跨越障礙物。

3. 轉移的注意力差

　　Leekam、Lopez 與 Moore（2000）以實驗研究探討學前自閉症兒童導引注意於「人」與「東西」的信號的能力。第一個實驗：自閉症兒童對實驗者的注意指令及實驗者的眼神轉向的反應不一致。第二個實驗發現：自閉症兒童對非人的信號反應比發展遲緩兒與正常兒童更快。第三個實驗發現：自閉症兒童轉移（shifting）注意力到周圍的刺激的精確度，與正常兒童無差異，但是在速度上自閉症兒童比較快。這三個實驗證實：自閉症兒童比較依賴非人線索，以引導其注意，而轉移注意力沒有缺陷。但是問題出在自閉症兒童卻常常固著於某

一刺激或活動，無法從該刺激或活動脫身，造成狹隘認知（Green et al., 1995）。

綜上所述，注意力缺陷造成自閉症兒童狹隘的認知，而這種狹隘的認知對自閉症兒童的學習極為不利，它的影響是多方面的：

1. 影響自閉症兒童的社會化

例如當一位小朋友撿到手錶交給老師，老師對此拾物不昧的行為公開表揚時。想像老師邊拿著手錶，邊稱讚拾物不昧的同學說：「各位小朋友！剛才李同學撿到一支手錶交給老師，這是誠實的行為，希望各位小朋友要向李同學看齊！」此時儘管老師言之諄諄，自閉症兒童卻只是望著手錶、聽之渺渺！〔註：只注意單一管道的訊息（只看著手錶），忽略其他管道的訊息（忽略老師所說的話）〕

2. 自閉症兒童無法與人建立親密關係，也可能來自於過度選擇

自閉症兒童認知父母時，很可能只是記憶某一資訊如爸爸的領帶。若爸爸換了新的領帶就成了另一個人。因此要認識一個人對自閉症兒童而言變得十分困難，更不用說要與人建立親密關係。

3. 過度選擇與人際互動亦有密切的關係

當自閉症兒童與小朋友玩遊戲時，他常常會只是注意玩具本身，而忽略遊戲規則。因此無法與小朋友合適地玩遊戲而被排斥。

4. 過度選擇亦會影響自閉症兒童的學習

當老師教自閉症兒童繫鞋帶時，可能邊動作示範，邊口述指導，自閉症兒童極可能只看動作而沒聽進去口語指導。筆者在諮詢服務時，聽一位自閉症兒童的爸爸敘述其自閉症兒童記憶力何等超強，卻無法教他學會三角形及圓形。探究其原因應是過度選擇所致。試想：當這位父親邊說圓形、三角形，邊指著三角形與圓形時，自閉症兒童可能只用目視（圓形、三角形）而不用耳聞（圓形、三角形），故永遠學不會。

5. 過度選擇亦可能影響自閉症兒童的語言學習

例如老師教自閉症兒童學習：「你幾年級？」答：「三年級。」自閉症兒童也學會了，老師乃進一步教他學習：「你幾歲？」時，它的回答可能仍然是：「三年級。」因為他是針對「你幾」這兩個字反應。

6. 過度選擇也會造成自閉症兒童聽從指令的困難

例如老師說：「把書放下到教室前面排隊。」結果是：自閉症兒童把書放下，坐在位子上不動，而不會到教室前面排隊。此時，自閉症兒童只有聽到：「把書放下」並且做出正確反應，但是他忽略了「到教室前面排隊」的指令。

教育對策

教導自閉症兒童時，一次呈現一個向度（dimension）的刺激，避免同時出現多向度的刺激。例如教形狀（三角形、圓形）時，只用黑色色彩，不要彩上不同顏色，也要避免同時教兩個向度，如大、小三角形與大、小圓形之辨別。

第二節　社會認知功能變異

Stone、Hoffman、Lewis 與 Ousley（1994）臨床觀察二十六位四歲以下的自閉症兒童，發現自閉症兒童在幼童時，便有下列表現：不注意他人、缺乏模仿能力、不正常的社會性遊戲、不正常的非語言溝通、缺乏想像性遊戲。其中，不正常的社會性遊戲、不注意他人存在及模仿力的缺陷，這三者都是屬於社會性認知缺陷。

Charman 等人（1997）比較二十個月大的自閉症兒童、發展遲緩兒、正常兒童的擬情能力、聯合注意、模仿能力，發現自閉症兒童無法使用社會性注視（social gaze）於擬情及聯合注意的作業。自閉症兒童及發展遲緩兒都能做功能性遊戲，但是沒有自發性的假裝性遊戲。發展遲緩兒若經提示、誘導，可以進行假裝性遊戲，自閉症兒童則不能。

專家們最近發現，大腦前額皮層有反應神經元（mirror neurons, MNs），當個人在從事某特殊的動作或配合他人的動作時，這些神經元特別活躍，使人們彼此心理建立關聯。靈長類都有這些神經元，但是卻沒有模仿與心智理論的能

力。為了讓這些神經元從事社會認知功能，必須進一步進化到更精緻的神經元。自閉症兒童可能就是這部分的神經元進化過程發生問題（Williams, Whiten, Suddendorf, & Perrett, 2001）。尤其是前額左邊的腦迴較差（Heyes, 2001）。

一、次級表徵認知能力差

相對於次級表徵（secondary representation）乃是初級表徵（first representation）。所謂初級表徵是指客觀存在的物理現象；次級表徵則是指個體內在的心理現象。自閉症兒童對於他人的存在是看得見，但是，對他人的表情動作所表示的含意卻不了解；換句話說，自閉症兒童無法就他人的表情動作，去推測其內在的心理狀況（Frith, 1989）。Ozonoff 等人（1991）研究證實：自閉症兒童很難推論別人的心理狀態，所以當父母擁抱他時，他並不了解父母愛他，當然他更無法用擁抱的動作，來表達對父母的愛。

心理表徵能力差也造成自閉症兒童獨特的怪異行為，就是將人物化。因為他們不知道在他周遭的人是有生命、有情感的，與沒生命的東西不一樣。所以一律將外在的人與物等同看待。一位自閉症兒童的母親告知筆者說：「在一個星期假日，她與先生坐在 L 型沙發的長邊，婆婆則坐於沙發的短邊，其自閉症兒童竟硬拉起婆婆過來一起坐在長邊上，將他們當玩具般排成一排。」這個現象說明，該自閉症兒童把父母和祖母全部「物化」（註：將玩具排成一排是自閉症兒童常常出現的玩法）。

次級表徵認知能力包括：心智理論能力、觀點取替能力、擬情能力，其實這三者的意義相同。心智理論是特教界創造出來的用語，而心理學界早就使用觀點取替能力與擬情能力。

Frith（1989）提出心智理論（theory of mind）的假說，所謂心智理論是指個體理解自己與他人的心理狀態，包括情緒、意圖、期望、思考和信念等，並藉此資訊預測和解釋他人行為的一種能力。他們認為自閉症兒童無法理解，各人都有自己的計畫、思考和觀點，他們也很難理解他人的信念、態度和情感，因而缺乏推測別人心理狀態（意向、信念、慾望）的能力。

Baron-Cohen、Leslie 與 Frith（1985, 1986）發現 80%的自閉症兒童無法正確的預測他人的信念，比起同心智年齡的智障者表現更差。Baron-Cohen（1988）研究一群已能預測他人簡單的心理狀態的自閉症兒童，施測第二級的

信念歸因（即受測者要預測他人對另一個他人的想法），結果所有的自閉症兒童全部失敗，相反地 90% 的正常兒童控制組及 60% 的智障控制組（此二組學生的智能都比自閉症兒童低）通過此測驗。

但是根據 Carpenter、Pennington 與 Rogers（2001）的比較研究，兩歲半到五歲的自閉症兒童與發展遲緩兒對別人意圖的理解，發現自閉症兒童對別人的思想、信念等複雜的心理狀態的理解確實有困難，但是較簡單的心理狀態，例如了解別人的意圖，與發展遲緩兒童沒有差別。

Rutherford 與 Rogers（2003）研究發現：心智理論能力缺陷是自閉症兒童沒有能力做假裝性遊戲的原因。

Steele、Joseph 與 Tager-Flusberg（2003）從事一項縱長研究，調查自閉症兒童心智理論能力之發展。他們首先評量五十七位從四至十四歲自閉症兒童的心智理論能力，包括低層的理解慾望，到高層的心理狀況（如道德判斷）。一年後再重複相同的評量，比較此期間的進步情形。研究結果顯示：不論整體或個人的心智理論能力都有顯著進步，其決定性因素在語言能力。

Happe、Brownell 與 Winner（1999）研究右半球中風病患，發現他們在歸附別人的心理狀態（如錯誤信念、忽視），顯著比控制組差。這個研究結果說明大腦右半球與心智理論發展的關係。

Chin 與 Bernard-Opitz（2000）以多基線跨受試的實驗設計探究，訓練自閉症兒童改善會話技巧，並在改善會話技巧後，是否增進心智理論的能力。訓練內容包括：如何啟動溝通、輪流對談、注意傾聽、合適的維持談話主題或改變主題等。研究結果顯示；訓練能增進自閉症兒童分享興趣的量，對談話主題的合適反應也增多，但是錯誤信念作業測試成績沒有進步。

Kinderman、Dunbar 與 Bentall（1998）研究發現：心智理論缺陷者較容易將負面的情境歸因於他人的責任，這個結果意味著，心智理論缺陷者不易與人和諧相處。

二、擬情能力缺陷

擬情能力是指人們敏於覺知及了解別人心理狀態的能力。擬情對人類行為扮演重要角色，它與利社會行為及反社會行為有關。擬情分為認知擬情及情緒擬情，認知擬情與情緒擬情是兩個獨立卻又互補的能力。

認知擬情使我們能歸附別人心理狀態，進而了解與預測別人行為，還可以促進溝通、使人成為社交的專家，也可以操縱及欺騙別人以達成自己的利益；幫助我們發現某人在說謊或有錯誤信念。

情緒擬情促使人類對親人、同伴、盟友展現利他行為。情緒擬情促進父子親情及團體凝聚力。情緒擬情可能是道德發展的基礎，抑制暴力行為發生。

三、觀點取替的能力缺陷

觀點取替的能力意指確定別人心理狀態，以解釋或預測別人的行為。一般而言，兒童兩歲時開始知道別人具有與自己不同的欲求；三歲後開始了解，別人會導致自己行為錯誤的信念（Baron-Cohen et al., 1985）；正常兒童約四歲就能習得觀點取替的能力。但是對自閉症兒童而言，此種能力可能遲緩或沒有發展，他們因而很難理解別人的信念、慾望、意圖，也很難從別人的觀點去看問題。一個典型的實驗，讓自閉症兒童、唐氏症兒童和正常兒童等三組受試者一起觀看一段短秀：子布偶將一玩具放入大櫃內，然後離去。此時，母布偶將玩具移到小櫃子內。接著，子布偶回來找玩具。此時受試者被問：子布偶會在哪個櫃子找玩具？研究結果顯示：85%的唐寶寶，20%自閉症兒童答對了——即在大櫃子找，因為子布偶並不知道玩具被移動了。答對的受試者表示具有觀點取替的能力。這個研究結果顯示，自閉症兒童比中重度智障的唐寶寶，更難發展觀點取替的能力（Mesibov, Adams, & Klinger, 1997）。

觀點取替的能力共分三種：

一是視覺的觀點取替的能力（perceptual perspective-taking）：即推論他人的物理環境的知覺。譬如在甲、乙兩人中間放置一幅大象的圖畫。甲看到的是「站立的大象」，他是否能覺知到乙看到的是「四腳朝天的大象」。Warreyn、Roeyers、Oelbrandt 與 Groote（2005）比較研究二十位泛自閉症兒童與同年齡正常發展兒童在聯合注意力與視覺取替的能力上之差異，發現泛自閉症兒童在最低層次的視覺取替能力都比不上正常發展兒童。根據Reed（2002）的說法，視覺觀點取替的作業可以測量工作記憶（working memory）。該研究也發現自閉症兒童的視覺觀點取替的能力遠遜於一般兒童。

二是認知的觀點取替的能力（cognitive or conceptual perspective-taking）：能推論他人的思想及意圖。這方面的能力是自閉症兒童最弱一部分，自閉症者

不能了解欺騙，通常無法通過錯誤信念以及第二層錯誤信念的測驗，第二層錯誤信念是指了解別人對第三者的心理狀態。

　　不過認知觀點取替的能力是可以訓練的。LeBlanc 等人（2003）運用錄影帶示範教學及增強的策略，教導自閉症兒童觀點取替的能力。發現觀點取替的能力可以教導，但是沒有類化效果。同一年稍後，Charlop-Christy 與 Daneshvar（2003）再度運用錄影帶示範教學，教導自閉症兒童觀點取替的能力，發現觀點取替的能力不但可以教導，同時也會有類化效果。

　　Ponnet、Buysse、Roeyers 與 Corte（2005）以秘密錄影方式分析，研究十一位高功能自閉症成人與正常陌生人對話。發現高功能自閉症成人的表面行為與一般人有明顯差異，但是內在推論別人的思想與情感，則與正常人無異。這個研究結果是否意味著，高功能自閉症兒童長大之後，這種觀點取替能力缺陷會痊癒？有待進一步查證。

　　三是情緒的觀點取替的能力（affective perspective-taking）：推論他人的情感或情緒狀態的能力。自閉症兒童在認知別人情緒與感受的能力十分薄弱。Hobson（1992）比較自閉症兒童和智能不足兒童歸類照片的能力，發現自閉症兒童是用衣服的形式分類；反之，智能不足則是用面部表情分類。Hobson的另一個研究指出：較年長的自閉症兒童仍然很難對不同情緒表達的聲音與不同情緒表達的臉孔相配合。這兩項研究顯示自閉症兒童在處理情緒線索上的缺陷。

　　Loveland 與 Tunali（1991）比較十三位自閉症兒童與唐氏症兒童在飲茶派對時，對他人痛苦經驗（譬如皮夾被偷）的知覺。研究結果顯示：唐氏症兒童說出比較多的同情的話語，自閉症兒童則大多談飲茶派對有關的事。在示範說出同情字眼後，自閉症兒童有顯著進步；表示他們可能知道他人的痛苦，但是需要別人指導說出正確的反應。這個研究中「別人痛苦」比較抽象，自閉症兒童很難感受到，當痛苦較具體時，或者是自閉症兒童可能經驗過的事件，他們的表現就與一般人無異。有一研究（Author Unknown, 2003）比較自閉症兒童與控制組觀看別人手指被截斷時的膚電反應，兩組沒有差別。可見自閉症者可能有情緒擬情能力，但是沒有表現出來，或者沒有以一般的方式表現。許多自閉症兒童的父母也表示，其自閉症兒童充滿親情。

　　Hillier 與 Allinson（2002）用各種戲碼來研究自閉症兒童對難堪情緒的理解，當戲中主角犯下難堪的行為時就出現觀眾，然後要求自閉症兒童評估主角

難堪的程度並說明難堪的理由。結果自閉症兒童遠遠比相同語言能力的學習困難者或正常兒童低下，但是自閉症兒童對有、無觀眾出現，卻了然於胸。這個研究又證實：自閉症兒童可以了解具體情境，但對抽象的「難堪」情緒的理解有困難。

Rieffe、Terwogt 與 Stockmann（2000）比較二十三位平均年齡六歲三個月的高功能自閉症患者，四十二位六歲的控制組四十三位十歲控制組。讓他們觀看六個激起情緒的片子，然後要求他們說明片中男女主角的正常與不正常的情緒。在解釋正常情緒時，高功能自閉症兒童比六歲控制組差，他們較少提到那些情緒狀態，同時對情緒狀態的說明也較少；但是對於不正常的情緒，自閉症兒童的表現就不比十歲的控制組差。這表示高功能自閉症兒童了解他人情緒的能力並沒有受損，只是沒有使用於日常生活中。

有些研究指出，自閉症兒童也很難對他人的微笑，回報以眼神接觸與微笑。自閉症兒童也不會用撒嬌的肢體語言去向別人請求東西。

陳映雪（2002）在《台灣日報》撰文指出：懂得察顏觀色才懂得溝通。根據陳映雪的說法，察顏觀色——了解、判斷和解釋別人表情與姿態的含意，以及推論當時情境的因果關係的能力，它包含兩種成分：一是了解與辨識表情態度的能力，稱之為情感認知能力；二是推論情境因果關係的能力，稱之為社會訊息認知能力，兩者合起來稱之為社會認知能力。社會認知能力不佳的人，日常生活上會有下列的行為表現：

1. 自我中心、不能了解別人內心的想法。
2. 無法感受他人的情緒、不會看臉色。
3. 言不及義或不配合情境，難以溝通。
4. 言行常侵犯他人或令人不悅，卻毫不自覺。
5. 與人格格不入，常招惹同學排擠或取笑。
6. 對人際互動缺乏興趣，無動機參與活動。

正常兒童在一歲時就稍微能察看母親的表情來調整行為，例如看母親微笑，他們便放心往前爬；到了三歲，察顏觀色的能力更好，有些兒童便會表現機靈、乖巧、討人喜愛，當有所需求時，會看別人臉色行事；到十歲左右，情緒認知能力大致成熟。至於社會訊息認知能力的發展，尚須藉著參與同儕互動來累積經驗，到青少年後才較成熟。一般人以「很懂事」、「很貼心」來形容

社會認知能力良好的青少年。

　　在人際互動中，觀點取替的能力扮演重要角色。研究結果顯示，觀點取替能力是人際互動行為最好的預測指標（Dawson & Gernald, 1987）。能理解他人的意圖，才有可能做出迎合他人或防備他人的行為；能體會他人的情感，才有可能體諒他人。臨床上的經驗顯示：自閉症患者很難調整自己的行為，以配合他人所做（doing）、所思（thinking）、所感（feeling），他們也很難理解自己的行為會影響到他人，或感受到他人的需求。Baron-Cohen 與 Wheelwright（2003）編製一套「友誼商數問卷」，評估男女友誼商數（喜歡親密、擬情、支持、關懷的友誼；喜歡與人互動），他們比較男、女友誼商數，以及比較高功能自閉症與正常人之友誼商數。結果發現：女人比男人友誼商數高，亞斯伯格症的友誼商數比正常人低。這個結果與他們的理論一致：女人擬情商數高，男人系統商數高；自閉症是男人頭腦的極端形式。

教育對策

　　針對心智理論缺陷，專家們設計一套課程專門訓練自閉症兒童心智解讀的能力（Howlin, Baron-Cohen, & Hadwin, 1999）。心智解讀教學的內容概要簡介如下：

第一部分：理解情緒的五個階層

1. 從照片認識面部表情：快樂、悲傷、生氣、害怕。
2. 從簡筆畫（卡通畫）認識情緒。
3. 分辨情境引起的情緒。
4. 辨認慾望（desire）實現與否的情緒：快樂、悲傷。
5. 辨認信念（belief）引起的情緒。

第二部分：教導知曉別人的資訊狀態（informational states）

階層 1： 單純的視覺觀點取替（visual perspective taking）。

階層 2： 複雜的觀點取替（visual perspective taking）。

階層 3： 知曉「看見導致知道」的原理，此階層教導孩子理解人們只有直接或間接經驗過才知道。

階層 4： 以他人的知識為基礎，預測別人的行動。

階層 5： 了解錯誤的信念，此階層評量學生理解人們可能有錯誤的信念

（想法）。

第三部分：發展假裝性的遊戲

1. 感覺動作的遊戲。

2. 初期功能性的遊戲。

3. 成熟期功能性的遊戲。

4a. 初期假裝性的遊戲。

4b. 假裝與真實的區別，此時老師表演一種假裝的遊戲，然後問兒童是否老
　　師真的在做或假裝做。

5. 成熟期假裝性的遊戲。

四、短暫性表徵認知能力差

　　短暫性表徵（transition stimulus）乃是相對於長久表徵而言，所謂「短暫表
徵」乃是指短暫存在的現象，例如一個人所說的每一句話都是瞬間存在；而書
寫在紙上的文字，則是相對長久存在。自閉症兒童偏好長久存在的東西，暫存
即逝的東西吸引不了他的注意。換個方式說，自閉症兒童的學習管道（一般稱
為學習風格，learning style）是視覺學習優於聽覺學習。父母或老師的口語，稍
縱即逝，易受自閉症兒童的忽視。因此常常是長者言之諄諄，後者聽之渺渺。
所以自閉症兒童常被描述成聽而不聞，像聾子一樣。

　　反之，自閉症兒童很喜歡閱讀書籍、漫畫等，這種相對長久不變的刺激，
較受其青睞。相當多數的父母提及，自閉症兒童學習文字強過語言的學習。因
此面對自閉症兒童應避免用長串的口頭指示，聽覺的訊息不是自閉症兒童的專
長，自閉症兒童很難記憶順序，因此如果指令超過三個，應記在紙上。

教育對策

　　教自閉症兒童數學時應盡量具像化。用磚塊或長條木板教自閉症兒童認識
數字，用磚塊或花片教加法或減法更易明白。用切成四片的蘋果或兩半的西瓜
來教二分之一及四分之一的概念，將更容易明白。

五、模仿與聯合的注意能力差

(一) 聯合的注意

　　聯合的注意（joint attention skill）是描述兩個人以上，彼此分享東西或事件經驗的一種心理狀態，也就是與人共享經驗的能力。譬如，指引他人看著電線桿上的小鳥，或展現自己的玩具供人欣賞，或與人交換以前發生過的事情。

　　根據 Charman（2003）的研究：聯合的注意能力與未來的語言能力與社會溝通密切相關。再精細分析：在三人組、描述性的情境中，眼神移轉的能力與語言能力及社會溝通的嚴重性有關；但兩人組、命令式情境中，眼神接觸的行為則無關聯。

　　理論上，要從事聯合的注意必須先有溝通意圖，在此之前，需要具備了解別人所發出訊息的意涵，然後發出訊息去影響別人的行為或態度。自閉症兒童通常缺乏溝通意圖，更難於理解別人發出訊息的意涵，所以缺乏聯合注意的活動與能力。

　　缺乏聯合注意的能力可能與角色取替的能力有關。角色取替的能力是了解他人的想法、預測別人動作的能力，無此能力自然不會與人分享經驗。這種缺乏與人分享經驗及事物的能力與意願，更進一步限制了自閉症兒童比較與人互動的經驗。根據 Whalen 與 Schreibman（2003）的研究，聯合的注意力可透過行為改變技術的訓練予以增進。

　　一般而言，絕大多數的自閉症兒童沒有與人分享的能力之行為表現。自閉症兒童常常被指稱無法將自己的東西展示給別人看，無法與人分享美景，不能和人共同完成一個活動或作品，這是自閉症兒童缺乏聯合的注意能力之緣故。

　　Lewy 與 Dawson（1992）比較二十位六歲以下的自閉症兒童與唐氏症兒童及正常發展兒童（以接受性語言相等為準），在遊戲場合有關聯合注意活動的情況，結果證實自閉症兒童聯合注意能力最差。

　　Charman 等人（1997）研究發現：與正常發展兒童及發展障礙兒童相比較，二十個月大的自閉症兒童在擬情能力、聯合注意及模仿能力均較遜色。

　　Dawson 等人（2004）比較七十二位三至四歲的自閉症兒童與三十四位三至六歲的發展遲緩兒童及三十九位一歲到三歲半的正常發展兒童，這三組兒童對社會定向（social orienting）、聯合注意與注意別人痛苦等三種能力差異。結

果發現：自閉症兒童在這三方面顯著比其他兩組差。聯合注意是當時的語言能力最好的預測指標，意思是聯合注意的能力差，則其語言能力也比較差。

(二) 模仿的能力

自閉症兒童缺乏模仿（imitation）的能力，尤其是模仿動作的能力，在兒童期的第一年就表現出來。自閉症的模仿能力與其智力相關，有些自閉症兒童全無模仿的行為；有的則可模仿簡單的動作（如摸耳朵），難於做複雜的模仿（如模仿剪紙）。

Stone、Lemanek、Fishel、Fernandez 與 Altemeier（1990）以九十一位三歲到六歲的兒童為研究樣本，其中二十二位是自閉症，十五位是智能不足，十五位聽障，十九位語言障礙，二十位非障礙兒童。研究結果發現：自閉症兒童使用較少的玩具，而且玩玩具時與玩具原來設計的用法不同，他們不會模仿別人或其他兒童的動作。這三個評量標準可以有效區別自閉症兒童與其他兒童、特別是在模仿能力方面，最具鑑別力。

Stone、Hoffiman、Lewis 和 Ousley（1994）研究二十六位四歲以下的自閉症兒童，發現自閉症兒童在幼童時，便有下列表現：不注意他人、缺乏模仿能力、不正常的社會性遊戲、不正常的非語言溝通、缺乏想像性遊戲。

Smith 與 Bryson（1998）比較研究自閉症兒童及青少年、接受性語言遲緩兒童及相同語言水準的正常兒童，評估他們模仿手的姿勢及序列的表現。發現：自閉症兒童的缺陷是在姿勢模仿的精確性，而不是序列記憶。這個研究結果意味著，自閉症兒童即使在簡單動作的模仿，都難於站在別人的立場觀看情況。

當然模仿可分為主動模仿及誘發的模仿。Julie 與 Andrew（2004）用誘發的模仿（跟著我做）方式，比較一群三至三十四歲的自閉症患者，與正常兒童及輕度智障兒童的模仿表現，發現自閉症患者在誘發的模仿上，表現並無太大差異。

模仿幫助幼兒發展社會關聯，自閉症兒童缺乏模仿能力，限制了他們與人的溝通。McDuffie、Yoder 與 Stone（2005）以縱長相關研究方式，比較自閉症兒童語言前行為，包括動作模仿、評述（commenting）請求（requesting）追隨注意（attention-following）等，對日後語言發展的預測力，發現評述及動作模仿兩項最具有預測力。Bandura 的社會學習理論強調：兒童社會化過程的學習

（包括語言、生活自理與居家生活等諸種技能，以及風俗、信仰、態度、價值觀）大都來自模仿；古代孟母三遷，就是認為兒童會主動模仿周遭人物一舉一動而形成人格；「近朱者赤、近墨者黑」就是說明模仿學習的效果。自閉症兒童欠缺模仿的能力，等於失去環境對自閉症兒童潛移默化的效果。

專家相信：模仿能力與角色取替的能力有關。透過模仿訓練，自閉症兒童逐漸了解他的行為可以影響別人，進而了解與預測別人的行為。由此可知，培養自閉症兒童模仿的能力是自閉症兒童教學的第一要務。

(三) 教育對策

目前的策略是透過遊戲教學（遊戲治療）教導自閉症兒童模仿及聯合注意的能力，請參閱本書第九章。

六、眼神接觸

自閉症兒童的主要問題之一是人際互動，眼神接觸是促進人際溝通與互動的重要因素。但是大多數自閉症兒童都會迴避眼神接觸，其原因尚難解釋。

Dawson、Hill、Spencer、Galpert 與 Watson（1990）研究觀察十六位自閉症兒童與十六位正常兒童在非結構化遊戲期間及結構化對話期間，與媽媽的互動情形。比較自閉症兒童、正常兒童及媽媽的面部反應，發現自閉症兒童的眼神接觸頻率與時間停留長度與正常兒童無異。

該研究另一個觀察是在吃點心時，自閉症兒童表現微笑與皺眉頭的數量，與正常兒童無異，但是自閉症兒童很少將面部表情與眼神接觸並用。換句話說，自閉症兒童會表現情緒，但很少用來溝通。自閉症兒童較少對母親的微笑有反應，這可能是對過度刺激的迴避。相對等地，母親對自閉症兒童也較少微笑以及對自閉症兒童的微笑做反應，這又造成自閉症兒童減少對周遭環境的回應。

Senju、Yaguchi、Tojo 與 Hasegawa（2003）研究發現：高功能自閉症兒童對直接看正面東西與看相反方向的東西並沒有差別，換句話說，直接正面注視並沒有看得比較清楚，使得他們沒有如正常兒童一樣，發展注視的能力。

另有一篇研究指出，自閉症兒童避免眼神接觸，他們的大腦對臉部的反應不是不認識，而是感受到威脅。研究發現自閉症兒童的腦中amygdala部分過分活動，它牽連焦慮，因為自閉症兒童對臉部的認識比較難以理解之故（Author

Unknow, 2005）。

參考文獻

◎ 中文部分

王大延（1994）。自閉症者的特徵。**特殊教育季刊，52**，7-13。

英國 BBC 廣播（2003）。**揭開人類心靈的面紗**（原名 brain story）影片。此影片在公視頻道於 2003 年重播。

陳映雪（2002，2 月 2 日）。懂得察言觀色才懂得溝通。**台灣日報**。

陳淑萍（1998）。**社會故事的教導對自閉症學童社會互動之影響研究**。私立中國文化大學兒童福利研究所碩士論文，未出版，台北市。

黃金源（2002）。**社會故事——自閉症兒童的教學法**。台中市：國立台中師範學院。

黃金源（2003）。**訪談一位亞斯伯格症的兒童筆記**。

趙文崇（1996）。由自閉症談幼兒期發展障礙。載於**特殊教育論文集**（第 8501輯）（頁 11-14）。台中市：國立台中師範學院特殊教育中心。

潘震澤（2002）。孤島般的雨人天才。**科學人雜誌**（中文版），**6**，34-45。

◎ 英文部分

American Psychiatric Association (1994). *Diagnostic and statistical manual of mental disorders* (DSM-IV) (4th ed.). Washington, D.C.: The Author.

American Psychiatric Association (2000). *Diagnostic and statistical manual of mental disorders* (DSM-IV-TR) (4th-TR ed.). Washington, D. C.: The Author.

Author Unknown (2003). Sense with no feeling (In Short ...) (autism) (brief article). *New Scientist, 180*. 2422, 19.

Author Unknow (2005). The evil eye (AUTISM) (brief article). *Psychology Today, 38* (3), 29.

Baron-Cohen, S. (1988). Social and pragmatic deficits in autism: Cognitive or affective? *Journal of Autism and Developmental Disorders, 16*(3), 379-402.

Baron-Cohen, S., & Bolton, P. (1995). *Autism: The fact*. Oxford: Oxford University Press.

Baron-Cohen, S., & Leslie, A. M., & Frith, U. (1985). Does the autistic child have a "theory of mind"? *Cognition, 21*, 37-46.

Baron-Cohen, S., & Leslie, A. M., & Frith, U. (1986). Mechanical, behavioral and Intentional understanding of picture stories in autistic children. *British Journal of Developmental Psychology, 4*, 113-125.

Baron-Cohen, S., & Wheelwright, S. (2003). The friendship questionnaire: An investigation of adults with Asperger syndrome or high-functioning autism, and normal sex differences. *Journal of Autism and Developmental Disorders, 33*(5), 509.

Carpenter, M., Pennington, B. F., & Rogers, S. J. (2001). Understanding of others intentions in children with autism. *Journal of Autism and Developmental Disorders, 31*(6), 589.

Charlop-Christy, M. H., & Daneshvar, S. (2003). Using video modeling to teach perspective taking to children with autism. *Journal of Positive Behavior Interventions, 5*(1).

Charman, T. (2003). Why is joint attention a pivotal skill in autism? *Philosophical Transactions: Biological Sciences, 358*. 1430, 315.

Charman, T., Swettenham, J. S., Baron-Cohen, S., Cox, A., Baird, G., & Drew, A. (1997). Infants with autism: An investigation of empathy, pretend play, joint attention, and imitation. *Developmental Psychology, 33*(5), 781.

Chin, H. Y., & Bernard-Opitz, V. (2000). Teaching conversational skills to children with autism: Effect on the development of a theory of mind. *Journal of Autism and Developmental Disorders, 30*(6), 569.

Dawson, G., & Gernald, M. (1987). Perspective-taking ability and its relationship to the social behavior of autistic children. *Journal of Autism and Developmental Disorder, 17*, 487-498.

Dawson, G., Hill, D., Spencer, A., Galpert, L., & Watson, L. (1990). Affective exchanges between young autistic children and their mothers. *Journal of Abnormal*

Child Psychology, 18(3).

Dawson, G., Toth, K., Abbott, R., Osterling, J., Munson, J., Estes, A., & Liaw, J. (2004). Early social attention impairments in autism: Social orienting, joint attention, and attention to distress. *Developmental Psychology, 40*(2), 271.

Frith, U. (1989). *Autism: Explaining the enigma*. Oxford: Basil Blackwell Ltd.

Frith, U., & Baron-Cohen, S. (1987). Perception in autistic children. In D. J. Cohen & A. M. Donnellan (Eds.), *Handbook of autism and pervasive developmental disorder* (pp. 85-102). New York: John Wiley & Sons.

Gray, C. A., & Garand, J. D. (1993). Social stories: Improving responses of students with autism with accurate social information. *Focus on Autistic Behavior, 8*, 1-10.

Green, L., Fein, D., Joy, S., & Waterhouse, L. (1995). Cognitive functioning in autism: An overview. In E. Schopler & G. B. Mesibov (Eds.), *Learning and cognition in autism* (pp. 13-31). New York: Plenum Press.

Happe, F., Brownell, H., & Winner, E. (1999). Acquired "theory of mind" impairments following stroke. *Cognition, 70*(3), 211.

Heyes, C. (2001). Causes and consequences of imitation. *Trends in Cognitive Sciences, 5*(6), 253.

Hillier, A., & Allinson, L. (2002). Understanding embarrassment among those with autism: Breaking down the complex emotion of embarrassment among those with autism. *Journal of Autism and Developmental Disorders, 32*(6), 583.

Hobson, P. (1992). Social perception in autism. In E. Schopler & G. B. Mesibov (Eds.), *Behavioral issues in autism*. New York: Plenum Press.

Howlin, P., Baron-Cohen, S., & Hadwin, J. (1999). *Teaching children with autism to mind-read: A practical guide*. New York: John Wiley & Sons.

Julie, B. B., & Andrew, W. (2004). Elicited imitation in children and adults with autism: Is there a deficit? *Journal of Intellectual & Developmental Disability, 29*(2), 147.

Kinderman, P., Dunbar, R., & Bentall, R. P. (1998). Theory-of-mind deficits and causal attributions. *British Journal of Psychology, 89*(2), 191.

LeBlanc, L. A., Coates, A. M., Daneshvar, S., Charlop-Christy, M. H., Morris, C., & Lancaster, B. M. (2003). Using video modeling and reinforcement to teach perspective-taking skills to children with autism. *Journal of Applied Behavior Analysis, 36*(2), 253.

Leekam, S. R., Lopez, B., & Moore, C. (2000). Attention and joint attention in preschool children with autism (brief article). *Developmental Psychology, 36*(2), 261.

Lewy, A. L., & Dawson, G. (1992). Social stimulation and joint attention in young autistic children. *Journal of Abnormal Child Psychology, 20*(6), 555.

Lovaas, O. I., Koegel, R. L., & Schreibman, L. (1979). Stimulus overselectivity in autism: A review of research. *Psychological Bulletin, 86*, 1236-1254.

Loveland, K. A., & Tunali, B. (1991). Social scripts for conversational interactions in autism and Down syndrome. *Journal of Autism and Developmental Disorders, 21*(1), 177-182.

McDuffie, A., Yoder, P., & Stone, W. (2005). Prelinguistic predictors of vocabulary in young children with autism spectrum disorders. *Journal of Speech, Language, and Hearing Research, 48*(5), 1080.

Mesibov, G. B., Adams, L. W., & Klinger, L. G. (1997). *Autism: Understanding the disorder*. New York: Plenum Press.

Ozonoff, S. (1995). Executive functions in autism. In E. Schopler & G. B. Mesibov (Eds.), *Learning and cognition in autism*. New York: Plenum Press.

Ozonoff, S., Pennington, B. F., & Rogers, S. J. (1991). Executive function deficits in high functioning autistic individuals: Relationship to theory of mind. *Journal of Child Psychology and Psychiatry, 32*, 1107-1122.

Ponnet, K., Buysse, A., Roeyers, H., & Corte, K. (2005). Empathic accuracy in adults with a pervasive developmental disorder during an unstructured conversation with a typically developing stranger. *Journal of Autism and Developmental Disorders, 35*(5), 585.

Reed, T. (2002). Visual perspective taking as a measure of working memory in participants with autism. *Journal of Developmental and Physical Disabilities, 14*(1),

63.

Rieffe, C., Terwogt, M. M., & Stockmann, L. (2000). Understanding atypical emotions among children with autism. *Journal of Autism and Developmental Disorders, 30*(3), 195.

Rutherford, M. D., & Rogers, S. J. (2003). Cognitive underpinnings of pretend play in autism. *Journal of Autism and Developmental Disorders, 33*(3), 289.

Satish, U., Streufert, S., & Eslinger, P. J. (2006). Measuring executive function deficits following head injury: An application of SMS simulation technology. *The Psychological Record, 56*(2), 181.

Senju, A., Yaguchi, K., Tojo, Y., & Hasegawa, T. (2003). Eye contact does not facilitate detection in children with autism. *Cognition, 89*(1), 43.

Smith, I. M., & Bryson, S. E. (1998). Gesture imitation in autism 1: Nonsymbolic postures and sequences. *Cognitive Neuropsychology, 15*(6), 747.

Steele, S., Joseph, R. M., & Tager-Flusberg, H. (2003). Brief report: Developmental change in theory of mind abilities in children with autism. *Journal of Autism and Developmental Disorders, 33*(4), 461.

Stone, W. L., Hoffman, E. L., Lewis, S. E., & Ousley, O. Y. (1994). Early recognition of autism: Parental reports vs clinical observation. *Archives of Pediatrics & Adolescent Medicine, 148*(2), 175.

Stone, W. L., Lemanek, K. L., Fishel, P. T., Fernandez, M. C., & Altemeier, W. A. (1990). *Pediatrics, 86*(2), 267.

Warreyn, P., Roeyers, H., Oelbrandt, T., & Groote, I. (2005). What are you looking at? Joint attention and visual perspective taking in young children with autism spectrum disorder. *Journal of Developmental and Physical Disabilities, 17*(1), 55.

Whalen, C., & Schreibman, L. (2003). Joint attention training for children with autism using behavior modification procedures. *Journal of Child Psychology and Psychiatry and Allied Disciplines, 44*(3), 456-468.

Williams, J. H. G., Whiten, A., Suddendorf, T., & Perrett, D. I. (2001). Imitation, mirror neurons and autism. *Neuroscience and Biobehavioral Reviews, 25*(4), 287.

第四章

自閉症兒童的感覺變異及其治療

黃金源

　　人類透過各種感覺器官所傳入的訊息，認識與分辨外在環境的各種刺激。對感覺訊息輸入的覺知雖因人而異，但大抵上相一致。然而有些人從外界傳入大腦的訊息在經過傳送的管道時被扭曲，以至於大腦接收的訊息是不正確的，或者大腦回應感官所接受的外界刺激時是被扭曲的。例如觸覺過度敏感：一個輕微碰觸可能感覺像似被拍擊，刷牙、洗頭髮可能引起歇斯底里亞的反應，抱怨衣服太緊、太粗糙、堅持要撕掉衣服內面的標籤；有些兒童可能渴望較強烈的刺激，他一直劇烈動作，旋轉不停，從牆上爬上跳下，從一個沙發跳過另一個沙發；這種情況稱之為感覺功能異常。感覺功能異常通常呈現兩種極端的情況，一是過度敏感；另一個是過度不敏感（Mlyniec, 2000; Sherman, 2000）。

　　有感覺變異（sensory dysfunction）的人包括：中風病人、腦性麻痺、知覺困難、初生時腦傷、胎兒酒精中毒症候群、注意力缺陷、構音閱讀及學習障礙、後天腦傷、唐氏症、自閉症（The Association for the Neurologically Disabled of Canada, 1999）。這一群的人共同的特性是大腦中樞神經損傷。

　　筆者在 2004 年因為腦瘤開刀，出院後出現感覺異常的狀況，例如與家人一起吃粽子時，大家都覺得很好吃，我卻感覺粽子太鹹，鹹到像在吃鹽巴，根本無法入口；吃八寶粥時，卻又感覺其口味甜到令人無法下嚥。

　　這次經驗使筆者相信父母或老師要接受自閉症兒童感覺變異的事實，因為自閉症兒童大都是中樞神經損傷，會出現感覺變異並不稀奇。

自閉症兒童因為腦部不成熟或受傷,比起一般人有較多的感覺變異。這種感覺變異常常造成自閉症兒童怪異行為。因此處理自閉症兒童的行為問題時,不得不考慮感覺變異之因素。在此舉一個例子說明感覺變異造成行為問題,父母或老師若不從這方面考量,往往問題得不到解決。

　　某自閉症兒童在中部某國小就讀,筆者造訪該校時,父母同時到校找我,該父親見到我時,將長袖捲起,露出被自閉症兒童捏得淤青的雙手。他表示全身都是傷痕累累,母親也是一樣受傷。他們問我如何處理這個攻擊行為。我當時立即用功能性評量,問他何時開始此項攻擊行為?這位爸爸表示,從學校要拆除因九二一地震倒塌的教室,推土機敲擊教室牆壁之時,開始出現攻擊行為。我乃告訴這位爸爸,他的兒子不是有意攻擊父母,是害怕撞擊聲,抓父母表示要回家。解決的辦法是當學校在拆教室、敲擊牆壁這段時間不要到校上課,或者戴上耳塞阻隔撞擊聲。

　　此外,感覺變異也會影響自閉症兒童的學習,例如自閉症兒童因為聽覺變異對某些聲音特別敏感,因而在上課時會專注於那些一般人不會注意的聲音,而影響上課專心。自閉症兒童也可能因為本體覺變異而爬上跳下或不停跳躍,所以無法安靜坐下來上課,這種情況也很容易被誤判為注意力缺陷過動症。

第一節　主要的感覺變異

　　最常見到的感覺變異是聽覺異常與觸覺異常,其他的感覺異常仍可能發生。

一、聽覺異常

　　根據研究,約有 40%的自閉症兒童有聽覺過敏的情形發生(Rimland & Edelson, 1995),某些自閉症兒童暴露在某種聲音下,會產生極度痛苦、不舒服,因為聽知覺是被扭曲的。這種被扭曲的聽知覺常常反應在行為上。自閉症兒童的聽覺變異往往呈現兩個極端:對某些聲音過度敏感、害怕或是對某些聲音特別喜歡。

　　有部分的自閉症兒童會對某些頻率的聲音過度恐懼或過度敏感,做強烈且異於常態的反應。例如:宇宙光雜誌社出版的《雨中起舞》一書,曾描述一位

自閉症兒童一聽到下雨聲，就彷彿如同聽到狂風巨浪的海濤聲一般，引起莫名其妙的強烈恐懼。該書還提及，有些自閉症兒童對電動攪拌器聲音的害怕（陳景亭譯，1995）。

根據本身是自閉症患者的學者 Temple Grandin 之自述：吵雜聲對他而言是最大的困擾，當他遭遇巨大聲響或吵雜聲時，因無法調適它而必須關閉其聽覺或逃離現場。

有些自閉症兒童不敢搭升降機，是因為害怕它的震動聲音；有的會對救護車的鳴叫聲過度害怕；有的自閉症兒童會對機械的聲響（如木柵捷運的關門聲、遊樂設施的機械摩擦聲；推土機撞牆的聲音）特別敏感。「雨人」影片中的雷蒙便在表現自閉症兒童對警報聲表現極為劇烈的驚恐反應。許多自閉症兒童的母親反應他們的兒子非常害怕鞭炮聲或打雷。

另一方面他們卻會特別喜歡某種頻率的聲響。有的自閉症兒童喜歡快節奏的音樂；或喜歡沖馬桶的聲音；他們會轉動鍋蓋欣賞其轉動碰觸地板的聲音；或不停地自己發出各種的聲響（如鳥叫聲、嘴唇振動聲、汽車走動聲、反覆說話稱之為磁石語言）以自娛；有的喜歡將泡泡紙的泡泡壓破，以欣賞該爆裂聲；有位自閉症兒童不斷地以手指敲任何東西，以發出「摳、摳……」之聲音；有些自閉症兒童則喜歡撕紙或拍打牆壁所產生的聲音。若干自閉症兒童常不斷搓揉紙張、塑膠袋、泡綿包裝袋，側身聽馬達轉動聲，也是聽覺的自我刺激。

聽覺異常的徵兆如下（Hamilton, 2000）：
- 對大的聲音過度反應。
- 在公共場合對一般的聲音過度反應。
- 有時候用手蓋住耳朵，有時對一般人所忽略的聲音轉首傾聽（這是指二種不同的情況）。
- 把電視或收音機的聲音轉得過大。
- 容易被背景音樂干擾。
- 不喜歡處在吵鬧或過度大聲的人群中。
- 聽到某種聲音會發脾氣。
- 語言發展遲緩。
- 經常碰擊東西製造聲音。
- 揉紙張或撕紙張。

- 對家庭用具所造成的聲音無法忍受。
- 經常哼歌或出聲。

二、觸覺異常

有些自閉症兒童有觸覺功能不成熟，或觸覺功能不適切，不正常的神經訊息傳遞，或腦部處理訊息紊亂，造成觸覺過度敏感或過度不敏感的情形。

過度敏感者會有觸覺防衛的行為，即害怕身體被碰觸、擁抱；用自己的手指而非用整個手來拿東西；避免弄髒自己的手（如膠水、水彩）；討厭洗手或洗臉；有的自閉症兒童甚至拒絕穿內褲；拒穿某種材質的衣服，堅持撕掉衣服內的標籤這是與觸覺過敏有關。有些自閉症兒童對食物有偏好或拒絕吃某種食物，也是與口腔的觸覺異常有關，也就是他們無法忍受該食物的質感（texture），包括食物的軟硬度、纖維、含水量；拒吃某種食物或僅限於吃少數幾種食物，如只吃白飯，麵包不可以包餡，或加上其他東西等飲食異常，皆與觸覺變異有關。觸覺異常的兒童可能拒絕刷牙、洗頭、剪指甲。

過度不敏感者會使他強烈需求被擠壓。有些自閉症兒童喜歡別人的用力擁抱，若干自閉症兒童會將手放在父母的屁股下被壓，或要求父母、老師壓在其身上，並表現很喜歡的樣子。像 Temple Grandin 回憶兒童時代，常常將自己的身子壓在彈簧床下，而顯得情緒較鎮定。後來他發明抱抱機也是根據此需求而設計。有些自閉症兒童喜歡躺在東西或他人的身體上，衝撞別人，甚至對痛苦有高度的忍受力，都與觸覺變異有關。觸覺變異還包括不斷地觸摸東西，有的自閉症兒童會喜歡摸別人的頭髮，尤其是捲曲的頭髮。

觸覺異常的徵兆如下（Hamilton, 2000）：

- 不喜歡被觸摸。
- 被接觸後會拍擦皮膚。
- 被觸摸時沒有力及觸覺感覺遲鈍。
- 對痛覺忍受力高。
- 不喜歡某種衣服或標籤在衣服上。
- 討厭穿新衣服。
- 經常脫掉衣服。
- 穿衣服與季節不合。

- 穿脫鞋襪困擾。
- 不喜歡洗頭或刷牙。
- 不喜歡清洗或剪指甲。
- 不喜歡咬食物。
- 避免某種質地的食物。
- 不喜歡某種質地的材質如紙黏土、刮鬍膏。
- 直立困難。
- 不協調。
- 不喜歡手髒髒的、經常洗手。
- 用指尖代替整個手取物。
- 用腳尖走路。
- 走路步伐沉重。

三、前庭覺與本體感覺變異（或稱為運動覺變異）

前庭覺是由內耳的前庭及三半規管感知，負責偵測頭部及身體的動作及位置改變。這個系統的障礙也會有兩種極端反應。

(一) 重力不安定感

有些自閉症兒童會害怕搖晃的東西，例如坐搖動橋、盪鞦韆、坐升降機等等。任何重力不安定的情境，都會引起他的恐懼情緒。這種兒童在遊樂場所會拒絕坐摩天輪，到百貨公司抗拒搭乘電梯或升降機⋯⋯種種反應常讓父母親十分困惑。有些自閉症兒童會害怕傾斜，改變姿勢會引起焦慮，幾乎不可能上下樓梯、斜坡、溜滑梯等。

(二) 追求運動覺之刺激

對運動覺過度不敏感的人很難安靜下來。有太多父母報告：自閉症兒童被旋轉後並無眼花暈眩的現象，這是前庭覺、本體覺變異的結果。這種兒童會不停地跳躍或振動身子、盪鞦韆（並表現出極度歡愉的表情或大聲喊叫）、搖晃身體或頭部、爬上跳下、從一個沙發跳過一個沙發；在旋轉盤或旋轉床內任人旋轉繞著屋子跑，或自身原地旋轉，或在鞦韆上旋轉。表現上述動作的自閉症

兒童常常被歸類為過動兒。事實上，上述動作是滿足前庭覺刺激的行為。

前庭覺異常之徵兆如下（Hamilton, 2000）：

- 害怕顛倒。
- 當腳未觸及地面時會害怕。
- 上山坡或下山時會焦慮。
- 上下樓梯會焦慮。
- 害怕在水中。
- 無法靜靜坐著。
- 身體動作不協調。
- 容易動作暈眩。
- 需要跳躍或旋轉。
- 為了專注或傾聽需要常常移動。

本體感覺則是透過肌肉、關節、肌腱等知覺身體的位置及動作。功能正常的人可以自動調整走路時的身體姿勢，好好端坐在椅子上。在這方面有困難的自閉症兒童會有笨手笨腳、容易跌倒、有奇怪的身體姿勢（走路像企鵝）、拒絕做新動作、難以掌握小東西（如鈕釦、小餅乾）。

本體覺異常之徵兆如下（Hamilton, 2000）：

- 計畫及執行某動作有困難。
- 高度需求跳躍動作。
- 喜歡以手臂拍擊。
- 喜歡由高處躍下。
- 表現奇怪的身體姿勢。
- 喜歡依偎或抓緊人或東西。
- 抓握鉛筆太鬆或太緊。
- 精細動作困難，如著色、拾起小東西。
- 書寫潦草雜亂。

四、視覺異常

自閉症兒童的視覺異常包括：視網膜活動異常（對光過度敏感）；低閱讀效率（紙上的文字會跳動）；不良的背景適應（對高度對比的視覺有困難，如

白紙上寫黑字，黑字會消失在背景中）；看不出完整的東西（只見顏色及火花）。有些自閉症兒童所接收到的視覺訊息是支離破碎的，也就是說，當他看一個人時，看到的是頭、手、腳與軀幹，而非完整的個體。

多數的自閉症兒童表現出喜歡旋轉的東西，包括電風扇、烘衣機、車輪子、鍋蓋、陀螺等。有位自閉症兒童花整個早上時間，在沙坑裡用手將沙子舀起來，目不轉睛地注視沙子從指縫漏下的情形；有位自閉症兒童將紙張撕成碎片，丟入馬桶中，然後沖水以觀看碎紙片旋轉，或將碎紙片灑向空中，觀看天女散花的情況；這些行為與視覺變異有關。

視覺異常反應的徵兆如下（Hamilton, 2000）：

- 將東西靠近眼睛。
- 看東西時靠近牆壁。
- 不時轉頭。
- 比較喜歡黑暗的地方或對光很敏感。
- 目不轉睛地注視燈。
- 對耀眼的東西著迷。
- 注視小東西如玻璃碎片。
- 容易被四周移動的東西吸引。
- 用手指壓眼睛旋轉自己或東西。
- 不停地開關電燈。
- 直視別人。
- 喜歡秩序，如將東西排成一排。
- 喜歡開關櫃子或門。

五、味覺變異

有位母親指稱，她的兒子只喝光泉的牛奶，絕不喝其他的品牌。這種情況應是味覺變異造成。父母可以嘗試將其品牌的牛奶，裝入光泉牛奶的盒子或瓶子，測試他是否拒絕喝，以確定他是否味覺異常。有些自閉症兒童只吃無刺激的食物，這就是味覺過度敏感。

有位自閉症兒童喜歡將任何東西放入嘴巴，不論是鉛筆、抹布、掉在地上的東西無一倖免，也會舔桌子、椅子，把圖畫紙撕來吃。這種行為有兩種可能：

一是智能極低，其認知屬於感覺動作期，所以用敲、打、咬等方式認識世界；另一可能則是味覺變異造成。如果參照該生吃餅乾的方式，一次咬一小口慢慢地咀嚼，像似品嚐其味道，則可能是味覺變異。

味覺異常之徵兆如下（Hamilton, 2000）：

- 吃東西挑剔。
- 只吃香辣食物。
- 只吃柔軟無刺激食物。
- 口中不停的咀嚼東西。
- 咬衣服鉛筆玩具。
- 刷牙時作嘔。

六、嗅覺變異

相當多數的父母提及，自閉症兒童在吃東西之前，會用鼻子聞過，才決定吃與不吃，有些則只吃油炸食物；這些習慣應是衝著香味而來。

嗅覺異常之徵兆如下（Hamilton, 2000）：

- 聞一般東西。
- 避免與一群人相處。
- 避免到廚房。
- 吃東西之前先聞一聞。
- 對某種東西尤其是食物作嘔。
- 塗抹糞便。
- 對某種食物、香皂等批評抱怨。

第二節　感覺變異的處理方式

一、變更感覺變異的刺激源

消除或避開自閉症兒童所恐懼或感到不舒服的刺激。例如自閉症兒童害怕鞭炮聲，則春節或慶典放鞭炮時，將房子的門窗關緊，隔離鞭炮聲以消除其恐懼。若自閉症兒童旋轉鍋蓋並專注於鍋蓋撞擊地面的「鏗鏘」聲，則不妨將地

板覆蓋地毯,如此旋轉鍋蓋便不會發出聲音,自然可以消除自閉症兒童旋轉鍋蓋的行為。有位自閉症兒童害怕推土機撞擊牆壁的聲音,可用耳塞隔絕撞擊聲。

逐漸改變法:讓自閉症兒童漸進性接受敏感刺激。行為改變技術中的遞減敏感法,是將敏感的刺激分成不同層次的刺激水準,然後讓案主先暴露在最低或最輕微的刺激,同時做肌肉鬆弛訓練,使之適應該刺激水準,然後逐漸增加刺激的強度,直到完全適應該刺激為止。這種遞減敏感法通常用於消除兒童恐懼的心理障礙,用於自閉症兒童的感覺變異是否有效尚待研究。運用此方法要把握一點:就是刺激水準的改變不可差距太大,或一次不要改變太多面相。如一位自閉症兒童只喜歡喝流體食物如牛奶,運用此遞減敏感法時可在牛奶加一小湯匙麥粉使自閉症兒童無法辨別兩者差異,經一段時間再多加一湯匙麥粉,這樣逐漸改變成糊狀,再逐漸改變成硬物。此時要避免加木瓜汁,因為加木瓜汁同時改變顏色及味道。

筆者剛到台灣師大就讀,走過牛肉麵街,幾乎要嘔吐。筆者後來就買牛肉湯麵回家,自己加開水稀釋,降低牛肉麵味道,然後逐漸增加牛肉湯的濃度一直到適應為止。

有位早期療育的老師,碰到一個自閉症兒童,一直拒絕吃水果。這位老師覺得不吃水果有礙身體健康,所以決心改變這一個習慣。開始時他將蘋果削好切成厚片,當自閉症兒童到校時,他便將他抱在懷中,用厚片蘋果硬塞嘴中,自閉症兒童緊閉嘴唇反抗,他用蘋果將嘴唇撐開,自閉症兒童死命緊閉牙齒,這位老師便將蘋果在牙齒上摩擦出汁液,這樣每天反覆動作,直到自閉症兒童習慣該蘋果汁的味道,他才願意張開口,這位老師趕緊指導自閉症兒童咬一小口即可,經過一段時間,自閉症兒童終於能吃下一片蘋果,慢慢地能吃完一個蘋果。這便是遞減敏感法。

將自閉症兒童特別喜歡的東西作為增強物。將自閉症兒童喜歡的泡泡紙保留,等自閉症兒童完成某種學習後再給他玩。有的老師將彈跳床擺放在教室,讓自閉症兒童完成作業後,可以在上面跳躍幾分鐘。有位自閉症兒童很喜歡吃旺旺仙貝,父母便準備旺旺仙貝交給老師保管,請老師將旺旺仙貝切成細片,作為該生的增強物。

將自閉症兒童喜歡的東西暫時代為管理,解決自閉症兒童沉迷於某種刺激物,影響上課專心。如上課時看地上的玻璃碎片,可將玻璃碎片清除。有一個

自閉症兒童上課時，老是用各種姿勢及各種角度，觀看他的鉛筆上的忍者龜，根本沒注意聽課，此時老師可以代為保管鉛筆盒。

改變刺激物之面相（顏色、味道、組織結構），使能接受。筆者不是自閉症，但是有類似自閉症者感覺變異之症狀，例如：筆者不喜歡吃有葉子的青菜，也知道長期下去會影響身體健康，但是理智往往無法勝過情緒，雖然努力改變此一不正常飲食習慣，可是奮鬥四十年仍無效果。筆者不喜歡吃青菜是因為青菜的組織結構（texture），會刺激口腔很不舒服。解決的辦法是將青菜打成果菜汁，用喝的以補充營養。筆者也不喜歡吃魚，因為害怕腥味，如果用煎的、炸的烹調魚，味道很香，如果買到鮮魚煮魚湯，多加蔥、薑除腥，那我就愛吃。上述兩種情況就是改變刺激物之面相（顏色、味道、組織結構），使能接受。

藥物治療也可能有些幫助，例如：Gillberg（1988）指出自閉症兒童若是有過高的 opioid 會表現痛覺不敏感及較高比率的自傷行為。Kolmen、Feldman、Handen 與 Janosky（1995）建議如果痛覺不敏感導致自傷行為可以使用 naltrexone 增進痛覺敏感性，加以治療。

二、改善基本障礙的治療

(一) 感覺統合治療

在 1965 與 1987 年間 Jean Ayers 發表了幾篇關於感覺統合困難的文章，開啟感覺統合治療歷史上的新頁。

人類除了五官可接受外界的訊息（視覺、聽覺、嗅覺、味覺、觸覺）外，神經系統尚可感受壓力、移動、身體位置及重力等，可作為增強自閉症兒童學習某種事物的刺激。這些感覺稱之為觸覺、前庭覺、本體感覺。當這些感覺出現異常的情況時稱之為感覺統合失調。感覺統合失調通常在出生後的第一年就出現症狀。自閉症兒童感覺統合障礙包括痛覺不敏感、觸覺防衛、重力不安定感等。曾經使用於消除這一類障礙的方法是感覺統合治療（sensory integration therapy）（Cahners Business Information, 1998）。

所謂感覺統合障礙是指觸覺（觸、痛、溫度及壓力等感覺）、前庭覺（偵測頭部位置改變及頭部動作）及本體感覺（透過肌肉、關節、肌腱等知覺身體的位置）發生障礙。感覺統合障礙的兒童，可能對觸覺、平衡覺、肌肉或關節的感覺過度敏感，或者他們有下列情況：

1. 觸覺防衛：此症是對觸覺的過度敏感反應，患者會對別人的碰觸反應過度，不能忍受被摸觸；拒穿某種材質的衣服，衣服內面的標籤有如沙紙；討厭洗臉、洗頭，拒絕剪指甲；拒吃某種特定食物（食物的組織結構令他覺得不舒服），避免弄髒衣服，用手指而非手掌握物。

2. 壓力或痛覺不敏感：如 Temple Grandin 所發明的抱抱機（hug machcine）就是藉著增加身體壓力來鎮定緊張的情緒，後人稱之為擁抱治療法（holding therapy）。根據 Edelson 等人（1999）的研究發現：實驗組的六個自閉症兒童顯著降低緊張量表的分數，其他方面則無進展。此實驗說明：身體的深度壓力可以降低部分自閉症兒童的焦慮與緊張。觸覺感覺如此不敏感，有些自閉症兒童需不停拍擊雙手感受壓力，他們可能搖盪身子以引起這種感覺，蹦蹦跳跳以感受關節壓力。痛覺不敏感的自閉症兒童會有自傷的行為。注射因多分可使疼痛敏感度正常化，減少自傷或自我刺激的行為。

3. 重力不安定感：害怕走斜坡、溜滑梯或搖晃的東西，可能因為平衡感差而無法爬一個階梯。

4. 前庭覺感應過低：患者會不斷旋轉身體或不停跳躍。

5. 本體感覺障礙：患者會笨手笨腳、容易跌倒、精細動作差、吃東西弄得滿地都是、拒絕學習新動作。

　　感覺統合治療是以刺激兒童的皮膚及前庭系統為主。主要的治療有：利用球池、刷子刺激皮膚（觸覺）；利用特製的旋轉椅繞圈圈、利用滑板滑行斜坡（刺激前庭）；利用從天花板垂釣下來的吊床盪鞦韆、平衡球學習身體的平衡、爬行穿過輪胎（本體感覺）。

　　有關感覺統合治療效果評估：感覺統合治療的效果，過去在國內曾引起一番爭辯，首先由曾士杰教授一篇「另一種聲音」發難，攻擊國內感覺統合治療被濫用。然後由職能治療師「也是另一種聲音」回應曾教授的批評。

　　國外已有正負兩面的意見。Miller 博士說：他分析過七十六個研究，大部分研究有統計或研究設計的問題，至今尚未有明顯的證據支持感覺統合治療有效或無效。但是依據他的臨床經驗：許多小孩經治療後，比較平靜下來，問題行為減少，父母比較容易處理兒童的問題（Sherman, 2000）。相反地，Baren（2000）根據他所做的文獻回顧指出：在 1985 至 2000 年間，出現了若干證驗

性研究，研究感覺統合治療對學習障礙兒童的治療功效，所有的研究均未能支持 Jean Ayers 感覺統合功能失調的理論。對此理論所引申出來的診斷與治療方案均未獲支持。

有趣的是五年後，Rosalind、Urwin 與 Ballinger Claire 選取五個個案做單一受試實驗設計研究，證實感覺統合對成人學習障礙增進其功能性作業有效。Mitchell 針對五位學習障礙兒童做感覺統合治療，以增進作業水準及功能性行為，經過評估發現有效（Mitchell, 2005）。

Green（2001）報告：感覺統合治療中的刷、旋轉、彈跳等技巧被用於治療自閉症。本研究探究彈跳對自閉症兒童的治療效用，結果發現彈跳能增進自閉症兒童的注意廣度及持續在作業上的能力。根據上述研究，感覺統合治療似乎又重新獲得支持。

不論感覺統合療效如何，感覺統合治療活動的額外好處：

1. 感覺統合提供歡樂且健康的生理活動。
2. 感覺統合活動類似遊戲，可作為增強物。
3. 感覺統合活動提供溝通／說話訓練。

(二) 聽覺統合治療

聽覺統合訓練是針對聽覺過度敏感的自閉症兒童所發展出來的治療方式，是由一位法國的耳鼻喉科醫生 Guy Berard 於 1960 年代所設計的。聽覺統合訓練是透過聽力儀測量兒童的聽力，檢測兒童敏感的頻率，再透過一種過濾器（audiokinetron）減弱聽覺敏感的音閾（峰值），利用光碟唱機播放此調整過的治療音樂。音樂通常選自搖滾樂、爵士樂、流行音樂。個案接受治療的療程共十天，每天兩次，每次半小時。

Hamilton（2000）根據他自己兒子的治療經驗指出：聽覺統合治療（auditory integration therapy, AIT）被用來克服聽覺過度敏感、聽覺訊息處理困難、難語症（dyslexia）及自閉症。其效果包括語言之獲得與理解進步，增進注意力，較好的平衡、較好的組織性技巧，減少自我刺激，增進與他人的情感與社會化。

宇宙光出版的《雨中起舞》一書之作者聲稱：其自閉症的女兒接受此種治療而痊癒（陳景亭譯，1995）。上述治療效果均是家長的經驗談，但是後人之

實徵研究，治療效益分歧。

較早 Rimland 與 Edelson（1995）以實驗方式研究十七位自閉症患者接受治療之效果，發現此治療有效改善社會適應行為（增進聽覺記憶與理解、溝通技巧）及問題行為（包括減少激動、騷動、自我刺激、過動、不服從、昏睡、隱退行為），但是對於聽覺敏感沒有改善。

Bettison（1996）以實驗方式研究療效，發現聽覺統合治療顯著，自閉症的嚴重程度及其行為問題，語文及操作智商顯著進步，更神奇的是聽覺異常及其他感覺變異亦有改善。

1993 年 Vicker（引自 Berkel & Malgeri, 1996）做了一個問卷調查研究，一共調查二十五位曾經接受聽覺統合治療之自閉症兒童的家長。其中十九位家長表示：聽覺統合治療確實有療效（包括減少對聲音的過敏，更加專心，自我肯定及自我覺查），其餘的六位表示無效，甚至增加攻擊行為。

但是 Goldstein（2000）的研究則證實此種治療方法無效。American Academy of Pediatrics Committee on Children With Disabilities（1998）也宣布此項治療無效，不予推薦。AAP 建議花費時間與資源追求這種爭議性的家庭，應回歸到證實有效的行為與教育治療。

（三）視覺異常之治療

有關視覺異常之治療，目前有 Irlen（Irlen Lens System）鏡片的發明。Helen Irlen 發現視知覺的問題與光的敏感度有關，後人稱之為光適應敏感症候群（Scotopic sensitivity Syndrome or Irlen̓s syndrome）。其症狀如下（Hamilton, 2000）：

- 光敏感。
- 深度知覺差。
- 注意力缺陷。
- 對比與色彩敏感。
- 拘限的視野廣度──難於看見一群東西。
- 閱讀效率差。
- 扭曲的知覺──影像移動、改變、跳躍、消失或發光。

Helen L. Irlen 指出，光敏感症候群的人通常會：

1. 光敏感：這些人通常戴太陽眼鏡，比較喜歡黯淡燈光，覺得螢光燈及刺眼的光很不舒服，夜間開車困難，因為對方的燈光刺目。

2. 短暫的注意廣度：閱讀常休息、避免讀教科書、喜歡閱讀雜誌或短文。

3. 經驗一些生理症狀：容易疲倦、愛睏、頭痛、胃痛、暈眩 。

4. 有些人可能覺得笨拙、不協調：常撞到東西，推倒東西，不容易抓住小球。

人們有這些症狀時，會表現在下列各領域：

1. 對光的感覺過度負擔，當光變成一種壓力時，形同被轟炸，人便會開始改變行為、焦慮、頭痛或其他生理症狀。

2. 環境扭曲：個人對世界的知覺是扭曲的形式，東西看起來模糊、移動、改變或消失。人們看起來很可怕的，樓梯像溜滑梯，沒有階梯。牆壁、地板搖動。這可能影響持續注意力、眼神接觸，導致社會技巧笨拙。

3. 印刷物的扭曲：儘管有優秀的閱讀技巧，對閱讀理解卻有困難。

Irlen 表示，已經超過五十六個研究證實：Irlen 鏡片能改變閱讀速率、精確性及理解力，增進對臉部表情與情緒的認識。

Irlen 認為光的某些頻率引起困惑或過度刺激，所以製造一種彩色薄膜鏡片，用來濾出光的某些頻率，以方便自閉症兒童的大腦處理剩餘的視覺訊息，用來治療自閉症兒童的視覺異常。

有關 Irlen 症候群的研究報告：

1983 年美國心理學會年會 Irlen 一篇短的論文，提到六十七位有閱讀困難的學習障礙成人，在戴上 Irlen 鏡片一個月後，改善深度知覺、閱讀速度和閱讀理解。從此開啟一項新的治療法。不過 Bowd 與 O'Sullivan（2004）批評這篇研究報告，無控制組對照，用自我敘述的方式呈現資料，很可能是安慰劑的效果。

Carroll、Mullaney 與 Eustace（1994）研究四十一位十至二十歲閱讀困難的 dyslexic readers，發現十四位有視網膜暗適應異常，即 Irlen 症。

Robinson、Foreman 與 Dear（1996）調查七百五十一位患有光敏感症候群兒童的父母，發現有 84%的父母之一或兩者有相同的症狀，研究者相信 Scotopic Sensitivity/Irlen Syndrome 有基因遺傳的基礎。Robinson、Foreman 與 Dear（2000）再度研究光敏感症候群的遺傳因素，得到相同的結論。

Robinson 與 Foreman（1999）進行一個長達二十個月的實驗研究，利用雙

盲交叉的實驗設計。實驗組一百一十三位閱讀困難的學童 9.2 至 13.1 歲，分成兩組，控制組三十五位學童，平均年齡 9.4 至 12.9 歲，他們一樣有閱讀困難但不需濾色鏡片。這三組分別帶假的濾色鏡片、藍色鏡片及診斷過的所指定的濾色鏡片。實驗結果：三組都有顯著進步，但彼此無明顯差異；雖然實驗組的學童表示戴上鏡片看得比較清楚。研究者認為：實驗組與控制組無明顯差異的原因可能是閱讀技巧，也就是說，戴上診斷用的鏡片可以看得較清楚，但是對有閱讀障礙的兒童來說，還是需要指導閱讀技巧，才能改善閱讀困難。

這篇研究有嚴格的控制組並採用雙盲交叉實驗設計，所得的結論甚為可靠。因此這項結果被美國視力學會（The American Optometric Association）所接受，成為該學會政策宣言的一部分。

美國視力學會 2003 年政策性宣言指出，視覺治療並不能直接治療學習障礙，而是改善視覺效能及視覺資訊處理，因而使人們對學障兒童的教育更有反應。它並不排除其他治療，同時也是多重模式治療的一部分（Bowd & O'Sullivan, 2004）。

另一個宣言指出：利用彩色鏡片治療閱讀障礙及其他相關閱讀與學習障礙，目前的研究並未支持其效度，同時也未證實真正的視知覺功能失調及光敏感症候群，因此使用此名詞無意義（Bowd & O'Sullivan, 2004）。這個宣言等於否定 Irlen 症候群及其治療。

(四) 運動治療

對任何人而言，運動與身心健康有密切關係。運動可以減輕壓力、焦慮，改善睡眠，增強注意力、記憶力及反應速度，適當的運動是治療沮喪最有效的方法。自閉症兒童的生活形態被動、易胖，可透過運動改善，運動也可降低自閉症兒童的攻擊、破壞、自傷、過動、自我刺激、固著行為等行為；運動不昂貴且相對安全，值得推薦做自閉症兒童的輔助療法。

參考文獻

◎ 中文部分

陳景亭（譯）（1995）。A. Stehli 著。**雨中起舞**（The Sound of a Miracle）。台北市：宇宙光傳播出版社。

◎ 英文部分

American Academy of Pediatrics Committee on Children With Disabilities (1998). *Auditory integration therapy*. Elk Grove Village, IL: The Author.

Baren, M. (2000). Is sensory integration dysfunction for real? *Contemporary Pediatrics, 17*(5), 36.

Berkel, D. E., & Malgeri, S. E. (1996). Auditory integration training for individuals with autism. *Education and Training in Mental Retardation and Developmental Disabilities, March*, 66-70.

Bettison, S. (1996). The long term effects of auditory training on children with autism. *Journal of Autism and Developmental Disorders, 26*, 361-374.

Bowd, A. D., & O'Sullivan, J. (2004). Seeing the world through rose-colored glasses: Scotopic Sensitivity/Irlen Syndrome: Helen Irlen and her followers claim that dyslexia, attention deficit hyperactivity disorder, and autism are all associated with "Scotopic Sensitivity Syndrome," and each can be effectively treated using colored lenses and overlays. The scientific evidence suggests otherwise. *Skeptical Inquirer, 28*(4), 47.

Cahners Business Information (1998). To out-of-sync child: Recognizing and coping with sensory integration dysfunction (book reviews). *Publishers Weekly, 245*(5), 85.

Carroll, T. A., Mullaney, P., & Eustace, P. (1994). Dark adaptation in disabled readers screened for Scotopic Sensitivity Syndrome. *Perceptual and Motor Skills, 78*(1), 131.

Gillberg, C. (1988). *Aspects of autism: Biological research*. Oxford, UK: Alden.

Goldstein, H. (2000). Commentary: Interventions to facilitate auditory, visual, and motor integration: Show me the data. *Journal of Autism and Developmental Disorders, 30*(5), 423-425.

Green, J. (2001). A sensory integration technique for autism. *Journal of the Colorado-Wyoming Academy of Science, 33*(1), 49.

Hamilton, L. M. (2000). *Facing autism*. Colorado Spring: Waterbrook Press.

Kolmen, B. K., Feldman, H. M., Handen, B. L., & Janosky, J. E. (1995). Naltrexone in young autistic children: A double-blind, placebo-controlled crossover study. *Journal of the American Academy of Child and Adolescent Psychiatry, 34*, 223-231.

Mitchell, D. (2005). Sensory integration therapy (research round-up). *Learning Disability Practice, 8*(3), 26.

Mlyniec, V. (2000). The little girl who hated hugs. *Parents Magazine, 75*(6), 79.

Rimland, B., & Edelson, S. M. (1995). Brief report: A pilot study of auditory integration training in autism. *Journal of Autism and Developmental Disorders, 25*, 161-170.

Robinson, G. L., & Foreman, P. J. (1999). Scotopic Sensitivity/Irlen Syndrome and the use of coloured filters: A long-term placebo-controlled study of reading strategies using analysis of miscue. *Perceptual and Motor Skills, 88*(1), 35.

Robinson, G. L., Foreman, P. J., & Dear, K. B. G. (1996). The familial incidence of symptoms of scotopic sensitivity/Irlen syndrome. *Perceptual and Motor Skills, 83*(3), 1043.

Robinson, G. L., Foreman, P. J., & Dear, K. B. G. (2000). The familial incidence of symptoms of Scotopic Sensitivity/Irlen Syndrome: Comparison of refered and mass-screened group. *Perceptual and Motor Skills, 91*(3), 707.

Sherman, C. (2000). Sensory integration dysfunction is controversial Dx. *Family Practice News, 10*(3), 40.

The Association for the Neurologically Disabled of Canada (1999). *What are the symptoms?* from http://www.AND.ca/sensory/sympt.html

第五章

自閉兒的語言變異及矯治

黃金源

第一節　自閉兒的語言變異總論

一、前言

　　語言是用一組符號系統藉以溝通訊息與情意。因為符號系統不同，通常語言可以分為：口語語言（oral language）、書寫語言（written language）、手語（sign language）及肢體語言（body language）四種。

　　口語語言分為兩部分：一是 speech，通常譯為「說話」，另一部分叫 language「語言」。說話變異（speech pathology）的情形，通常分為：

1. 音調異常：指說話時沒有抑、揚、頓、挫、快、慢、急、徐。聽起來像聽催眠曲，很想睡覺，稱為電報式語言。
2. 音質異常：指聲音的品質如破裂聲、嘶啞聲，聽起來很不舒服。如陳水扁夫人的聲音。
3. 音量異常：指音量太大或太小。該是枕邊細語時，卻說得如雷貫耳。
4. 構音異常：共分四種類別：(1)贅加音，在一個語音中加上不必要的音速，如老師叫成老書（老ㄕ→老ㄕㄨ）；(2)省略音，省去某個語音中的一個音素，如鞋子說成椰子（ㄒㄧㄝˊ子→ㄧㄝˊ子），一二三說成一二安;(3)扭曲音，指聲音扭曲與原來的語音相差甚大，如林老師說成林裸西；吃飯說成七飯；(4)替代音，是用一個音素替代某語音中的另一個

音素，如奇怪（ㄑㄧˊ怪）說成席怪（ㄒㄧˊ 怪）。

5.語音節律異常：含口吃（stuttering）迅吃或稱糟語（clusttering）。

自閉兒較少出現說話方面的變異。典型自閉兒較常被提到的是電報式語言，說話語音平平，沒有音調（陰、陽、上、去、入）、快慢、大小聲的變化。亞斯伯格症兒童在音調上會有怪腔怪調的情況，這個問題隨著年齡漸長，透過聽覺的監聽功能會逐漸改善。

本章所談自閉兒的語言變異，不包括說話變異，專指語言（language disorder）變異而言。

自閉症兒童的語言發展相當複雜，彼此之差異性極大。有些自閉兒如同其他正常兒童一樣，不需特別的語言訓練計畫，便自然學會口語語言；但是有些自閉兒雖然費盡心力去訓練，仍然是瘖啞的孩子。

二、自閉兒語言變異的原因

自閉兒的語言變異與智商、腦傷、狹隘的認知及語言學習歷程等變數有關。這些變數影響自閉兒的語言發展，每個變數之間也彼此交互作用，致使自閉兒的語言發展問題十分複雜。

(一) 智商的變數

70至80%的自閉兒是智能障礙者，全體的自閉兒中，約有半數是重度智能障礙者。因此，多數自閉兒與智能不足擁有相同的語言變異情形。學會說話需具備理解語言的能力（此與智商有關），同時還要具備學習說話的動機、溝通的意圖、模仿的能力、正確的語音區辨、正確的構音能力、及構思語句以表達訊息與情意等能力，這些都是智能不足者所欠缺的。

由於智能不足所造成語言變異的情形，約有三種：

1.瘖啞症：嚴重智能不足者，常常不會說話。但是有些自閉兒並非智能不足，卻也不會說話，這種情形就與腦傷有關，留待下節分析。

2.語言發展遲緩與遲滯：輕度智能不足者的語言發展與正常兒童的語言發展歷程相似，但是發展較為緩慢而且有其上限。大部分的智能不足者只能用簡單句（simple sentence）或混合句（compound sentence）。一般兒童可以使用比較複雜的複句（complex sentence）或複合句（compoundcomplex sentence），這就是智能不足者語言發展遲滯。

3. 構句及正確使用語句顯著困難：構造句子以表達意思需要足夠的語彙及搜尋（retriving）適當語彙並根據文法規則構造句子的能力。智能不足者缺乏此項能力所以常常辭不達意，造成各種隱喻式語言。或者固定用同一語句表達同樣的情緒，卻不考慮說話的情境。例如：有位自閉兒的媽媽問筆者說：「為什麼明明在家裡，我的孩子還說：『我要回家』？」其實可能是：媽媽曾帶自閉兒外出，碰到害怕的情境，媽媽教他說：「我很害怕，我要回家！」這位自閉兒以後碰到害怕的事，就說：「我要回家！」因為他缺乏良好的構句能力，無法表達「我很害怕」的感覺，所以不管在什麼場合都用「我要回家」以表達「我很害怕」。

(二) 腦傷自閉兒語言變異的另一個變數

有部分的自閉兒係腦傷造成，其語言變異與腦傷的症狀有關。人類大腦的左半球有兩個語言區：

一是布洛卡語言區（Broca's area）。此區靠近運動中樞，掌管表達性語言，設若此區受傷，則變成「表達性失語症」患者，他們可以聽懂別人的話，卻無法表達其意思。部分瘖啞症的自閉兒屬於此種情形，瘖啞症的自閉兒若是由於布洛卡語言區受傷，則無痊癒的可能。

另一語言區是威尼克語言區（Wernicke'area），此區在左腦聽覺中樞附近。若此區受損則失去語言理解能力，稱之為「接受性失語症」。接受性失語症的患者可能像鸚鵡一樣，能複誦別人的話，卻不理解其意。部分自閉兒的鸚鵡語言無法改善，便是這個緣故。

(三) 狹隘的認知

狹隘的認知是自閉兒認知變異的一種，意指自閉兒認知世界，常常拘限於五種感官知覺管道的其中之一。在單一的知覺管道中，又拘限於該管道的某一小部分。這種狹隘的認知導致自閉兒接受性語言變異的重要原因，因為語意是由情境決定的。

在書寫語言上，情境一詞是指上下文（context）；茲舉下面的句子說明：

I never saw (that) a saw saw a saw.

這個英文句子出現四個 saw 卻有三個意思。第一個 saw 是主要子句的動詞，當「看見」講；第二個 saw 是附屬子句的主詞，當「鋸子」講；第三個 saw 又是動詞，但此時它的意思是「鋸」；第四個 saw 當受詞用，又是「鋸子」的意思。所以同一個字，擺放的位置不同，意義便不一樣。

這個例子充分說明讀書需要整句、整段、整篇的讀，才能充分了解其意義。整體語言教學法（whole language approach）其原理在此。

口語語言方面，情境一詞是指副語言，在下節有詳細說明，在此先略過。

(四) 語言學習歷程

語言學習歷程是模仿（modeling）與配對學習（pair association learning）的歷程。國內有知名教育學者將語言學習歷程說成制約學習，這是不對的說法。

筆者曾提到 language 包括 speech（說話）及 language（語言），在 speech 的學習歷程是模仿，在 language 的學習歷程是配對學習。

例如：媽媽拿著「杯子」教子女說：「杯子」。此時子女一方面要模仿杯子的語音（speech 的部分），同時要將「杯子」的這個「實物」和杯子的「語音」連結，使「杯子」這個語音變成有意義的語音，這個語音就變成語彙，形成「理解語言」與「產生語言」的基礎。

此時杯子的語音就是語言的最初狀態，與杯子結合的實物，成為表徵物（referrals）。因為杯子的表徵物是實物，所以背後的語音就容易理解、記憶。如果和語音結合的表徵物是抽象的東西，如美麗、自由、神聖、邪惡，那麼這些語音就不容易理解。這是自閉兒理解語言困難的一個重要原因。

在模仿歷程中，speech 這一層次，兒童需具備精確的聽知覺及聽覺區辨能力及語音重作（speech reproducing）的能力。在 language 這一層次，要把 speech 附加意義，使成為溝通情意的工具，此時兒童必須精確運用配對學習的能力。

自閉兒的語言使用問題常常是配對學習不當造成。舉兩個例子說明：

例 1　一位媽媽每當要吃飯時，就叫自閉兒說：「去拿碗！」這樣子自閉兒便將「去拿碗」這三個字和「碗」做配對。其實，「去拿碗！」這句話雖然只有三個字，卻包含了兩個動作「去」、「拿」和一個名詞「碗」。但是自閉兒不能理解，以為「去拿碗」是代表那個

「碗」。所以當媽媽拿著「碗」問自閉兒說：「這是什麼？」他的
回答是：「去拿碗！」

例2　一位父親帶著自閉兒到筆者辦公室，一開始，他和他的兒子表演一
　　　段對話給我看。父親說：「我們要回家了，你向教授說：『老師再
　　　見！』」這位自閉兒就站起來，對著我說「舅舅再見！」然後這位
　　　父親又指著我的助理說：「跟阿姨說：『阿姨再見！』」這位自閉
　　　兒又說：「舅舅再見！」接著，父親又指著工讀生，教兒子說：
　　　「姊姊再見！」這位自閉兒又說：「舅舅再見！」

　　這個問題的來源也是錯誤的配對學習。回溯該位自閉兒的生活中，應該有
過舅舅來他家訪問，當他的舅舅要回家時，媽媽或爸爸教他說「舅舅再見！」
於是該自閉兒以為：每當人要回家時，就要說「舅舅再見」，這是將「舅舅再
見」與「人要回家時所要表達的話」錯誤結合。

　　事實上，自閉兒不管是語言的理解或錯誤使用，都與配對學習有關。筆者
將在下一節中，詳細說明每個問題與配對學習的關係，以及矯正方法。

第二節　自閉兒語言變異概述

　　語言的發展分為接受性語言與表達性語言兩種，自閉兒在這兩方面都呈現
出「質」的變異及「量」的發展遲緩現象。一般而言，接受性語言的發展是在
表達性語言之前，而許多自閉兒的表達性語言缺陷是因為接受性語言缺陷所造
成。

一、在接受性語言方面

　　自閉兒接受性語言的缺陷主要是語意的理解困難。語意理解牽涉到主體語
言及副語言的理解兩部分，主體語言是指口語語言本身，包括語彙與語句；副
語言是指緊密接連在主體語言四周的環境，它包括副語意的特徵（paralinguistic
feature）超語意特徵（extra-linguistic feature）。

(一) 主體語言的理解

　　語言本身是由一群符號系統組合而成，每一個符號都是事或物的表徵稱之為語彙，語彙所表徵的事物稱之為表徵物。主體語言的理解全賴知曉語言符號與表徵物之間的關聯。

　　語言的第一個學習歷程乃是配對學習，也就是語彙和表徵物之間的連結。因為語彙本身是抽象的，若語彙的表徵物是具體物或動作，如雞、鴨、狗、鉛筆、書本、麵包，跑、跳、切、剪等，則抽象的語彙因為與具體物結合而「具象化」，該語彙便容易了解；反之，語彙的表徵物是抽象的，如光明、聰明、總共、愉快等，語彙本身又是抽象的，兩個抽象的東西連結，難以具象化，故抽象的語彙不容易理解。

　　語句則是一組語彙循一定的文法規定結合而成。它包括抽象的語彙和具體的語彙，並且表徵一個全新的概念（更是抽象的意涵，無法具象化），所以自閉兒對語句的理解，更是難上加難。自閉兒的接受性語言缺陷，大都因為抽象的語彙或語句的理解困難所致。

　　底下的例子可以說明具體語彙易於理解，而抽象語彙不容易理解。

　　自閉兒除上述困難外，他們更是無法理解主體語言除了表面的（literal）意義外，還含有隱喻者，例如：「看你有什麼三頭六臂！」這句話中「三頭六臂」的表徵物是三個頭六個臂，可是卻隱含著「多大本事、通天本領」的意義；又如「你好菜！」這句話表面的意義是「你的菜很好吃！」其隱喻卻是「你很差勁！」；「七上八下」其隱喻是「坐立難安」；「三心兩意」的隱喻是「很難下決心」；如別人讚美妳很「賢慧」，可能暗諷妳「嫌東嫌西妳最會！」或者「閒閒在家裡，什麼都不會！」

　　自閉兒對這類語言大都從表面的意義去理解，無法想像主體語言表面的意義之外，所隱含的比喻或諷刺。

(二) 副語言理解的困難

　　語言的意義存在於其環境，這環境包括副語意的特徵、超語意特徵及對話者當時所處的周遭環境。自閉兒將環境併入主體語言以解讀訊息的能力有困難，特別是對副語意的特徵、超語意特徵的理解十分困難（Koegel & Koegel Eds., 1996）。

1. 副語意的特徵：所謂副語意就是指說話時的抑、揚、頓、挫音調的高低，音量的大小，說話的急徐。自閉兒與人溝通時，幾乎是忽略這些東西，因此說話時常以單音調（monotone）出現，有人稱之為電報式語言。

　　他們也不知道這些副語意的特徵，會改變主體語言的意義。例如：一個女孩對男生生氣地說：「你給我滾開！」和撒嬌地說：「你給我滾開！」其間的差異，簡直是南轅北轍，但自閉兒卻不會了解，只能就語言本身（literal）反應。如老師生氣地對自閉兒說：「你給我坐下看看」，此時自閉兒的反應是「坐下」，因為他不了解老師生氣的口吻已改變了主體語言的意義。

　　2. 超語意特徵：超語意是指說話者的面部表情、姿勢、身體的動作及手部動作的大小等（此即一般所說的肢體語言）。肢體語言本身便具有溝通的功能，此外，他還可以加強或改變主體語言的意義。自閉兒既不了解肢體與本身的意義，也不會運用肢體語言於人際溝通。自閉兒在說話時，少有利用眼神、面部表情或其他的肢體動作作為輔助。因此自閉兒說話時，通常是面無表情、眼神呆滯、喜怒哀樂不形於色，也沒有伴隨肢體動作。

（三）由於語意理解困難，導致自閉兒在人際互動上倍嘗艱辛

　　下列幾種狀況常常在自閉兒身上出現：

　　1. 語意理解困難造成聽不懂指令：「指令」通常是要求做動作。動作本身是具體的，但是它不具「恆存」的形象，必須由指導者將動作表現出來，它才短暫存在。所以老師在教自閉兒時，常常要一邊下指令，一邊帶自閉兒將那個動作做出來，他才知道「指令」與「動作」之關聯。例如老師喊「起立」的指令，老師必須拉他「站起來」。日子一久，「起立」的指令和「站起來」的動作，才能緊密結合。

　　2. 語意理解困難使得自閉兒無法做應用問題：例如已經會做加減法的自閉兒，你左手拿一枝鉛筆，右手也拿一枝鉛筆，問他共有幾枝鉛筆？他不會回答。因為「共有」這個語彙是抽象的。

　　3. 語意理解的困難，使得人際互動時，常常發生有趣的事：當老師生氣地

說：「老師生氣了，我要打妳！」他竟回答說：「好呀！」

4. 自閉兒對抽象語彙難以了解，也出現於使用「名字」替代「你」和「我」。例如說：「強尼要吃水果」，而不是「我要吃水果」；又如「媽咪，雪麗回家了」，而不是「媽咪，我回家了」。

5. 自閉兒常常有代名詞反轉的現象（如自閉兒拿來老師的杯子，對著老師說：我的杯子），也是欠缺語意理解造成，因為你、我等代名詞也是抽象的語詞。

6. 自閉兒鸚鵡語言也是欠缺語意理解造成。

7. 語意理解的困難也造成自閉兒與人溝通時，常常文不對題，或與情境不符合。

茲以下面數例說明：

例1　母親問：「妳吃飽了嗎？」（具體的）
　　　回答：「吃飽了。」
　　　母親又問：「妳的心情好嗎？」（抽象的）
　　　沒有回答。

例2　老師問：「你家有幾人？」（抽象的）
　　　回答：「沒有人。」
　　　老師問：「你家誰煮飯呢？」（具體的）
　　　回答：「媽媽。」

例3　對話者問：「你幾歲？」（抽象的）
　　　回答：「一歲。」

其實該生已經八歲，上一年級。該生錯答問題，乃是不知「你幾歲」的意義，將問題錯誤解讀為「你幾年級？」。

例4　對話者拿著黃色球，問：「這是什麼顏色？」
　　　回答：「香蕉。」
　　　對話者另外拿著紅色球，問：「這是什麼顏色？」
　　　回答：「櫻桃、西瓜。」

這位自閉兒之所以會如此回答，是因為他不知「這是什麼顏色」這句問話的意義。而「黃色球」讓他想到香蕉；「紅色球」讓他想到櫻桃、西瓜，所以才有上述答案。

例 5 下列對話是錄自宋維村與一位十五歲的自閉症青年的對話（宋維村，1983：9）。

宋：「你知道怎樣跟人家玩嗎？」

甲：「我，小時候……小時候還是缺乏，缺乏很多經驗啦！」

宋：「為什麼缺乏經驗呢？」

甲：「缺乏、缺乏經驗哪！我，我都是，尤其是看到了，每當看到了很多山以後，即使是看了風景啊，也會流連忘返啦！」

二、表達性語言的變異

自閉兒表達性語言的變異可分為四部分討論：(1)怪異的語言；(2)語用問題；(3)語言發展困難；(4)鸚鵡語言（詳見第三節）。

(一) 怪異的語言

1. 磁石語言

(1)有些自閉兒的延宕性鸚鵡語言呈現高重複（循環式）、高持續性且固著的形式，說話者無止境的重複某些話，學者稱之為磁石語言。基本上磁石語言也是語言理解與使用困難造成。磁石語言可用有、無溝通意圖分為兩類：一是磁石語言若無溝通意圖，則其目的是自我刺激（因為它大多出現在長時間空檔時）。

例如：一位較高功能的自閉兒獨自一人時，喜歡碎碎念，盡說一些不存在或沒發生過的事情。又如另一位功能較低，沒有語言能力者，會不斷說：「……咕哇。」另一位自閉兒在上課時，一再重複地說：「肉圓，阿嬤走了（台語發音）。」二是磁石語言也有溝通、互動的意圖（Hurtig, Ensrud, & Tomblin, 1982），例如：有一次筆者到某國小訪問，午餐時輔導主任和我在辦公室吃餐盒，輔導主任的兒子是自閉症，在我們吃

飯時，對媽媽說：「媽媽，我們去買漢堡好不好？」 媽媽回答說：「好，等一下我們就去買。」過了不久，又問：「媽媽，我們去買漢堡好不好？」媽媽又回答說：「好，等一下，我們就去買。」這樣的對話一再重複發生。這種磁石語言之發生，主要原因是該童不理解「等一下」的意義。另一位亞斯伯格症兒童不斷地問：

「為什麼美國馬路比較大？」
「為什麼下雨天蚊子多？」
「為什麼阿姨生不出男生？」
「為什麼我媽媽生不出兩個女生？」
「為什麼蚊子不叮小狗？」

這種情形也是一種磁石語言。其目的不在於正確的答案，而在於滿足與人互動的需求。

(2)磁石語言之處理：磁石語言若沒有溝通的意圖便是一種自我刺激的行為。通常是智能低下的自閉兒比較會有這種狀況。其原因是：他們有太多空閒時間，卻沒有建設性的活動，同時缺乏充分的語言與人互動。若是磁石語言屬於一種自我刺激，則老師或父母應用建設性活動去替代自我刺激的行為，例如聽兒歌或簡單童話小故事，以提升他的語彙及語言理解與使用的能力。

教導任何建設性的活動填滿生活空檔，同樣可消除自我刺激的磁石語言。前述一直說：「肉圓、阿嬤走了。」那位自閉兒在上學期剛開學時，密集、反覆的說同一句話，但是到了下學期期末時，該自閉兒聽懂老師講課的部分內容後，該句磁石語言就少很多。

若磁石語言具有溝通意圖，則需應用功能性分析以理解該生要表達的是什麼事？然後教導正確的表達。如，前述自閉兒不斷說：「肉圓，阿嬤走了。」，也有可能是該生想吃肉圓，但是阿嬤走了，沒人買肉圓。此時可以教他說：「我要吃肉圓」或「我想吃肉圓」。

2. 電報式語言

　　電報式語言是屬於自閉兒的說話變異。口語語言包含主要語言（說話者所說的主要內容）與副語言（包括表情、動作、姿勢、聲調高低、速度快慢、音量大小等）。正如前述，自閉兒的認知過程常常會有狹隘的認知缺陷，所以會說話的自閉兒學習說話時，通常只注意語言本身（即主要語言），因此大多數的自閉兒構音清楚、正確，但是他們常常忽略副語言（包括表情、動作、姿勢、聲調高低、速度快慢、音量大小等）。故自閉兒說話時，常常面無表情，缺乏手勢、動作，且以單一音調（沒有抑、揚、頓、挫）的語言出現，稱之為電報式語言。當然語言能力較強的自閉兒可以學會副語言，也就比較不會出現電報式語言。

3. 名詞反轉或用名字代替「你、我、他」

　　(1)意義：代名詞是抽象的東西，所以自閉兒若不是不會使用，便是錯用。因為不會使用代名詞，所以自閉兒常常使用「名字」代替「你」、「我」、「他」。

　　例 1　「迪克回家了，雪麗要喝水。」
　　例 2　「上課時，老師用鉛筆敲自閉兒的手，要他注意，他會說：『湘雲（老師之名字）打我。』」

　　自閉兒表達需要時，因為錯用代名詞，常常用「你」代替「我」。

　　例 1　當自閉兒說：「你要喝水？」時，其真正意思「我要喝水。」
　　例 2　當別人問他，你吃過飯嗎？他的回答：「是的，你吃過了。」

　　(2)代名詞反轉之矯治：代名詞反轉的原因是父母錯誤教導，以及自閉兒錯誤的配對學習的結果，可透過再教導的方式予以糾正。茲舉例說明：
　　錯誤教導的情境：當自閉兒「口渴時」，看著桌上水壺並伸手示意要水喝時，媽媽會問自閉兒說：「你要喝水？」自閉兒點點頭。此時媽媽已確定自閉兒要喝水，便倒水給他，結束互動。在這種情境下，自閉兒錯

誤地將「口渴時」的情境，跟「你要喝水」這句話配對起來。所以每當他口渴時，他便說：「你要喝水。」

正確的修正：當媽媽拿水給自閉兒喝時，應進一步教導自閉兒說：「我要喝水。」如此反覆練習之，自閉兒將會修正先前說：「你要喝水。」

4.隱喻式的語言

(1)意義：自閉兒常自言自語地說些別人聽不懂的話，這些話與當時情境毫無關係，但可能隱含某些意義，稱之為隱喻式的語言。隱喻式語言源自於自閉兒缺乏足夠的詞彙及正確造句的能力，便會自行創造出別人不能理解的語言。

從形成隱喻式語言的機轉而言，可將隱喻式分為兩種：

①隱喻式的語言可能是一種延宕式的鸚鵡語言。

例1　一位自閉兒每次大便在褲子裡，便會說：「阿賀！（台語發音）」經查證宿舍管理員才得知：這位自閉兒大便在褲子裡時，管理員都會厲聲斥責：「阿賀！你又大便下去！」。此自閉兒誤以為大便時，要說：「阿賀！」所以在教室大便時，便會大聲說：「阿賀！」以告訴老師：「他已經大便在褲子裡。」

例2　一位自閉兒常常對爸爸或媽媽說：「幾位」或者「來個青菜吧」。剛開始，父母以為孩子在模仿阿姨或媽媽說話。因為他們常帶該自閉兒去餐廳吃飯，在進門後，通常有服務小姐問：「幾位？」所以他想去餐廳吃飯時，就複誦服務小姐的話「幾位」，或者複誦媽媽在點菜時常說的話「來個青菜吧」。後來父母覺察他們的兒子不只是複誦別人的話，而且有意圖要去餐廳吃飯。只是不會說：「爸爸我們去餐廳吃飯好嗎？」所以只好複誦別人的話。

②隱喻式語言更可能是自閉兒嘗試表達某一意圖、想法，但是礙於語彙的限制，以及構思語句表達意思之困難（即辭不達意）所致。這種形

式的隱喻式語言屬於未熟練所學習之語言造成。

例 1　有一天，一位自閉兒的媽媽在訓斥其大女兒不用功寫作業時，
　　　其自閉兒在旁叫道：「妹妹臭鴨蛋」（此句話為隱喻式語
　　　言）。經仔細盤查的結果是：該自閉兒在學校曾聽老師說：
　　　「不用功寫作業，考試時，會考鴨蛋。」而該自閉兒誤聽為：
　　　「不寫作業──臭鴨蛋」。所以在媽媽訓斥女兒時，他也加入
　　　訓斥的行列，大罵妹妹「妹妹，臭鴨蛋」（此例是辭不達
　　　意）。

例 2　有位自閉兒與媽媽來筆者的辦公室，可能是媽媽與筆者談話過
　　　久，該自閉兒想回家，所以不斷向媽媽說：「媽媽，你不要講
　　　三個。」當時聽得筆者與該位母親「霧煞煞」，此句話亦即所
　　　謂的隱喻式語言。解讀這句隱喻式語言需從當時的情境入手，
　　　因為當時在場的人，除了筆者外，還有兩位見習學生，共計三
　　　人，當時「媽媽你不要講三個」這句話的意思，其實是「媽媽
　　　你不要和他們三個人講那麼久」的縮版（此例是辭不達意）。

例 3　自閉兒的行為語言也可能是一種隱喻式語言。一個六歲的自閉
　　　兒，將食指與拇指併攏置於右眼前，然後迅速滑至左眼，並迅
　　　速重複此動作。乍看之下，像似自我刺激的行為。詳細詢問該
　　　生方知：該動作是要表達搭火車經過山洞時，眼前所見的感
　　　覺。
　　　該兒童的母親表示：該童到三歲仍不會說話，後來服用 DMG
　　　後，語言飛躍似的進步，才能清楚表達此動作之意思。該童在
　　　三歲前，便已有前述動作，此時這個動作應視之為隱喻式語
　　　言。因為該童在三歲時，尚無語言可表達其意，故用動作表達
　　　（此例屬辭不達意）。

(2)隱喻式語言之處理：隱喻式語言通常會有溝通的意圖，因此應該透過功
　能性的評估（functional analysis or functional assessment），以了解自閉
　兒的隱喻式語言所要表達的意思，然後教導正確的語言表達。

例如：前述一位自閉兒每次大便在褲子裡，便會說：「阿賀！」。矯正法：當這位自閉兒再度大便在褲子時，教他說：「老師！我大便在褲子裡了！」等他說完，再接著幫他換褲子。又如前述那位常說「幾位」的自閉兒的矯正法：下回當這自閉兒說：「幾位」時，先確定他是要去餐廳吃飯，然後教他正確表達「媽媽，我要去餐廳吃飯」，說完再帶他出去吃飯。又如那位不耐煩的自閉兒說：「媽媽你不要講三個。」此時可以教他說：「媽媽，你不要和他們講那麼久」或「媽媽，你不要再和他們三個人講話了」。

(二) 語用問題

1. 語用是指語言的溝通功能

自閉兒的語用問題有二：

(1)不會充分運用各種語言的溝通功能：人際溝通的功能包括：詢問資訊、請求動作、表述意見、評論是非、交換訊息、情感表達、抗議不滿、拒絕要求。有口語能力的自閉兒，大多數只是用於工具性的溝通用途，如請求東西（我要喝水）、要求動作、抗議或拒絕（我不要）之表達。他們較少使用語言於：詢問資訊、表述意見、評論是非、交換或分享訊息、情感表達等溝通功能。

沒有語言的自閉兒也會用行為語言與人溝通，但是行為語言的溝通功能，大抵是以請求、抗議、發脾氣及逃避為主。除此之外，他們也不會用口語或肢體語言做其他用途，如指引他人注意某事某物，也不會用手勢、姿勢、姿態、表情去協助別人分享經驗或所見所思。

自閉兒常常被指稱缺乏自發性的語言及功能性的對話，換句話說，自閉兒很少主動地運用所學會的語言於社會性的溝通，如表達情意（我愛你）、禮貌（早安，你好嗎？）、給予、請求或分享訊息（例如昨天媽媽告訴我一個笑話，很有趣。）或與人對話、聊天等。他們也很少會運用語言來控制環境，如命令（你給我站住！你過來！）、請求（請你將桌上的書本整理整齊好嗎？）、指示（你走到前面的紅綠燈、右轉，便可以看到麥當勞。）。

人際溝通有關語用的部分，還包括社會技巧的相稱性，這是自閉兒十分困難的部分。在口語方面，包括選擇、維持及改變（談話的主題）；還有啟動（主動打開話匣子）；注意聽、回應（點頭表示贊同；回答別人的問題）；輪流對話（談話中，知道對方講完了，輪到自己說話了）；回饋（對別人的談話內容表示意見）；延宕、等待（等待別人完整表達意見）；插入（選擇適當的時機介入談話）；韻律（包括抑、揚、頓、挫，快、慢、急、徐）；強調（聲音之大小，重複次數）等社會技巧。在非口語方面：注視對方表示重視；點頭表示贊成；保持距離以策安全；捶頭表示生氣；頓足表示抗議；轉身表示逃避等等，也是語用的一部分（Koegel, & Koegel Eds., 1996）。

(2)欠缺溝通意圖（communication intent）：不會自發性地將所學的語言技巧應用於社會互動中，也就是不會主動運用語言與人分享訊息或情緒，自閉兒常常被指稱缺乏溝通意願。依筆者和自閉兒父母晤談的經驗，這種不會主動和人說話的現象，幾乎是所有會說話的自閉兒之共同特徵。一般而言，自閉兒若是主動使用語言與人溝通，常常僅限於生理需求的表達，如肚子餓了，會說：「我要吃飯」；口渴了，會說：「我要喝水」。

自閉兒在語用方面的困難，還包括僅僅使用少數的語彙來與人溝通，儘管他已經學會數百的詞彙了。自閉兒對別人的呼喚、鼓勵及支持，較少積極的回應。所以大多數的自閉症篩選量表都有「聽而不聞，像聾子一樣」這一項。不知情的父母也會描述她的兒子很踐、很酷，不理別人。自閉兒也較少與人共同討論一個主題。與人對話時，往往只顧表述他喜歡的話題，很少對別人的問話做切題的回應。例如有一個案屬高功能自閉兒，與人對話時，都是只顧談自己喜歡的，不會關心別人的問題，他只是把他喜歡的或知道的告訴你，而非與你對話。

例如：

問：「蛇喜歡吃什麼？」
答：「我們有去參觀兵馬俑。」（繼續講自己的）
問：「誰帶你去看的？」

答：「很高興啊！裡頭有大蜥蜴。」（繼續講自己的）

2. 溝通意圖之誘發

缺乏主動性是自閉兒的重要特徵，所以與人互動時，缺乏主動出擊的行為（如主動交朋友或主動參與遊戲）；與人溝通時，缺乏自發性的語言，會說話的自閉兒大都是呈現被動性的溝通方式。因此，激發自閉兒的溝通意圖成為語言矯治的重要課題。若能有效引起自閉兒溝通動機，不僅可以促進語言發展，而且能消除其他各種問題，如人際互動困難及各種行為問題─自我刺激的行為、自傷行為、不合適的行為、同一性行為及脫序行為。

(1)誘發溝通意圖的有效方法之一是讓學生選擇學習材料，在人際互動時讓學生選擇溝通的主題。當學生自己選擇主題時，通常語言互動的時間較長；假如談話的主題非學生興趣或學生覺得困難時，學生將進行脫序行為，以便中斷溝通及人際互動。

(2)增強所有溝通意圖，提供語言表達（行為反應）與結果之取得（增強物）之間的密切關聯，對該語言之習得與應用極為有利，這意味著自閉兒的語言教學，最好是在自然生活環境中進行，較有利於語言之習得與增強溝通意圖。因此增加自閉兒豐富的生活環境，觀察自閉兒對周遭刺激的注意，立即做語言教學，有利於溝通意圖之誘發。有些自閉兒不知道語言可以用來溝通，所以語言練習若能與實際生活溝通結合，將更有助於自閉兒使用語言。例如他們說：「我要蘋果」時，就要給他蘋果，以便讓他知道，他要什麼，則那個東西便會出現；假如他說錯了東西，錯誤的東西也一樣出現，如此一來，他較容易了解他說錯了。父母可利用兒童的生理的需求，如口渴、尿急、肚子餓等生理需求，教導自閉兒說：「我要……」之句子。

(3)溝通意圖之誘發也可用情境法，所謂「情境法」是在生活上創造出其不意的情境，引起自閉兒好奇，誘導他發問也是激發溝通意圖的方法。當然這種方法的有效性尚待研究。因為一般兒童由於好奇心之驅使在十九至二十八個月之間，便常常問：「什麼？」、「做什麼？」、「哪裡？」等問題；三十一至三十四個月時，便會問：「誰的」、「誰」、「為什麼」、「如何」等問題，但自閉兒幾乎很少會問此類問題

（Schopler & Mesibov, 1995, 引自 Koegel & Koegel Eds., 1996）。

　　下列二十項情境係由台中教育大學幼教系學生設計，用來觀察自閉兒在情境中的語言反應情形。老師或父母教學之前可先演出或佈置某些情境然後觀察之，可了解自閉兒語言表現的起始能力，若自閉兒無語言表現，可由助教（兄姐或父母）依自閉兒之動作反應，指導他做語言表達。

- 拿一台會發出聲音與燈光的電動小汽車，按下開關，讓車子在孩子面前跑動，並發出聲音與燈光，此時，關掉開關，觀察孩子反應。
- 準備一台小鐵琴，以木棍敲擊出聲音，並給孩子一根小木棍，觀察孩子有何反應。
- 準備一台玩具小鋼琴，按下不同按鍵使其發出不同旋律，觀察孩子反應。
- 讓孩子看見，用吸管在杯中吹水起泡，觀察孩子的反應。
- 讓孩子看見吹汽球，並且故意把汽球吹破，觀察孩子的反應。
- 媽媽出現並敲著鈴鼓，然後媽媽躲起來，鈴鼓也沒有聲音；當媽媽再度出現，鈴鼓也發出聲音；然後媽媽再躲起來，但持續敲著鈴鼓，觀察孩子的反應。
- 在孩子面前，把孩子喜歡的食物吃掉，觀察孩子的反應。
- 使鬧鐘發出聲音，二十秒後，再將鬧鐘放入書包中，並拿起書包到孩子面前，觀察孩子的反應。
- 孩子正在玩積木，中途將積木拿走，觀察孩子的反應。
- 手中拿著會吹泡泡的音樂熊，當泡泡吹出時，用自己的手去抓，觀察孩子的反應。
- 將寵物拿給孩子，觀察孩子的反應。
- 把孩子喜歡的糖果放在其眼前，但是不將糖果盒蓋打開，觀察孩子的反應。
- 將孩子在教室的位置互調，不讓他坐在固定的位子，觀察孩子的反應。
- 在孩子面前玩水槍的遊戲，並將水噴在孩子臉上，觀察孩子的反應。
- 給孩子喜歡的麥當勞兒童餐，觀察他的反應，再將玩具拿走，觀察孩子的反應。
- 拿電動遙控的玩具車表演給他看，觀察他的反應，再將玩具車拿走，觀

察孩子的反應。

• 嚼口香糖吹出大泡泡，吹到破了，觀察孩子的反應。

• 將積木堆高後，再將它推倒，觀察孩子的反應。

• 用紙黏土做動物或水果的造型，觀察孩子的反應。

• 在孩子面前，拿點心給其他小朋友吃，觀察孩子的反應。

(4)誘發溝通意圖也可利用反覆閱讀故事法。所謂反覆閱讀故事法（repeated storyboook reading）是由教學者選擇或撰寫適當的故事，最好附上插圖，然後與高功能的自閉兒一起反覆閱讀該故事。自閉兒反覆閱讀故事時，教師或父母可運用若干鷹架（scaffolding）技巧（Bellon, Ogletree, & Harn, 2000），可以誘發自閉兒的語言溝通意圖及互動，並促進其語言發展。

• 語句完成法（cloze procedures）：教學者暫時中斷故事中的一句話，由自閉兒完成該句話。

• 選擇法（binary choices）：教學者插入選擇性的句子讓自閉兒回答故事範例：《飢餓的巨人》（Bellon et al., 2000: 55）

巨人說：「我要吃＿＿＿，如果不給我麵包（語句完成法），我會打斷你的＿＿＿。」（語句完成法）。所以這人趕緊跑去拿麵包給巨人。他們用跑的？還是飛的？（選擇法）

• 開放式問句法（wh questions），「為什麼？在哪裡？什麼時候？是誰？什麼事？怎麼了？」：提出沒有特定答案的問句，由自閉兒回答。

• 語句擴張法（expansions）：教學者替自閉兒擴張他的語句再由自閉兒仿說。

故事範例：《游泳去！》（Bellon et al., 2000: 55）

星期日小明和爸爸開車去長春游泳池學習游泳，路上塞滿好多車子。突然有一部車子……。

教學者：「哇！車子怎麼了？」（開放式問句法）

自閉兒：「哇！喔！」

教學者：「車子撞到電線桿了。」（語句擴張法）

自閉兒：「車子撞到電線桿了。」

(三) 語言發展困難

1. 沒有語言

　　一般研究指出約 30%至 50%的自閉兒不會說話，稱之為瘖啞症。這些孩子雖然不會說話，但有可能聽懂語言。這些瘖啞症的自閉兒，約有 70%是可由於教學技術的改進而學會說話（宋維村，1997）。

　　這些瘖啞症的自閉兒與不會說話的聽障兒童亦有很大的不同。不會說話的聽障兒童仍然會用手勢、姿勢、姿態、表情去協助別人了解所見、所思。他們善於抓住別人的肢體語言，以領會情感及經驗，並加以回應。例如：別人伸出雙手時，他也會伸出雙手回抱。這種肢體語言的理解與運用是自閉兒所缺少的，也就是自閉兒不會用手勢、姿勢、姿態、表情去協助別人分享經驗與所思。

　　沒有口語能力的自閉兒，若是使用「行為語言」，通常只用來表達生理的需求，如抓著媽媽手臂到洗手間，表示要上廁所；指著水壺、飯鍋，表示要喝水、吃飯；拉著媽媽的衣服，並將身體往屋外方向扭動，表示要外出；用手臂將東西推開表示不要；頓足、撞牆表示生氣。

　　沒有語言的自閉兒並非真正的瘖啞症，因為他們大多數會出怪聲，只是還沒學會說話而已。自閉兒的怪聲有幾種功能：

(1)出怪聲單純是一種自我刺激。例如：閒暇時，有的自閉兒會喃喃自語，卻聽不懂他說些什麼；有的會不斷做出鳥叫聲；有的只是快速震動雙唇發出聲響；有的會轉動舌頭發出「lila lila lila」的聲音。

(2)出怪聲是一種語言表達，因欠缺正確的語言來表達恐懼、生氣、高興或引導注意。出怪聲所要表達的語言功能，可由當時的情境推定：

例 1　　自閉兒要喝水時，他會尖叫引起母親注意後，再指著茶壺（引導注意）。

例 2　　有位自閉兒很喜歡盪鞦韆，當他在盪鞦韆時，表情十分高興，卻不停發出怪聲「啊！啊！啊！」（表達他很高興！）

對無口語能力之自閉兒的矯治如下：

(1)各種替代性溝通系統包括溝通簿、溝通皮夾、溝通板都可以滿足自閉兒

主要的溝通需求。對已學會很多詞彙，卻無法開口說話的自閉兒，則以電子語音溝通系統功能最好。

(2)行為語言：絕大多數的自閉兒不論會不會說話，都不會運用肢體語言及面部表情來與人溝通。然而，肢體語言不僅可以用做主要的溝通工具，而且可以輔助口語語言的溝通功能。因此教導自閉兒肢體語言是自閉兒語言發展計畫的重要部分。

(3)就實務面而言，教導自閉兒使用圖片溝通或手語溝通成效不佳。針對這樣的難題，Brandy 夫婦設計了一套非常有效的教學策略叫做圖片兌換溝通系統。經驗告訴他們，五歲以下的自閉兒大都無口語能力，幫助他們學會一套有效的功能性溝通系統，滿足生活的需求是必要的，但不強調口語的發展。這套溝通系統給自閉症工作者或父母帶來無限希望。

2. 語言發展遲緩

自閉兒的語言發展遲緩有兩項：

(1)始語期通常比一般兒童慢。正常兒童約一歲時會叫「爸爸」或「媽媽」，但自閉兒可能要二、三歲才會。

(2)語彙及語句的學習與應用十分緩慢。自閉兒的詞彙的發展速度極為緩慢，對語句的學習也比一般兒童落後許多，特別是否定句、問句、祈使句、假設語句之理解與運用均十分困難。自閉兒語彙及語句發展遲緩，除了受認知功能較差的影響外，自閉兒大部分的時間都是自己玩自己的，很少與人互動，限制其語彙的發展。

一般正常兒童在學會說話之前，已經具備良好的理解能力及非語言的模仿行為，這些理解力及模仿能力是發展語言表達的基礎。學齡前的自閉兒由於智能障礙的關係，對事物及語言的理解，都比正常兒童慢了許多，他們對父母所說的話及所表現的行為大都無法理解。表 5-1 對正常兒童與自閉症兒童的語言發展做一簡單的比較：

表 5-1　正常兒童與自閉症兒童語言發展之比較

年齡（月）	正常兒童	自閉症兒童
2	發音（喉音）	安靜或哭鬧不停
6	面對面發聲互應、牙牙學語	安靜或哭鬧不停
8	發聲、注視、動作模仿	安靜，少數發聲，沒有模仿性的發聲或動作
12	有意義的單字發聲和動作、溝通企圖性和回應性	可能有過少數有意義發聲，後來消失或停滯、缺乏企圖性、回應性和分享性的非口語溝通
18	字彙、詞彙增加，用動作或語言要求、二字語詞出現	
24	詞彙迅速增加，三至五字句，並用語言、表情、眼神、指示溝通，稱呼自己的名字	大多不理人或哭鬧表達要求，極少數高功能者會指示、注視、有語言
36	詞彙約一千左右，較長句子，使用你我，很會問，持續互動	拉、帶表達要求，高功能者出現字、詞仿說
48	複雜的長句，連續互動的溝通，語言與互動協調的溝通	動作模仿、動作要求、注視增加、仿說句加長、代名詞反轉，少數自發語言
60	複雜的口語和非口語溝通，文法正確，對嘲諷、開玩笑、隱喻的了解與運用	口語和非口語增加特殊和怪異的溝通，代名詞反轉，仿說，缺乏連續互動的溝通，缺乏情緒感受之溝通

3. 語言的不適當、不正確使用

　　自閉兒對正確語言表達十分困難。語言正確表達牽涉兩方面：

　　一方面需正確的語意之理解。如前所述，語意學習歷程是配對學習，也就是語彙和表徵物之間的連結。語彙與表徵物之連結錯誤，便會造成語言的錯誤使用。

　　例如一位媽媽對自閉兒說：「去拿碗！」這句話雖然只有三個字，卻表徵了：兩個動作「去」「拿」和一個名詞「碗」。但是自閉兒不能理解，以為「去拿碗」是代表那個碗。所以日後那位媽媽拿著碗，問自閉兒說：「這是什麼？」，他的回答是：「去拿碗。」

又如：一自閉兒不論對任何人（阿姨、姊姊、老師）說再見時，一律說：「舅舅再見！」。推測他所以會如此表述，應是其母親第一次教他說「再見」時，是在舅舅要回家時，媽媽教他說：「舅舅再見」。該童誤以為凡是人要離去時，應該說：「舅舅再見。」事實上，「舅舅再見」含了兩個表徵物，名詞「舅舅」及動詞「再見」。

　　改正此錯誤結合，就是以後任何人要離去時，就教他說：「再見」，讓他重新將「再見」與「人要離去時」做結合。這樣就可消除「舅舅再見」這個語言的錯誤使用。為了避免重蹈「舅舅再見」之覆轍，日後媽媽教孩子說話時，應盡量用一個表徵物來表示一個意義。例如該生要喝「養樂多」時，媽媽拿著「養樂多」給他，並教他說：「養樂多。」日子一久，孩子要喝養樂多時，會說「養樂多」。隨著年齡漸長，媽媽想要擴展他的語言長度，就更改教他說：「我要喝養樂多。」剛開始孩子始終更改不了，依然只說「養樂多」，但媽媽仍繼續堅持教下去。

　　另一方面，語言的正確使用又涉及搜尋詞彙及構句，以表達所欲溝通的訊息。上述隱喻式語言就是缺乏正確構句能力，無法表達出所欲溝通的訊息。除此之外，最常見的語言錯誤是：使用同一句話於各種情境，例如一位自閉兒每回要逃避困境時，都說：「我要回家。」甚至在自己的家裡也說：「我要回家。」（註：此例應是缺乏正確表達的能力，他可能是要說：「我很害怕」、「我不喜歡待在這裡」、「在這裡很無聊」，因為說不出來，所以一律用同樣的一句話表述。）

　　又如：有位自閉兒，每回他生氣、憤怒或不高興的時候，便會說：「我要把名新殺死。」（註：「名新」是該童就讀的幼稚園之名稱。）「我要把名新殺死」這句話，若讓陌生人聽了，一定不懂其意，故可稱之為隱喻式語言。真實情形是：名新幼稚園的那位老師很兇，該童討厭那位老師，所以很想「把名新幼稚園的那位老師殺死」，但他無法做完整的表達，所以只說成「我要把名新殺死」。日後任何讓他生氣的場合，他又不會說：「我很生氣」、「我很不高興」，他都只好用「我要把名新殺死」來表達生氣。

第三節　自閉兒鸚鵡語言分析

一、意義

所謂鸚鵡語言通常是指無意義地複誦他人話語的行為。鸚鵡語言是自閉兒常見的語言變異之一。鸚鵡語言通常分為立即性與延宕性鸚鵡語言兩種。

(一) 立即性鸚鵡語言

指自閉兒與人溝通時，常常複述別人的話。這種立即複述對話者的問話，稱為立即性鸚鵡語言。例如：

1. 當你問他：「你幾歲？」他也同樣回答：「你幾歲？」
2. 老師教他：「說老師好！」他也跟著說：「說老師好。」
   老師說：「大聲一點。」他有跟著說：「大聲一點。」
   老師說：「開始痛了。」個案回答：「開始痛了。」。
3. 資源班老師說：「我塗哪，你就跟著塗哪。」個案回答：「我塗哪，你就跟著塗哪。」
4. 媽媽說：「你去房間裡跟爸爸玩。」個案回答：「你去房間跟爸爸玩。」
5. 媽媽說：「南西幫麗莎洗澡。」個案說：「南西幫麗莎洗澡。」停頓的地方與語調都是學媽媽的說話方式。

根據研究：立即性鸚鵡語言係來自語言發展落後，缺乏對一般口語語言的理解，與無法正常表達所致（Durand & Crimmins, 1987）。

McEvoy、Lavelang 與 Landry（1988）研究發現：回聲症的百分比與語言發展水準呈現強烈的負相關，亦即隨著自閉兒的語言發展，鸚鵡語言便逐漸消失。仔細觀察自閉兒對成人的問話，做回聲式的反應時，他們也同時表現各種副語言的行為，諸如：朝向反應、注視、撫觸或指出某物等行為。此種反應表示：自閉兒在語言表達困難時，便用鸚鵡語言來與對方溝通。

從另一方面觀察，其他障礙兒童如學障、智障兒童也都會有立即性鸚鵡語言的現象。即使正常兒童在語言發展初期，也會有鸚鵡語言的現象，但正常兒

童年齡漸長，對語言的理解與運用自如時，鸚鵡語言便逐漸消失。一般而言，通常僅持續到三歲為止，自閉兒則持續至相當長的時間。

(二) 延宕式鸚鵡語言

是指自閉兒無意義或無目的、一再反覆重述若干天或數月前所學過的話。

1. 個案非常喜歡一部木偶劇「皮諾丘」，故事中有一段逃學的情節，他會一直複誦皮諾丘逃學的那段對話。

2. 個案的媽媽表示：個案有一個習慣就是睡覺時會一直念念有辭，一定要念到睡著才停止。

延宕性的鸚鵡語言也有可能是一種逃避困難的機制。Durand 與 Crimmins（1987）兩位發現：當自閉兒面對困難的工作時，延宕式的鸚鵡語言便隨之增加；反之，除去困難的工作要求時，便立刻降低。

延宕性的鸚鵡語言也可能是自閉兒的自我刺激的行為。筆者曾仔細觀察多位自閉兒，發現其鸚鵡語言多半發生在無聊、沒事可做的時候。此時鸚鵡語言被用來作為打發時間的手段。

二、鸚鵡語言的分類

除了立即性的鸚鵡語言及延宕性的鸚鵡語言這個分類外，鸚鵡語言尚可做下列分類。

(一) 非互動式與互動式鸚鵡語言

1. 非互動式鸚鵡語言

有些自閉兒的延宕性鸚鵡語言呈現高重複（循環式）、高持續性、固著式的形式，說話者無止境的重複某些話，卻沒有溝通的意圖或期待互動者回應。較高功能的自閉兒獨自一人時，喜歡碎碎唸，盡說一些不存在或從沒發生過的事情；功能較低、沒有語言能力者，也會不斷說：「……咕哇」，有學者稱此種鸚鵡語言為磁石鸚鵡語言。這種鸚鵡語言的功能是自我刺激（因為它大多出現在長時間空檔時）。

2. 互動式鸚鵡語言

判斷鸚鵡語言是否具有互動功能，可由身體姿勢及朝向（身體是否轉向對話者）、眼睛注視（包括眼神接觸及眼睛查核）、手的指示或展示（如伸手指向水壺或蘋果；手中拿著蘋果要給對方；展示手中的玩具）、說話品質（如聲音的大小）等去分辨。

有些自閉兒會面對互動者，不停重複某些問話，雖然互動者已經回答其問題，他卻一再重複，而且每回都有期待對方的回應。例如有位自閉兒不停地問老師問題，每天重複地問他已經知道答案的問題，一天要問上好幾十遍。這種問問題的情形，不是為了答案，只是要與人互動而已。

另一種情形是，自閉兒與互動者維持一段時間的輪流對談，但是所談的內容彼此不相干，甚至牛頭不對馬嘴，或風馬牛不相及。自閉兒往往等對話者說完話後，將記憶中的話拿出來回應（延宕式鸚鵡語言），但是與對話者的問話無關，這種互動式鸚鵡語言之功能在於維持互動。

(二) 鸚鵡語言含理解與不理解兩種（非全或無，只是程度不同）

自閉兒因其智商及語言能力不同，展現不同的理解程度。如前述兩例：「以不斷問話來維持互動」之鸚鵡語言顯然較「單純的對談」之鸚鵡語言的理解程度高；後者自閉兒只理解：「對方講完了，輪到他說」，但對語言本身並不理解；前者，自閉兒不僅理解「輪流」，也了解溝通的內容。

分辨鸚鵡語言是否理解可由身體及手勢知道，如伸手抓東西，用手指向某物，展示某東西，張開手要抱抱，身體移向某物品，身體做出某動作。

(三) 單純的鸚鵡語言及修正的鸚鵡語言

前者指僵硬重複對話者的語言；後者指具有高級的語言處理能力，有能力在語法、語意上做一點努力。在訊息的處理已經跳開格式塔（gestalt）的拷貝語言到能分析、重新組合語言。

(四) 鸚鵡語言尚可依據其溝通意圖及溝通功能來分類

所謂溝通意圖（communication intent），是指自閉兒心中有無企圖或意欲達成某目標（Quill Ed., 1995: 115）。

第一級：完全不覺知其目標

並非針對某一情境，僅表現出挫折、憤怒、興奮、快樂的情緒；並非進行有目的的活動，自閉兒漫無目標地自言自語，但不關心或注視對話者（例如自閉兒一直問：「那是什麼？」卻未等互動者回答）。

第二級：覺知目標

自閉兒會注視人或東西，兒童一邊手拿著餅乾，一邊說我要吃，說話時，會注視人或東西。

第三級：有簡單的計畫以達成目標

兒童會注視目標，且對互動者有動作或語言的表示。例如互動者拿出餅乾，問：「你要餅乾嗎？」自閉兒伸手拿餅乾，並說：「你要餅乾嗎？」（肯定式）

第四級：協調性計畫以達成目標

兒童運用東西聯合動作，以鸚鵡式語言對人指示動作（身體朝向、凝視等待反應）。例如自閉兒與成人做輪流的遊戲時，他看著對方及車子然後鸚鵡語言：「預備，開始！走！」

(五) 鸚鵡語言尚可用其溝通功能做區分

根據 Prizant 與 Duchan（1981）的研究，立即性的鸚鵡語言的功能共有七種，此七種功能就有無互動功能，區分為兩類：

1. 非互動式

(1)無目的（non-focused）（無理解）

－自閉兒的眼神或身體沒有朝向「對話者」或東西。

－無任何跡象可以看出自閉兒了解對話者的語言。

－自閉兒沒有期待對話者進一步的回饋。

－自閉兒的語言通常是與對話者完全相同。

例如：對話者問：「蘋果在哪裡？」自閉兒回應說：「蘋果在哪裡？」但是不看人，眼睛也不搜尋。

(2)演練（rehearsal）（理解）

自閉兒選擇性重複對話者部分的語言，或複誦整個句子，作為協助處理

語言的機制。即自閉兒藉著不斷複誦對方的話語，使保留在工作記憶（working memory）中，以便處理。類似將資料從電腦記憶體中找出，並呈現於螢幕以便處理，是同樣的道理。

－自閉兒的眼神或身體朝向，表現出對人或物的注意。

－從自閉兒的眼神或身體朝向，可以看出自閉兒了解對話者的語言。

－在鸚鵡語言之後，通常有正確的語言回應。

－鸚鵡語言通常是以低音量或低吟出現。

例如，對話者問：「你要什麼？」自閉兒低聲複誦：「你要什麼？」。若干次後，再說出所要的東西，香蕉。

此類鸚鵡語言已具有認知的功能。自閉兒藉著複誦來處理尚未熟練的語言，以便隨後產生口語或非口語的反應。正如一般人學外語時，藉著複誦以幫助理解的一種策略。

(3)自我調整（self regulatory）（理解）

－自閉兒的眼神或身體會朝向對話者或東西。

－自閉兒通常有動作的回應。如對話者說：「去找小狗！」自閉兒會有找小狗的動作。

－自閉兒的動作回應與鸚鵡語言同時進行。

－自閉兒發出鸚鵡語言時，通常是低音量的，而且不面對對話者。

－自閉兒的鸚鵡語言與對話者的語言大致相同，或做部分增、刪、替換。

例如，對話者說：「去找小狗！」自閉兒低聲說：「找小狗、找小狗、找小狗……」，並一邊做出找小狗的動作；類似智障者走向商店，並口中反覆說著買醬油，以便提醒自己不要忘記。此時，鸚鵡語言是一種自我指導或自我提醒；換言之，他是在引導其行為而非與人溝通。

2. 有互動式

(4)輪流（turn-taking）（理解輪流之角色，但對語言內容並不理解）

－自閉兒的眼神或身體已經有朝向對話者或東西。

－尚無跡象可以看出自閉兒了解對話者的語言。

－自閉兒的語言大致與對話者的語言相同。

－自閉兒與對話者有互動，自閉兒似乎想在互動中扮演對話者的角色，此鸚鵡語言具有社會互動的功能。

－自閉兒通常會用眼神看著對方，並期待對方的認可。

例如：有一父親對其自閉兒說：「叫爸爸！」此時，自閉兒亦轉頭對著父親說：「叫爸爸！」。

(5)陳述性（declarative）（理解）

－自閉兒的眼神或身體朝向對話者或東西。

－自閉兒在說話之前或同時，會觸摸或指出東西或身體的某部位。表示自閉兒了解對話者的語言。

－自閉兒的話通常是針對「對話者」的話互動。

－自閉兒的語言與對話者的語言，大致相同或做部分的增、刪。

例如，問自閉兒說：「蘋果在哪裡？」自閉兒說：「在哪裡。」並指著蘋果的位置，或朝向蘋果。

(6)表示是「肯定」的意思（yes-answer）（理解）

－用鸚鵡語言表示肯定。要確定鸚鵡語言是否表示肯定，必須從副語言來確認，如抓住對話者的手臂，凝視一段時間，或伸手要抓取物品。

－鸚鵡語言通常與對話者的語言一致，但語調的抑、揚、頓、挫會改變。

－通常可由語言或副語言的反應看出，鸚鵡語言是針對對話者而來。

－眼神或身體會朝向對話者或東西。

－鸚鵡語言之前後，會有語言或非語言之反應，以表示肯定。如伸手抓物、接受某物或做出某動作。

例如，對話者問：「你要蘋果嗎？」自閉兒重複說：「你要蘋果嗎？」然後點點頭，或抓對話者的手，或朝向蘋果，或伸手要抓蘋果等副語言。又如，對話者說：「放下小皮袋！」自閉兒重複說：「放下小皮袋。」然後做出放下小皮袋的動作。

(7)請求（request）（理解）

－眼神或身體會朝向對話者或東西。

－通常可由語言或副語言的反應看出，鸚鵡語言是針對對話者而來。

－自閉兒表現某些語言或非語言的動作，以期待對話者進一步的反應。

－鸚鵡語言除重複對話者語言的部分或全部外，還會自己增添若干話
語。

－自閉兒通常會在鸚鵡語言之同時或前後，表示要獲取某種東西，或執
行某種動作。

例如，對話者問：「你要什麼？」自閉兒回答：「你要什麼，抱抱。」
並把手伸出來。對話者問：「你要什麼？」自閉兒回答：「要什麼，蘋
果。」然後指向蘋果。肯定式的回答與請求式的回答其差別在於，對話
者有、沒有說出自閉兒所要的東西。

Prizant 與 Duchan 除了在 1981 年提出自閉兒立即性的鸚鵡語言共有七種功
能外，復於 1984 年再分析出，延宕式的鸚鵡語言也有十四種功能（Prizant &
Rydell, 1984）。茲引述如下：

(一) 非互動式的鸚鵡語言

1. 無目地的（non-focused）

此類鸚鵡語言通常只是一種自我刺激，偶爾有語言保存的性質。它可能由
內在或外在的刺激引起的，但是無法確認是由何種刺激所引起。這種無目的的
鸚鵡語言，通常是以重複的單音或怪聲出現。

2. 與情境關聯（situation association）

此類鸚鵡語言與上一類的主要差別是，通常明確可知情境中的某項特定刺
激（人、事、物、活動）。自閉兒本身已表現出了解話語與事物關聯。例如，
「雨人」影片中，雨人的弟弟動了他的書本，雨人的情緒受激動，所以大叫：
「今天確定不是訪客日！」

3. 演練（rehearsal）

通常是互動式語言前的演練。大多數是用低音量或低吟的方式進行，繼之
而起的是互動性或溝通性意圖的言語或行為語言。

4. 自我調整（自我指導）（self-directive）

此類鸚鵡語言通常用來做為動作的自我調整，幫自閉兒指引其動作。

兒童通常先由外在語言做自我指導，再進一步用內在語言自我指導。自閉兒發展過程比較慢，由於缺乏內在語言的指導，所以自閉兒仰賴外在的鸚鵡語言做自我指導。例如：有位自閉兒在他要開門鎖時，會說：「插下去轉一轉」；在洗手時會一直說：「搓一搓……」直到手洗乾淨為止。

5. 非互動式的標記（label, non-interactive）

用動作、姿勢表示注意到某物。如握住洋娃娃並反覆叫「平平」，或手執飛機做飛翔狀，並做出飛翔的聲音。

(二) 互動式的鸚鵡語言

6. 輪流（turn-taking）

自閉兒扮演著對話者的角色。當成人對他說話時，他用從前經常重複的話來與人對話。即雖無實質說話的內容，但有對話的形式。輪流的對話（不管是立即性的或是延宕性的鸚鵡語言）都會出現自閉兒等待說話的時刻；此種輪流的鸚鵡語言，對話的內容彼此不相干。實例：筆者曾經目睹一位自閉兒與老師輪流對話十分鐘，但是談話內容全然不對焦。

7. 完成話語（verbal completion）

自閉兒扮演輪流的對話者，但對話的內容視另一成人談話的內容而定。

8. 標記（敘述性）（label, interactive）

用延宕式鸚鵡語言表達所要的東西或行動。通常除了鸚鵡語言本身外，還加上指示或表示所要的動作或行動。

此互動式的標記功能與第五項非互動式的標記功能之差別，在此項功能有明顯的溝通意圖，從自閉兒的眼神或肢體語言，可以找到他們要對話者肯定的訊息。

9. 提供資訊（providing information）

自閉兒用鸚鵡語言提供訊息給他人，而此訊息在當前的情境找不到。提供資訊的鸚鵡語言常常是包含自閉兒內在狀態的表達，有時也表達當前未滿足的需求。例如一個自閉兒不斷低聲的、反覆地說：「阿嬤走了」及「肉圓」兩個詞，其意義可能是此自閉兒在找阿嬤（內在狀態的表達）及肚子餓了要吃肉圓（當前未滿足的需求），或者要阿嬤買肉圓。

10. 喊叫（calling）

有時自閉兒會「喂喂……」的喊叫，隨之而來的是要求一些東西或動作，依此看來「喂喂」的喊叫聲是為了引起注意。

11. 肯定或確認（affirmation）

用重複的鸚鵡語言來肯定或確認他人所提供的動作或東西（玩具或食物）。自閉兒可用立即性的鸚鵡語言（重複對話者的話）或用延宕性的鸚鵡語言（重複先前已被了解的話）來確認或肯定。

12. 請求（request）

某些延宕性的鸚鵡語言是用來請求獲得某些東西或食物。這通常發生在東西或食物被拿走或拿不到時。此時常常出現代名詞反轉的現象，如你要喝水、你要尿尿、狗狗飯飯；鸚鵡語言之後也伴隨用手指示、抓拿的動作，或者用眼神輪動於人與物之間。一般而言，自閉兒這種表現，已經顯示他了解用此鸚鵡語言可以獲得某些東西。

13. 抗議（protest）

用鸚鵡語言抗議正在發生或即將發生的事情或動作。此時通常是高分貝（情緒激動），並伴有阻止的動作或自傷的行為。

14. 指示（directive）

指示和請求類似，其區別在：請求通常是要東西，而指示則是要求動作，如打小狗、倒牛奶或移開身體。

三、鸚鵡語言之處理

　　早期認為鸚鵡語言是有意義語言發展的障礙，過去大都以行為治療的方式來消滅鸚鵡語言。行為改變技術中的褪除法，被證實是有效消除鸚鵡語言的方法。

　　但是由上述的研究結果可以看出，鸚鵡語言不是沒意義的行為，而是具有認知的功能，已是自閉兒的溝通工具，有時候自閉兒是用延宕式的鸚鵡語言作為說話練習之用。鸚鵡語言是補償性的語言策略，兒童由格式塔拷貝及自動反應走向生產性、建設性的語言之中繼站（所謂生產性語言是：說話者自己產生的（自發性語言），由說話者用自己的語言規則產生，非拷貝對話者的語言。說話者可能經由再組合對話者的語言產生，如摘要對方的話。）易言之，鸚鵡語言是自閉兒的溝通工具，所以企圖消滅鸚鵡語言是錯誤的。鸚鵡語言為兒童語言發展初期的正常現象，因此目前傾向不直接消除之，而是藉著直接促進語言而間接消除。其治療方法已從消除病態語言，轉向對此病態語言（意圖、功能、理解、互動及情境）做詳盡的評估，然後依評估結果做處理。

　　處理鸚鵡語言時，一方面應了解自閉兒對語言的理解程度、溝通意圖、溝通功能、互動性及對語言的處理能力；另一方面也要考慮造成鸚鵡語言的情境變數。綜合目前的研究了解，造成自閉兒鸚鵡語言的因素如下：

(一) 產生鸚鵡語言的因素（Quill, 1995: 113）

1. 個人因素

(1)語言理解困難：當對話者的語言抽象，造成自閉兒不理解語言的意義時。

(2)格式塔語言之獲取與使用：自閉兒具備聽取、記憶及重作（reproduction）對話者之整體語言的能力。

2. 互動因素

(1)複雜的語言輸入：當對話者的語彙抽象、語意艱深、語句複雜時，自閉兒不了解語言內容時，便會用鸚鵡語言來對應。

(2)高張力的語言輸入：對話者明顯要求自閉兒回話，自閉兒有義務做互動時，卻無充分使用語言回應的能力。

(3)對話者主導的互動形式：對話內容由成人決定，自閉兒無法把握對話內容。

3. 情境因素

(1)非結構的、不可預測的、暫時性的情境；不熟悉的作業或情境；困難或挑戰性的作業；上述情境共同的特徵是：會引起自閉兒焦慮反應。

(2)自閉兒常常會有視、聽、觸、運動覺、前庭覺等五種感覺變異，對相關的刺激不是過度偏好，就是過度厭惡、害怕。當與自閉兒敏感的感官之刺激出現，自閉兒會有害怕或興奮的情緒。

(3)引起焦慮、害怕、壓力的情境或活動，自閉兒用鸚鵡語言排除這些情緒。

(4)當自閉兒閒暇無聊時，亦會用延宕式的鸚鵡語言打發時間。

(5)自閉兒感到興奮的時候，會用鸚鵡語言表達興奮的情緒。

(二) 鸚鵡語言之處理

1. 間接處理

(1)修正環境：高挑戰性的環境易造成回聲症，例如：變換環境、教室、活動；中斷日常生活規則；未結構化的環境及時間；當兒童未能預期的行為及他應扮演的角色；不熟悉的環境、人、工作。有時鸚鵡語言是用來自我調整或調整他人以維持環境及秩序的一致性。可利用圖畫式行程表或語音、聽覺符號以指引自閉兒下一步要做什麼，是良好的指導方式。

(2)單純化語言輸入：鸚鵡語言之多寡和兒童的語言環境之理解有關。當自閉兒不理解對話者所說或所問的話時，會用鸚鵡語言回應或答話。所以和自閉兒說話時，宜盡量與目前能理解的程度一致或稍高。

(3)成人的互動形式：

①促進式的互動：兒童控制大部分語言互動的時間。

②兒童被鼓勵以任何方式說話。大人在說話前，可保持若干程度的沉

默。

③根據兒童目前的語言程度做回應。

④對鸚鵡語言做適度的擴展。例如當自閉兒看到花並說出花的語音時，互動者可說：「對，玫瑰花。」

⑤對兒童說話時，多加支持性的語言姿勢。

⑥盡量不要用指導、命令、是不是、為什麼……等，要求特定反應的答案。

⑦避免負面的修正。例如自閉兒對著摩托車說：「汽車」時，不要糾正說：「不對，不是汽車」，應該回應說：「說：『摩托車』」。

(4)示範：

①對兒童當前的情況、活動，提供語言範型。

②當兒童要什麼東西時，盡量做示範表達。例如兒童指著水壺表示要喝水趕緊教導：「說！我要喝水」。此時要注意句子不要太長，超越兒童的表達能力。例如兒童只能說三或四個字的話，你卻用七或八個字的話。

③盡量用兒童的角度表達，不要用成人的角度表達。例如用大人的角度問：「你要喝水？」改成兒童的角度，教兒童說：「我要喝水」。又如自閉兒拉大便在褲子時，不要用責罵的口吻說：「阿賀！你又拉大便了！」；應改成教他：「說：『我大便在褲子』或『我大便了』」（依該自閉兒的語言能力而定）

④分清楚兒童的溝通意圖，然後將鸚鵡語言導入正常的語言表達。

例1　成人問：「你要什麼？」

　　　　自閉兒回答：「你要什麼（註：鸚鵡語言）——抱抱。」

處理方法：成人說：「對，說『我要抱抱』。」

例2　成人說：「去找小狗。」

　　　　自閉兒回應：邊走著找小狗，邊說：「去找小狗。」（註：鸚鵡語言）

處理方法：成人說：「對，說：『我要去找小狗』。」

2. 直接處理

　　要認知回聲症的暫時性、轉換性、中途站的性質，是兒童從無語言到正常的語言發展必經之路，所以要將鸚鵡語言帶入功能性的使用，而非消滅鸚鵡語言。一旦兒童正常的語言發展到一定的程度，鸚鵡語言自然消失。

　　(1)鸚鵡語言的處理策略是擴展自閉兒對環境的理解及接受性的語言。語言是環境的符號表徵，它包括人（爸爸、媽媽、爺爺……）、事（吃飯、尿尿、回家……）、物（桌子、椅子、菜刀……）、時（早上、晚上、今年……）、地（台南、台北、美國……）。當自閉兒愈是能理解環境的符號表徵，也就是接受性語言理解愈多，愈能恰當使用語言。

　　(2)了解鸚鵡語言在自然環境中有工具性、認知性及社會性的目的。仔細評估鸚鵡語言的功能性目的，然後針對其目的教導替代方案（功能性溝通訓練）。例如延宕性的鸚鵡語言若是被用作自我刺激時，則可以教導他在等待的時刻做建設性的活動，如打掌上型電玩，或教導他說：「我可以聽收音機嗎？」

　　若鸚鵡語言是用作逃避困難的活動時，則可以教導自閉兒說出：「這對我太困難了」或教導替代性及擴大性溝通以表示「我不會，請你幫助我。」

　　若鸚鵡語言的目的是要引起注意，可以教他說：「我做得怎麼樣？」

　　對鸚鵡語言做功能性分析以了解鸚鵡語言的目的，然後再教導功能等值的溝通行為，是有效解決鸚鵡語言的一種策略。Durand 與 Crimmins（1987）強調當自閉兒說出功能等值的溝通行為後，應繼之以適當的回應，方能有效。

第四節　積極促進自閉兒語言發展

一、促進自閉兒語言發展的重要性

　　自閉兒教育治療的重點之一，應放在語言的發展。發展自閉兒的語言有下列好處：

　　1. 有助於自閉兒各種語言變異（如鸚鵡語言、隱喻式語言）的消除：如前

所述鸚鵡語言的出現是自閉兒從無語言，或沒有意義語言到能用有意義語言的溝通之中繼站。努力促進自閉兒正常語言之發展將可有效消除鸚鵡語言。

2. 語言是整個物理世界的符號表徵。發展語言可以幫助自閉兒了解與認識世界，表達內在的需要。同時語言發展與自閉兒的智力發展有密切關係。

3. 語言發展與自閉兒的不適應行為也密切相關（許素彬，1997；Donnellan, Mirenda, Mesaros, & Fassbender, 1984）。專家指出自閉兒的語言愈多，其攻擊行為、自我傷害及自我刺激的行為，都會明顯下降。研究顯示，若能於五歲前教導自閉兒用姿勢、簡單手勢與圖畫代替身體操弄來要求東西（如抓媽媽的手或頭髮以表示要尿尿），可以增加溝通意願及減少不適當的行為。茲舉數例說明：

例一：一位自閉兒在九二一地震後學校拆除倒塌的教室時，該生便常常抓傷父母，經分析結果知道，該生抓傷父母是恐懼拆牆的撞擊聲。若該生會說：「我不喜歡推土機的敲擊聲！」母親便會用耳罩遮住自閉兒的耳朵，使其聽不到重擊聲，如此一來抓人的攻擊行為便會消除。

例二：一位自閉兒用撞頭的行為表示肚子餓，要吃麵包。處理這個自傷行為可指導自閉兒用溝通板（自閉兒先壓喇叭出聲，讓照顧者知道他有需求，再以手指指著麵包的圖案）表示其需求，讓照顧者滿足其需求，則撞頭的行為自然消失。

例三：一位自閉兒用抓媽媽的頭髮表示要尿尿。處理這種傷人的行為，可教導自閉兒用溝通板或手勢表達其需求。當照顧者了解並滿足其需求時，傷人的行為便會消失。在筆者的辦公室看見一位自閉兒抓住媽媽的頭髮往廁所走，這種舉動表示，他要上廁所，媽媽可以教他說：「我要尿尿。」如果該生仍然無法說話，則教導替代性溝通表達，替代性溝通仍可算是一種溝通。當然有了溝通工具後，這種偏差行為便會自然消失。

例四：在一個演講會後，時間已是中午十二點，一位在母親懷抱中的自閉兒猛力抓媽媽的身體。這種行為表示：該生要回家，要吃飯。此時可以教該生說：「我要回家，我要吃飯。」

4. 有利於自閉兒的社會發展。語言技巧的增進對社交行為的發展有很大的
幫助，反過來說，語言是在社會環境中習得，當自閉兒學會與人相處的
技巧時，他愈有機會發展其語言技巧。自閉兒因為缺乏正常的語言發
展，無法將所學得的語言作為人際溝通的工具，因此他的人際互動關係
自然受到影響；另一方面，自閉兒常常是孤獨俠，殊少與人互動，自然
而然限制其語彙之發展；更糟糕的是，語彙少會反過來限制其人際互
動，形成惡性循環。

二、促進自閉兒語言發展的策略

(一) 自閉兒語言教學的派典轉移

　　隨著吾人對白閉兒日增不已的理解，自閉兒語言教學策略已有改變，這就
是所謂的派典轉移（paradigm shift）。

　　介入自閉兒語言教學的另一派典之爭是基礎語言教學（basal language ap-
proach）相對於整體語言教學（whole language approach）。

　　基礎語言教學的心理學基礎是行為學派的派典（paradigm），屬於由下而
上（bottom up）行為主義理論者認為，語言的學習有如砌牆建屋一樣，從一塊
磚、一塊磚疊積而成，屬於砌磚式教學法。語言教學過程從發聲構音，然後單
字、疊詞、片語、句子，最後進行語句和對話訓練。

　　整體語言教學的心理學基礎是認知學派的派典，屬於由上而下（top down）
的教學法。教學過程是先注重整體經驗的表述，暫時不注意詞彙的學習。所以
教學之始，注意用整句話完整而正確地表述其經驗與感受。

　　一般而言，低功能、年齡較低或初學語言的自閉兒對語言的處理過程（lan-
guage processing）往往是「整體語言輸入」的形式（gestalt language process-
ing），而非如同正常兒童一樣採取「分析式語言輸入」的形式（analytic lan-
guage processing）。如前述「去拿碗」，他們是把「去拿碗」當成一個語詞輸
入，而非將它分析成「去」「拿」「碗」三個不同意思的詞，加以輸入。這種
語言輸入的形式是造成自閉兒錯誤使用語言的重要原因。若是功能較高、已有
的語言能力較強、年齡較長的自閉兒可能採正常兒童的分析式語言輸入形式。
所以自閉兒的語言教學要依據其智商、語言能力、年齡採取不同的教學法。一
般而言，教導高功能的自閉兒學習語言，可以採用整體語言教學，但是教導低

功能者則以基礎語言教學較為適宜。

　　第三個派典轉移是從模擬化語言教學（analog teaching）（筆者稱之為結構化語言教學）轉移至自然語言教學（natural language teaching）。

　　所謂結構化語言教學是指將自閉兒生活所需使用的語言，依邏輯或倫理編成教材，再由教師或語言治療師做有系統的教學。早期的自閉兒之語言矯治大都在教室或治療室做矯治工作，教學方法是模仿與重複練習。

　　此種語言教學類似我國早期的英語語言教學，學生在教室跟著老師學習英語句型，使用模仿與反覆練習記憶英語句型，卻無從用於真實生活情境。

　　此種教學法的優點是能有系統且有效地學習必要的生活語言，但是對自閉兒而言，由於語用的困難，此種教學會演變成自閉兒已經學了許多語言，卻不會運用於生活當中。自閉兒的語言訓練，若只是從老師的角度教導他所認為重要的語彙，往往只是會教他們去表達什麼，但並不是他們要表達的東西。如此一來，學生所學的語彙對他們毫無意義。這樣的語言教學，雖然老師努力用盡各種增強技術，增進其溝通的努力，並無法誘導學生的溝通意圖。

　　自然語言教學的同義詞有對話性教學（conversational training）、溝通性教學（transactional training）、生態語言教學（milieu teaching）或偶發性語言教學（incidental teaching），上述名詞的意義請參考下文說明。

　　目前自然環境語言教學受到大多數學者的肯定，研究結果也判定此策略較為優秀。其優點如下述（Elliott, Hall, & Soper, 1990）：

1. 可以教導自閉兒在自然環境下學會語言學習的策略。
2. 語言教學取材於自然環境下所使用的功能性的語言。
3. 自然環境中學會的語言容易類化到相似的情境，減少要從模擬環境類化到自然環境的需求。
4. 增加學習的動機。
5. 在人際互動中增加自我肯定與獨立性。
6. 在現實互動情境中得到自然結果的增強物。

但缺點有此種教學法較耗時、費錢，效果可能較差。

(二) 自閉兒的語言教學方法

1. 先從接受性語言（聽、讀）下手

在語言學習上，表達性語言比接受性語言的學習困難得多。所以進行語言教學時，老師或父母不要因為自閉兒不會說話，便放棄和他說話。

接受性語言學習的初期通常從配對學習開始，也就是聲音與事物的結合。這是最基礎且簡單的學習歷程，除非智能嚴重障礙，否則只要反覆的練習，都能學會身邊的東西名稱、動作之詞彙，並作為溝通的基礎。

表達性語言則牽涉正確構音（articulation），選擇適當的語彙和語法結合成正確語句，並於適當情境表達。應用表達性語言於互動的情境中，還牽涉對方語言的理解，困難度較高。因此應從接受性語言之教學開始。

2. 問句之教學

前已述及，一般兒童由於好奇心之驅使在十九至二十八個月之間便常常問「什麼？」、「做什麼？」、「哪裡？」等問題，三十一至三十四個月時便會問「誰的」、「誰」、「為什麼」、「如何」等問題，但是自閉兒幾乎很少會問此類問題，其原因之一可能自閉兒的認知功能受損，對周遭環境缺乏好奇心使然；另一可能原因是自閉兒要學習理解與使用問句極其困難，需透過有系統的教學才能成功。有位自閉兒的母親提及：他的兒子不斷以手指指著各種東西並不斷問：「那是什麼？」卻不曾等待母親回答。顯然該自閉兒只是用延宕式鸚鵡語言與母親對話，卻不知「那是什麼」是個問句，也不知該問句的意義。

根據 Koegel 與 Koegel 在 1995 年之研究（in Schopler & Mesibov, 1995），當自閉兒學會這些常用問句後，竟大量減少問題行為之發生。底下說明常用問句的教學過程（引自 Koegel & Koegel, 1996: 29-31）：

(1)問句：「這是什麼？」

教學過程：

①將自閉兒喜歡的東西（吸引注意）放在透明袋中。

②教他說：「這是什麼？」

③當自閉兒學說：「這是什麼？」之後，將該東西拿出來給他，並告訴

他該東西的名字。

④把透明袋拿開，將他喜歡的東西放在桌上，並加上一樣他不一定喜歡的東西，然後指著他喜歡的東西，問他說：「這是什麼？」

⑤接著帶他說：「這是餅乾。」

⑥在他說：「這是餅乾」或「餅乾」之後，接著說：「對，這是餅乾。」

(2)問句：「這是誰的？」

教學過程：

①尋找專屬某人的東西，如爸爸的領帶、媽媽的髮夾、小明的玩具等等……

②教自閉兒說：「這是誰的東西？」

③拿出一件東西，如爸爸的領帶，自問：「這是誰的領帶？」自答：「爸爸的。」

④教自閉兒說：「爸爸的。」立即回應：「對，爸爸的。」

⑤反覆練習此活動至該生正確反應為止。

⑥重複上述過程，但將東西換成媽媽的髮夾。

⑦拿出小明的玩具自問：「這是誰的玩具？」教導回答說：「這是我的玩具。」在此同時將玩具放在小明身上。

(3)問句：「XX東西在哪裡？」

教學過程：

①拿一樣自閉兒喜歡的東西（如蘋果），展示給他看，然後將蘋果放在盒子上。

②教他說：「蘋果在哪裡？」

③「喂喂……」的喊叫等他說完：「蘋果在哪裡？」立即說：「在盒子上。」

④教他說：「在盒子上。」立即說：「對，在盒子上。」

⑤反覆練習此活動至該生正確反應為止。

⑥重複上述過程，但改成「放在盒子裡」、「放在盒子下面」、「放在盒子旁邊」。

(4)問句：「怎麼了？」

教學過程：

①做一個動作：「把紙撕破」、「拿青蛙做跳躍動作」、「旋轉烏龜」、「把手帕弄髒」等等。

②老師說：「怎麼了？」

③老師說：「紙破了。」

④教自閉兒說：「紙破了。」

⑤老師說：「對，紙破了。」

⑥反覆練習此活動至該生正確反應為止。

⑦重複上述過程，但改成「拿青蛙做跳躍動作」、「旋轉烏龜」、「把手帕弄髒」等等。

3. 自然環境教學法

自然環境教學的涵義是：

(1)溝通性語言教學：指自閉兒的語言教學目標，應該是教自閉兒學習功能性語言（生活用得上的語言）於社會環境（真實的人際互動）中。

語用是自閉兒語言發展最弱的部分。會說話的自閉兒儘管學會了許多詞彙和語句，但是在互動中常常只使用少數的語言與人互動，這就是教導自閉兒說話時，要優先考慮選擇「教自閉兒學習功能性語言（生活用得上的語言）於社會環境（真實的人際互動）中」的原因。

不會說話的自閉兒使用行為語言溝通時，常常只是表達其生理需要（要吃飯、喝水或尿尿）及憤怒、害怕的情緒。這時候行為語言的表達常常會用偏差行為的方式演出。此時，父母或老師可用「行為的功能性分析」的概念，去理解自閉兒偏差行為的功能性目的，然後依據功能性分析的結果，教導他表達其行為之目的。上述若干例子即是說明，功能性分析與功能性溝通訓練是消除不語症自閉兒行為問題的方法。

(2)生態語言教學：自閉兒語言教學教材必須從生態環境中取材。自閉兒生活周遭的人（爸爸、媽媽、老師、伯伯、爺爺……）；事（早安、再見、尿尿、喝水、吃飯……），物（廁所、桌子、椅子、香蕉、蘋果……）都是要優先學習的語彙。每日生活可能使用的語句如「我要尿尿」、「我要吃飯」、「老師好」……，都是生態語言教學的一部分。

(3)偶發性教學（隨機教學）：這是指自閉兒的語言教學法，應該在自然環境下做功能性的互動，由兒童選擇說話的主題，老師從旁引導。

①讓自閉兒暴露於多重例子的自然環境中（例如帶自閉兒到水族館，讓他看到各種魚），以誘發自閉兒說話的意願，再進行教學。

②當兒童注意某種東西，並有意溝通時，立即進行教學。

③對自閉兒的任何語言行為都立即予以增強，不要等進步甚多或說得非常完美才增強。例如：當自閉兒看到「花」時，對你說「挖」（註「挖」是「花」的省略音，即省略ㄏ這個音素，所以念成挖），也應馬上予以增強說：「對，這是花」。這叫作語言的塑造（shaping）。

參考文獻

◎ 中文部分

宋維村（1983）。自閉症患者的成長過程。**特殊教育季刊**，**11**，5-9。

宋維村（1997）。自閉症的診斷和亞型。載於李玉霞（主編），**家長資源手冊**。台北市：中華民國自閉症基金會。

許素彬（1997）。自閉兒的困擾行為與溝通能力缺陷。**特殊教育季刊**，**65**，8-12。

◎ 英文部分

Bellon, M. L., Ogletree, B. T., & Harn, W. E. (2000). Repeated storybook reading as a language intervention for children with autism: A case study on the application of scaffolding. *Focus on Autism and Other Developmental Disabilities, 15*(1), 52-58.

Donnellan, A., Mirenda, P., Mesaros, R., & Fassbender, L. (1984). Analyzing the communication functions of aberrant behavior. *Journal of the Association for Person with Severe Handicaps, 9*, 201-212.

Durand, V. M., & Crimmins, D. B. (1987). Assessment and treatment of psychotic speech in an autistic child. *Journal of Autism and Developmental Disorders, 17*,

17-28.

Elliott, R. O., Hall, K. L., & Soper, V. (1990). Analog language teaching vesus natural language teaching: Generalization and retention of language learning for the adults with autism and mental retardation. *Journal of Autism and Developmental Disorders, 21*, 433-448.

Hurtig, R., Ensrud, S., & Tomblin, J. (1982). The communicative function of question production in autistic children. *Journal of Autism and Developmental Disorders, 12*, 57-69.

Koegel, R. L., & Koegel, L. K. (Eds.) (1996). *Teaching children with autism: Strategies for initiating positive interactions and improving learning opportunities*. Baltimore, MD. Paul II. Brookes.

McEvoy, R. E., Lavelang, K. A., & Landry, S. H. (1988). The functions of immediate echolalia in autistic children: A developmental perspective. *Journal of Autism and Developmental Disorders, 9*, 33-40.

Prizant, B. M., & Duchan, J. F. (1981). The functions of imediate echolalia in autistic children. *Journal of Speech and Hearing Disorders, 46*, 241-249.

Prizant, B. M., & Rydell, P. J. (1984). Analysis of delayed echoolalia in autistic children. *Journal of Speech and Hearing Research, 27*, 183-192.

Quill, K. A. (Ed.) (1995). *Teaching children with autism: Strategies to enhance communication and socialization*. New York: Delmar Publishers.

第六章

運用功能性評量處理
自閉症兒童的行為問題

賴碧美

一、功能性評量的源起

　　嚴重行為問題處理的觀念受到認知行為改變技術（cognitive behavior modification）、行為功能分析（behavior function analysis）及障礙者環境生態因素調整（ecological adaptation）等議題的影響後，開始有重視個體內在歷程的重大改變，個體的內在歷程包括行為者本身的信念、動機、內在語言及自我控制等認知思考（胡永崇，1998）。隨著功能性評量（functional assessment）的發展與應用，行為問題本身所隱含的功能受到重視，行為問題處理策略由以往消除型或嫌惡式處理策略，轉變為教育取向之正向行為處理策略。教育取向的行為處理者認為每一種行為都有某種特定的功能，可能同時存在多重功能或目的，他們強調處理行為問題的首要工作在於確認行為問題的功能性目的，然後協助個體發展適當且社會能接受的行為來取代不適當行為（曾進興，1998；鈕文英，1999；Carr & Durand, 1985）。

二、功能性評量的意義

(一) 蒐集行為問題資料及探討行為問題存在之可靠相關變數的方法

　　功能性評量是蒐集行為問題資料及分析行為功能的過程，也是探討行為問題存在之可靠相關變數的方法（楊瑛，1999）。功能性評量主張從行為問題的前因、個人、後果或情境等因素來介入行為問題，對行為問題的分析則以行為學派刺激－個體－反應（S-O-R）的關係為基礎（黃裕惠，1998）。運用可觀察且數據化的方式能界定行為問題和環境之間的關係，以及行為問題存在的原因（Hagopian, Fisher, & Legacy, 1994; Hagopian, Wilson, & Wilder, 2001; Wallace & Iwata, 1999a）。

(二) 評量和處理嚴重行為問題的有效工具

　　許多研究證實功能性評量可以確定行為問題對個體所產生的功能（Carr, Yarbrough, & Langdon, 1997; Fischer, Iwata, & Mazaleski, 1997; Kahng & Iwata, 1999; Lerman & Iwata, 1993; McCord & Thomson, 2001; Vollmer, Marcus, & Ringdahl, 1995）。因此，根據行為問題的原因和功能所設計的行為處置計畫，不僅能分析及界定行為問題的原因，也是評量和處理嚴重行為問題的有效工具（李偉俊，1999；林惠芬，2001；洪儷瑜，1992；許素彬，1997；Iwata, 1991）。

三、功能性評量的內涵

(一) 明確指出行為問題的原因

　　透過直接觀察法、相關人士資料蒐集法（informant methods）和實驗操弄的功能分析法（functional analysis manipulations）等三種功能性評量方法，能確實從環境事件、前因事件和後果事件中，找出行為問題的意圖與動機，進而分析環境中造成行為問題的可能影響因素及提出假設的維持因數，以下分述三種方法的意義與優缺點（李甯，1999；張正芬，2000；黃裕惠，1998）。

　　1. 在自然情境中觀察研究對象一段時間是直接觀察法，內容包括：(1)記錄行為發生的時間和次數等資料；(2) ABC 分析法（antecedent behavior consequence analysis）。

　　　它具有下列三項優點：

(1)容易實施，能就特定格式進行記錄。

(2)可以掌握立即的情境，並且看出單一事件的影響。

(3)確實了解外顯行為發生的型式與狀況。

然而由於直接觀察法具有下列四項缺點：

(1)無法具體觀察內隱行為的潛在因素。

(2)對受試者及環境造成干擾。

(3)無法得知過去行為的演變歷程。

(4)可能有記錄者主觀判斷的偏誤，難以確認資料的信度與效度。

因此使用直接觀察法時，應將對受試者及環境的干擾降至最低。

2. 透過訪談熟悉受試者的人、填寫評定量表、檢核表或問卷等方式蒐集資料是相關人士資料蒐集法，它具有下列三項優點：

(1)容易實施，了解受試者行為演變的歷程。

(2)能了解內隱行為的影響因素。

(3)可多次逐步的深入了解。

然而由於相關人士資料蒐集法具有下列四項缺點：

(1)受訪者可能不願意配合。

(2)受訪者可能有主觀判斷或混淆的狀況。

(3)訪問者可能有記錄不詳實或過度推論的狀況。

(4)無法立即觀察到行為發生的狀況。

因此使用相關人士資料蒐集法時，應盡可能避免誤用受訪者與訪問者的主觀想法。

3. 在自然或模擬的情境下，系統操弄可能的控制變項，進而觀察控制變項的影響是實驗操弄的功能分析法。它具有下列四項優點：

(1)精確可靠，結果可推論行為發生可能的因果關係。

(2)能比較不同因素所造成的影響。

(3)能掌握行為改變的狀況。

(4)可進行複雜的實驗設計，來掌握多向度的因素。

然而由於相關人士資料蒐集法具有下列三項缺點：

(1)耗時費力，某些情境難以實施。

(2)缺乏對過去事件的了解。

(3)未必能順利掌控人力、財力和受試者流失。

因此使用實驗操弄的功能分析法時,應盡量掌控人力、財力和受試者流失等因素。

(二) 生態調整及行為功能分析是嚴重行為問題處理的重要依據

功能性評量具有行為改變的特徵,它著重兩個方向:(1)分析影響行為的前因、後果及情境事件來了解行為的功能;(2)提出行為處理的假設,再依據假設選擇適宜的策略來處理行為問題(楊瑛,1999;鳳華,1999)。主要功用在於:(1)了解維持行為問題的原因;(2)預測何時行為問題會或不會出現;(3)找出預防行為問題出現的方法;(4)設計行為問題出現時的對策(Pelios, Morren, Tesch, & Axelrod, 1999)。功能性評量強調每一種行為都有意義與目的,不僅能作為行為問題的評量方法,也能明確指出行為問題的原因。換言之,功能性評量乃針對行為問題的功能提出假設,然後透過實驗的方式控制或操弄可能的變項,觀察行為發生前和發生後的變化,能幫助個體學習另一種適當且更有效率的行為方式去除原有的不當行為。每一種行為不論好壞與否,都有其功能和作用,所以蒐集環境中行為問題的類別、出現地點及出現時間等資料,可以做為介入行為問題及評估介入成效的參考。圖 6-1 說明功能性評量的流程。

由於相同的介入策略不一定能處理相同的行為問題,所以行為功能分析及生態調整成為嚴重行為問題處理的重要依據。重新安排個體的環境,能讓當事人學習新技能替代行為問題,並運用新技能獲得他所想要的正增強物,或透過這項新技能逃避不愉快或不喜歡的情境。

(三) 根據功能分析結果決定功能等值行為

透過行為觀察記錄能找出自然情境中行為問題的影響因素,行為功能分析的基本內涵包括:(1)行為是對刺激的反應;(2)行為受行為後果的控制;(3)行為是一種溝通方式;(4)行為有其功能與目的(Carr & Carlson, 1993; Thompson & Iwata, 2001; Wallace & Iwata, 1999b)。由於行為功能分析的基本假設包括行為具有功能性、行為具有預測性及行為是可以改變的,因此在進行功能性評量之後,隨即可以根據功能分析結果決定功能等值行為,並且應用區別增強不相容行為及區別增強替代行為介入策略,來教導個體使用功能等值的替代行為(al-

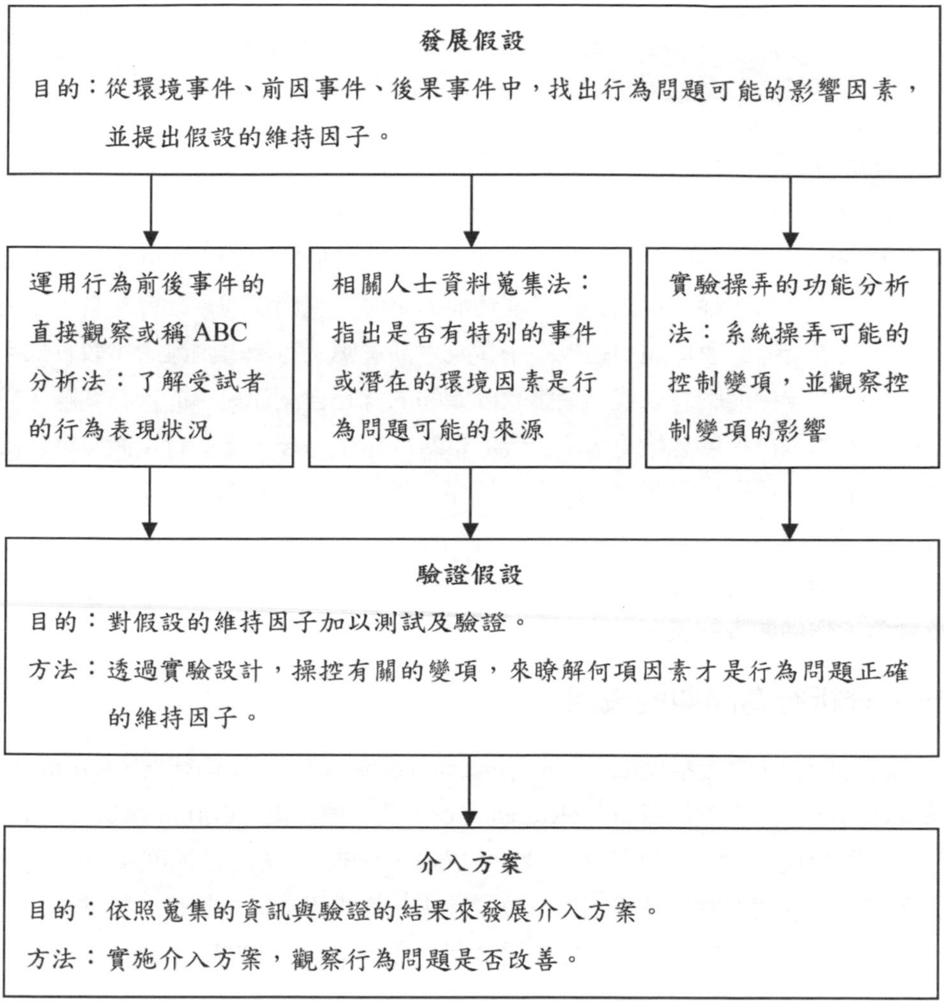

┌───┐
│ **發展假設**   │
│ 目的：從環境事件、前因事件、後果事件中，找出行為問題可能的影響因素， │
│ 　　　並提出假設的維持因子。   │
└───┘

┌──────────────────┐ ┌──────────────────┐ ┌──────────────────┐
│ 運用行為前後事件的 │ │ 相關人士資料蒐集法： │ │ 實驗操弄的功能分析 │
│ 直接觀察或稱 ABC │ │ 指出是否有特別的事件 │ │ 法：系統操弄可能的 │
│ 分析法：了解受試者 │ │ 或潛在的環境因素是行 │ │ 控制變項，並觀察控 │
│ 的行為表現狀況   │ │ 為問題可能的來源   │ │ 制變項的影響   │
└──────────────────┘ └──────────────────┘ └──────────────────┘

┌───┐
│ **驗證假設**   │
│ 目的：對假設的維持因子加以測試及驗證。   │
│ 方法：透過實驗設計，操控有關的變項，來瞭解何項因素才是行為問題正確 │
│ 　　　的維持因子。   │
└───┘

┌───┐
│ **介入方案**   │
│ 目的：依照蒐集的資訊與驗證的結果來發展介入方案。   │
│ 方法：實施介入方案，觀察行為問題是否改善。   │
└───┘

圖 6-1　功能性評量流程圖

資料來源：修改自宋明君（2001：10）

ternative behaviors）取代原來的不適當行為，進而幫助個體學習及運用適當且
有效率的行為方式來傳達訊息（Durand & Carr, 1987; Hanley, Piazza, Fisher, Con-
trucci, & Maglieri, 1997; Neef & Iwata, 1994）。

第二節　自閉症兒童行為問題的功能性評量

　　功能性評量應用於自閉症的研究相當多，其中焦點大多集中在打頭及咬手等自傷行為的分析以及鸚鵡式語言、奇聲和獨語等與溝通有關的行為，研究重點在於確切了解這些行為背後真正的意義、功能及個體所要表現的訊息（張正芬，1997）。自閉症，指因神經心理功能異常而顯現出溝通、社會互動、行為及興趣表現上有嚴重問題，造成在學習及生活適應上有顯著困難者（教育部，2002）。從自閉症教育來說，最讓教師頭痛的就是自閉症兒童的行為問題，自閉症兒童的障礙程度愈嚴重，所出現的行為問題也愈多，這些行為問題會妨礙別人的權益、擾亂自己和他人的生活秩序、干擾教學活動和社會安寧，也會造成自閉症兒童本身的傷害，無形中成為父母、教師和照顧者極大的困擾，因此為重度及極重度自閉症兒童尋求有效的行為問題處理策略，一直是許多研究者及實務工作者關心的議題。

一、分析行為問題的成因

　　行為問題至少包括攻擊行為（aggression behavior）、自傷行為（self-injurious behavior）、食異物行為（pica behavior）及破壞干擾（disruptive behavior）行為（郭勇佐，1997；陳淑美，2001；楊瑛，1999）。行為問題的動機，包括負面情緒、引起注意、逃避工作或教學要求、逃避不喜歡的情境、特殊環境事件、獲得正增強物及要求社會性增強等（Carr et al., 1997; Wallace & Iwata, 1999a）。宋維村（2002）指出，自閉症兒童除了有社交技巧缺陷、口語溝通問題、情緒認知表達問題及固定行為問題外，他們還有攻擊、自傷、破壞東西、發脾氣、自言自語、自我刺激及坐立不安等行為。透過行為診斷（behavioral diagnostics）找出行為的原因，然後對症下藥，應是行為問題根本的解決之道，因此了解自閉症兒童行為問題的動機是有效處理自閉症兒童行為問題的關鍵因素，以下簡述自閉症兒童行為問題的成因。

(一) 表達基本的生理需求與心理需求或反應生理上的病痛

　　語言學習與溝通發展是身心障礙者日常生活與學習適應的重要基礎，語言

是一種社交工具，人類藉由語言可以表達彼此的需求及分享想法，正常兒童在學習語言時，都遵循著接收訊息、處理訊息、理解訊息及表達訊息等過程（黃志雄，1999）。語言發展與智慧功能的高低有著密切的關係，多數自閉症兒童因為生理限制和認知能力不足，以致接收訊息、處理訊息及表達訊息等過程受到阻礙，無法使用適當的溝通方式表達自己的需求與情緒、無法了解他人的口語對話、無法說出有意義的語言或表現出有意義的肢體語言，甚至無法對簡單的訊息做出適當的反應及表達自己的意見或渴望，因此當他們身體不舒服、精神狀態疲累、情緒憤怒、心理恐懼或不愉快時，容易以行為問題來表達基本的生理與心理需求，或以行為問題來反應生理上的病痛（林宏熾，1998；施顯烇，2000；鈕文英，1999；黃志雄，2002）。

(二) 引起注意

　　引起注意不僅是維持行為問題最普遍的影響因素，也是行為問題最普遍的功能性目的（Kennedy & Souza, 1995; Thompson & Iwata, 2001; Vollmer, Iwata, Zarcone, Smith, & Mazaleski, 1993）。獨處時，重度障礙者為了獲得注意力，容易出現自傷行為，他們以自傷行為迫使照顧者抽出時間給予特別的照顧，此時照顧者給予的照顧和關切隨即成為自傷行為的具體增強（Carr, 1994; Neef & Iwata, 1994; Wallace & Iwata, 1999b）。於是重度障礙者從中學到一個原則就是，從事行為問題時，大人會盡一切力量來阻止這種行為或是屈從他的要求，由於緊接在後的正面關照或負面注意都對個體的行為問題構成正增強，此時行為問題就成為他們達到需求和控制環境最有效的方法（施顯烇，1997，2000；鈕文英，1999）。

(三) 逃避不愉快或不喜歡的情境

　　許多學者指出：個體的行為問題具有逃避的功能，他們出現行為問題的原因可能包括逃避改變情境、逃避確定開始的工作、逃避學習活動及逃避嫌惡要求等（Durand & Crimmins, 1988; Iwata, Dorsey, Slifer, Bauman, & Richman, 1982; Pace, Iwata, Cowdery, Andree, & McIntyre, 1993; Zarcone, Iwata, Smith, Mazaleski, & Lerman, 1994; Zarcone et al., 1993）。自閉症兒童有特別喜愛的事物，更有特別厭惡的事物，他們往往以行為問題來逃避嫌惡的事物或情況，當現況改變或

嫌惡刺激挪移後，行為問題會因負增強而維持。

(四) 發洩挫折或不滿的情緒

　　基於避免因攻擊別人而得到更嚴重的行為後果，以及行為問題至少能引起他人的注意等因素，個體可能會將對他人的憤怒、抗議或攻擊行為轉成對自己的攻擊，也可能以自傷行為來發洩被他人排斥的不滿情緒（蔡慧娟，2000）。另外，給予個體較困難的指令要求或工作時，個體容易藉由行為問題來發洩挫折的情緒，因此挫折感或過去的挫折經驗可能是造成其行為問題的前因（Carr & Durand, 1985; Durand & Crimmins, 1988）。

二、掌握行為問題的功能

　　相同的行為在不同行為者身上可能具有不同的功能，當障礙者害怕接觸新環境及新事物或陌生人、害怕環境氣氛的改變、抗議某一活動被中止或某種要求被拒絕、抗議生活環境被改變或被要求做不喜歡做的事卻缺乏利用適當管道來表達他們內在情緒與想法的溝通技能時，往往會做出令人困擾或具有破壞性的行為問題來傳達訊息（洪素英，1998）。一般來說，行為問題可能有下列幾種基本的功能，包括：(1)引起別人的注意；(2)逃避或免除嫌惡的情況；(3)情緒上的發洩；(4)滿足生理上的自我刺激需要；(5)以行為代替語言來傳達特殊的需要（施顯烇，1997）。為了確定自閉症兒童行為問題所代表的功能，以便訓練他們採取與行為問題具有相同功能且為社會所認同的替代行為來達成溝通目的，首先需對特定的行為問題進行功能分析，如此才能掌握行為問題的功能。圖 6-2 說明行為問題功能的檢核。

三、決定介入行為問題的方法

　　透過行為前後事件觀察紀錄調查自閉症兒童最容易出現和最不容易出現行為問題的情境之後，需進一步分析行為問題發生前後自閉症兒童的生理和情緒是否有特殊變化或其他非比尋常的行為發生，據此判斷自閉症兒童行為問題的原因，同時設計合宜的行為問題處理策略，如此才能有效地處理自閉症兒童的行為問題。使用單純的行為分析與行為改變重點放在行為後果的安排和操縱這種方法有兩個主要的顧慮：(1)我們必須知道每一種行為的存在都有它的功能，

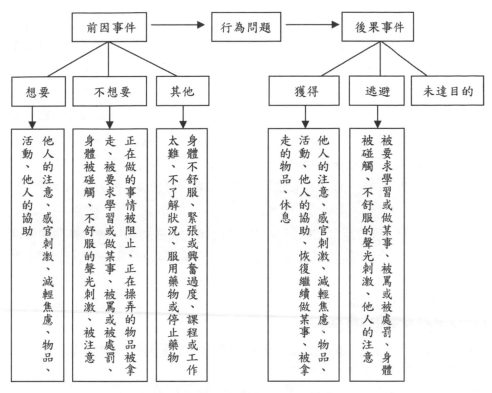

圖 6-2　行為問題功能檢核架構圖

資料來源：修改自張正芬（2000：133）

如果只是壓制行為問題的發生而漠視其背後的因素，將涉及倫理上的爭議；(2)很多複雜的行為問題有其根深柢固的支持因素（施顯烇，1997；陳淑美，2001）。如果只是著重行為後果的安排而無法觸及問題的核心，那麼行為問題最後仍然無法有效解決，這種重視行為問題發生的環境生態因素及重視以適當溝通行為取代行為問題的理論重點，就是嚴重行為問題處理原則中甚受重視的生態調整及行為的功能分析（胡永崇，1998）。

四、調整環境的重要性

70%以上自閉症兒童合併智能不足，他們有概化（generalization）困難、行為固定、思考僵化、難以舉一反三及記憶優於理解等認知特徵，這些特徵是影響自閉症教育的核心問題。自閉症兒童受限於理解與表達情緒、較高層次非口

語理解與表達、語用能力及聽覺路徑學習等方面的特殊困難，使得實物、實地及實際演練教學成為重要的教育策略之一，因此教導自閉症兒童必須考量教學環境、課程安排、教學方法和教材等方面的特殊性（宋維村，2002）。行為問題通常和不當的環境有密切關係，所以調整環境是處理行為問題最重要的工作之一，運用忽略、轉移注意力、增強其他行為或威嚇、懲罰、隔離及身體抑制等缺乏後續行為指導，或沒有考慮行為問題真正原因的策略處理個體的行為問題往往是效果不彰，唯有妥善處理自閉症兒童的行為問題，才能幫助他們在同儕相處、學習、工作、社交、家庭及社區等環境中發展良好的社會適應能力及互動關係。

　　總之，要有效消減自閉症兒童的行為問題，就必須先探討行為問題的成因。行為問題有其特殊的功用，如果能從改變生態環境和訓練替代行為著手，調整自閉症兒童所處的生態環境及指導其以更具社會化的行為表達需求，對於自閉症兒童嚴重行為問題的處理應能獲得較佳的效果。在得知自閉症兒童行為問題的功能後，就可以依據實際需要設計介入計畫，幫助個體發展出可以達到同樣功能的適當行為，如此個體的需要不僅可以得到滿足，更能藉此建立良好的終點行為來改善個體的生活品質。

第三節　功能性溝通訓練的意義與內涵

　　透過功能性溝通訓練教導障礙者同樣功能的溝通反應能有效減少障礙者的自傷行為、攻擊行為、挑戰行為、發脾氣和干擾行為等行為問題（賴碧美，2002）。智能障礙者和發展遲緩者常伴隨有不良的適應行為問題，這些行為問題的背後其實具有某種溝通意義和功能（林惠芬，2001）。行為分析專家和語言學家均發現個體發生行為問題時，總是傳遞著一些訊息，行為是他的語言，它具有溝通的功能（Carr, 1994; Ernst, 2000）。溝通是一個複雜的過程，它是自閉症兒童最弱的能力，也是自閉症兒童行為問題的根源，因此提升自閉症兒童的溝通能力是決定他們未來能否獨立生活與適應未來環境很重要的先決條件。由於功能性溝通訓練的成效已經得到驗證，而且以功能分析結果為基礎的介入策略也已經成為目前對行為問題評量與處遇的品質證明，因此當行為問題的功能被界定出來後，可以運用功能等值訓練（functional equivalence training, FET）

及功能性溝通訓練（functional communication training, FCT）兩個行為支持計畫來處理行為問題（Durand, 1999; Hanley, Iwata, & Thompson, 2001）。

一、 功能性溝通訓練的意義

(一) 透過功能性評量確認行為問題的功能

功能性溝通訓練的介入目標具有教育性，它透過功能性評量確認行為問題的功能，因此成為處理嚴重行為問題普遍而有效的處遇方式（Durand, 1999; Durand & Carr, 1992; Fisher, Kuhn, & Thompson, 1998; Kahng, Iwata, Deleon, & Worsdell, 1997; Keen, Sigafoos, & Woodyatt, 2001）。

(二) 以功能分析結果考慮行為問題的適當替代行為

指導個體在適當的時機使用根據功能分析結果所設計的口語或非口語的溝通行為，能達成原先行為問題的功能及目的，同時取代原來的行為問題（李甯，1999）。換言之，教導個體和行為問題功能等值的溝通反應，能處理與溝通反應具有相同功能的行為問題（Durand, 1999; Fisher et al., 1998; Hanley et al., 1997）。

(三) 教育取向的行為處理模式

面對溝通能力不足或無法適當表達而出現行為問題的個體時，教師應當教導他們運用功能等值的替代性溝通行為表達基本需求與情緒。功能性溝通訓練是一種教育取向的行為處理模式，它以功能性分析的見解來考慮適當的替代行為，能有效減少個體的行為問題（Hagopian, Fisher, Sullivan, Acquisto, & Leblanc, 1998）。在行為問題的功能界定出來之後，教學者隨即可為個體選擇適切的個別溝通模式，例如：特殊語法、符號、字卡、圖卡、肢體動作、手勢與面部表情等，並且教導個體發出適當的溝通反應來獲得增強物或適應環境。

二、功能性溝通訓練的內涵

Fisher、Piazza、Cataldo、Harrell、Vefferson和Conner（1993）指出，功能性溝通訓練包括兩個主要的成分：(1)以功能性分析來定義維持行為問題的前事與後果；(2)將維持行為問題的刺激定義出來後，則訓練個體發出適當的反應，

如：用手勢表示「幫助我」或「完成」的信號，這些信號能產生和行為問題相同的結果。功能性溝通訓練的基本程式包括界定行為問題的功能及教導或提示功能等值的溝通反應表現，讓個體可以透過替代性溝通方案來表達想法與目的，因此實施功能性溝通訓練可依照下列四個步驟進行：(1)討論行為問題的功能種類；(2)界定目標行為的操作功能，如獲得社會性注意力、逃避不想要的活動；(3)幫助每位學生發展個別化的替代性溝通計畫，如手勢、口語，這些手勢或口語可以產生和行為問題相同的結果；(4)治療者增強和異常行為功能等值的替代性溝通反應（洪素英，1998；Durand, 1999; Lalli, Casey, & Kates, 1995; O'Neill & Sweetland-Baker, 2001）。

(一) 應用和行為問題相同結果的溝通行為來處理行為問題

一般來說，人類最常使用的溝通方式是口語，但在日常生活中非口語的溝通方式，例如手勢、身體動作、站姿、臉部表情及聲音的音調等仍經常被使用（李淑娥，1996；林麗英，1993）。行為問題本身並不是孩子的終極目標，它只是孩子用以傳達想法的媒介，對障礙者進行基本的溝通技能訓練，能幫助障礙者使用簡單且適當的表達方式來取得別人的協助（施顯烇，1997）。功能性溝通訓練是根據功能性分析結果所決定的功能等值溝通行為來進行教學的策略，它是區別增強替代行為的一種類型（Fisher et al., 1998; Fisher et al., 1993）。透過功能等值訓練能處理因為溝通能力不足所造成的行為問題，協助個體表達需求或發洩情緒，同時達到減少行為問題及增進良好行為的目的（張正芬，1997；黃裕惠，1998）。區別增強不相容行為和區別增強替代行為都是積極、有建設性的介入策略，它們可以單獨使用，也可以配合其他行為改變策略一起使用，而且運用區別增強不相容行為和區別增強替代行為策略所學會的良好行為持久有效（王大延，1992；林正文，1993）。

(二) 考量個體的能力和環境的需要

功能性溝通訓練是一種生態模式，它試著提升個體本身的溝通技能，同時藉由周遭人事物的配合及溝通情境的營造，改善個體所處的外在環境。當行為問題隱含著溝通的訊息時，功能性評量可以達到下述三個主要目的：(1)確認不當行為所代表的溝通功能；(2)確認與不當行為具有相同功能的替代性行為是否

適用於個體；(3)監控功能性溝通訓練的持續效果，因此功能性溝通訓練需考量個體的能力和環境的需要，才能真正幫助個體學習運用合適的溝通方法與他人溝通（林麗英，1993；胡永崇，1998）。

三、功能性溝通訓練的原則

餘益興（2002）根據文獻資料指出，自閉症教育應當重視下列五項原則：(1)實用與生活化原則，將要教導的事物應用到與他人的互動關係上，同時從日常生活的實際事例中，加強語言、人際關係及相關技巧的學習；(2)建立適合學習的環境與氣氛，避免自閉症兒童容易產生不適應的行為，同時針對自閉症兒童的需要，主動製造機會誘發他的學習動機；(3)反覆練習原則，對於自閉症兒童不會的技巧與行為，可以用逐步養成及增強原理，將該行為設計在前後關聯的事件中，藉由反覆練習來幫助自閉症兒童學習；(4)多變且多樣化的安排，在課程學習的設計安排上要盡量變化以避免固定僵化的行為產生，讓內容多樣化，自閉症兒童才能將學到的內容概念化；(5)家庭參與一起幫助孩子，給予自閉症兒童更多的鼓勵與支持，才能獲得更好的學習成效。

功能性溝通訓練是行為問題普遍的處遇方式，也是處理嚴重行為問題的有效策略，在進行功能性溝通訓練時要特別注意兩件事：(1)當個體發出溝通回應而增強卻被延遲或拒絕時，則功能性溝通訓練的效果可能會降低；(2)當個體的行為問題是為了要求注意力，卻教導他做逃避的口頭要求時，由於逃避的口頭要求和不當行為沒有相同的功能，則個體的不當行為不會減少（Carr & Durand, 1985; Fisher et al., 1998; Fisher et al., 1993）。換言之，應用區別增強替代行為的功能性溝通訓練，能增進障礙者表現適當替代性溝通行為的能力，進而有效減少障礙者的行為問題；反之，當個體表現和行為問題沒有關聯的溝通內容時，無法減少個體的行為問題（Lindberg, Iwata, & Kahng, 1999）。即使語言發展遲緩或溝通障礙是自閉症兒童所表現的普遍現象，但是這不表示自閉症兒童在語言方面毫無發展性可言，教師和家長如果能提供足夠的語言刺激，就能幫助自閉症兒童增進語言能力（王淑娟，1997；李淑娥，1996；莊妙芬，2000；黃志雄，1999）。

第四節　功能性評量的應用與實例說明

一、個案的背景資料

(一) 基本資料

榕榕，男生，十一歲，國小五年級轉學生，身心障礙類別為自閉症，障礙程度重度，與祖父母同住，日常生活起居由父親與祖父母照顧，祖父母肩負榕榕的教養責任，平時對榕榕呵護有佳且多順從其意。

(二) 現況能力

1. 會以肢體動作「手拍下腹部」來表示要上廁所，在師長少許的動作協助或口頭提示下，會自行穿脫衣褲。

2. 會以「嗯、啊、哇」等聲音示意，例如看到麵包出現在他的眼前，驚奇地發出「哇」的聲音；以「啊」、肢體動作「手拍下腹部」及用力拉師長的手等方式尋求協助或抗議師長的教學要求。

3. 偶有自言自語似的語音出現，但語音清晰度不足，除了類似「回家」的語音較清晰以外，其餘則不易讓人明確聽辨。

4. 可與班上同學一同互動學習，然而當師長不順其意時，偶爾會以持續哭鬧不休或一直用力拉扯師長的手往室外走等行為來表示抗議。

二、行為問題的功能性評量

(一) 行為前後事件觀察紀錄及功能分析

使用表 6-1「行為前後事件觀察紀錄及功能分析表」，觀察記錄榕榕行為問題的前因事件、表現行為及後果事件，了解行為問題的狀況及行為發生前後的影響因素。根據「行為前後事件觀察紀錄及功能分析表」的結果可知榕榕行為問題的功能包括下列七項：(1)抗議別人的安排；(2)逃避陌生環境；(3)要求喜愛的活動，如散步及游泳等；(4)表達如廁需求；(5)逃避困難的教學要求；(6)拒絕學習活動，如操作毛毛蟲拼圖等；(7)要求回家。在確知榕榕行為問題發生前的相關因素、生理與心理狀況、最不容易引起行為問題的情境與活動、最容易

引發行為問題的情境與活動，以及維持行為問題的後果因素之後，可以藉此分析榕榕行為問題的原因與功能性目的，作為功能性溝通訓練的依據。

表 6-1　行為前後事件觀察紀錄及功能分析表

學生姓名：○榕榕　　　　　　　觀察者（與學生的關係）：賴○○（師生）

日期	地點	行為前事	表現行為	行為後果	最後結果	行為功能
2006.09.04	大禮堂	轉學生榕榕由祖父母陪同到校參加開學典禮，級任老師招呼榕榕和榕榕的祖父母坐在座位上。	榕榕不願意坐在級任老師指定的座位上，隨即大聲哭叫且雙手用力拉扯祖父和祖母的手往大禮堂的門口走去。	榕榕的祖父母和級任老師帶榕榕離開大禮堂，然後回到班級教室。	榕榕停止哭鬧和拉扯的動作。	1. 抗議別人的安排。 2. 逃避陌生環境。
2006.09.05	大禮堂	榕榕的級任老師帶榕榕到大禮堂參加每日晨間禮拜，級任老師請榕榕坐在座位上。	榕榕大聲哭叫且雙手用力拉扯級任老師的手往大禮堂的門口走去。	級任老師帶榕榕離開大禮堂，然後陪同榕榕在大禮堂外的走道來回走了數趟。	榕榕停止哭鬧和拉扯的動作，並神情愉悅的跟著級任老師在大禮堂外的走道來回走了數趟，之後榕榕願意和老師回到大禮堂。	1. 抗議別人的安排。 2. 逃避陌生環境。 3. 要求喜愛的活動（散步）。
2006.09.05	大禮堂	榕榕跟著級任老師在大禮堂外的走道來回走了數趟後，級任老師請榕榕坐在座位上，榕榕開始小聲的發出「啊」音並拉扯級任老師的手，級任老師沒有順從榕榕的要求。	隨後榕榕大聲哭叫，並用右手拍下腹部且雙手用力拉扯級任老師的手往大禮堂的門口走去。	級任老師帶榕榕離開大禮堂，然後到廁所如廁。	榕榕停止哭鬧和拉扯的動作，並依級任老師的指示走到尿池前如廁。	1. 抗議別人的安排。 2. 逃避陌生環境。 3. 要求喜愛的活動（散步）。 4. 表達如廁需求。

（續上表）

日期	地點	行為前事	表現行為	行為後果	最後結果	行為功能
2006.09.06	教室	休閒教育課榕榕完成形狀拼圖，級任老師接著讓榕榕練習操作毛毛蟲拼圖，榕榕持續數次小聲的發出「啊」音並將毛毛蟲拼圖收進抽屜中，級任老師則將毛毛蟲拼圖自抽屜中取出並要求榕榕繼續練習拼圖。	榕榕開始一邊哭叫，一邊用雙手反覆擦抹眼淚及眼睛，同時用手拍下腹部並再次將毛毛蟲拼圖收進抽屜中。	級任老師讓榕榕將毛毛蟲拼圖收進抽屜中，然後帶榕榕到廁所如廁。	榕榕停止哭叫，並依級任老師的指示走到尿池前如廁。	1. 逃避困難的教學要求。 2. 拒絕學習活動（操作毛毛蟲拼圖）。 3. 表達如廁需求。
2006.10.02	走廊	職業生活課級任老師讓榕榕練習用拖把拖走廊的地板，榕榕看見前來參加新生轉銜座談會的祖父，立刻快速跑回教室拿自己的書包背上，接著榕榕雙手用力拉扯祖父的手往教室門口走去，級任老師告訴榕榕還不能回家，同時制止榕榕前述行為。	榕榕開始一邊哭叫，一邊用雙手反覆擦抹眼淚及眼睛，偶爾發出類似「回家」的語音，同時繼續用力拉扯祖父的手往教室外的樓梯口走去。	級任老師讓榕榕一起參加新生轉銜座談會，榕榕則持續出現大聲哭叫及雙手用力拉扯祖父的手往外走的行為。	會議結束後，榕榕確定可以回家隨即停止哭鬧行為並出現愉悅的神情。	1. 抗議別人的安排。 2. 要求回家。
2006.10.03	校車	上午 08：00 校車抵達學校，級任老師到校車上接榕	榕榕開始發出「啊」音及哭叫聲，並用雙手反覆擦抹眼	級任老師帶榕榕到廁所如廁，之後帶榕榕到體能活動	玩大龍球時，榕榕未出現哭鬧行為，但一回到教室，榕	1. 抗議別人的安排。 2. 要求回家。

（續上表）

日期	地點	行為前事	表現行為	行為後果	最後結果	行為功能
		榕榕下車，榕榕看見級任老師隨即發出類似「回家」的語音，級任老師告訴榕榕要到教室上課。	淚及眼睛，而且斷斷續續地發出類似「回家」的語音，接著榕榕愈哭愈大聲，同時用手拍下腹部。	室玩大龍球，藉此緩和榕榕的情緒。	榕隨即哭叫，而且持續發出類似「回家」的語音。	
2006.10.03	教室	午休結束後，榕榕跑到置物櫃拿自己的書包背上，並且發出類似「回家」的語音。級任老師告訴榕榕要認真上課，下午3：30才能回家，同時要求榕榕將書包放回置物櫃。	榕榕哭叫並用雙手反覆擦抹眼淚及眼睛，而且斷斷續續地發出類似「回家」的語音，接著榕榕愈哭愈大聲，同時用手拍下腹部。	級任老師忽略榕榕左列行為表現，帶榕榕到廁所如廁，之後讓榕榕練習用拖把拖走廊的地板，藉此轉移榕榕的注意力。	榕榕持續哭叫並大聲發出類似「回家」及「回家家」等語音。下午3：20當級任老師告訴榕榕可以背書包回家時，榕榕立即至置物櫃拿自己的書包背上，同時協助老師將同學聯絡簿放進同學的書包中，此時榕榕已停止左列哭鬧行為。	1. 抗議別人的安排。 2. 要求回家。
2006.10.04	校車	級任老師到校車上接榕榕下車時，榕榕已經在校車上哭鬧一段時間了，級任老師告訴榕榕要到教室上課。	榕榕持續發出「啊」音及哭叫聲，並用雙手反覆擦抹眼淚及眼睛，而且斷續發出類似「回家」及「回家家」等語音，接著榕榕愈哭愈大聲，同時用手拍下腹部。	級任老師帶榕榕到廁所如廁，之後帶榕榕到體能活動室玩大龍球，藉此緩和榕榕的情緒。	玩大龍球時，榕榕未出現哭鬧行為，但一回到教室，榕榕隨即哭叫，而且持續發出類似「回家」及「回家家」等語音。	1. 抗議別人的安排。 2. 要求回家。

（續上表）

日期	地點	行為前事	表現行為	行為後果	最後結果	行為功能
2006.10.05	教室	音樂課結束後，榕榕牽著老師走至走廊的布告欄處，並抓握著級任老師的手指向隔壁班小朋友游泳的照片，級任老師告訴榕榕感冒不可以游泳，然後帶榕榕回教室。	回到教室後，榕榕開始哭叫並拉著級任老師的手往電梯走去。	級任老師帶榕榕到游泳池，榕榕東張西望之餘，隨即停止哭叫。	大約十分鐘之後，榕榕願意跟著級任老師回教室，此時已無哭叫之行為表現。	1.要求別人的協助。 2.要求喜愛的活動（游泳）。
2006.10.05	教室	實用語文課榕榕拿自己的書包背上，並且發出類似「回家」的語音。級任老師告訴榕榕要認真上課，下午3：30才能回家，同時將榕榕的書包放到置物櫃。	榕榕哭叫並用雙手反覆擦抹眼淚及眼睛，而且斷斷續續地發出類似「回家」的語音，接著榕榕愈哭愈大聲，同時用手拍下腹部。	級任老師忽略榕榕左列行為表現，帶榕榕到廁所如廁，之後讓榕榕練習執筆畫線，藉此轉移榕榕的注意力。	之後榕榕偶爾仍斷斷續續的哭叫並發出類似「回家」的語音。當榕榕停止左列哭鬧行為時，級任老師隨即帶領榕榕進行他平時喜歡的活動。下午3：20級任老師告訴榕榕可以背書包準備回家時，榕榕立即至置物櫃拿自己的書包背上，同時協助老師將同學聯絡簿放進同學的書包中，此時榕榕已停止左列哭鬧行為。	1.抗議別人的安排。 2.要求回家。

（續上表）

日期	地點	行為前事	表現行為	行為後果	最後結果	行為功能
2006.10.12	教室	下午一點午休時間榕榕尚未睡著，此時榕榕看見同學A君的媽媽到學校接A君去復健醫院上復健課。榕榕隨即發出類似「回家」的語音，並起身跑至座位拿起書包背上，級任老師制止榕榕前述行為。	榕榕開始哭叫並且不斷用雙手反覆擦抹眼淚及眼睛，而且斷斷續續地發出類似「回家」的語音，接著榕榕愈哭愈大聲，同時用手拍下腹部。	級任老師忽略榕榕左列行為表現，帶榕榕到廁所如廁，之後陪同榕榕在教室外的走廊來回散步數趟，藉此轉移榕榕的注意力。	榕榕仍斷斷續續的哭叫並發出類似「回家」的語音，但頻率和強度已明顯降低。下午3：25級任老師請榕榕協助老師發聯絡簿，榕榕開心地完成老師交付的工作後，愉快的背起書包準備回家，此時榕榕已停止左列哭鬧行為。	1. 抗議別人的安排。 2. 要求回家。
2006.10.13	教室	下午 13：25午休時間榕榕睡醒後隨即四處張望，接著小聲的發出「啊」音並且看著級任老師，級任老師則輕聲的制止榕榕上述哭鬧行為。	榕榕持續多次發出「啊」音並且伴隨著哭聲，之後榕榕哭鬧的音量愈來愈大聲。	級任老師詢問榕榕是否要上廁所，並且教導榕榕以溝通手勢「上廁所」回應，然後陪同榕榕到廁所如廁。	榕榕停止左述哭鬧行為，同時依照級任老師的指示走到尿池前如廁。	1. 抗議別人的安排。 2. 表達如廁需求。

資料來源：修改自鈕文英（1999：161）

(二) 行為問題溝通分析

　　使用表 6-2「行為問題溝通分析表」，進行榕榕行為問題的溝通分析（behavior communication analysis），根據「行為問題溝通分析表」的結果可知，榕榕行為問題的溝通功能包括下列十一項：(1)要求別人的注意；(2)要求別人的協助；(3)要求喜愛的食物、東西或活動；(4)拒絕食物、東西或活動；(5)表示身體

不舒服；(6)對別人的安排表示不滿或抗議；(7)表示很困擾；(8)表示不耐煩；(9)表示生氣；(10)表示害怕；(11)逃避困難的教學要求。

表 6-2　行為問題溝通分析表

填答說明：請針對上欄的每項溝通功能，以〝√〞勾選出個案使用何種溝通行為來表達這些功能。

學生姓名	○榕榕					性別				男				
年齡	11 歲					障礙類別與程度				自閉症重度				
評量者	賴○○					評量日期				2006 年 09 月 30 日				
評量者與受評者						師生關係								
溝通功能 ＼ 溝通行為	要求別人的注意	要求別人的協助	要求喜愛的食物、東西、活動	拒絕食物、東西、活動	要求休息一會兒	表示身體不舒服（頭痛、生病）	對別人的安排表示不滿或抗議	表示很困擾	表示很無聊	表示不耐煩	表示悲傷	表示生氣	表示害怕	其他（逃避困難的教學要求……）
敲打臉														
用手掌拍打臉部														
用手掌拍打大腿														
用手掌拍打下腹部	√	√	√			√								
用手掌拍打屁股														
用力跺腳														
用力拉扯師長的手	√	√	√											
隨地吐口水														
玩弄自己的口水														
發出惱人的怪聲	√	√	√	√		√	√	√		√			√	√
尖叫和哭泣	√	√	√	√		√	√			√		√	√	√
大聲喊叫和哭鬧	√	√	√	√		√	√			√		√	√	√

資料來源：修改自鈕文英（1999：164）

(三) 行為動機評量

透過表6-3「行為動機評量表」，了解榕榕行為問題的歷史及榕榕在獨處、缺乏注意、得不到想要的事物、有人要求他做事、工作困難或需花費較多時間等情境中是否會出現相同的行為問題。

表6-3　行為動機評量表

學生姓名	○榕榕	性別	男	年齡	11 歲
障礙類別	自閉症重度		訪問者	賴○○	
受訪者	○○○		關係	□師生　□父母 ☑其他（祖孫）	

題項	是	否	備註
1. 你認為他／她所表現的行為是否為行為問題？	√		
2. 此行為問題是否已持續三個月以上？	√		
3. 一個人獨處時，他／她是否會出現這個行為？	√		
4. 當你不注意他／她時，他／她是否會出現這個行為？	√		
5. 當你和其他人說話時，他／她是否會出現這個行為？	√		
6. 得不到他／她想要的事物時，他／她是否會出現這個行為？	√		
7. 被告知不能獲得玩具、食物或遊戲時，他／她是否會出現這個行為？	√		
8. 有人要求他／她做事時，他／她是否會出現這個行為？	√		
9. 遇到困難的工作要求時，他是否會出現這個行為？	√		
10. 遇到較需花時間的工作時，他／她是否會出現這個行為？	√		
11. 他／她是否常常出現這個行為？	√		
12. 這個行為是否一再重複地以同樣的方式出現？	√		

資料來源：修改自鈕文英（1999：158-159）

三、分析功能等值的溝通行為

(一) 語言溝通能力評估

　　使用表 6-4「語言溝通能力評估表」，來確切了解榕榕的認知、語言理解和語言表達等能力，進而依榕榕的溝通能力決定適當的溝通模式，教導榕榕與其行為問題功能等值的溝通行為。

表 6-4　語言溝通能力評估表

基本資料	學生姓名	○榕榕	性別	男
	實足年齡	11 歲	醫療診斷	自閉症重度
	障礙影響範圍	認知能力、語言表達能力和人際互動能力		
A 認知與理解	A-1.符號接受能力 ☑實物　☑動作　☑手勢　☑圖卡　□文字　☑口語　□手語			
	A-2.指認 ☑以事物的名稱做指認　□以事物的功能做指認			
	A-3.語言理解 ☑對自己的名字有正確反應 ☑能理解環境中的聲音，例如：師長的叫喚聲、動物叫聲及鐘聲 ☑在情境或手勢動作暗示下，可聽懂簡單指令，例如：上廁所 ☑對於簡單語彙或符號，能做出適當的回應，例如：上廁所 ☑理解單一指令，例如：回教室、倒開水、喝開水、吃飯及關燈 ☑理解二個以上的連續性指令，例如：先關燈再關門 ☑理解簡單句，例如：幫老師開門、幫同學送便當 ☑理解複雜句，例如：幫同學倒開水和送便當；回教室喝開水，然後吃麵包			
B 表達與溝通能力	B-1.口語表達 ☑自發式　□立即式仿說　□延宕式仿說　☑使用語彙　□使用短句 □使用複雜句			
	B-2.口語表達的溝通效度 □可正確表達意思，與其溝通者均可理解 □會尋找適當的人選協助其溝通 ☑只有家人、師長或照顧者能了解　□答非所問　□清晰度差			

（續上表）

B 表達與溝通能力	B-3.非口語表達 ☑使用表情　☑使用聲音　☑用手指物　☑使用動作　☑使用手勢 □使用手語　□使用手指語　☑使用實物　□使用圖卡　□使用文字 □使用溝通輔具 ☑使用行為問題，例如：發出惱人的怪聲；尖叫和哭泣；大聲喊叫和哭鬧
	B-4.非口語表達的溝通效度 □可正確表達意思，與其溝通者均可理解 □會尋找適當的人選協助其溝通 ☑只有家人、師長或照顧者能了解　□無法溝通
	B-5.互動能力與溝通意圖 □具良好互動能力　☑只與特定人做互動　□偶爾出現互動行為 ☑被動，但會回應　□缺乏互動行為　□具強烈溝通動機 □缺乏主動溝通意圖，但有被動回應　□只有需求表示　□缺乏動機
	B-6.溝通需求與功能 □告知事件　□描述事物　☑打招呼、問候，例如：早安、再見 ☑表示要吃，例如：吃麵包、吃糖果　☑表示要如廁 ☑表示要喝，例如：喝珍珠奶茶　□表示要抱 ☑表示要玩，例如：玩積木、玩拼圖　☑表示要睡覺 ☑表示需要協助，例如：陪我去上廁所 ☑表示要人注意或陪伴，例如：陪我玩拼圖 ☑表示拒絕、抗議，例如：不要寫字 ☑表示情緒，例如：生氣、害怕 ☑其他，例如：要求要散步及要求要回家等

(二) 功能等值的溝通行為

　　透過功能性評量得知榕榕因溝通能力不足而以行為問題表達的溝通訊息包括：(1)要求別人的注意；(2)要求別人的協助；(3)要求喜愛的食物、東西或活動；(4)拒絕食物、東西或活動；(5)表示身體不舒服；(6)對別人的安排表示不滿或抗議；(7)表示很困擾；(8)表示不耐煩；(9)表示生氣；(10)表示害怕；(11)逃避困難的教學要求。此時教師可以依照榕榕行為問題出現的原因分析出功能等值的溝通行為，然後配合榕榕的溝通能力及溝通需求設計完整的溝通模式。

四、功能性溝通訓練教學策略

確知榕榕行為問題的功能後，教師隨即根據榕榕的溝通能力及其行為問題所傳遞的溝通訊息來決定功能等值的溝通行為，同時為榕榕設計表達需求與想法的溝通手勢及溝通字圖卡。

(一) 教學情境

配合學校的生活作息，教師在課程中安排榕榕喜歡的拼圖及塑膠積木組合等學習活動，教導榕榕運用與行為問題功能等值的溝通行為表達需求與想法，如我要休息、老師請幫忙、我要上廁所、我要吃餅乾或麵包、我要散步及我要回家等。另外，結合親師合作的力量，榕榕的家人也在居家生活或其他類似的情境中，教導榕榕運用與行為問題功能等值的溝通行為表達需求與想法。

(二) 增強物

當榕榕正確運用溝通手勢或溝通字圖卡表達需求與想法時，教師立即給予榕榕所要求的增強物作為增強。

1. 我要休息：讓榕榕暫停正在進行的學習活動，休息五至十分鐘之後再進行教學活動。
2. 老師請幫忙：老師幫榕榕完成部分困難的工作後，再以動作協助或口頭提示等方式指導榕榕完成工作。
3. 我要上廁所：老師陪同榕榕到廁所如廁。
4. 我要吃餅乾或麵包：老師給予榕榕糖果、餅乾或麵包等零食，並教導榕榕向老師表達謝意。
5. 我要散步：讓榕榕到禮堂外或教室外走一走再回到座位進行學習活動。
6. 我要回家：十五點二十分下課鐘響後，老師主動告知榕榕準備回家，同時讓榕榕幫老師發聯絡簿給班上同學。

五、介入成效評估

經過兩個月的功能性溝通訓練之後，榕榕已能主動以溝通手勢表達如廁需求，也能以溝通手勢向師長要求外出走一走及其他喜歡的活動；在師長的提示

下，能正確使用溝通手勢向他人表示謝意、問候和打招呼；會模仿周遭環境的聲音，也喜歡與他人互動，偶爾也會在情境中說出情境語彙，例如：「謝謝」、「要吃」（台語）、「回家」、「吃飯」及「再見」；午休和心情愉快時，常會自發性的說出一些類似語音的聲音。目前級任老師仍持續加強榕榕正確表達需求和情緒的技巧，同時幫助榕榕理解每日固定的作息時間表及建立生活常規。

綜合前述可知，以往在父母和師長眼中是沒有任何原因、毫無意義、莫名其妙、應該消弱及去除的行為，透過功能評量的結果，大多能找出這些行為的意義與目的，使得原本受忽視或不可取的行為，得到理解與接受的機會。透過功能性評量程式所設計出來的功能性溝通訓練教學策略，確實能逐漸減少榕榕的行為問題。由於教師所教導的溝通手勢和溝通行為符合榕榕的溝通目的，因此當榕榕表現功能等值溝通行為後，能夠立即獲得其所要求的增強物，自然能提高榕榕表現功能等值溝通行為的動機，如此不僅能安撫榕榕的情緒及滿足榕榕的需求，同時也能增強榕榕表現良好溝通行為的動機，進而增進榕榕應用功能等值溝通行為表達需求和情緒的能力。

第五節　結語

功能性評量強調每一行為都有意義和目的，它能幫助教師了解自閉症兒童以行為問題表達需求的目的或動機，在明確掌握自閉症兒童已經存在的溝通意圖之後，隨即針對個體的溝通意圖進行功能性溝通訓練教導個體採取與行為問題具有相同功能的替代行為來表達需求或發洩情緒，如此個體不僅能立即學習教學者所欲教導的行為目標，也能明顯降低行為問題出現的可能性。換言之，介入障礙兒童溝通行為的重要考量因素在於引起個體的溝通意圖，然而功能性溝通訓練的效果是否顯著，與事先能否確實掌握個體行為問題的功能有很大的關係。當教學者及照顧者對自閉症兒童行為問題的功能性目的有深切的了解時，就能在日常生活情境中發展適當的介入策略，教導自閉症兒童具有等值功能的溝通行為，提高其溝通效率，進而減少自閉症兒童的行為問題，同時增進自閉症兒童個人需求與情緒的表達能力。

雖然功能性評量能分析及界定行為問題的原因，也是評量和處理嚴重行為

問題的有效工具，但是功能性評量和功能性溝通訓練只能解決由情緒或需求表達困難所造成的行為問題，無法解決由感覺變異或生化因素如多巴胺（dopamine）分泌異常、內生性嗎啡過度釋放（endogenous opiate hypothesis）、血胺素異常（serotonergic hypothesis）所造成的行為問題。當自閉症兒童的行為問題隱含溝通功能時，可透過功能性溝通訓練教導個體使用合宜的溝通方式與他人互動溝通，如此一方面能增加自閉症兒童表現適當溝通行為的機會，另一方面也能減少自閉症兒童表現行為問題的次數，進而幫助自閉症兒童以適當溝通行為替換其行為問題，增進自閉症兒童的自信心、自重感與適應能力，從而改善其學習品質及生活品質，對其將來的社會適應必定有所助益。

對教師而言，了解學生的行為問題具有溝通意義，教師可用不同的角度去思考學生行為問題的功能，用接納的心引導學生學習運用正確合宜的方式與人互動溝通，如此不但能有效處理學生的行為問題，提高學生的溝通動機與溝通能力，也能減少教學過程中師生間不必要的衝突情形。對家長而言，了解孩子的行為問題具有溝通意義，家長可用不同的角度去思考孩子行為問題的功能，用接納的心引導孩子學習運用正確且適切的方式與他人互動溝通，如此不但能有效處理孩子的行為問題，提高孩子的溝通動機與溝通能力，也能減輕家長教養孩子的困擾與負擔。

功能性溝通訓練是介入行為問題的有效策略，教師可運用此策略處理其他的行為問題。執行功能性溝通訓練之前，教師需對功能性溝通訓練的內涵有深切的了解，並且有系統的運用此教學策略。教師執行功能性溝通訓練期間，可營造情境讓自閉症兒童運用適當的溝通方式在日常生活中與他人互動溝通，並在固定情境外的其他類似情境進行教學，延長功能性溝通訓練的教學時間或鼓勵家長參與以促進自閉症兒童維持與類化功能等值溝通行為的能力，進而協助障礙學生學會有效能的溝通技巧及人際互動能力。

參考文獻

◎ 中文部分

王大延（1992）。介入自傷行為。**特殊教育季刊**，**45**，1-4。

王淑娟（1997）。談兒童的溝通障礙問題。**國教輔導，36**（3），13-16。

餘益興（2002）。普通班教師如何幫助班級中自閉症兒童。**台東特教簡訊，
　　15**，43-48。

宋明君（2001）。**運用功能性評量模式改善中重度智障學生工作社會技能之研
　　究**。國立彰化師範大學特殊教育學系博士論文，未出版，彰化市。

宋維村（2002）。自閉症的教育。**台東特教簡訊，15**，5-9。

李偉俊（1999）。多重障礙者教育之功能性評量初探。**台東特教簡訊，10**，
　　39-46。

李淑娥（1996）。認識語言溝通障礙。**科學月刊，27**（11），913-918。

李甯（1999）。**功能溝通訓練對促進無口語自閉症兒童溝通行為成效之研究**。
　　國立台灣師範大學特殊教育學系碩士論文，未出版，台北市。

林正文（1993）。**兒童行為觀察與輔導──行為治療的輔導取向**。台北市：五
　　南。

林宏熾（1998）。多重障礙學生情境語言教學策略。**特教園丁，14**（2），
　　12-21。

林惠芬（2001）。功能性評量對智能障礙學生行為問題介入處理成效之研究。
　　特殊教育學報，15，85-105。

林麗英（1993）。中重度智障學童之功能性溝通訓練。**同舟會刊，5**，16-19。

施顯烶（1997）。**嚴重行為問題的處理**。台北市：五南。

施顯烶（2000）。**情緒與行為問題──兒童與青少年所面臨與呈現的挑戰**。台
　　北市：五南。

洪素英（1998）。以功能性溝通訓練處置學生的行為問題。**特殊教育季刊，
　　68**，16-19。

洪儷瑜（1992）。非嫌惡行為處置對智障者行為問題處理之運用。**特殊教育季
　　刊，45**，9-14。

胡永崇（1998）。嚴重行為問題的功能分析。**特教園丁，14**（1），8-14。

張正芬（1997）。自閉症兒童的行為輔導──功能性評量的應用。**特殊教育季
　　刊，65**，1-7。

張正芬（2000）。自閉症兒童行為問題功能之探討。**特殊教育研究學刊，18**，
　　127-150。

教育部（2002）。**身心障礙及資賦優異學生鑑定原則鑑定基準**。91.05.09 教育部台(91)參字第 91063444 號函。

莊妙芬（2000）。替代性溝通訓練對重度智能障礙兒童溝通能力與異常行為之影響。**特殊教育與復健學報**，**8**，1-26。

許素彬（1997）。自閉症的困擾行為與其溝通能力缺陷。**特殊教育季刊**，**65**，8-12。

郭勇佐（1997）。**增強替代行為改善極重度智能障礙者刻板行為之研究**。國立彰化師範大學特殊教育學系碩士論文，未出版，彰化市。

陳淑美（2001）。**教師處理自閉症學生嚴重行為問題之心理歷程**。國立高雄師範大學特殊教育學系碩士論文，未出版，高雄市。

曾進興（1998）。學校裡的溝通障礙服務。**特教園丁**，**14**（2），9-11。

鈕文英（1999）。**身心障礙者行為問題處理**。高雄市：國立高雄師範大學特殊教育中心。

黃志雄（1999）。中度智能障礙兒童的口語表達能力及其相關研究。載於**教學與輔導論文集**（頁 1-13）。嘉義市：省立嘉義啟智學校輔導室。

黃志雄（2002）。情境教學對重度障礙兒童溝通能力的影響——個案研究報告。**國小特殊教育**，**33**，65-74。

黃裕惠（1998）。**功能評量對國中生嚴重不當行為之介入方案之研究**。國立台灣師範大學特殊教育學系碩士論文，未出版，台北市。

楊瑛（1999）。重障者的行為支援與功能性評量。**特殊教育季刊**，**70**，1-6。

鳳華（1999）。功能性行為評估之意涵與實務。**特教園丁**，**15**（1），18-25。

蔡慧娟（2000）。**教養機構內重度障礙院生自傷行為及教保人員處理態度之研究**。國立彰化師範大學特殊教育學系碩士論文，未出版，彰化市。

賴碧美（2002）。**功能性溝通訓練介入多重障礙生自傷行為成效之研究**。國立台中師範大學國民教育研究所碩士論文，未出版，台中市。

◎ 英文部分

Carr, E. G. (1994). Emerging themes in the functional analysis of problem behavior. *Journal of Applied Behavior Analysis, 27*(2), 393-399.

Carr, E. G., & Carlson, J. I. (1993). Reduction of severe behavior problems in the community using a multicomponent treatment approach. *Journal of Applied Behavior Analysis, 26*(2), 157-172.

Carr, E. G., & Durand, V. M. (1985). Reducing behavior problems through functional communication training. *Journal of Applied Behavior Analysis, 18*(2), 111-126.

Carr, E. G., Yarbrough, S. C., & Langdon, N. A. (1997). Effects of idiosyncratic stimulus variables on functional analysis outcomes. *Journal of Applied Behavior Analysis, 30*(4), 673-686.

Durand, V. M. (1999). Functional communication training using assistive devices: Recruiting natural communities of reinforcement. *Journal of Applied Behavior Analysis, 32*(3), 247-267.

Durand, V. M., & Carr, E. G. (1987). Social influences on self-stimulatory behavior: Analysis and treatment application. *Journal of Applied Behavior Analysis, 20*(1), 119-132.

Durand, V. M., & Carr, E. G. (1992). An analysis of maintenance following functional communication training. *Journal of Applied Behavior Analysis, 25*(4), 777-794.

Durand, V. M., & Crimmins, D. B. (1988). Identifying the variables maintaining self-injurious behavior. *Journal of Autism and Developmental Disorders, 18*(1), 99-117.

Ernst, M. (2000). Commentary: Considerations on the characterization and treatment of self-injurious behavior. *Journal of Autism and Developmental Disorder, 30*(5), 447-450.

Fischer, S. M., Iwata, B. A., & Mazaleski, J. L. (1997). Noncontingent delivery of arbitrary reinforcers as treatment for self-injurious behavior. *Journal of Applied Behavior Analysis, 30*(2), 239-249.

Fisher, W. W., Kuhn, D. E., & Thompson, R. H. (1998). Establishing discriminative control of responding using functional and alternative reinforcers during functional communication training. *Journal of Applied Behavior Analysis, 31*(4), 543-560.

Fisher, W., Piazza, C., Cataldo, M., Harrell, R., Jefferson, G., & Conner, R. (1993). Functional communication training with and without extinction and punishment.

Journal of Applied Behavior Analysis, 26(1), 23-36.

Hagopian, L. P., Fisher, W. W., & Legacy, S. M. (1994). Schedule effects of noncontingent reinforcement on attention-maintained destructive behavior in identical quadruplets. *Journal of Applied Behavior Analysis, 27*(2), 317-325.

Hagopian, L. P., Fisher, W. W., Sullivan, M. T., Acquisto, J., & Leblanc, L. A. (1998). Effectiveness of functional communication training with and without extinction and punishment: A summary of 21 in patient cases. *Journal of Applied Behavior Analysis, 31*(2), 211-235.

Hagopian, L. P., Wilson, D. M., & Wilder, D. A. (2001). Assessment and treatment of problem behavior maintained by escape from attention and access to tangible items. *Journal of Applied Behavior Analysis, 34*(2), 229-232.

Hanley, G. P., Iwata, B. A., & Thompson, R. H. (2001). Reinforcement schedule thinning following treatment with functional communication training. *Journal of Applied Behavior Analysis, 34*(1), 17-38.

Hanley, G. P., Piazza, C. C., Fisher, W. W., Contrucci, S. A., & Maglieri, K. A. (1997). Evaluation of client preference for function-based treatment packages. *Journal of Applied Behavior Analysis, 30*(3), 459-473.

Iwata, B. A. (1991). Applied behavior analysis as technological science. *Journal of Applied Behavior Analysis, 24*(3), 421-424.

Iwata, B. A., Dorsey, M. F., Slifer, K. J., Bauman, K. E., & Richman, G. S. (1982). Toward a functional analysis of self-injury. *Analysis and Intervention in Developmental Disabilities, 2*(1), 3-20.

Kahng, S. W., & Iwata, B. A. (1999). Correspondence between outcomes of brief and extended functional analyses. *Journal of Applied Behavior Analysis, 32*(2), 149-159.

Kahng, S. W., Iwata, B. A., Deleon, I. G., & Worsdell, A. S. (1997). Evaluation of the control over reinforcement component in functional communication training. *Journal of Applied Behavior Analysis, 30*(2), 267-277.

Keen, D., Sigafoos, J., & Woodyatt, G. (2001). Replacing prelinguistic behaviors with functional communication. *Journal of Autism and Developmental Disorders, 31*

(4), 385-398.

Kennedy, C. H., & Souza, G. (1995). Functional analysis and treatment of eye poking. *Journal of Applied Behavior Analysis, 28*(1), 27-37.

Lalli, J. S., Casey, S., & Kates, K. (1995). Reducing escape behavior and increasing task completion with functional communication training, extinction, and response chaining. *Journal of Applied behavior analysis, 28*(3), 261-268.

Lerman, D. C., & Iwata, B. A. (1993). Descriptive and experimental analyses of variables maintaining self-injurious behavior. *Journal of Applied Behavior Analysis, 26*(3), 293-319.

Lindberg, J. S., Iwata, B. A., & Kahng, S. W. (1999). On the relation between object manipulation and stereotypic self-injurious behavior. *Journal of Applied Behavior Analysis, 32*(1), 51-62.

McCord, B. E., & Thomson, R. J. (2001). Functional analysis and treatment of self-injury associated with transitions. *Journal of Applied Behavior Analysis, 34*(2), 195-210.

Neef, N. A., & Iwata, B. A. (1994). Current research on functional analysis methodologies: An introduction. *Journal of Applied Behavior Analysis, 27*(2), 211-214.

O'Neill, R. E., & Baker, M. (2001). Brief report: An assessment of stimulus generalization and contingency effects in functional communication training with two students with autism. *Journal of Autism and Developmental Disorders, 31*(2), 235-240.

Pace, G. M., Iwata, B. A., Cowdery, G. E., Andree, P. J., & McIntyre, T. (1993). Stimulus (instructional) fading during extinction of self-injurious escape behavior. *Journal of applied behavior analysis, 26*(2), 205-212.

Pelios, L., Morren, J., Tesch, D., & Axelrod, S. (1999). The impact of functional analysis methodology on treatment choice for self-injurious and aggressive behavior. *Journal of Applied Behavior Analysis, 32*(2), 185-195.

Thompson, R. H., & Iwata, B. A. (2001). A descriptive analysis of social consequences following problem behavior. *Journal of Applied Behavior Analysis, 34*(2), 169-178.

Vollmer, T. R., Iwata, B. A., Zarcone, J. R., Smith, R. G., & Mazaleski, J. L. (1993). The role of attention in the treatment of attention-maintained self-injurious behavior: Noncontingent reinforcement and differential reinforcement of other behavior. *Journal of Applied Behavior Analysis, 26*(1), 9-21.

Vollmer, T. R., Marcus, B. A., & Ringdahl, J. E. (1995). Noncontingent escape as treatment for self-injurious behavior maintained by negative reinforcement. *Journal of Applied Behavior Analysis, 28*(1), 15-26.

Wallace, M. D., & Iwata, B. A. (1999a). Effects of session duration on functional analysis outcomes. *Journal of Applied Behavior Analysis, 32*(2), 175-183.

Wallace, M. D., & Iwata, B. A. (1999b). Rapid assessment of the effects of restraint on self-injury and adaptive behavior. *Journal of Applied Behavior Analysis, 32*(4), 525-528.

Zarcone, J. R., Iwata, B. A., Smith, R. G., Mazaleski, J. L., & Lerman, D. C. (1994). Reemergence and extinction of self-injurious escape behavior during stimulus (instructional) fading. *Journal of Applied Behavior Analysis, 27*(2), 307-316.

Zarcone, J. R., Iwata, B. A., Volimer, T. R., Jagtiani, S., Smith, R. G., & Mazaleski, J. L. (1993). Extinction of self-injurious escape behavior with and without instructional fading. *Journal of Applied Behavior Analysis, 26*(3), 353-360.

第七章

高功能自閉症兒童的心智理論與教學

謝宛陵

一、心智理論的定義

　　Wellman（1993）對心智理論下一個定義：建構他人內在心智狀態（信念、需求、意圖、情緒）的能力，亦即兒童對心智的了解，能幫助自己了解他人的行為，並透過信念、欲望、知覺、想法、情緒及意圖來預測他人行為，Premack與Woodruff（1978）將這種想法稱為「心智理論」。兒童了解自己和他人之間的關係——對他人心智的了解，是成功發展出心智理論能力的關鍵成分之一（Dunn, 1991）。Tomasello（1995）指出，當兒童理解到：⑴他人會有自己的想法和信念；⑵他們的想法和信念可能和我自己的想法及信念不同；⑶人們所擁有的想法和信念也可能和事實不符，表示其已具備心智理論能力。

　　十八至三十個月大的幼兒能提及心智狀態的名詞，例如情緒、需求、信念、想法、作夢、假裝等；在兩歲左右能說出自己與他人的感覺；三至五歲能連結行為和意圖、需求、信念之間的關係，他們均已逐漸發展出心智理論能力（Bauminger & Kasari, 1999）。Dennett（1978）進行一個實驗，驗證兒童是否能夠解讀他人心智——讓兒童知道錢藏在舊的花瓶裡，但是強盜Bill不知道並

認為錢應該藏在桌子的抽屜裡，問兒童：「Bill 會到哪裡找錢？」兒童應該判斷 Bill 會去找抽屜。類似的初級錯誤信念的題型如 Wimmer 與 Perner（1983）設計的 Sally-Anne 測驗，認為四歲的孩子能正確回答出信念問題。

　　了解錯誤信念是一個複雜的能力，因為兒童必須考慮到他人的想法為何，才能對他人的行為做正確預測，在兒童發展出此能力之前，他們必須具備「視覺觀點取替能力」（visual perspective-taking）及了解「看到導致知道原則」，以下概述之（Howlin, Baron-Cohen, & Hadwin, 1999）：

1. 視覺觀點取替能力：又分兩個階段。階段一：推斷另一個人所看到的（大約兩歲可達到）；階段二：推斷呈現在另一個人面前的物體態樣（大約三至四歲能達到）。舉例說明之，桌上放置一張動物圖片，未滿三歲的兒童看到自己面前的圖片是正向放置的烏龜圖片，他無法想像在他對面的兒童所看到的是顛倒的烏龜圖片。

2. 看到導致知道原則：三歲的兒童能知道「唯有看過盒子裡裝的是什麼東西的人，才真正知道盒子裡是什麼東西」，而只是觸摸盒子的人，不會知道盒子裡是什麼東西。這種能力能讓兒童在獲取知識的過程中了解到訊息存取的重要性。

　　在了解他人行為時，「需求」通常被認為是他人主要的心智狀態，其次才是「信念」。以需求和信念來解釋行為，行為就變得簡明多了。例如：看一部電影，試著了解為什麼主角躡手躡腳地走進無人居住的房子，我們可以推論說他認為（信念）有某人在房間裡，而他想要（需求）在無人注意的情況下找到這個人。許多研究均指出，普通兒童對需求的了解（兩歲可發展完成）比對信念的了解發展快速（Wellman, 1990）。

　　「需求」及「信念」分屬不同的理解層次，有「需求」的人是對外在狀態或事件有一內在、主觀的慾望，但要理解「相信或信念」，就必須進入表徵的範疇，Perner（1990）稱「需求」是先從以情境為基礎來理解行為，漸漸演變為以表徵為基礎來理解行為的「信念」。所以三歲的幼兒在標準化錯誤信念作業中會失敗是因為幼兒們強調「需求」超過強調「信念」（Bjorklund, 1995）。

　　兒童對「意圖」的理解也是心智理論發展的重心，其通常早於對「信念」的理解（Gopnik & Slaughtes, 1996）。在 Feinfield、Lee、Flavell、Green 與 Flavell（1999）的研究中，告訴三、四歲受試有關「需求」、「意圖」和「結果」

的故事，結果是四歲幼兒能區分先前意向（主角之前想要去 A 地）和行動中意向（後因媽媽要求而到主角不想去的 B 地）。但為什麼四歲之前無法區分呢？Moses（1993）認為其和理解錯誤信念的發展有關。因此，幼兒對意圖的表徵性理解先於對信念的表徵性理解（Joseph & Tager-Flusberg, 1999）。

　　對情緒的了解方面，嬰兒時期即能分辨臉部快樂、傷心、生氣、害怕的表情，三至四歲的兒童能知道情境會影響情緒（美好的環境下會讓人覺得快樂）、需求會影響情緒（實現願望會覺得快樂），四至六歲的兒童在預測他人情緒時會考慮到信念問題，例如：你認為你能得到你想要的，你會感到快樂；反之，得不到想要的會覺得悲傷，姑且不論實際上是否得到（Howlin et al., 1999）。

　　另一個被研究到較多的心智狀態就是「假裝」（pretence），兒童在十至十八個月時即能發展假裝性遊戲，大多數在兩歲之前即能從事假裝性遊戲，開始理解假設的世界（Leslie, 1988），了解假裝不同於實際，所以他們能夠以香蕉代替話筒並區別出這兩種物品的實際功能（Howlin et al., 1999）。

　　Dunn（1991）發現兩歲的幼兒就能應用欺騙策略，而 Chandler、Fritz 與 Hala（1989）發現兩歲半的幼兒已能欺騙他人，讓他人產生錯誤信念。故欺騙可作為兒童是否能解讀他人心智的另一指標，當兒童認為自己知道一些事實，則他人也一定會知道的話，則無法進行欺騙行為（Bjorklund, 1995）。Sodian 與 Frith（1992）從「欺騙測驗」中了解到自閉症在解讀他人想法上有困難，讓自閉症兒童在其兩手中藏一枝鉛筆，如何才能讓他人找不到鉛筆，發現自閉症兒童無法隱藏線索讓別人找不到，例如不會完全將鉛筆握在手中不露出來或忘了沒握鉛筆的那隻手也要握拳，而對照組如學障兒童及三歲的普通兒童卻很少犯這些錯誤。

　　綜上所述，心智理論能力包含觀點取替能力、看到導致知道原則、先對假裝、需求、意圖、情緒有所理解然後才能了解錯誤信念等，為一循序漸進的發展階段，隨著兒童後設表徵能力的開展，心智理論能力亦逐漸萌發，兒童先由對自己的了解進而理解他人的觀點，意識到他人有異於自己的觀點，所以才能預測他人會有不同於自己的行為，推測他人行為原因所在，此為社會認知能力發展的關鍵所在。解讀他人心智最主要的功能在於理解社會行為和人際溝通，而自閉症的構成要素中又以這兩項特徵為其主要缺陷（Baron-Cohen, 1995）。高功能自閉症兒童在社會情境理解方面的笨拙，究竟是哪個階段的發展未臻完

備，值得探究。

二、心智理論發展階段

一般兒童心智理論發展階段的特徵，如表 7-1 說明。

(一) 第一、二階段

兩歲的幼兒已發展出假裝能力，能夠和他人玩假裝遊戲，開始理解假設的世界（Leslie, 1988）。了解心智的存在，會說出自己的需求、慾望、表達情緒。到三歲左右，會使用認知性字彙如知道、記得、認為，能清楚區分心理現象的語言如意圖、相信、猜想，並能正確判斷他人情緒。

兩歲的幼兒能展示東西給他人看，也會將東西藏起來不讓他人找到。到了三歲，兒童能更明確了解知覺和知識間的關係，被藏起來的物品只有看到的人會知道是什麼東西，沒看到的人不知道，但三歲的幼兒尚無法區分物體的外貌和實際，當他們看過糖果盒（外貌）裡不是糖果而是一枝筆時，會修正自己的

表 7-1　一般兒童心智理論發展階段特徵

階段	年齡	發展特質
一	三歲之前	兒童能對人們表達需求、情緒及心智狀態，並使用認知性的措詞，例如知道、記得、想……。
二	三至四歲	兒童能了解心智和外在的物理世界是相關聯的。能了解特定的刺激導致特定的心智狀態，而心智狀態影響行為，心智狀態可由刺激和行為的連結推論而得。
三	四至五歲	兒童能分辨心智是分離的且不同於物理世界，兒童了解到人們可以想像沒有實際存在的東西。
四	五至六歲	兒童學習到心智是可以正確或不正確的表微物體或事件，因此，對實際物體或事件而言，他人所表微的可能是錯的（錯誤信念），對一個人的心智狀態而言，其所顯現的行為也可能是錯的（例如：一個哭的人卻笑了），而且，兩個人的知覺觀點或信念也可能相異（角色取替）。
五	六至七歲	兒童學習了解心智活動對實際的詮釋，例如先前的經驗影響現在的心智狀態，而心智狀態又影響情緒和對社會的推論。

資料來源：Astington & Gopnik (1991: 12-16)

信念（物體的實際），但記不得先前的錯誤信念。所以，三歲的幼兒相信自己的信念，且不了解他人的行為是根據他們心中的知識及信念表現出來的。

　　二至四歲階段會明顯發展視覺觀點取替能力，此有助於幼兒了解他人心智。

(二) 第三階段

　　此階段的兒童能區分物理環境和心智的不同，了解心理的呈現非因外在刺激而來，而相同的知覺經驗會產生不同的心智狀態，四歲的兒童已能區分外貌和實際，了解意圖和非意圖，人們所相信的、所想要的、所意欲的皆關鍵性的影響人的行為，此乃心智概念轉變時期，開始了解到初級錯誤信念，當幼兒通過標準錯誤信念作業時，表示其能夠表徵他人心智狀態中的「信念」部分。

(三) 第四階段

　　五歲的兒童對意圖的了解變得很複雜，了解心智狀態和外在行為是矛盾的，因為人們對情境的反應取決於自己的意圖、信念及知識，而別人的信念會和自己的信念或事實完全不同，例如小華預期他會得到他想要的東西，所以他覺得很快樂，不管事實上他能否得到。

(四) 第五階段

　　此階段的兒童學習去了解心智活動對行為的詮釋，五歲之後，兒童對心智活動的了解已日趨成熟完備，到六至七歲則能夠了解次級錯誤信念，發展出更複雜、高層次的心理能力。一般而言，必須到七歲之後才能發展出更成熟的社會推論能力。例如由 Carpendale 與 Chandler 於 1996 年所提出之「詮釋的差異」（Interpretive diversity）概念，此概念意指兩人在同樣的刺激情境下有可能對該刺激的解釋是完全不同的但都十分合理，依受試者導向或建構主義的認識論觀點定義，知識不再是反應客觀事件而是由心智和環境雙重作用下產生的雙向溝通，因此兩人對同一感官刺激的解釋可能不盡相同。Carpendale 與 Chandler（1996）指出兒童在這類心智能力的發展上不同於通過錯誤信念所需的心智能力，且比錯誤信念的理解困難（引自 Luckett, Powell, Messer, Thornton, & Schulz, 2002）。

綜上所述，心智理論的發展會一直持續下去且更為抽象，最終形成成人階段的心智理論。筆者依循 Steele、Joseph 與 Tager-Flusberg（2003）分類的觀點，將心智理論三階段中的早期階段（包括需求、意圖、情緒、假裝、簡單的心智陳述）做了以上的介紹，至於心智理論能力基礎階段（位置改變的初級錯誤信念、非預期內容的錯誤信念）和高階階段（包括次級錯誤信念、說謊、開玩笑、意味、一般判斷力）的相關研究則於下一節列出。

第二節　基礎階段心智理論相關研究

一、情緒的理解

自閉症對任何人的感受是不感興趣的，在一系列關於自閉症情緒的研究中均發現：自閉症兒童比非自閉症受試在情緒配對作業上的表現都很差，無論是以照片、圖畫、視訊設備或錄音機等方式呈現（Hobson,1986; Hobson, Ouston, & Lee, 1988）顯示自閉症對情緒理解有困難。

在 Hobson（1986）早期的實驗裡，探討自閉症兒童和普通兒童在辨識情緒方面的能力如何，實驗分成三組：分別以瑞文氏推理測驗配對、語文心智年齡（VMA）配對和兩者兼具的配對（瑞文氏和 VMA 分數相當），運用錄影帶拍攝情緒表情、錄音帶錄製聲音、呈現情境三種方式，讓三組兒童用照片及圖片來配對五種表情（高興、難過、生氣、害怕、自然），例如錄影帶中出現一位模特兒弄傷自己且流露出悲傷表情的短片，並要求受試與一個人哭泣的聲音配對，研究發現：自閉症兒童的表現顯著差於控制組，證明自閉症在辨識情緒方面有困難。

Hobson 等人（1988）讓受試者看兩種材料：整張臉孔及臉的部分，測試他們在比對人臉及比對情緒的表現，雖然整體而言，自閉症與控制組並無差異，但在比對情緒的情境中，當臉孔的明顯特徵減少時，自閉症的正確辨識率卻降低，因此認為自閉症在辨識臉部表情上有困難的原因，是自閉症者在辨識情緒的處理歷程本質上便和非自閉症不同，亦即自閉症處理臉部表情的方式異於常人。

Ozonoff、Pennington 與 Rogers（1990）使用了同一組含有不同人、不同臉

部表情、臉孔刺激，讓自閉症兒童對人臉和情緒進行配對，當控制組係以語文心智年齡配對時，研究結果顯示自閉症和控制組間的表現無顯著差異，但若控制組係以非語文心智年齡做配對時，可發現自閉症組的表現差於控制組。

　　三至四歲的兒童能了解因情緒和需求引起的情緒，四至六歲兒童能了解信念會影響情緒，一個人的情緒狀態事實上是許多管道匯集的總和，包括：視覺、聽覺、手勢、情境、信念等，如果自閉症受試在配對作業上比控制組差，通常會認為他們是在情緒資訊的理解上有問題（Baron-Cohen, Spitz, & Cross, 1993）。

　　Baron-Cohen 在 1991 年探討自閉症對因情境、需求和信念三方面所引起的情緒問題之了解及預測情緒的能力，受試者有三組：自閉症組（N=17，VMA 平均 6Y9M）、智障組（N=16，VMA 平均 6Y5M）、普通兒童組（N=19，生理年齡 CA 平均 5Y3M），測驗題型如表 7-2。結果發現：自閉症在因信念引起的情緒測驗方面的表現（17.6%通過）明顯差於智障組（56.3%）及普通兒童組（73.7%）而在情境及需求的表現上，三組並無差異存在。

表 7-2　情緒的測驗題型

實驗者告訴受試兒童 A 說：「這個女娃娃名叫 Jane」 　命名問題：問兒童 A：「你可以告訴我這個女娃娃的名字嗎？」 **情境測驗** 　Jane 正在參加一個生日舞會。 　情境問題：Jane 感覺如何？ 　確認問題（justification question）：為什麼？ 　生日舞會結束後，Jane 回家了並發現他的膝蓋受傷。 　情境問題：Jane 會覺得如何？ 　確認問題：為什麼？ **初級需求測驗** 　Jane 在吃早餐，她喜歡吃玉米片，而不喜歡吃可可片，桌上有玉米片的盒子（未打開）及可可片的盒子（未打開），Jane 此時想要吃玉米片。 　需求問題 1：如果我們給 Jane 玉米片的盒子她會覺得如何？ 　確認問題 1：為什麼？ 　需求問題 2：如果我們給 Jane 可可片的盒子她會覺得如何？ 　確認問題 2：為什麼？

（續上表）

信念測驗

Jane 離開早餐桌到外面散步去了。

此時，實驗者告訴兒童 A 說：「讓我們打開玉米片的盒子，看！玉米片盒子裡面什麼東西都沒有，再讓我們打開可可片的盒子，看！玉米片裝在可可片的盒子裡。好，我們現在把兩個盒子闔起來。」

後來，Jane 從外面回來了，想要吃早餐。

信念問題（belief question）1：如果我們給 Jane 玉米片的盒子她會覺得如何？

確認問題 1：為什麼？

信念問題 2：如果我們給 Jane 可可片的盒子她會覺得如何？

確認問題 2：為什麼？

次級需求測驗

現在，我們給 Jane 玉米片的盒子，Jane 打開了玉米片的盒子。

需求問題 3：Jane 會覺得如何？

確認問題 3：為什麼？

我們給 Jane 可可片的盒子，Jane 打開了可可片的盒子。

需求問題 4：Jane 會覺得如何？

確認問題 4：為什麼？

資料來源：Baron-Cohen (1991: 378-388)

　　在整個測驗中會穿插詢問到記憶問題或命名問題，是要確認受試者非因記憶或理解故事有障礙而影響答題，例如：記憶問題 1：Jane 喜歡吃什麼？玉米片或可可片？記憶問題 2：玉米片盒子裡有什麼？記憶問題 3：可可片盒子裡有什麼？命名問題：這個盒子是什麼（指著玉米片盒子問）？

二、初級錯誤信念的理解

　　Premack 與 Woodruff（1978）是最早提出兒童心智理論的概念，而由 Wimmer 與 Perner（1983）設計的初級錯誤信念作業——未預期移位「Maxi and chocolate」，以及由 Hogrefe、Wimmer 與 Perner（1986）發展的——未預期內容「Smarties」的錯誤信念作業，至今仍為心智理論中錯誤信念研究的經典之作。

　　Baron-Cohen、Leslie 與 Frith（1985）改編由 Wimmer 與 Perner（1983）的「Maxi and chocolate」為「Sally-Anne」作業（如表 7-3），以操弄兩個娃娃的

表 7-3 Sally-Anne（初級錯誤信念）

> 這是 Sally，他有一個籃子。那是 Anne，他有一個盒子。
> 命名問題（naming question）：這是誰？（研究者指著其中一個娃娃）
> Sally 有一顆球，他把球放進他的籃子裡。然後，Sally 就出去了。
> Anne 將籃子裡的球拿出來，放進自己的盒子裡。
> 後來，Sally 回來了，他想玩球。
> Sally 會去哪裡找球呢？
> 信念問題：Sally 會去哪裡找球呢？
> 真實問題（reality question）：球應該在哪裡呢？
> 記憶問題（memory question）：剛開始時，球是在哪裡呢？

資料來源：Baron-Cohen, Leslie, & Frith (1985: 41)

方式詢問三組受試：Sally 會到哪裡找球？結果是自閉症組回答正確的比率（20%）遠低於普通兒童組（85%）和唐氏症組（86%），而通過測驗的自閉症兒童其生理年齡和語文心智年齡比其他受試高很多。Hala 與 Carpendale（1997）指出，在「Maxi and chocolate」作業中，四歲以下的幼兒無法理解「因為 Maxi 沒有參與移位的過程，所以 Maxi 心中不會持有糖果已移位的信念或想法」，因此錯誤回答 Maxi 會在已移位的地方找糖果，而大多數五歲幼兒能正確回答 Maxi 會在原本放置的地方找糖果。

在 Hogrefe 等人（1986）的「Smarties」中，Bjorklund（1995）指出三歲幼兒會忘記他們原本的信念是什麼，同時認為沒有看到盒子裡面的東西的人也會知道盒子裡是一枝筆，而一般四歲幼兒大多能通過此測驗。Perner、Frith、Leslie 與 Leekam（1989）將「The Smarties」（如表 7-4）施測於語障及自閉症兒童，結果顯示自閉症的表現仍然不佳。

幼兒在四歲左右表徵能力發展上的差異性，Wimmer 與 Perner（1983）解釋是幼兒無法同時處理單一物體的兩個表徵（糖果在位置一和位置二），因此當三歲幼兒必須對一個目標同時考慮兩個不同的信念或做雙重表徵（dual-representation）時比較容易失敗。但也有研究對幼兒能否表徵心智狀態作為通過錯誤信念作業的解釋產生質疑（Gopnik & Astington, 1988）。Wellman、Cross 與 Waton（2001）強調學前階段對信念的理解有助於對心智的理解，因此，錯誤信念作業仍被廣泛用來評估心智表徵能力的發展。

表 7-4　The Smarties（初級錯誤信念）

> 實驗者從口袋中拿出一個 Smarties 的盒子，問兒童 A：「這盒子裡面是什麼？」
> 兒童 A 回答：「Smarties or sweets」
> 實驗者打開盒子，令兒童 A 驚訝的是，裡面竟然是一枝鉛筆。
> 然後，實驗者把鉛筆放回盒子裡，並把盒子蓋起來。
> 此時，實驗者問了兒童 A 兩個提示性的問題（promption question）：
> 事實提示（reality prompt）：盒子裡面有什麼東西？
> 自我答案提示（own-response prompt）：我第一次問你時，你回答盒子裡有什麼？
> 實驗者再告訴兒童 A 說：「等一下兒童 B 會進來，當他進來時，我會讓他看這個盒子，並問他：『你認為這裡面是什麼？』」
> 在兒童 B 進來之前，實驗者問兒童 A 下列問題：
> 預測測驗（prediction test）：你覺得兒童 B 會說盒子裡面是什麼？
> 事實確認（reality check）：盒子裡真的是那個嗎？（若兒童 A 回答「不是」）則再問：「事實上，盒子裡面是什麼呢？」
> 自我答案確認（own-response check）：你記得，當我從口袋裡拿出盒子問你這裡面是什麼時，你回答什麼呢？

資料來源：Perner, Frith, Leslie, & Leekam (1989: 692)

　　由以上研究可得知，初級錯誤信念的歸因有賴於受試了解故事主角的信念和事實之間的關係，通常到四歲能發展出此能力。然而，在以自閉症為受試者的諸多研究中，測試他們歸因初級信念的能力，發現大約有 20% 至 40% 的自閉症受試者能通過初級錯誤信念（Tager-Flusberg & Sullivan, 1994a）。

　　Leslie 與 Thaiss 在 1992 年的研究，認為自閉症在錯誤信念的表現狀況欠佳，但在不真實的照片（false photographs）作業（Leekman & Perner, 1991）、不真實的地圖（false maps）作業（Leslie & Thaiss, 1992）及不真實的圖畫（false drawing）作業（Charman & Baron-Cohen, 1992）中的表現卻比錯誤信念優秀而提出自閉症有後設表徵能力的缺陷。Charman 與 Baron-Cohen（1992）再以 Leslie 與 Thaiss（1992）為基準設計一項研究，以自閉症組和智障組為受試，評估其在模型與圖片（Model and photograph）作業及標準化錯誤信念（Standard false belief）作業上的表現，結果顯示：自閉症組在模型與圖片作業的通過率和智障組並無顯著差異存在；然而自閉症在標準化錯誤信念作業的通過率僅 26.3%，而智障組達 52.6%，兩組間達顯著差異水準，研究結果更加證

實自閉症在了解心智表徵能力上有特殊缺陷存在。

　　Yirmiya 與 Shulman（1996）選取了自閉症組（VMA 平均八歲四個月）、智障組（VMA 平均九歲一個月）和普通兒童組（VMA 平均八歲七個月）三組各十六名受試者（無組間差異存在），以 Baron-Cohen 等人（1985）標準化錯誤信念題型施測，自閉症中只有三人（19%）通過控制問題及預測問題，智障組有六人（38%）通過，而控制組全數通過，然而，在序列作業（seriation tasks）表現上，自閉症組無論在單一排序（僅變化管子長度）或多元排序（變化長度和顏色濃淡）的表現水準（正確率分別為54%及51%）均優於智障組（31%及 18%），達顯著差異水準。此項研究結果證明：自閉症在心智理論上並無特定缺陷存在而心智理論方面的損傷並非獨厚於自閉症。

　　Sicotte 與 Stemberger（1999）探討非典型自閉症（atypical autism）兒童是否也有心智理論上的缺陷，他們採用了 Baron-Cohen（1989）的腦功能作業（Brain Function Task）及 Ozonoff、 Pennington 與 Rogers（1991）和 Perner 等人（1989）的錯誤信念作業（False Belief Task）實驗，將非典型自閉症與語言障礙各一人配對成一組，共計十四組，每組均以性別和語文心智年齡為控制變項，研究結果為：93%的語障兒童能通過錯誤信念作業，而只有 36%的非典型自閉症兒童能通過，而兩組在腦功能作業方面均有 70%以上的通過率，這樣的研究結果和Perner 等人（1989）顯著相近（僅 20%的自閉症通過而有 80%語障達到標準），兩項研究結果說明非典型自閉症兒童在心智理論上的缺陷和高功能自閉症有相似之處，並建議未來能進一步探討非典型自閉症及高功能自閉症在心智理論上的缺陷。

　　從以上基礎階段心智理論相關研究中可窺知高功能自閉症在情緒理解及初級錯誤信念理解能力的發展上明顯落後智障組及普通兒童組，尤其是與心智理論能力發展有相關的語文心智年齡更是影響高功能自閉症學生能否理解他人想法的關鍵變項。因此在施測心智理論測驗於高功能自閉症學生時，除應排除或降低受試因不了解題意所產生錯誤的機率外，更應考慮語文年齡發展程度在施測過程中的影響，如此才能真正測出受試心智理論能力發展水平。

第三節　高階心智理論相關研究

一、次級錯誤信念研究

　　在次級錯誤信念方面，Baron-Cohen（1989）首次以自閉症為受試，了解其在次級錯誤信念上的能力，採用的是 Perner 與 Wimmer（1985）的標準化次級錯誤信念題型（表 7-5），發現通過初級錯誤信念測驗的自閉症受試者中不到十分之一能正確回答次級信念問題。

表 7-5　Ice Cream Man 測驗（次級錯誤信念）

> John 與 Mary 在公園裡玩時，看見賣冰淇淋的人往公園裡走過來。
>
> 　　John 想要買冰淇淋，但是他沒有錢，賣冰淇淋的人告訴 John 說：「你可以回家拿錢，我一整個下午都會在公園裡」。
>
> 　　然後，John 回家拿錢了。
>
> 　　不久，賣冰淇淋的人改變了心意，並決定到學校賣冰淇淋。
>
> 　　Mary 知道賣冰淇淋的人改變了他的心意，也知道 John 並不知道賣冰淇淋的人改變心意（因為 John 已經回家了）。
>
> 　　賣冰淇淋的人往學校出發的路上，經過 John 的家門口，John 看到了賣冰淇淋的人，並問他要到哪裡去？賣冰淇淋的人告訴 John 他要到學校去賣冰淇淋。
>
> 　　此時，Mary 仍在公園裡玩，所以她並不知道賣冰淇淋的人告訴 John 他的去處。
>
> 　　之後，Mary 離開公園並前往 John 的家中。
>
> 　　John 的媽媽告訴 Mary 說：John 已經去買冰淇淋了。
>
> 　　整個故事中，受試會被問到幾個提示問題（prompt question）以幫助受試對故事的了解。
>
> 　　提示問題：a. 賣冰淇淋的人告訴 John 他整個下午會在哪裡？
> 　　　　　　　b. 賣冰淇淋的人說他要到哪兒去？
> 　　　　　　　c. John 有聽到他說的話嗎？
> 　　　　　　　d. 賣冰淇淋的人告訴 John 他將要到哪兒去？
> 　　　　　　　e. Mary 知道賣冰淇淋的人和 John 說的話嗎？
>
> 　　信念問題：Mary 認為 John 會到哪裡去買冰淇淋呢？
>
> 　　確認問題：為什麼呢？
>
> 　　真實問題：John 實際上去哪兒去買冰淇淋呢？
>
> 　　記憶問題：一開始的時候，賣冰淇淋的人在哪裡呢？

資料來源：引自 Bauminger & Kasari (1999: 83)

Ozonoff等人（1991）的研究亦採用Perner與Wimmer（1985）的標準化題型，發現高功能自閉症的受試者在次級錯誤信念上的表現比控制組差，這項研究結果和 Bowler（1992）的研究以亞斯伯格症（Asperger syndrome）為受試的結果是一樣的，不過Bowler的研究中發現：亞斯伯格症受試者或許有能力通過此測驗，但他們在回答確認問題時較無法提及心智狀態的差異性。

　　透過受試回答的確認問題（對信念問題的解釋），可了解到受試是否具備分辨自己和他人之間差異性的能力，即受試是否能站在 Mary 的觀點看事情。「確認問題」能測驗出受試的次級錯誤信念，因為受試者必須能推論 Mary 認為 John 認為賣冰淇淋的人還在公園裡（即受試能了解 A 解釋 B 認為 C 的想法），所以，Mary 認為 John 會到公園裡去買冰淇淋（正確回答信念問題）。

　　回答「真實問題」的目的，在於確認兒童是否了解整個故事的發展。

　　「記憶問題」的回答，能使實驗者了解受試所回答的「信念問題」裡不正確的答案並不是因為缺乏記憶所致。

　　Sullivan、Zaitchik 與 Tager-Flusberg（1994）修正 Perner 與 Wimmer（1985）設計的次級錯誤信念題型，在故事的長度、形式和複雜性方面做了修改（如表 7-6），同樣也需受試者回答一些控制式問題來確認受試了解文章架構得以回答問題，Sullivan 等人（1994）發現：絕大部分學齡前的受試者能正確回答並確認次級信念問題。這項研究發現：歸因次級錯誤信念不需涉及任何認知改變的過程，但需具備完善的訊息處理能力，包含語文能力、記憶存取能力、依循故事順序發展的能力等。

　　Tager-Flusberg 與 Sullivan（1994b）再度以 Sullivan 等人（1994）的改良測驗為主，選取已通過初級錯誤信念的受試者各十二名（自閉症組和智障組），搭配語文心智年齡（自閉症組 VMA 平均九歲八個月、智障組 VMA 平均八歲六個月）和全量表智商（自閉症組平均 76.1、智障組平均 73）測試他們在 Sullivan 等人（1994）改良測驗上的表現，結果發現：有 58%的自閉症受試（7/12）及 67%的智障者（8/12）能通過兩個次級信念故事的測驗，兩組在確認問題的回答上並無顯著差異存在，再度證明訊息處理能力在高層次心智理論能力上扮演重要角色。

　　以上關於次級錯誤信念的研究發現，次級錯誤信念的難度高於初級錯誤信念，兩者所需表徵的層次有別，一個是受試者必須推測故事主角 A 心裡認為 B

表 7-6　Birthday gift 測驗（次級錯誤信念）

> 今晚是 Peter 的生日，Peter 的媽媽想給 Peter 一個驚喜──送他一隻小狗當生日禮物。媽媽先將禮物藏在地下室不讓 Peter 知道。
>
> 　Peter 告訴媽媽：「我希望你能送我一隻小狗當作生日禮物」。
>
> 　記住，媽媽想給 Peter 驚喜，所以沒告訴 Peter 實情，反而說：「抱歉，Peter 我準備了一份好大的玩具給你當禮物」。
>
> 　真實控制問題（reality control question）：媽媽實際上準備了什麼禮物？
>
> 　下午，Peter 告訴媽媽：「我要到外面玩」，Peter 出門了，順便到地下室拿他的溜冰鞋，此時，Peter 發現了他的生日禮物，Peter 告訴自己說：「原來媽媽沒有準備玩具給我，她實際上是買了一隻小狗當成我的生日禮物。」
>
> 　此時，媽媽並不知道 Peter 到地下室去，並發現了生日禮物。
>
> 　初級無知控制問題（first-order ignorance control question）：Peter 知道媽媽買給他一隻小狗當生日禮物嗎？
>
> 　語文控制問題（linguistic control question）：媽媽知道 Peter 在地下室看到生日禮物嗎？
>
> 　電話鈴響，Peter 的祖母在電話裡問媽媽：「生日舞會何時開始？Peter 認為你會買給他什麼禮物？」
>
> 　次級錯誤信念問題：媽媽會回答祖母什麼？
>
> 　確認問題：為什麼媽媽會這麼說？

資料來源：Tager-Flusberg & Sullivan (1994b: 585)

會持有怎樣的信念（次級），另一個是受試者只需推測故事主角 A 心中的信念（初級），除了分辨次級錯誤信念中 A 和 B 心智狀態的差異外，還要加以解釋兩人為何會有差異存在，而且次級錯誤信念題型顯然比初級錯誤信念複雜許多，更需仰賴受試者完善的訊息處理能力及專注力。

二、區辨謊話和玩笑

　　當說話者說出一個無意的謊話，他是在陳述一個他所知的錯誤事實而非故意說謊；反之，當說話者說了有意的謊話，他可能是存心欺騙聽者，或可能是開玩笑、嘲弄或反諷的目的而已。

　　相同的信念陳述可以是有意的欺騙或諷刺的玩笑。想像一個情境：兩個人到海邊都認為海水應該是溫暖的，其中 A 潛水下去游泳之後發現海水是如此的冷，而 B 站在岸邊，海水浸濕了他的腳讓他大叫：「怎麼那麼冷」，A 可能有

聽到或沒有聽到 B 大叫，一會兒，A 告訴 B 說：「海水真是溫暖啊！」。在這個情境下，假設 A 知道 B 也感受到海水的溫度，那麼 A 說這句話的意思就是一句反諷的玩笑話，開玩笑的人通常相信聽者知道事實為何並以此玩笑來分享這個經驗；假設 A 不知道 B 已感受到海水溫度，那麼 A 說的這句話即是謊話，而說謊話的人認為（不論正不正確）聽者不知道這個事實（Sullivan, 1995）。辨別謊話與玩笑話，端視說者是否知道聽者了解事實（說話者的次級無知）與說者認為聽者應該知道（說話者的次級信念），詳如表 7-7。

表 7-7　玩笑與謊話之辨別

	說話者的次級無知 speaker second-order ignorance	說話者的次級信念 speaker second-order belief
開玩笑	說者知道聽者知道事實 Sp. knows l. knows truth*	說者認為聽者所認為的真實情境為何 Sp. thinks l. thinks that true situation
說謊	說者知道聽者並不知道事實 Sp. knows l. does not knows truth	說者認為聽者並不會認為此為真實情境 Sp. thinks l. does not thinks that true situation
成功的謊言：說者對聽者的信念是正確的 *Sp.=Speaker；l.=listener.		

資料來源：Sullivan Winner & Hopfield (1995: 192)

　　有三個先前研究指出：區別玩笑和謊話的前提是須先具備多種歸因次級心智狀態的能力，Leekam（1991）發現兒童能歸因次級信念（A 認為 B 相信某件事）與次級意向（A 想要 B 知道這個事實）的年齡發展比區別玩笑和謊話的發展還要快；Winner 與 Leekam（1991）亦發現兒童必須先發展出次級意向判斷（說者想讓聽者相信他說的話）能力，才能接續發展到分辨謊話與玩笑的能力；Happ'e（1993）指出能通過次級錯誤信念就能理解諷刺等非表面語意。

　　玩笑與謊話亦可經由面部表情、語調等這些附屬的語言線索來區別，說謊者的語調是真誠的（sincere），開玩笑的語調是輕蔑的、有點笑容的或平順的音調，通常兒童先學會觀察這些線索，然後才學會依說者和聽者的認知來區辨謊言和玩笑。但 Leekam 與 Perner（1991）發現面部表情並不能幫助兒童區辨玩笑或謊話，亦無法得知說者的次級意向。Winner 等人（1991）認為兒童從說

話者特殊的音調中自然而然就能分辨出謊話和玩笑話，但兒童仍無法正確歸因欺騙和開玩笑，因為這部分歸因能力需俟兒童能概念化說者的次級意向後才能發展出來。

在說謊中歸因次級意向（A 不希望 B 知道）必須先能歸因次級無知（A 不知道 B 已經知道）與次級錯誤信念（A 錯誤地相信 B 並不知道）。

Sullivan 等人（1995）檢驗次級心智狀態歸因的能力和辨別謊話、玩笑的能力兩者間的關係，研究假設有二：(1)具備歸因次級無知的能力才可以區辨玩笑和說謊；(2)複製先前的研究發現認為說話音調無益於兒童分辨玩笑和謊言。以四十八位兒童平均 6.8 歲（5—8.4 歲）以聽錄音帶的方式個別施測，題型如表 7-8 所列。

表 7-8　謊話／玩笑測驗（Joke/Lie task）

故事一：雜亂的房間—說謊題型

　Simon 非常想出去玩，但他的祖母說他必須先清理他散亂的房間，Simon 非常討厭整理房間（顯示一張凌亂的房間圖）。此時門鈴響了，祖母走出 Simon 的房間下樓應門，祖母不在了但 Simon 仍沒有清理他的房間。

　事實問題（fact question）：Simon 有清理他的房間嗎？

　Simon 到樓下姊姊的房間去，當 Simon 不在自己的房間時，祖母悄悄的上樓並偷看了 Simon 的房間，她看到房間仍很凌亂，而 Simon 因為在姊姊的房間，所以沒看到祖母在偷看他的房間。

　理解問題（perceptual access question）：祖母知道 Simon 沒有清理他的房間嗎？

　次級無知問題（second-order ignorance question）：Simon 知道他的祖母知道他沒有清理房間嗎？

　祖母下樓到廚房去，Simon 一會兒也下樓找祖母並告訴她說「我將我房間打掃好了」。

　輔助記憶（memory aid）：記得喔！Simon 並不知道祖母偷看過他的房間。

　謊話或玩笑（lie-joke question）：Simon 說的是玩笑話或謊話呢？

故事二：吃豌豆—開玩笑題型

　Mike 真想吃蛋糕，但媽媽說他必須先吃完他碗中的豌豆才可以，Mike 最討厭吃豌豆了。此時客廳的電話響起，媽媽走出餐廳去接電話，現在媽媽不在餐廳而 Mike 也沒有吃完豌豆。

　事實問題：Mike 將豌豆吃完了嗎？

　媽媽回到餐廳，她看到碗中的豌豆。

（續上表）

理解問題（perceptual access question）：媽媽有看到 Mike 並沒有吃他的豌豆嗎？ 次級無知問題：Mike 知道媽媽看到他並沒有吃豌豆嗎？ Mike 告訴媽媽說：「我將豌豆吃完了」 輔助記憶：記住喔！Mike 知道他媽媽看到他碗中的豌豆還在。 謊話或玩笑：Mike 說的那句話是玩笑或謊言？

資料來源：Sullivan (1995: 196)

　　研究結果驗證假設一，即受試能表徵說話者的次級無知之後才能區辨謊話和玩笑，而表徵次級信念的能力就顯得不重要了，換句話說，受試需了解說謊者並不需要去表徵聽者實際的信念為何，但說謊者必須確信聽的人並不知道事實，因此 A 說海水是溫暖的，我們可以分辨 A 說這句話應該是謊話，因為 A 知道 B 並不曉得海水的溫度（說話者的次級無知），我們不需去考量 A 會認為 B 相信海水是溫暖的（說話者的次級信念）。假設二的部分亦驗證：成功通過次級信念的受試，其在輔以音調線索增加區辨玩笑或謊話的表現（五歲組 10%、六歲組 17%通過）並沒有比缺乏音調線索的表現（五歲組 50%、六歲組 56%通過）還要好，亦即說話音調對五至六歲的兒童而言，並無助於區辨謊話和玩笑，但對七歲組受試而言，有音調輔助區辨的通過率（50%）比無音調輔助的通過率（14%）高，研究者將七歲組的結果解釋為通過的樣本太少。這兩項研究結論為兒童的心智理論能力（概念化次級無知能力）和區辨謊話和開玩笑能力的相關性提出了解釋證據。

　　同樣一句與事實相反的話，依說話者的動機或目的分為謊話或玩笑話，受試者必須融合整個情境裡有形或無形的線索加以判斷，並輔以原因說明為何你認為這是一句謊話或玩笑話（確認問題），才能將受試心中的判斷準則引導出來，表 7-8 所列的測驗題型並未涉及受試對確認問題的回答，因此，研究者認為 Sullivan 等人（1995）的研究中，影響通過率的變項中並不能排除猜測因素（二分之一的答對機率），而加問「確認問題題型」能使通過率更準確一些，是故研究者在設計單元二的題型時會加入這個部分的問題。

三、成人階段心智理論研究

Baron-Cohen（1989）的實驗證明高功能自閉症／亞斯伯格症候群（Asperger syndrome, AS）能通過初級錯誤信念，Bowler（1992）、Dahlgren 與 Trillingsgaard（1996）和 Happè（1994）更證明高功能自閉症／亞斯伯格症候群能通過次級錯誤信念，這些研究因而驗證 Ozonoff 等人（1991）的解釋：心智理論缺陷對高功能自閉症／亞斯伯格症候群而言並非是全面性的損傷。然而，Baron-Cohen、Jolliffe、Mortimore 與 Robertson（1997）、Baron-Cohen、Wheelwright、Hill、Raste 與 Plumb（2001）和 Happè（1994）認為當提升心智理論測驗時，高功能自閉症／亞斯伯格症候群仍有一些缺陷存在。

傳統心智理論測驗的題型設計偏重年紀輕的兒童，不足以偵測具有一般智能的自閉症成人，亞斯伯格症候群成人可通過傳統的心智理論測驗，卻不能保證他們擁有正常的心智理論能力，或許其已發展出補償性技巧來解決此類心智歷程，但亞斯伯格症候群在社交上仍有困難存在，故需發展出更敏銳的測驗來精確評量其社交障礙（引自 Rutheford, Baron-Cohen, & Wheelwright, 2002）。目前已發展出屬於成人階段的社會認知測驗，較早的是 Happè（1994）的奇怪情境測驗（Strange Situation test），在簡短的故事中受試必須對曖昧不明的情境提出解釋；再來是失禮作業（The Faux Pas task）（Baron-Cohen, O'Riordan, Stone, Jones, & Plaisted, 1999），受試需指出故事中屬於失禮的情節，此被用來施測於腦傷及亞斯伯格症候群患者。Baron-Cohen 等人（1997）設計的「由眼神讀出心智作業」（The Reading the Mind in the Eyes task）及其修正版（Baron-Cohen et al., 2001）是成人心智理論測驗中會被提及的研究。

發展成人階段心智理論測驗的目的在於探討這些能通過初級與次級錯誤信念的高功能自閉症和亞斯伯格症候群成人在社會認知能力上仍存有障礙的層面為何，研究者綜合上述研究將之歸納為理解非表面語意、辨認失禮情境和由眼神或聲音察覺他人心態等三種層面，並分別敘述如下。

(一) 理解非表面語意

大部分高功能自閉症有理解非表面語意的困難，例如迂迴的問題、幽默、開玩笑、隱喻性話語等（Happ'e, 1993, 1994; Ozonoff & Miller, 1995）。Happ'e

（1994）測試高功能自閉症覺察諷刺（sarcasm）、虛張聲勢（bluff）、反諷（irony）與雙重嚇唬（double-bluff）等非文字表面意義的理解情形（這是八歲兒童才能達到的能力），Ozonoff 與 Miller（1995）研究發現高功能自閉症在非直接性或非文字本義的轉譯上比控制組顯得困難許多，研究者解釋此類現象為高功能自閉症有過度學習規則的情形，並將此規則應用在非表面意義的對話上，Baron-Cohen 等人（1997）發現學齡期的自閉症學童心智年齡達六歲者仍有理解非語意參照的困難，正常兒童在三歲時即能預期說話者的意圖可能是開玩笑的，此種理解語意的困難普遍存在於自閉症心智理論的發展缺陷上（Baron-Cohen, 1995; Baron-Cohen et al., 1985）。

　　非語文本義之閱讀理解的研究發表在 Happ'e（1994）的「Strange Situation test」，此測驗以圖畫或故事的方式呈現一系列日常情境中的對話，範例如下：在生日會上交換禮物時，對方說「好可愛的禮物，謝謝你，這正是我想要的」此話背後的動機因素取決於說者和聽者之間的互動關係、情緒表達和對內容的預期。「Strange Situation test」就是依此隱藏於語句背後的動機因素設計而成，且這種測驗比傳統心智理論測驗更真實自然。Happ'e 挑選了具備不同心智理論能力的受試者以便觀察他們的表現與心智理論能力的關聯性，結果發現即便是最有能力的高功能自閉症和亞斯伯格症候群仍很少說出與內容相關的適切性解釋。

　　Jolliffe 與 Baron-Cohen（1999）延伸並複製 Happ'e（1994）的研究，選取通過標準化初級錯誤信念（Smarties test）與次級錯誤信念（The ice cream man test）的成人受試者並經診斷確認為高功能自閉症／亞斯伯格症候群，分為三組（每組十七人）：一般組（生理年齡為三十歲，語文智商一百零六）；高功能自閉症組（生理年齡三十一歲，語文智商一百零八）和亞斯伯格症候群組（生理年齡二十八歲，語文智商一百一十一），評量非文字本義的理解能力。題型有二：內在心智的故事（The Mentalistic Stories）（詳如表 7-9），與外在物理屬性的故事（The Physical Stories）（詳如表 7-10）。

　　三組在 The Physical Stories 的表現一致，而在 The Mentalistic Stories 的表現上，高功能自閉症組和亞斯伯格症候群組表現比一般組還差，有些高功能自閉症或亞斯伯格症候群受試即使可說出相關心智狀態的答案，但仍無法顧及前後關係說出與內容有關的、較適當的心智陳述，他們易著重於單一句子的解釋，

表 7-9　The Mentalistic Stories

> **Picnic**
>
> 　小明和小華安排下星期天野餐，這是小明的主意，他認為這一天一定是個晴朗的好日子，所以沒有準備雨具，野餐到一半結果下起了大雨淋濕了兩人，小華生氣的說「oh，真是個適合野餐的日子啊！」
>
> 　理解問題：「小華說的是真的嗎？」
>
> 　確認問題：「為什麼他會這麼說？」
>
> **Banana**
>
> 　安安和家家在玩遊戲，安安從桌上拿起一根香蕉並放近耳朵旁對家家說：「這根香蕉是電話」。
>
> 　理解問題：「安安說的是真的嗎？」
>
> 　確認問題：「為什麼安安要這麼說？」

資料來源：Jolliffe & Baron-Cohen (1999: 405)

表 7-10　The Physical Stories

> **Army**
>
> 　兩隊敵軍爭戰不休，各自擁有超強武力一直僵持不下，藍軍在步兵和武器上勝過黃軍，黃軍在飛行戰備上勝過藍軍。兩軍在某戰役的最後關頭，山區起了大霧，天候非常不佳，低矮的雲霧使士兵視線不良，最後，藍軍贏了此戰。
>
> 　「為什麼藍軍贏了戰役？」
>
> **Glasses**
>
> 　Sarah 有遠視，而他只有配一副遠視的眼鏡，因此他很小心避免弄丟了眼鏡。不料今天 Sarah 丟了眼鏡，他確定是今天弄丟的，因為昨晚他還戴著眼鏡看電視。
>
> 　Sarah 請 Ted 幫他找眼鏡，他告訴 Ted 說：「我今天早上照往例先到健身房，然後再到郵局，最後到花店」Ted 聽完之後直接到郵局去找眼鏡。
>
> 「為什麼郵局是最有可能丟掉眼鏡的地方？」

資料來源：Jolliffe & Baron-Cohen (1999: 405)

　　這部分的固著，高功能自閉症比亞斯伯格症候群更甚，這樣的研究結果與 Happ'e（1994）的研究是一致的，即高功能自閉症和亞斯伯格症候群在回答確認問題時無法適當解釋故事主角為何會這麼說或這樣做。

　　要回答確認問題，受試需統合故事主角的陳述並對應前後文義加以適當詮釋，在 Jolliffe 與 Baron-Cohen（1999）研究中的實驗組易將焦距鎖定部分語句，

於此呼應了Frith（1989）所提出的高功能自閉症僅能處理部分訊息，無法全面觀照的假設。而這樣的障礙可以心智理論解釋，或以中心聚合理論解釋，或兩者均可加以說明，至今尚未定論，未來研究可著重於此。

（二）辨認失禮情境

失禮（faux pas）的操作性定義為：說話者陳述一件事情時，沒有考慮到聽的人並不想聽到或知道這件事，而且說者對聽者所產生的負面反應並不介意，聽者當時的感覺可能是困窘、後悔而說出「我希望我沒聽到這句話」或做出像卡通情節的動作，將包子塞到他的嘴巴裡。簡而言之，將「失禮」的定義為：說話的人說了些不經考慮的話，他沒有考慮到聽的人不想聽到或知道這些話而產生負面結果。偵測失禮需要了解到說者和聽者間知識狀態（knowledge state）的差異性、聽者聽到對方的話語時會產生何種情緒反應（Baron-Cohen et al., 1999）。

Baron-Cohen 等人（1999）進行三項研究，研究目的只在偵測是否有失禮的情況發生，說話者並無心存惡意，只是搞錯了狀況。研究一為施測通過次級錯誤信念的一般兒童，請他們辨認失禮的情況，目的在探討年齡差異和性別差異對答題的影響，將五十六位通過資格賽（初級和次級錯誤信念測驗）的一般兒童分為三組（七歲組、九歲組和十一歲組），每組男女比率相等，施測表7-11 所列失禮的故事，以錄音帶播放方式避免臉部表情成為直接的回饋，亦免除了主角的動作成為偵測的線索，每一個失禮的故事背後在評量受試是否了解下列問題：偵測失禮問題（旨在評量受試能否察覺到失禮情境的存在）、確認問題（旨在確認受試所認為的失禮句子為何）、理解問題（旨在確認受試真正了解了故事內容）和錯誤信念問題（旨在檢驗受試是否了解失禮情況的產生是由於說話者的錯誤信念所致而非有意的行為）。

研究一的實驗結果顯示：七歲組女生的表現比九歲組男生的表現還要好，可見女生在此部分的發展比男生優越，雖然語文心智年齡（VMA）和失禮作業表現間存在正相關，但仍有其他理由說明失禮作業的評量超越了VMA，第一：VMA 也會隨著生理年齡（CA）增長，因此，任何能力的提升都不能排除 CA的影響力；第二：所有受試都能通過至少七題（總共有十題）的理解問題，因此，排除受試受語意了解（VMA）變項的影響，能答對理解問題卻不能說明失

表 7-11　失禮辨認測驗（faux pas recognition test）

Sample I：

　Emma 參加學校說故事比賽，她很想贏得該比賽。這一天，Emma 離開學校時比賽結果宣布了：是 Alice 贏了說故事比賽。

　隔天一大早，Alice 看見 Emma 並告訴她：「很抱歉，你所說的故事……」，Emma 問：「你是什麼意思？」Alice 說：「沒什麼！」

　　問題：1. 誰贏了說故事比賽？（理解問題題型）

　　　　　2. Alice 知道 Emma 還不曉得比賽結果嗎？（錯誤信念問題題型）

Sample II：

　James 買了一架玩具飛機送給 Richard 當生日禮物。幾個月之後，他們在公園玩那些玩具飛機，James 不小心弄壞了玩具飛機，Richard 告訴 James：「沒關係，我從來就沒喜歡過那架玩具飛機，那只是某人送給我的生日禮物而已。」

　　問題：1. James 送給 Richard 什麼東西當生日禮物？（理解問題題型）

　　　　　2. Richard 還記得 James 送給他玩具飛機當生日禮物嗎？（錯誤信念問題題型）

Sample III：

　Mike 在上廁所，而 Joe 和 Peter 也在廁所裡，他們沒看到 Mike。Joe 告訴 Peter：「Mike 真是一個討厭的人……」，沒想到 Mike 突然出現在廁所，Peter 說：「Hello，Mike，你想玩籃球嗎？」

　　問題：1. Joe 和 Mike 在哪裡說話？（理解問題題型）

　　　　　2. Joe 知道 Mike 也在廁所裡嗎？（錯誤信念問題題型）

資料來源：Baron-Cohen (1999: 416)

禮的情境仍然不算通過失禮作業，故偵測失禮情況的能力無法單以 VMA 預測之，也因而消弱了兩者的相關性。又研究結果顯示十一歲組男、女生的作業表現並無顯著差異存在，證明失禮作業的複雜度高於次級錯誤信念，可用之於進階提升兒童心智理論能力。

　　研究二用來施測高功能自閉症／亞斯伯格症候群，受試中有的能通過次級錯誤信念，有的還不能通過，實驗者預測能通過錯誤信念的高功能自閉症／亞斯伯格症候群雖然擁有足夠的心智年齡，卻未必能通過偵測失禮作業。十六位一般兒童（生理年齡 CA 平均十一歲，語文心智年齡 VMA 平均十一歲八個月），十一位高功能自閉症／亞斯伯格症候群（CA 平均十二歲，VMA 平均十三歲），施測方式和題型均和研究一相同，結果顯示：高功能自閉症／亞斯伯

格症候群在偵測失禮作業的表現明顯低於一般兒童（18%相對於 75%，達極顯著差異水準），然而，另以 T 檢定分析兩組在錯誤信念問題的表現，高功能自閉症／亞斯伯格症候群的正確率高於控制組，因此，不可斷定高功能自閉症／亞斯伯格症候群在失禮作業表現不佳是由於歸因信念能力不足所致。實驗者又計算失禮作業得分和語文心智年齡的皮爾森積差相關，發現兩組在這兩項的分析並無相關存在（實驗組，r＝0.27；控制組，r＝-0.12），因為兩組受試語文心智年齡能力差距不大，且高功能自閉症／亞斯伯格症候群在理解問題和錯誤信念問題的表現水平與控制組無異。

　　研究二的高功能自閉症／亞斯伯格症候群受試中絕大部分是男生（九男二女），而控制組男女比率各占一半，由研究一結果說明女生表現比男生優越，故在研究二中，實驗組表現差於控制組並不能排除性別因素影響，基於此，研究三完全採用男生受試（每組各十五位），且高功能自閉症／亞斯伯格症候群的生理年齡平均高於控制組（13.35 vs. 10.47），施測方式除了表 7-11 所列失禮的故事之外也穿插控制式故事（表 7-12），所有受試均被叮嚀要仔細聽完故事內容並小心回答問題，因為有些故事情節很雷同，不要搞混了。除了以上差異外，所有施測流程和研究一相同。

　　研究三施測結果顯示：兩組在表 7-12 控制式故事的回答上並無差異存在，但高功能自閉症／亞斯伯格症候群在偵測失禮作業的表現（回答確認問題）與控制組相較仍達顯著差異水準。歸納研究二、三的施測結果，可下結論說明高功能自閉症／亞斯伯格症候群在應用心智狀態知識（mental state knowledge）上仍有缺陷存在。

　　Frith（1989）為此應用心智狀態知識困難提出「中心聚合理論」（central coherence theory）加以解釋，亞斯伯格症或高功能自閉症雖然能夠確認故事主角的心智狀態，但他們無法將所有的訊息聚合成失禮的圖像而加以辨認，此說用以解釋本研究結果是行得通的。至於「執行功能理論」（executive function theory）就無法解釋結論，因為自閉症在工作記憶能力上是沒有問題的（Russell, Jarrold, & Henry, 1996），他們通常是在計畫能力上顯示困難（Ozonoff et al., 1991）及抑制缺陷（deficit in inhibition）（McEvoy, Rogers, & Pennington, 1993），這部分解釋可用於說明失禮的產出（production）而非失禮的偵測（detection），故未來研究可發展評量失禮產出的方法（Baron-Cohen et al., 1999）。

表 7-12　控制式故事（非屬失禮情節）

Sample I：

　Jane 想贏得學校作文比賽，當 Jane 不在時公布比賽結果，是 Mary 獲勝。隔天，Jane 巧遇 Mary，Mary 對 Jane 說：「你現在感覺如何？」Jane 回答：「我很好呀！謝謝你。」Mary 又說：「oh，太好了！」

　　問題：1. 誰贏得了比賽？

　　　　　2. Mary 知道 Jane 還不知道比賽結果嗎？

Sample II：

　Simon 買了一部玩具車送給 Robert 當作禮物，數個月過後，他們兩人一起玩這部車子，Simon 不小心弄壞了車子，Robert 說：「沒關係，只是一個小意外而已！」

　　問題：1. Simon 送給 Robert 什麼東西？

　　　　　2. Robert 還記得 Simon 送給他車子當作禮物嗎？

Sample III：

　John 正在廁所裡如廁，Sam 和 Eddy 也進了廁所，但沒注意有其他人在場，Sam 說：「你知道班上那個男生 John 吧！他看起來好酷！」John 突然在廁所出現，Peter 說：「hi，John，你想要去打籃球嗎？」

　　問題：1. Sam 和 Eddy 在哪裡說話？

　　　　　2. Sam 知道 John 也在廁所嗎？

資料來源：Baron-Cohen et al., (1999: 416-417)

(三) 由眼神或聲音察覺他人心態

　　針對自閉症成人設計的較敏銳的心智理論測量工具有 Baron-Cohen 等人（1997）的「由他人眼神讀出心智的測驗」（reading the mind in the eyes test），該測驗向參與者呈現一系列只有眼部特徵的照片（分由不同男女演員扮演），要求受試在兩個選項中選出最適合形容此張眼神所傳達的思想或感覺的語句。此時，參與者必須將自身置於另一人的思緒中並與他人的心智狀態一致，屬於高階的心智理論測驗題型，但有學者認為此測驗只是心智理論中屬於歸因項目的第一階段（歸因相關的心智狀態，例如憐憫），並未包括到第二階段（推敲導致該心智狀態的情境，例如同情他媽媽不在了），加上整個測驗有諸多缺失，例如選項只有兩個，使猜測作答有 50% 正確率、基本的及複雜的情緒字眼太少、女性臉孔多於男性而受試中女性亦多於男性、選項為相對的語意增加區辨性。

基於 Baron-Cohen 等人（1997）研究的缺點，Baron-Cohen 等人（2001）做了修正，包括：增加為四個選項、增加施測的挑戰性使控制組分數變異大、性別數相等、可發問以免除語意不熟悉而影響答題等。受試有十五位高功能自閉症或亞斯伯格症候群成人（CA 平均 29.7，IQ=115），三組控制組（一般成人組一百二十二名；學生組一百零三名；IQ 配對組十四名），施測前先確認所有受試對情緒選項完全了解，避免辭彙意義定義不清，其餘施測程序和 Baron-Cohe 等（1997）的研究相同。研究結果複製了 Baron-Cohen 等人（1997）的發現，即實驗組的表現（21%通過）差於三組控制組（平均 28.4 通過率），達極顯著差異水準，但實驗組在性別辨識上並無困難。為使測量更接近真實，未來可發展動態的眼神刺激，將影像透過電腦處理直接上機施測，不但節省人力及時間，亦可精確記錄每題作答時間以分析相關變項。

　　Baron-Cohen 等人（1997）的「由他人眼神讀出心智的測驗」及其修正版（Baron-Cohen et al., 2001）是成人心智理論測驗中會被提及的研究，此部分施測於具有一般智能的高功能自閉症／亞斯伯格症候群仍顯示出困難。另有研究將此部分擴展到聽覺領域，即「由他人聲音語調讀出他人心智的測驗」（The Reading the Mind in the Voice task）（Rutherford et al., 2002），讓受試聽著錄音機播放的簡單對話，選擇適當的形容詞描述說者的心智狀態並猜測說者的年齡範圍。此部分研究在於探討高功能自閉症／亞斯伯格症候群從口語中抽取他人心智狀態訊息是否有困難存在。實驗組有十九個高功能自閉症／亞斯伯格症候群成人（語文智商 VIQ 平均一百零一），控制組有二十個普通成人（VIQ 平均一百零三），分別施測四十組聽力測驗，每個句子最多播放兩秒，並有三秒的暫停時間讓受試選擇適當的形容詞，範例如：(1)「我發誓！」這句話是恐怖的（horrified）或是懇切的（pleading）？(2)「日子還是要過下去，先生。」這句話，是發怒的（irritated）或認命的（resigned）？研究結果顯示實驗組從聲音刺激中讀出心智狀態的困難，結果雖是如此，但仍不足以證明高功能自閉症／亞斯伯格症候群在此方面有獨特障礙，受試表現不佳有可能受其他變項影響，如注意力、聽力、語文能力。只是此研究結果仍驗證了先前的研究證明高功能自閉症／亞斯伯格症候群確實在社會參照（social inferences）上存有障礙。未來研究建議：(1)在答案選項上設計不同的選單並做項目分析，以增加測驗的敏銳度；(2)正確測量反應時間；(3)確認測驗所使用的字彙都是屬於一般常見用語，

施測後對受試語文能力具有改善效果；(4)強迫完成所有題型以確認受試最低的字彙水準。

Roeyers、Buysse、Ponnet 與 Pichal（2001）結合了三種高階心智理論測驗，同時施測於高功能自閉症（十七至四十六歲）和一般成人（十九至三十一歲）各二十四名，此三種測驗為：(1)奇怪的故事（strange stories）（Happ'e, 1994）；(2)眼神作業（eye task）（Baron-Cohen et al., 1997）；(3)正確同理心測驗（empathic accuracy task）。其中第三種正確同理心測驗，為讓受試觀看錄影帶中真實人物在某情境的對話，要求受試推測主角本身的主觀經驗，評量標準依據受試推論符合程度而定。所有施測題型稍加做了修正調整，但施測過程不變。

Roeyers 等人（2001）所進行的這項研究結果，研究受試在奇怪的故事測驗的表現與 Happ'e（1994）結論不同的是，高功能自閉症可在一對一的對話情境中正確回答確認問題，這樣的表現差異是由於受試能力較高且故事主角和受試年齡相當而非 Happ'e（1994）所設計的兒童。在眼神作業施測上，由於使用真人演出的表情而非 Baron-Cohenet 等人（1997）採用照片，並有三種情緒選項，比 Baron-Cohen 等人（1997）設計的複雜一些，其施測結果亦異於 Baron-Cohen 等人（1997）的實驗，兩組在眼神作業的表現並無差異，且實驗組作答時間與控制組相當。在正確同理心測驗施測時，由於是觀看影帶方式，使受試可參照語文或非語文特徵綜合判斷，而主角的行為是自然而然，不需去假裝、想像或刻意扮演，情節更接近生活，兩組在影帶一的表現相當，在影帶二的表現有差異，達顯著水準。

綜合以上的研究發現，建議未來應結合正確同理心典範（empathic accuracy paradigm），使施測方式更合乎真實，更精確評量高功能自閉症成人的心智理論能力（Roeyers et al., 2001）。本節所列關於高階心智理論能力的展現，需要受試者參照更多的情節線索，加以統整歸納後才能推敲故事主角的言外之意，甚至達到以眉目就能「傳情」之境地。這樣的能力並非先天就能順利發展上來，而是要透過不斷的人際互動學習累積經驗技巧，普通兒童如此，更何況社交技巧能力本質上就有缺陷的高功能自閉症學生呢？！

第四節 高功能自閉症的定義和特質

一、高功能自閉症的定義

美國 DeMyer 在 1970 年代初期最早將自閉症分為高功能、中功能及低功能（宋維村，1997）。學術上皆同意自閉症的特徵是：具有學習問題、社會互動缺陷、語言障礙、怪異的行為方式等缺陷，但對於在上述問題中表現較輕微的高功能自閉症兒童，其專業診斷標準迄今仍無定論（Tasi & Scott-Miller, 1988）。

宋維村（1997）認為：決定一個自閉症兒童是否為高功能，可考慮三個因素：(1)自閉症嚴重的程度：比較會理人或注意人的兒童，在行為和認知技能上有所不同，自閉傾向輕；(2)學習快慢：學習速度快的兒童智力較高；(3)有沒有智慧的火花：若兒童記憶力很好、空間觀念強、很會認路、很會拼圖或精細動作很好，就是功能高的。

Reed（1996）指出高功能自閉症和自閉症之不同在於：(1)高功能自閉症所表現的行為特質較一般化；(2)通常會在主流教育中發現高功能自閉症學童，甚至一些臨界者從未被診斷出來；(3)高功能自閉症學童會被視為是古怪的、孤僻的，因為他們看待世界的觀點和別人不同，而師長較無法考慮到他們的特殊需求；(4)許多高功能自閉症者有工作能力、會結婚、生子、有較高的認知能力（達一般以上水準），學科能力上有不錯的表現；(5)具備一般的語文能力，但高功能自閉症只會提及自己有興趣的部分，在輪流對話及維持溝通能力上仍有困難，無法理解玩笑；(6)有較佳的社會能力，但終其一生仍有社會關係障礙存在，例如：無法了解其他人，所以較難維持友誼及結交新朋友；(7)有特殊天份，高功能自閉症成人能往此方面發展成為他的職業；(8)高功能自閉症有良好的預後能力。

二、高功能自閉症的特質

美國精神醫學會《心理疾病診斷統計手冊》第四版（American Psychiatric Association, 1994）的診斷標準中，明列自閉症在社會互動和語言溝通上有質的

障礙，在行為、興趣、活動方面有狹窄、重複、刻板的型式。其中，在溝通及行為方面，需至少具有一項缺陷，社會互動方面則強調至少出現兩項缺陷行為。而智力正常的高功能自閉症兒童，也具有這三方面的障礙，只是在質與量上有所不同（黃玉華，2000；Moyes, 2001）。宋維村（2000）指出心智理論假說可用來解釋自閉症患者的社會互動人際障礙和溝通障礙。故以下分述高功能自閉症兒童的社會互動和語言溝通特質。

(一) 高功能自閉症社會互動特質

　　社會缺陷—交互性社會互動及情緒表達和情緒認知上的失常被認為是自閉症系列的核心障礙（American Psychiatric Association, 1994），而這些缺陷遍布在自閉症各個發展領域，近來，較多的研究焦點著重於擁有一般智能之自閉症患者的單一社會情緒特徵，這些高功能自閉症比低功能自閉症患者較能參與高層次的社會關係及較複雜的情緒，這或許是由於高功能自閉症擁有較高的認知能力所致（Bauminger, 2002）。高功能自閉症的障礙是在社交啟動和社會情緒的了解而非社會敏銳度或社會距離，他們有較差的友誼關係並且不知道該如何與同儕互動，因此而限制其情緒表達與社會了解（Bauminger & Kasari, 1999; Hobson, 1993; Wing, 1992）。

　　在社交能力上，自閉症患者與其他智能障礙者明顯不同，Gardner（1993）指出：唐氏症兒童在社交方面頗具能力，而在與威廉式症候群（William's syndrome）的孩子相較之下，便形成強烈對比，威廉式症候群的孩子智能雖低，但很會顏言觀色且並未有明顯與他人互動的缺陷，而高功能自閉症雖然在一般的認知能力上極強但卻缺乏交際手腕。

　　Wing 與 Gould（1979）經過長期觀察，將自閉症依社會互動表現上的差異分為疏遠冷淡型、被動型及主動特異型，而高功能自閉症兒童大多以被動型（passive）及主動特異型（active but odd）為主。被動型的特徵為：不會或很少與他人互動，但會對他人的啟動行為有反應，常模仿他人行為卻不了解其所模仿的行為代表什麼意義；主動但特異型的特徵為：會主動親近成人，但只是一方的，以單一、怪異、重複的方式與人互動，依循自己的獨特興趣與想法，不會因別人的反應而調整（宋維村，2000; Wing & Gould, 1979）。

　　高功能自閉症兒童本身其實有豐富的基本情緒，但他們卻難以理解他人想

法，也無法發展對他人的同情心，這種缺乏同理心的表現，嚴重妨害以後的友誼發展並終其一生（黃玉華，2000）。即便是一般認知功能正常的自閉症兒童，也會在成年後仍殘存社會性障礙，而相較其他障礙，如知動、語言障礙等，卻未有如此普遍地存在於每個自閉症兒童身上。

宋維村（2000）亦指出高功能自閉症兒童具有社會人際關係的明顯障礙，包括：在與其他兒童交往時，缺乏回報式的社交反應，譬如：別人幫助他，他不會用適當的方式表達謝意；缺乏參與合作性團體遊戲的能力；有很多時間既沒有和別人玩也沒有做事情，像在沉思又像在發呆，會讓別人覺得他在做白日夢，無法親近；可能缺乏同情心或不知如何表達同情心，時常無法體會別人的感受和情緒，因此無法適當的表達情緒，上述這些明顯的缺陷使自閉症兒童很難和別人建立友誼，且常在社交場合做出不適當，讓人覺得怪異的行為。

Wing（1992）指出當高功能自閉症學生漸漸成長，會逐漸意識到他人是很有趣的，想要加入同儕團體結交朋友，享受他人的陪伴。許多高功能自閉症少年和青年都能和父母建立親密關係，也能表現情感交流，但是和朋友建立友誼的能力仍然有限，主要是因為無法注意別人的需要和體會別人的情緒並做出適當的反應（宋維村，2000）。因此，自閉症的同儕互動問題，並非因為缺乏情感、缺乏與他人互動的慾望所致，而是來自於他們難以理解或學習社會互動「法則」以及發展對別人的同理心，這些所謂的社會認知能力左右高功能自閉症學生打入同儕團體的深度。

(二) 高功能自閉症語言溝通特質

許多研究認為自閉症語言溝通上的困難源於心智理論的缺陷，這些文獻均將研究重點放在自閉症啟始與維持對話的缺陷上（Baron-Cohen, 1995）。有少部分的自閉症兒童從不會發展任何口語；約有三分之一能發展一些語言，但無法應用在溝通或對話上；而高功能自閉症兒童能發展出大部分的語言，但仍無法發展出一般的溝通性對話（Hadwin, Baron-Cohen, Howlin, & Hill, 1996）。

有學者比較自閉症和一般兒童及唐氏症兒童的對話能力，結果顯示：唐氏症兒童語言能力增加了，對話能力也會增進，然而，自閉症兒童的語言能力增加，卻看不出其對話能力的發展，因此認為自閉症溝通上的缺陷源於心智理論的發展未臻完備，因為一個有效的溝通依賴人們能了解並知道不同的事情，分

享並陳述之，了解心智狀態在語用上扮演了不可或缺的角色（Tager-Flusberg, 1993）。說話者必須監控聽者的心智狀態（知識水平與期待）並做出有意義的陳述，聽的人也必須尋求說話者的弦外之音而非只是解碼而已（Happ'e, 1993）。自閉症者明顯在意圖溝通上有缺陷，並使用極少的認知語言做陳述或應用不適當（Happ'e, 1994），和那些無法通過心智理論的自閉症相比，能通過心智理論測驗的自閉症兒童需具備較多的語用技能，並顯現較多的社會洞察力（Hadwin et al., 1996）。

自閉症兒童的語言障礙包括：瘖啞、鸚鵡式語言、代名詞反轉、語言發展遲緩及語意、語用、語法的理解與使用有困難（黃金源，2000）。而仿說（echolalia）、代名詞反轉（pronominal reversal）、在啟始（initiating）並維持對話上有困難、表達性語言發展遲緩或缺乏（American Psychiatric Association, 1994; Hadwin et al., 1996）是高功能自閉症兒童常見之口語溝通問題。高功能自閉症兒童在抽象詞彙及社會推理方面有障礙，在不同的情境下無法了解語句轉換的意義，他們常會堅持第一次對此語詞獲得的印象而不想了解其他的意義，無法與他人討論他們的感覺或他人的感覺（陳昭儀，1995），例如：與人對談時，自閉症兒童經常有讓人以為是將過去習得的語言機械式的表達出來，缺乏一般人對話的一來一往、一問一答的溝通特性（宋維村，1992）。

溝通通常以編碼、譯碼及推論溝通兩種方式達成，編碼、譯碼在人們以語音型態存取語言意義時產生，而推論溝通指的是推算說話者的：(1)「訊息意圖」：說者製造一個含有訊息意圖的刺激通知聽者聽取訊息；(2)「溝通意圖」：說者製造一個含有溝通意圖的刺激告知聽者其所傳達的意圖。由於自閉症無法猜測說話者與傾聽者的心理狀態，無法了解他人有不同的訊息，無法了解他人的意圖溝通，更無法處理溝通對談中新舊訊息等語用問題（Happ'e, 1995）。這些語言溝通上的問題可以「心智理論能力」發展遲緩或缺陷解釋之。

(三) 結論

綜合上述高功能自閉症在社會認知、語言、人際互動上的變異，持心智理論的學者對之做了頗為完善的解釋，心智理論能力可分為基本表徵能力（primary representation）及後設表徵能力（metarepresentation），基本表徵能力測

驗如 Salley-Anne 測驗等初級錯誤信念題型，後設表徵能力測驗如 the ice cream man 測驗等次級錯誤信念題型，部分心智年齡約五至七歲的高功能自閉症或亞斯伯格症兒童能通過後設表徵能力測驗（Happ'e, 1995）。因此，成功教導高功能自閉症習得心智理論能力必有助於其形成後設表徵能力，後設表徵能力一旦形成將有益於改善高功能自閉症在認知、語言、人際互動上的變異，進而促其社會化。

第五節　心智理論和高功能自閉症語言能力的關係

Flavell（1999）認為心智理論的發展研究始於 1980 年，至今仍是社會認知發展領域研究的主流，探討的是兒童對各種心智狀態與知覺的輸入、行為的輸出或不同心智狀態間關聯性的理解，擁有心智理論，意謂著人們對人類心智的不同範疇，例如：作夢、想像、意向、信念、記憶等心智狀態有所了解，並能依此解釋他人行為。

Frye 與 Moore（1991）認為心智理論不僅為一有力的社會工具，亦有其認知發展上的功能。在社會發展方面，許多的溝通情境（說謊、開玩笑、諷刺、承諾、禮貌、失禮、誤解）都包括理解、考慮他人欲求、相信、意欲等心智狀態，例如：欺騙行為就是讓他人產生錯誤相信或錯誤表徵，而利社會行為需要兒童更多考慮他人需要和欲求以發展人我關係。在認知發展方面，心智理論意謂對心理狀態或歷程表徵的能力，例如 A 可以想到 B 所持的想法（基本表徵能力）、A 可以想到 B 具有對 C 的想法（後設表徵能力）。後設表徵能力可幫助兒童學習如何思考，知道不同的人在不同的時間會有不同的想法，而這些想法可能表徵了或錯誤表徵了這個世界（Perner, 1990）。

社會認知能力包括：自然地讀出與正確地解釋語文或非語文的社會與情緒線索的能力、辨認主要的與外在的社會與情緒訊息的能力、認知到不同的社會情境下會產生不同的社會行為與結果，例如：如何開啟對話、如何溝通需求、如何打入團體及對他人心智狀態的歸因做調整等的能力（Crick & Dodge, 1994）。

高功能自閉症傾向於注意枝微細節，特別是對肢體特徵而非對與社會刺激有關的社會性意義做歸因，因此，Siegel、Goldstein 與 Minshew（1996）建議

除了幫助高功能自閉症學生了解社會常態及社會規則,亦要助其處理社會訊息,介入方案應著重在促進其社會知覺能力,教導其在不同的情境下解讀社會線索,強化其做出正確的社會詮釋(social interpretation),擴展其在不同的社會情境下表現不同的社會功能等這之類的能力。

上述所提的社會認知能力,在概念上指的就是廣義的心智理論,它將高功能自閉症學生的社交技巧缺陷解釋為理解社會情境能力的不足,然而,高功能自閉症學生社交技巧的缺陷除了在解讀社會訊息的過程中產生困難之外,高功能自閉症學生本身的語言能力是否也是影響心智理論能力發展的關鍵呢?Jenkins 與 Astington(1996)發現三至五歲受在標準化錯誤信念的得分與不同種類標準化語言能力測驗的相關值在 0.61 至 0.64 之間;Hughes 與 Dunn(1997)亦研究心智理論作業表現和語言能力的相關,在心智理論作業表現不佳的自閉症兒童,其語言表現和非自閉症兒童相比顯得較為遲緩(Tager-Flusberg, 1993)。因此,Happ'e(1995)認為語言能力的層次亦是自閉症兒童能否通過錯誤信念的關鍵因素。

Astington 與 Jenkins(1999)分析語言能力和心智理論作業表現的關係。

一、心智理論依附著語言發展

不認同「成功地通過心智理論測驗才算具備語言能力」的說法,而認為現有心智理論測驗相當依賴語言,受試需完全理解故事內容才能加以回應,即使可透過非語文方式(指出來位置或操弄娃娃演示過程)回答,但相對地限制作業的語言複雜度,而當受試被要求以語言方式預測主角下一步行為時,其表現遜於操弄娃娃的方式(Freeman, Lewis, & Doherty, 1991)。

聽障兒童的語言發展是遲緩的,但其非語文智商及社會適應能力與同儕無異,研究者依聽障生溝通的方式施測標準化錯誤信念,結果顯示他們僅能通過控制型問題,在主要的確認型問題的回答上都表現不佳(Peterson & Siegal, 1995),由此可知語言發展能力不佳會相對影響其心智理論能力的發展。

Astington 與 Jenkins(1999)發現施測三至四歲兒童非語文作業,此作業曾被用來施測黑猩猩是否懂得看到導致知道原則,結果是三歲受試沒有通過測驗,而四歲受試成功通過,重要的是,這些通過測驗的兒童能以語言方式解釋看到才會知道,而無法通過測驗的兒童尚未具備語言解釋能力。

以上研究支持了語言發展促進心智理論發展之說，即具備語法、語意能力就可促進錯誤信念的了解，因此，受試在心智理論測驗的表現水準可經由其所具備的語文能力加以預測。

二、語言依附著心智理論

此理論認為心智理論並非依賴著語言發展，而是必須先具備一定的心智理論水準（社會認知範疇）才會相對提升其語文能力，此觀點與 Piaget（1952）一致，認為認知發展在語言之前，因此心智理論並非依賴語言表徵獲得，而是兒童必須先具備錯誤信念和表面—實際概念之後，語言能力才會與之增長。

Perner（1990）認為兒童是使用心智去表徵錯誤信念，Baron-Cohen（1995）和 Leslie 與 Roth（1993）提出錯誤信念的了解有賴天生的基模系統（modular systems），因為失去語言能力的成人並沒有失去了解錯誤信念的能力。因此，先發展出心智理論能力，語言才會與之增長是這些學者的主張。然而，心智理論的發展由語言所促進的可能性仍是存在的，所以就產生了以下第三種說法。

三、心智理論和語言能力為互賴關係

Shatz（1994）認為心智理論和語言能力的發展是互為表裡，一方的發展相對促進另一方能力的提升。亦有學者提出兩者的發展可能以某些共同因素為基礎，這些共同因素可能屬於內在層面，如工作記憶（working memory）或執行功能（executive function），也可能屬於外在層面，包括兒童在社會文化活動參與過程中經驗的累積（Dunn, 1988; Nelson, 1996）。

綜而言之，以上三種心智理論和語言發展不論為何種關係，均必須考量語言因素（語用、語意、語法）的影響力是可以確定的。於是 Astington 與 Jenkins（1999）繼而探討何種語言因素與心智理論發展有關係？探討的語言因素層面分為語用、語意和語法。

語用能力指的是在社會情境下依循說者和聽者的信念和意向，適當使用和轉譯語言的能力。自閉症受試在語用能力的得分和錯誤信念作業表現有相關性（Eisenmajer & Prior, 1991）。

語意能力提及對字彙意義的了解能促使兒童參與語文性社會互動，有助於

心智理論的發展（Dunn, 1988; Nelson, 1996）。

　　語法能力指結合字彙成一句子的能力，學齡前的幼兒能精熟基本語法形式，而完成語句的能力提供一表徵形式（representational format），可促進錯誤信念的了解（Astington & Jenkins, 1999）。

　　Astington 與 Jenkins（1999）探討一般語言能力在心智理論發展上扮演的角色如何，期待兒童在心智理論能力上的改變能經由其語言能力來預測之。以五十九位受試者（平均 3.4 歲）在為期七個月計有三個時間點（間隔 3.5 個月）分別施測標準化語言能力測驗和標準化錯誤信念、表面—實際作業測驗，求年齡、心智理論和語言能力在三個時間點的皮爾森積差相關（Pearson Correlations），結果顯示：第一次語言能力測驗結果能預測第三次心智理論作業表現（控制住第一次心智理論作業表現變項），而第一次的心智理論作業表現並無法預測後來的語言測驗表現（控制住第一次語言作業表現變項），此結果支持語言（尤其是語法能力）是心智理論發展基礎之說。

　　綜合 Astington 與 Jenkins（1999）的分析及研究結果，語言能力和心智理論作業的表現關係不論是誰影響誰，或語言三因素中何者為心智理論發展的根基，除了有賴後續研究結果的支持論證之外，也提醒教學者於教學進行過程中多加注意受試語言能力的影響。

第六節　增進心智理解的訓練效果

　　Appleton 與 Reddy（1996）透過看錄影帶並加以討論的方式教導三歲幼兒錯誤信念，前測之後三週內進行四次教學，發現實驗組的受試表現明顯優於控制組，並持續到二至三週以上。

　　Slaughter 與 Gopnik（1996）教導三歲至四歲半的幼兒錯誤信念、需求及預測主角反應，分為採用圖片組（以畫圖方式呈現）教學及照片組教學，教學過程中均給予受試適切的增強及提供反證等回饋，在前、後測之間兩週內進行兩次教學，研究結果顯示實驗組的表現均較控制組佳。

　　Swettenham（1996）選取三組心理年齡相近的自閉症、唐氏症和普通兒童各八名，所有受試在前測均無法通過初級錯誤信念，經過密集教學（連續四天每天兩節）之後立即後測，發現自閉症組受試表現與普通兒童接近，並在近程

遷移測驗上表現不錯，由於是採電腦化教學且連續密集的方式，才使自閉症組的表現優於唐氏症組，但在遠程遷移測驗上，自閉症組的表現與其他兩組相較仍達顯著差異水準。

　　Hadwin等人（1996）的實驗，將三十名自閉症兒童分為三組，教導他們了解情緒、信念及假裝遊戲，教材選擇是以照片、黑白卡通圖案和圖片呈現。所有受試接受教學前測之後進行為期八天每天半小時的教學，之後立即進行教學後測，並在兩個月後進行維持效果的觀察，結果顯示：受試在情緒和信念的教學效果能維持到兩個月後，但仍未能類化到未教學的領域。

　　黃玉華（2000）對通過前測的十八位高功能自閉症受試進行一對一心智解讀教學，完全採圖卡呈現教學內容並配合漸進提示策略，研究結果證明此教學確能增進受試心智理論能力。

　　蔡淑玲（2002）教導一位高功能自閉症學生心智理論暨社交技巧，透過電腦播放動畫、學習單評量方式進行每週三次的小組課及每週一次的個別課（每次課程為四十分鐘），並觀察個案類化到下課情境及午餐情境的情形，研究結果顯示心智理論暨社交技巧教學能幫助受試了解情緒、信念等心理狀態，進而了解他人想法和行為，這樣的教學成效並能類化到下課及午餐情境中，有效幫助受試在自然情境中的人際互動行為。

　　Ozonoff與Miller（1995）以九名全量表智商七十以上的自閉症青少年為對象（五名實驗組接受教學方案；四名控制組不接受教學方案），探討他們在實施心智理論及社交技巧教學前、後的變化情形，特別的是該實驗由不同的訓練者進行教學並提供許多練習的機會、形式和情境促其技巧類化。有四種測驗題型：(1) M & Ms 巧克力的初級錯誤信念題型（Perner et al., 1989）；(2)次級錯誤信念題型（Baron-Cohen, 1989）；(3)外套的故事（overcoat story）題型（Bowler, 1992），是屬於較難的次級錯誤信念題型，受試者需在沒有視覺線索提示僅憑口述方式理解故事回答確認問題；(4)囚犯的故事（prisoner story）題型（Happ'e, 1994），屬於高階信念（third-order）題型，即受試需預測故事中的審判長在質詢囚犯時認為囚犯會說謊，然而囚犯並沒有說謊。實驗結果顯示：實驗組在介入心智理論教學後，有80%通過後測，而控制組未接受教學，僅有25%通過後測，但在社交技巧類化方面，兩組前後測並無顯著差異，證實心智理論教學能提昇自閉症心智理論能力，但對於社交技巧類化方面並無幫助，這

是首篇研究證明心智理論缺陷可透過教學方法改善之，並建議未來研究能著重於評量教學效果的持續性及類化能力。

　　國外有兩個探討自閉症兒童心智理論能力的縱貫性研究，一個是 Holroyd 與 Baron-Cohen （1993）的追蹤研究，追蹤十七名曾經參與 Baron-Cohen 等人（1985）錯誤信念作業的自閉症受試，當初通過錯誤信念的四名受試者中有兩名於七年後再測時卻無法通過測驗，而只有一位受試顯示出作業能力提升了；另一個縱貫研究是 Ozonoff 與 McEvoy（1994），檢驗十七位自閉症成人在三年期間，施測大量標準化錯誤信念題型及高階心智理論能力測驗之後的改變情形，只有一位受試提升完成初級信念作業的能力，而有三位受試在次級信念表現上有進步。經由上述兩個縱貫性研究的結果發現，自閉症心智理論能力的發展並不會隨著年齡增長而有所突破，但此說易受限於樣本數太少、相關研究不足、未發展一套敏銳性的施測工具等理由而影響結論（Steele et al., 2003）。

　　高階心智理論測驗施測型態，大多以文字閱讀及受試者大聲唸出（Happ'e, 1994; Jolliffe & Baron-Cohen, 1999）、聽錄音帶（Baron-Cohen et al., 1997; Baron-Cohen et al.,1999; Baron-Cohen et al., 2001）、口述（Ozonoff & Miller, 1995）、看錄影帶或真人演出表情（Roeyers et al., 2001）等方式呈現，比較特別的是 Sullivan 等人（1994）和 Tager-Flusberg 與 Sullivan（1994a）所設計的次級錯誤信念題型，以呈現小型村落模型（有兩棟房子、一所學校、一座有幾棵樹木的公園），由研究者操弄四個主角娃娃的方式施測。

　　心智理論之心智解讀教學可參考 Howlin 等人（1999）《教導自閉症兒童心智解讀》（*Teaching children with autism to mind-reading*）一書之教學原則進行設計，該書所列心智狀態教學原則如下：

1. 教學依序分成小的、獨立的步驟進行。
2. 依一般兒童心智概念的發展順序由易而難教導之。
3. 自然情境的教學會有更好的效果。
4. 有系統的增強受試行為反應，內在增強（完成的喜悅）優於外在（稱讚）。
5. 減少錯誤學習的機會以增進學習速度。
6. 教學需強調概念之下的原則，以減少類化問題。

綜合以上研究方式及教學原則，加上自閉症視覺學習優於聽覺學習的比較

多，約佔 85%，而視覺學習快的孩子用視覺的方式教效果較佳（宋維村，2000）。基於此，教學者應以圖文並茂的視覺材料搭配電腦動態播放、角色扮演和學習單的方式來進行心智理論之心智解讀教學課程，運用家人模擬情境方式分析社會訊息，擬出解決方案，歸納原理原則，並運用此原理原則類推到其他情境，如此多元型態呈現，包括書面文字閱讀、電腦動畫、視覺圖卡等，目的在促進高功能自閉症學生理解較抽象的、內隱的非外顯的心智狀態層面，增進教學速度及遷移效果。

第七節　心智理論教學實務

綜合第一節至第六節的文獻分析及研究發現和教學進行，我們深切體會自閉症學生心智理論的發展全賴教學持續介入方得以提升及改善。心智理論教學的實務層面大多透過故事型態，詢問自閉症學生對故事主角心中想法或行為的揣測，並以問答方式將自閉症學生心中的想法引發出來，故事情境設計是整個教學的架構，架構具備之後，接著就是特教老師施展教學藝術的時候。

本節心智理論教學實務，列出筆者改編過的屬於心智理論高階部分的故事題型（表 7-13）提供讀者參閱，如果您的自閉症學生發展程度未至此，請上博碩士論文檢索系統查詢黃玉華（2000）的碩士論文附錄和保心怡（2002）博士論文附錄，您將看到屬於心智理論早期階段和基礎階段的故事題型和教學圖示。

表 7-13 所列題型主要以純文字閱讀方式施測於高功能自閉症學生，作為教學前、後測比較教學介入效果的基準。教學實施時由筆者另行設計一套故事架構，取材自學生本身的生活經驗，以 powerpoint 軟體播放具有動畫效果的故事情節，動畫效果部分係筆者購買有版權的動態圖庫光碟，將適合的動畫匯入 powerpoint 軟體中，再配合 powerpoint 軟體中多樣的播放效果，呈現俱佳的視覺效果來持續自閉症學生的學習動機。通常自閉症學生會先受動畫效果吸引，播放多次之後才會專注在故事情節的發展及故事主角的行為對話，動態的視覺呈現有助於高功能自閉症學生記憶故事情節進而理解故事主角的互動關係，在兩組故事題型呈現之後，筆者以表 7-14 的原則歸納卡幫助高功能自閉症學生統整故事背後傳達的教學重點，然後再回到故事結構中套入原則歸納卡的運用，讓學生學到覺察他人言語背後的真義。

以上是筆者採用的方法及大致的教學流程，還有其他呈現的方式可供參考，例如以 DV 拍攝學生所處的家庭、學校、社區和交通情境，情商相關人士配合錄影，是更具真實度及生活化的教學媒材；或以 FLASH 軟體直接製作可長可短的動畫；或直接呈現一張一張的圖卡做故事說明；或在課堂上直接角色扮演、戲劇演出；或以手偶方式呈現故事等，相信讀者此時心中必定浮現更多的教學態樣。

　　本章心智理論的介紹，希望對讀者有所啟發及助益，有幾篇國內相關的論文若讀者有興趣可逕行參考本章文獻所列。

表 7-13　改編心智理論測驗高階部分故事題型

【次級錯誤信念單元】

單元名稱：巧克力在哪裡？		
試題	計分說明所列的答案	題型
姊姊麗君和弟弟偉銘在家裡看電視。此時，媽媽拿了一盒金沙巧克力進來。這是麗君最愛吃的金沙，但是，媽媽說：「請麗君去公園蹓完狗後再吃。」麗君聽從媽媽的話，出門去蹓狗了。 　　不久，媽媽接到電話後，要去鄰居家裡，偉銘看到媽媽將一大盒金沙巧克力帶出門。		
1. 麗君知道金沙巧克力被媽媽帶出門嗎？	回答「不知道」得 1 分	控制式問題
2. 偉銘知道金沙巧克力被媽媽帶出門嗎？	回答「知道」得 1 分	控制式問題
媽媽在路上遇到麗君，媽媽告訴麗君說：「我將巧克力帶去鄰居家了，我們一起去鄰居家吧！」 　　麗君很高興的跟媽媽到鄰居家去了。		
3. 偉銘知道媽媽在路上遇到姊姊這件事嗎？	回答「不知道」得 1 分	控制式問題
4. 麗君知道金沙巧克力不在家嗎？	回答「不知道」得 1 分	控制式問題
偉銘在家等不到姊姊，想出去找姊姊，偉銘在門口遇到媽媽。 　　偉銘告訴媽媽說：「我出去找麗君姊姊了。」		
5. 麗君知道金沙巧克力真正在哪裡嗎？	回答「知道」得 1 分	控制式問題

（續上表）

6. 偉銘知道麗君姊姊知道金沙巧克力真正在哪裡嗎？	回答「不知道」得 2 分	次級錯誤信念問題
7. 媽媽認為偉銘會去哪裡找麗君？	回答「公園」得 2 分	次級錯誤信念問題
8. 為什麼媽媽認為偉銘會去_____（依上一題答案填入）找麗君？	回答「因為剛開始媽媽叫麗君去公園蹓狗」得 1 分。 回答「媽媽的信念」得 2 分，例如因為偉銘不知道媽媽遇到麗君，與麗君一起到鄰居家這件事；所以偉銘認為（相信）麗君姊姊還在公園。	次級錯誤信念問題

單元名稱：生日禮物		
試題	答案	得分
今晚是仁傑的生日，媽媽想給仁傑一個驚喜，不讓仁傑知道晚上要為他慶生。 　仁傑的媽媽邀請仁傑的同學致平來參加仁傑的慶生會，致平答應了。 　下午，仁傑告訴媽媽說他要去致平家上網。 　仁傑到致平家後，致平的媽媽告訴仁傑說：「你晚上不是有慶生會嗎！所以致平出去買你的生日禮物了。」 　仁傑聽到後才知道這件事。 　後來，仁傑很高興的回家了。		
9. 仁傑原先知道媽媽要幫他慶生嗎？	回答「不知道」得 1 分	控制式問題
10. 仁傑後來知道媽媽要幫他慶生嗎？	回答「知道」得 1 分	控制式問題
11. 媽媽知道仁傑去找致平嗎？	回答「知道」得 1 分	控制式問題
12. 仁傑有遇到致平嗎？	回答「沒有」得 1 分	控制式問題
仁傑回到家後，問媽媽：「您晚上是不是會幫我慶生？」 　媽媽說：「什麼慶生？我不知道啊！」 　媽媽心裡想著：「是誰告訴仁傑慶生會的事呢？」		
13. 為什麼媽媽會回答仁傑說他不知道慶生會的事？	回答「因為媽媽想給仁傑一個驚喜」得 2 分	次級錯誤信念問題

（續上表）

試題	答案	得分
14. 媽媽心裡會認為是誰說溜嘴（告訴仁傑慶生會的事）？	回答「致平」得2分。 若受試有不一樣的答案，則視其回答下一題的問題再一併給分。	次級錯誤信念問題
15. 為什麼媽媽心裡認為是＿＿＿（依上一題答案填入）說溜嘴（告訴仁傑慶生會的事）？	回答「媽媽的信念」得2分，例如：因為媽媽知道仁傑到致平家上網，所以媽媽認為應該是致平告訴他的。	次級錯誤信念問題

【區辨謊話和玩笑單元】

單元名稱：忠信有洗碗嗎？		
試題	答案	得分
忠信吃完晚飯後想上網，媽媽要求他先將自己的碗盤洗完後才可以上網。 但忠信根本不想洗碗。 此時，門鈴響了，媽媽離開廚房去開門，媽媽在客廳招呼客人。 但是，忠信在廚房並沒有洗碗。		
16. 忠信有洗自己的碗盤嗎？	回答「沒有」得1分	控制式問題
忠信不想洗碗，他到書房去上網了。當忠信在上網時，媽媽到廚房切水果，發現忠信沒有清洗自己的碗盤。 　　忠信因為在書房上網，所以不知道媽媽到過廚房。		
17. 媽媽知道忠信沒有清洗他自己的碗盤嗎？	回答「知道」得1分	控制式問題
18. 忠信知道媽媽知道他沒有洗碗嗎？	回答「不知道」得1分	控制式問題
媽媽回到客廳繼續招呼客人，等客人離開後，媽媽到書房問忠信：「你有洗碗嗎？」 　　忠信回答「有」 　　記得喔！忠信並不知道媽媽到過廚房發現他沒洗碗這件事。		
19. 忠信說的是謊話或玩笑話？	回答「謊話」得1分	正確區辨兩者的問題
20. 為什麼忠信說的是＿＿＿（依上一題答案填入）？	回答「因為媽媽知道忠信沒有洗碗」或「因為忠信事實上並沒有洗碗，而媽媽並不知道他沒洗碗」得2分。 回答「因為忠信不知道媽媽看到（知道）忠信沒有洗碗」得3分。	正確區辨兩者的問題

（續上表）

媽媽叫忠信到廚房來，指著洗碗槽裡的碗盤對忠信說：「你有洗碗嗎？」 忠信調皮的邊洗碗邊回答媽媽：「有呀，我有洗碗呀！」		
21. 忠信已經知道媽媽知道他沒洗碗這件事嗎？	回答「知道」得1分	控制式問題
22. 忠信回答媽媽「我有洗碗」這句話是一句謊話或玩笑話？	回答「玩笑話」得1分	正確區辨兩者的問題
23. 為什麼這是一句＿＿＿＿＿（依上一題答案填入）？	回答「因為忠信事實上並沒有洗碗，而忠信也知道媽媽知道他沒洗碗，所以忠信是故意和媽媽開玩笑的」得3分。	正確區辨兩者的問題

單元名稱：盒子裡有什麼？		
試題	答案	得分
老師拿出一個盒子，裡面裝著一套電腦軟體，老師只給孟芳看盒子裡面有什麼，不讓筱君看盒子裡有什麼。		
24. 孟芳知道盒子裡裝什麼東西嗎？	回答「知道」得1分	控制式問題
25. 筱君知道盒子裡裝什麼東西嗎？	回答「不知道」得1分	控制式問題
筱君問孟芳：「盒子裡裝什麼東西？」 孟芳想一想後，告訴筱君：「只是一個空盒子而已。」		
26. 盒子裡實際上裝著什麼東西？	回答「電腦軟體」得1分	控制式問題
27. 孟芳告訴筱君盒子裡沒有裝東西，孟芳說的是謊話還是玩笑話？	回答「謊話」得1分	正確區辨兩者的問題
28. 為什麼孟芳說的是＿＿＿＿＿（依上一題答案填入）？	回答「因為盒子裡事實上是有東西的，但筱君並不知道這件事實」得2分。 回答「因為孟芳知道筱君不知道盒子裡頭裝電腦軟體」得3分。	正確區辨兩者的問題
筱君不理孟芳，跑去找老師，筱君跟老師說：「孟芳說盒子裡沒有東西，我不相信」 老師讓筱君看盒子裡有什麼東西。此時，孟芳看到老師給筱君看盒子。		

（續上表）

試題	答案	題型
29. 筱君知道盒子裡裝什麼東西嗎？	回答「知道」得 1 分	控制式問題
30. 孟芳知道筱君知道盒子裡裝什麼東西嗎？	回答「知道」得 1 分	控制式問題
筱君離開辦公室時在門口碰到孟芳，告訴孟芳：「盒子裡有沒有裝東西？」 孟芳告訴筱君：「盒子裡根本沒有裝東西。」		
31. 孟芳說的是謊話還是玩笑話？	回答「玩笑話」得 1 分	正確區辨兩者的問題
32. 為什麼孟芳說的是_____（依上一題答案填入）？	回答「因為筱君有看到盒子裡的電腦軟體」得 2 分。 回答「因為孟芳知道筱君知道盒子裡頭裝電腦軟體」得 3 分。	正確區辨兩者的問題

【分辨失禮的情境單元】

單元名稱：同班同學㈠		
試題	答案	題型
小明和君華在廁所一邊打掃一邊聊天， 小明告訴君華說：「下午那堂烘焙課，文修把蛋煎得好醜好黑喔！」 當兩人在廁所笑得正高興的時候， 文修突然在廁所出現，文修說：「你們在笑什麼呀！」		
33. 小明和君華在哪裡說話？	回答「廁所」得 1 分	控制式問題
34. 小明知道文修也在廁所裡嗎？	回答「不知道」得 1 分	控制式問題
35. 有誰說了一句失禮的話嗎？	回答「小明」得 1 分	正確分辨失禮的問題
36. 哪一句是失禮的話？	回答「文修把蛋煎得好醜好黑喔」得 2 分	正確分辨失禮的問題
37. 為什麼你認為這是一句失禮的話？	回答「因為這是一句嘲笑他人的話」、「因為文修聽了會不高興」、「說這句話的人很不禮貌」得 2 分	正確分辨失禮的問題
38. 文修聽到後會覺得怎麼樣呢？	回答「負面情緒的字句」得 1 分例如：生氣、難過。	控制式問題

（續上表）

試題	答案	題型
39. 文修該怎麼辦呢？	回答「積極面的情緒處理字句」得 3 分，例如跟他們分享煎蛋這件烏龍事，深呼吸不生氣，不理小明，裝作沒聽見小明的話，心裡想小明不是故意的。 回答其他不當的情緒管理機制則不給分。	控制式問題

單元名稱：同班同學（二）		
試題	答案	題型
淑琴在走廊跟同學鈴慧說：「芳如新剪的髮型看起來LKK（老氣的意思），你說像不像？」 　她們邊說邊對著坐在教室裡的芳如笑，但芳如沒有看到她們在笑。 　淑琴和鈴慧的舉動被芳如的好朋友永芝看到， 　永芝對淑琴和鈴慧說：「我聽到你們說的話了」。 　鈴慧對永芝說：「我們在開玩笑的啦，別介意」		
40. 淑琴和鈴慧在哪裡說話？	回答「走廊」得 1 分	控制式問題
41. 芳如知道淑琴和鈴慧在笑她嗎？	回答「不知道」得 1 分	控制式問題
42. 誰看到淑琴和鈴慧在笑？	回答「永芝」得 1 分	控制式問題
43. 故事中有三句話，你覺得哪一句是失禮的話？	回答「芳如新剪的髮型看起來LKK」得 2 分	正確分辨失禮的問題
44. 為什麼你認為這是一句失禮的話呢？	回答「因為這句話讓人聽了心裡會難過」或「聽了會生氣、不高興」得 2 分	正確分辨失禮的問題
45. 芳如的好朋友永芝聽到後會覺得怎麼樣呢？	回答「負面的情緒字句」得 1 分例如：很生氣她們這樣嘲笑別人。	控制式問題
46. 永芝該怎麼辦呢？	回答「積極面的維持友誼關係」得 3 分，例如你們再嘲笑她，我就報告老師。告訴她們這樣的行為是不對的。	控制式問題

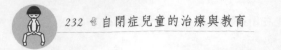

單元名稱：遙控飛機壞掉了（一）		
試題	答案	題型
松銘生日那天，收到好多同學送的禮物，我送給松銘一台遙控飛機。 　幾個月後，我和松銘在公園玩那架遙控飛機，沒想到我在操控飛機的時候，不小心把飛機撞壞了，我向松銘說：「對不起！」 　松銘對著我說： 　「沒關係啦，那架飛機很難玩，我根本不喜歡玩它。」		
47. 我送給松銘什麼生日禮物？	回答「遙控飛機」得 1 分	控制式問題
48. 松銘還記得是我送給他這個生日禮物嗎？	回答「不記得」得 1 分	控制式問題
49. 故事中的兩句話哪一句是失禮的話？	回答「飛機很難玩，我根本不喜歡玩那架飛機」得 2 分	正確分辨失禮的問題
50. 為什麼你認為這是一句失禮的話？	回答「因為這句話讓人聽了心裡會難過」得 2 分	正確分辨失禮的問題
51. 我聽到這句話，心裡會覺得怎樣？	回答「負面情緒的字句」得 1 分例如生氣、難過。	控制式問題
52. 我該怎麼辦？	回答「積極面的情緒處理字句」得 3 分，例如深呼吸不生氣，裝作沒聽見，心裡想松銘不是故意的，告訴松銘：「你忘了這架飛機是我送的呀，你說這樣的話我聽了很難過。」	控制式問題

單元名稱：遙控飛機壞掉了（二）		
試題	答案	題型
那天，國豐收到好多同學送的禮物，輔仁送給國豐一台遙控飛機。 　幾個月後，國豐和輔仁在操場玩那架遙控飛機，輔仁在操控飛機的時候，不小心把飛機撞壞了，輔仁向國豐說：「對不起！」 　國豐告訴輔仁說：「沒關係啦，你又不是故意的。」		
53. 輔仁送給國豐什麼生日禮物？	回答「遙控飛機」得1分	控制式問題
54. 你認為故事中是否有一句失禮的話？	回答「沒有」得2分	正確分辨失禮的問題
55. 國豐說了哪一句話？	回答「沒關係啦，你又不是故意的」得1分	控制式問題
56. 國豐說的這句話是一句失禮的話嗎？	回答「不是」得2分	正確分辨失禮的問題
57. 為什麼你認為這句話是（不是）一句失禮的話？	回答「因為我聽了不會生氣」、「因為他說沒關係，那不是故意的，表示他沒有怪我」得2分	正確分辨失禮的問題
58. 輔仁聽到這句話，心裡會覺得怎樣？	回答「正面的情緒字句」得1分例如國豐很好，沒有怪我；幸好國豐沒生氣。	控制式問題
59. 輔仁該怎麼辦？	回答「表示歉意的字句」得3分，例如向國豐對不起，謝謝國豐沒有生氣。	控制式問題

表 7-14　心智理論高階部分教學之原則歸納卡

原則歸納卡

為什麼人的想法會不一樣？

問題：為什麼 Mary 認為 John 會到公園買冰淇淋？		
提示句		套用句
A　知道原來發生的事	Mary	知道 John 回家拿錢要來公園買冰淇淋
不知道後來又發生的事		不知道 John 在家門口遇到賣冰淇淋的人
所以，A 一直持有原來的想法		所以，Mary 一直認為 John 會到公園買冰淇淋
B　可能知道也可能不知道 A 知道原來發生的事	John	知道 Mary 知道他回家拿錢要來公園買冰淇淋的事
但是，B 知道後來發生的事		但是，John 知道後來賣冰淇淋的人改到學校去
所以，B 會持有後來的想法		所以，John 會到學校買冰淇淋

（以 Ice Cream Man Test 次級錯誤信念為例）

問題：為什麼媽媽會回答祖母說 Peter 不知道真正的禮物是小狗？		
提示句		套用句
A　知道原來發生的事	媽媽	知道 Peter 不知道真正的禮物是小狗
不知道後來又發生的事		不知道 Peter 在地下室發現真正的禮物
所以，A 一直持有原來的想法		所以，媽媽一直認為 Peter 不知道真正的禮物
B　可能知道也可能不知道 A 知道原來發生的事	Peter	原來知道媽媽不是送他小狗當生日禮物
但是，B 知道後來發生的事		但是，Peter 後來知道媽媽實際上會送他小狗
所以，B 會持有後來的想法		所以，Peter 認為媽媽會送他小狗

（以 Birthday Gift Test 次級錯誤信念為例）

同樣一句和事實不符合的話，
可能是玩笑話，也可能是謊話，
怎麼分辨呢？

◇ 說話者（A）說了一句和事實不符合的話，A 的目的有兩種 ◇

第一個目的：A 在和聽話者（B）分享這件事，此時，A 說的這句話就是開玩
笑的話。因為 A 知道 B 和他一樣知道事實為何

第二個目的：A 可能是存心欺騙或無意犯錯，此時，A 說的這句話就是謊話。
因為 A 不知道 B 知道事實
A 不希望 B 知道事實
A 認為 B 不知道事實，但 A 的想法是錯的

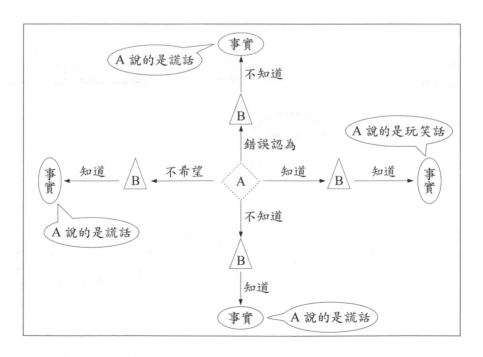

是否有人說了不該說的話
做了不該做的事？

沒有禮貌的話 沒有禮貌的行為
 會讓別人產生不好的情緒反應

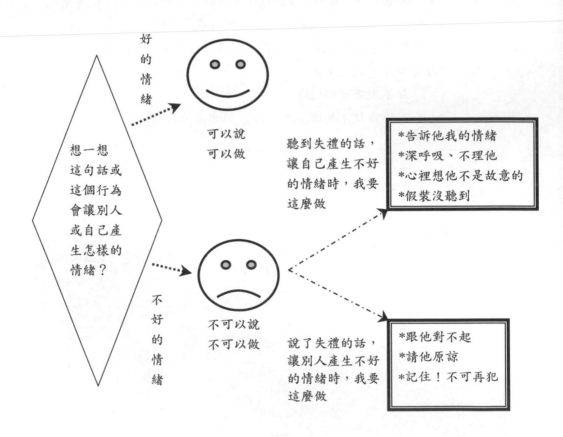

參考文獻

◎ 中文部分

宋維村（1992）。**自閉症兒童輔導手冊**。台北市：國立台灣師範大學特殊教育研究所。

宋維村（1997）。自閉症病因的研究。載於中華民國自閉症基金會（主編），**家長資源手冊**（頁 14-19）。台北市：中華民國自閉症基金會。

宋維村（2000）。**自閉症學生輔導手冊**。台南市：國立台南師範學院。

保心怡（2002）。**幼兒對於心智理解作業的理解情形及運用故事活動介入的效果研究**。國立台灣師範大學人類發展與家庭研究所博士論文，未出版，台北市。

黃金源（2000）。自閉症兒童。載於**特殊教育導論**（頁 321-359）。台北市：五南。

黃玉華（2000）。**心智解讀教學對增進高功能自閉症兒童心智理論能力之研究**。國立台灣師範大學特殊教育研究所碩士論文，未出版，台北市。

陳昭儀（1995）。高功能自閉症者的特質、爭議性的領域、診斷標準、追蹤研究及預後因素的探討。**特殊教育與復健學報**，**4**，299-312。

蔡淑玲（2002）。**心智理論暨社交技巧教學對高功能自閉症兒童社會互動行為成效之研究**。國立彰化師範大學特殊教育研究所碩士論文，未出版，彰化市。

◎ 英文部分

American Psychiatric Association (1994). *Diagnostic and statistical manual of mental disorders* (DSM-IV) (4th ed.). Washington, D. C.: The Author.

Appleton, M., & Reddy, V. (1996). Teaching three year-olds to pass false belief tests: A conversational approach. *Social Development, 5*, 275-291.

Astington, J. W., & Gopnik, A. (1991). Theoretical explanations of children's understanding of the mind. *British Journal of Development Psychology, 9*, 7-31.

Astington, J. W., & Jenkins, J. M. (1999). A longitudinal study of the relation between language and theory-of-mind development. *Development Psychology, 35,* 1311-1320.

Baron-Cohen, S. (1989). Are autistic children "behaviorists"? An examination of their mental-physical and appearance-reality distinctions. *Journal of Autism and Developmental Disorders, 19,* 579-600.

Baron-Cohen, S. (1991). Do people which autism understand what causes emotion? *Child Development, 62,* 378-395.

Baron-Cohen, S. (1995). *Mindblindness: An essay on autism and theory of mind.* Cambridge, MA: MIT Press.

Baron-Cohen, S., Jolliffe, T., Mortimore, C., & Robertson, M. (1997). Another advanced test of theory of mind: Evidence from very high functioning adults with autism or Asperger syndrome. *Journal of Child Psychology and Psychiatry, 38,* 813-822.

Baron-Cohen, S., Leslie, A. M., & Frith, U. (1985). Does the autistic child have a "theory of mind"? *Cognition, 21,* 37-46.

Baron-Cohen, S., O'Riordan, M., Stone, V., Jones, R., & Plaisted, K. (1999). Recognition of faux pas by normally developing children and children with Asperger syndrome or high-functioning autism. *Journal of Autism and Developmental Disorders, 29,* 407-418.

Baron-Cohen, S., Spitz, A., & Cross, P. (1993). Do children with autism recognize surprise? A research note. *Cognition and Emotion, 7*(6), 507-516.

Baron-Cohen, S., Wheelwright, S., Hill, J., Raste, Y., & Plumb, I. (2001). The "reading the mind in the eyes" test revised version: A study with normal adults with Asperger syndrome or high-functioning autism. *Journal of Child Psychology and Psychiatry, 42,* 241-251.

Bauminger, N. (2002). The facilitation of social-emotional understanding and social interaction in high-functioning children with autism: Intervention outcomes. *Journal of Autism and Developmental Disorders, 32,* 283-298.

Bauminger, N., & Kasari, C. (1999). Brief report: Theory of mind in high-functioning children with autism. *Journal of Autism and Developmental Disorders, 29*, 81-86.

Bjorklund, D. F. (1995). *Children thinking & developmental function and individual difference* (2nd ed.). Baltimore, MD: Brooks/Cole Publishing Company.

Bowler, D. M. (1992). "Theory of mind" in Asperger's syndrome. *Journal of Children Psychology and Psychiatry, 33*, 607-616.

Carpendale, J. I., & Chandler, M. J. (1996). On the distinction between false belief understanding and subscribing to an interpretive theory of mind. *Child Development, 67*, 1686-1706.

Charman, T., & Baron-Cohen, S. (1992). Understanding drawings and beliefs: A further test of the metarepresentation theory of autism. *Journal of Child Psychology and Psychiatry, 33*, 1105-1112.

Crick, N. R., & Dodge, K. A. (1994). A review and reformulation of social-information-processing mechanisms in children's social adjustment. *Psychological Bulletin, 115*, 74-101.

Dahlgren, S., & Trillingsgaard, A. (1996). Theory of mind in nonretarded children with autism and Asperger's syndrome: A research note. *Journal of Child Psychology and Psychiatry, 37*, 759-763.

Dennett, D. C. (1978). Beliefs about belief. *Behavioral and Brain Sciences, 1*, 568-570.

Dunn, J. (1988). *The beginnings of social understanding*. Oxford: Blackwell.

Dunn, J. (1991). Young children's understanding of other people: Evidence from observations within the family. In D. Frye & C. Moore (Eds.), *Children's theories of mind: Mental states and social understanding*. Hillsdale, NJ: Lawrence Erlbaum Associates.

Eisenmajer, R., & Prior, M. (1991). Cognitive linguistic correlates of "theory of mind" ability in autistic children. *British Journal of Developmental Psychology, 9*(2), 351-364.

Feinfield, K. A., Lee, P. P., Flavell, E. R., Green, F. L., & Flavell, J. H. (1999).Young children understanding of intention. *Cognitive Development, 14*, 463-486.

Flavell, J. H. (1999). Cognitive development: Children knowledge about the mind. *Annual Review of Psychology, 50*, 21-45.

Freeman, N. H., Lewis, C., & Doherty, M. (1991). Preschoolers'grasp of a desire for knowledge in false-belief reasoning: Practical intelligence and verbal report. *British Journal of Developmental Psychology, 9*, 139-157.

Frith, U. (1989). *Autism: Explaining the enigma*. Oxford: Blackwell.

Frye, D., & Moore, C. (1991). *Children's theories of mind: Mental states and social understanding*. Hillsdale, NJ: Lawrence Erlbaum Associates.

Gardner, H. (1993). *Frames of mind: The theory of multiple intelligence*. Oshkosh, WI: Basic Books.

Gopnik, A., & Astington, J. (1988). Children understanding of representational chang and its relation to the understanding of false belief and the appearance-reality distinction. *Child Development, 59*, 26-37.

Gopnik, A., & Slaughtes, V. (1996). Young children understanding of changes in their mental states. *Child Development, 62*, 98-110.

Hadwin, J., Baron-Cohen, S., Howlin, P., & Hill, K. (1996). Can we teach children with autism to understand emotions, belief, or pretence? *Development and Psychopathology, 8*, 345-365.

Hala, S., & Carpendale, J. (1997). *The development of social cognition*. Cambridge: University of Cambridge Psychology Press.

Happè, F. G. E. (1993). Communicative competence and theory of mind in autism: A test of relevance theory. *Cognition, 48*, 101-119.

Happè, F. G. E. (1994). An advanced test of theory of mind: Understanding of story characters thought and feelings by able autistic, mentally handicapped and normal children and adults. *Journal of Autism and Developmental Disorders, 24*, 129-154.

Happè, F. G. E. (1995). The role of age and verbal ability in the theory of mind task performance of subjects with autism. *Child Development, 66*, 843-855.

Hobson, R. P. (1986). The autistic child's appraisal of expressions of emotion. *Journal of Child Psychology and Psychiatry, 27*, 312-342.

Hobson, R. P. (1993). *Autism and development of mind.* Mahawah, NJ: Lawrence Erlbaum Associates.

Hobson, R. P., Ouston, J., & Lee, A. (1988). What's in a face? The case of autism. *British Journal of Psychology, 79*, 441-453.

Hogrefe, G. J., Wimmer, H., & Perner, J. (1986). Ignorance versus false belief: A development lag in attribution of epistemic states. *Child Development, 57*, 567-582.

Holroyd & Baron-Cohen, S. (1993). Brief report: How far can people with autism go in developing a theory of Mind? *Journal of Autism and Developmental Disorders, 23*, 379-386.

Howlin, P., Baron-Cohen, S., & Hadwin, J. (1999). *Teaching children with autism to mind- reading.* West Sussex, England: John Wiley & Sons.

Hughes, C., & Dunn, J. (1997). Pretend you didn't know: Young children's talk about mental states in pretend play. *Cognitive Development, 12*, 477-499.

Jenkins, J. M., & Astington, J. W. (1996). Cognitive factors and family structure associated with theory of mind development in young children. *Developmental Psychology, 32*, 70-78.

Jolliffe, T., & Baron-Cohen, S. (1999). The strange stories test: A replication with high-functioning adults with autism or Asperger syndrome. *Journal of Autism and Developmental Disorders, 29*, 395-406.

Joseph, R. M., & Tager-Flusberg, H. (1999). Preschool children understanding of the desire and knowledge constraints on intented action. *Developmental Psychology, 17*, 221-243.

Leekam, S. R., & Perner, J. (1991). Do autistic children have a metarepresentational deficit? *Cognition, 40*, 203-218.

Leslie, A. M. (1988). Autistic children understanding of seeing, knowing and believing. *British Journal of Developmental Psychology, 6*, 315-324.

Leslie, A. M., & Thaiss, L. (1992). Domain specificity in conceptual development neuropsychological evidence from autism. *Cognition, 43*, 225-251.

Luckett, T., Powell, S. D., Messer, D. J., Thornton, M. E., & Schulz, J. (2002). Do children with autism who pass false belief tasks understand the mind as active interpreter? *Journal of Autism and Developmental Disorders, 32*, 127-140.

Leslie, A. M., & Roth, D. (1993). What autism teaches us about meta representation? In S. Baron-Cohen, H. Tager-Flusberg & D. Cohen (Eds.), *Understanding other minds: Perspectives from autism* (pp. 83-111). Oxford, UK: Oxford University Press.

McEvoy, R. E., Rogers, S. J., & Pennington, B. F. (1993). Executive function and social communication deficits in young autistic children. *Journal of Child Psychology and Psychiatry, 34*, 563-578.

Moses, L. J. (1993). Young children understanding of belief constraints on intentions. *Cognitive Development, 8*, 1-25.

Moyes, R. A. (2001). *Incorporating social goals in the classroom*. Lodon, England: Jessica Kingsley.

Nelson, K. (1996). *Language in cognitive development*. New York: Cambridge University Press.

Ozonoff, S., & Miller, J. N. (1995). Teaching theory of mind: A new approach to social skills training for individuals with autism. *Journal of Autism and Developmental Disorders, 25*, 415-433.

Ozonoff, S., Pennington, B. F., & Rogers, S. J. (1990). Are there emotion perception deficits in young autistic children? *Journal of Child Psychology and Psychiatry, 31*, 343-361.

Ozonoff, S., Pennington, B. F., & Rogers, S. J. (1991). Executive function deficits in high-functioning autistic individuals: Relationship to theory of mind. *Journal of Child Psychology and Psychiatry, 32*(7), 1081-1105.

Perner, J. (1990). *Understanding the representational mind*. Cambridge, MA: MIT Press.

Perner, J., Frith, U., Leslie, A. M., & Leekam, S. (1989). Exploration of the autistic child's theory of mind: Knowledge, belief and communication. *Child Development, 60*, 689-700.

Perner, J., & Wimmer, H. (1985). "John thinks that Mary thinks that...." Attribution of second-order belief by 5-10 years old children. *Journal of Experimental Child*

Psychology, 39, 437-471.

Peterson, C. C., & Siegal, M. (1995). Deafness, conversation and theory of mind. *Journal of Child Psychology and Psychiatry, 36*, 459-474.

Piaget. (1952). *The origin of intelligence in the children*. New York: Basic Book.

Premack, D., & Woodruff, G. (1978). Does the chimpanzee have a theory of mind? *Behavioural and Brain Sciences, 4*, 515-526.

Roeyers, H., Buysse, A., Ponnet, K., & Pichal, B. (2001). Advancing advanced mind-reading test: Empathic accuracy in adults with a pervasive developmental disorder. *Journal of Child Psychology and Psychiatry, 42*, 271-278.

Reed, V. (1996). *High functioning autism*. ERIC Digest. Paper presented at the annual School Social Work Association of America Conference Clst, Louisville, KY. (ED 408 765).

Rutherford, M. D., Baron-Cohen, S., & Wheelwright, S. (2002). Reading the mind in the voice: A study with normal adults and adults with Asperger syndrome and high functioning autism. *Journal of Autism and Developmental Disorders, 32*, 189-195.

Russell, J., Jarrold, C., & Henry, L. (1996). Working memory in children with autism and with moderate learning difficulties. *Journal of Child Psychology and Psychiatry, 37*, 673-686.

Siegel, D. J., Goldstein, G., & Minshew, N. J. (1996). Wechsler IQ profiles in diagnosis of high-functioning autism. *Journal of Autism and Developmental Disorders, 26*, 389-406.

Slaughter, V., & Gopnik, A. (1996). Conceptual coherence in the child's theory of mind: Training children to understand belief. *Child Development, 67*, 2967-2988.

Sodian, B., & Frith, U. (1992). Deception and sabotage in autistic, retarded and normal children. *Journal of Child Psychology and Psychiatry, 33*, 591-605.

Steele, S., Joseph, R. M., & Tager-Flusberg, H. (2003). Brief report: Developmental change in theory of mind abilities in children with autism. *Journal of Autism and Developmental Disorders, 33*, 461-467.

Sullivan, K., Winner, E., & Hopfield, N. (1995). How children tell a lie from a joke:

The role of second-order mental state attributions. *British Journal of Denelopmental Psychology, 13*, 191-204.

Sullivan, K., Zaitchik, D., & Tager-Flusberg, H. (1994). Preschoolers can attribute second-order beliefs. *Developmental Psychology, 30*(3), 395-402.

Swettenham, J. G. (1996). Can children with autism be taught to understand false belief using computers? *Journal of Child Psychology and Psychiatry, 37*, 157-165.

Tager-Flusberg, H. (1993). What language reveals about the understanding of minds in children with autism. In S. Baron-Cohen, H. Tager-Flusberg & D. Cohen (Eds.), *Understanding other minds: Perspectives from autism* (pp. 138-157). Oxford, UK: Oxford University Press.

Tager-Flusberg, H., & Sullivan, K. (1994a). Second-order belief in autism. *Journal of Autism and Development Disorders, 24*, 577-586.

Tager-Flusberg, H., & Sullivan, K. (1994b). Predicting and explaining behavior: A comparison of autistic, mentally retarded, and normal children. *Journal of Child Psychology and Psychiatry, 35*, 1059-1075.

Tsai, L., & Scott-Miller, D. (1988). Higher-functioning autistic disorder. *Focus on Autistic Behavior, 2*(6), 1-8.

Tomasello, M. (1995). Joint attention as social cognition. In C. Moore & P. J. Dunham (Eds.), *Joint attention: Its origins and role in development* (pp. 103-130). Hillsdale, NJ: Lawrence Erlbaum Assoicates.

Wellman, H. M. (1993). Early understanding of mind: The normal case. In S. Baron-Cohen, H. Tager-Flusberg & D. Cohen (Eds.), *Understanding other minds: Perspectives from autism*. Oxford, England: Oxford University Press.

Wellman, H. M., Cross, D., & Waton, J. (2001). Meta-Analysis of theory-of-mind development: The truth about false belief. *Child Development, 72*(3), 655-684.

Wellman, H. M. (1990). *The child theory of mind*. Cambridge, MA: MIT Press.

Wimmer, H. M., & Perner, J. (1983). Beliefs about beliefs: Representation and constraining function of wrong beliefs in childrens understanding of deception. *Cognition, 13*, 103-128.

Winner, E., & Leekam, S. (1991). Distinguishing irony from deception: Understanding the speaker's second-order intention. *British Journal of Developmental Psychology, 9*, 257-270.

Wing, L., & Gould, J. (1979). Severe impairments of social interaction and associated abnormalities in children: Epidemiology and classification. *Journal of Autism and Development Disorders, 9*, 11-29.

Wing, L. (1992). Manifestation of social problem in high-functioning autistic people. In E. Scopler & G. B. Mesibov (Eds.), *High-functioning individual with Autism*. NY: Plenum Press.

Yirmiya, N., & Shulman, C. (1996). Seriation, conservation, and theory of mind abilities in individuals with autism, individuals with mental retardation, and normally developing children. *Child Development, 67*, 2045-2059.

第八章

自閉症兒童結構化教學

許素真

學校教育對自閉症兒童的處遇，多從教導新的技能與環境調整兩方面同時著手，但常因自閉症的特性，致使教導新技能難見其效，因而有必要先以環境調整來適應他們的學習。結構化教學係以自閉症兒童的認知學習特質為教學設計的原則，希望藉由結構化的環境、時間和教材教法的調整，使他們易於取得前後連貫的線索而投入學習。所謂「結構」是一種建構的行動，即以確切的組織型態來安排事情。舉例而言，工廠中大量生產的輸送帶，是商品製造的過程，若要輸送帶順利的傳送，不致生產停頓或中斷，管理者就要有結構、有組織的進行規劃，從材料的訂購、分配，到後續的品管、包裝，每個步驟必須要依照組織規格和系統化方式來設定，並加以遵行，經過如此的過程，才能大量製造出品質標準一致的商品，為工廠帶來利潤。這種結構化能忽視或繞過人性上個別的缺點（如自私、偷懶），以合作的方式，各自發揮某項優勢能力，達到每日生產的目標。

由於自閉症兒童在組織與規劃、聽覺處理、注意力、理解力與其特殊興趣無關的記憶力方面，均存在相當的困難；很多學生還有序列記憶和組織時間的問題；此外，接受性語言的困難更是自閉症兒童另一項難題——往往他並不了解別人所說的話，別人卻認為他懂，常因此而起誤會；自閉症兒童也缺乏表達性的語言能力，無法適切的表達其情感與需求，於是別人很難了解他是累了、還是渴了、做完了或者無聊。另一方面，自閉症兒童常不了解或沒有意識到社會規範，造成他們用不適當的行為與人互動，或干擾、破壞別人的活動，有時卻又寧願活在自己的世界中，因為與人缺乏社會性關聯，他們不取悅別人、對

讚美沒有反應，不會因討好某人或爭取獎賞而努力學習。導致他們不管在認知學習、社會適應，甚至在人格發展上都產生極大的困難。

所幸，自閉症兒童擁有視覺優位的能力，和某些特殊興趣與特殊才能，因此可應用為增強他們學習其他能力與技巧的自然增強物。結構化教學即是利用他們在視覺處理上的優勢，以顏色、線條、圖片、文字等視覺表徵，將物理空間、時間表、工作──學習系統、作業程序予以結構化，協助他們了解外在的空間、時間與活動的結構與程序。當教師能有結構、有組織地安排教室內的教學活動，自閉症兒童才能發揮自己的長處，達到成功的學習。

結構化教學（structured teaching）是美國北卡羅萊州立大學在 1960 年代發展的自閉症課程與教學，為世界各國競相採用，迄今已肆行四十年。結構化教學是自閉症與相關溝通障礙兒童的處遇與教育（Treatment and Education of Autistic and Related Communication Handicapped Children）的課程核心，由 Eric Schopler 與 Gary Mesibov 兩位博士帶領多位同事組成教學與研發小組，經歷多年的教學經驗發展而成。其主要的目的在幫助自閉症與相關溝通障礙兒童了解自己的周遭環境，使他們能夠獨立於社區生活的一種教學策略。

王大延（2001）指出，自閉症與相關溝通障礙兒童的處遇與教育可以幫助自閉症兒童進行下列目標的學習：

1. 理解教學程序。
2. 安靜、專心且有效的學習。
3. 減少情緒上的反應。
4. 能獨立的學習。
5. 學習控制不當的行為。

自閉症兒童通常對熟悉的活動較為安心，比較喜歡每日的生活或周遭的環境不要改變，會抗拒學習新的事物或新的活動，因而對結構化的事物反應良好。所以教師應該將教室與教學做結構化的安排，結構化的目的，是要協助自閉症兒童統整自己的行為與其所處環境的外在組織結構一致，如此一來，才能有效的使他們穩定且專心的投入學習。

第一節 結構化教學的原則

　　結構化教學的原則是將物理環境結構化、作息時間結構化、工作制度結構化的過程，以及視覺結構化等四種組織所構成的教學設計。分述如下。

一、物理環境結構化

　　一位教師要有效的進行班級經營，妥善運用物理環境的特性是一門重要的功課。他要依據教學重點與教學內容，來安排教室內的工作區域。例如，有專門的區域供學生學習特定的技能，有固定的區域擺放材料，有特定的區域能讓學生休閒或遊戲，並將各區域畫出清楚的界線。學生可以輕易取得學習材料，在特定的區域內工作，進行各種活動，如此可使學生知道身處何處、要在哪裡做什麼事、要如何做，使學生盡可能地獨立。班級教師便不需要一再提醒他們，也不需要一再重複指令，大大減少教室中的語言困惑。

　　依照自閉症兒童的學習經驗可知，教室空間的設計是重要考量因素。首先，自閉症兒童學習上的優弱勢，教師們需要牢記在心，才能有效地組織與規劃教室的空間環境。例如，很多自閉症兒童有組織能力上的問題，總是搞不清楚狀況，害怕沒有規律的空間轉換，不知道要去哪裡，也不知道到達目的地的最佳路徑；如果教室空間經過組織與規劃，學生處在精心設計的結構環境中，每一件事都有定位。如此一來，學生與教師都知道：每件東西的所在位置，東西擺在哪兒，或在什麼地方可以找到什麼東西，做完之後又該放在哪兒。針對自閉症兒童接受性語言的困難，結構化的環境提供他們視覺上的線索去了解規則與指令。教師們也能透過結構化的環境，解決自閉症兒童容易因外界事物分心的毛病，較能專心、有效的學習。

(一) 空間組織的原則

　　班級教師在規劃一個特定的空間環境時，應先思考一般性的教室環境，如：教室的大小、光線、通風，最近廁所的位置、附近的班級、電源插座的數量及距離、會令人分心的牆壁及固定不動物體等特徵。如果教室太小或沒有足夠的儲藏空間，會令人不舒服，感覺總是有東西擋在路中間，活動起來經常礙

手礙腳。這樣的環境無法提供一個輕鬆的學習氣氛。

　　廁所的位置是需要優先考量的。一個正在訓練學生如廁的教師，絕不願意每次如廁時長途跋涉；即使學生有獨立如廁的能力，也不要把珍貴的時間浪費在來回廁所之間。

　　規劃安排教室各個區域可從自然的擺設開始。每個學生要有自己的儲物櫃，高約一百二十至一百四十公分，可利用圖形或文字的視覺線索指出每個學生的櫃子，以及每個格子該放置的物品；工作區應安排在書架或材料櫃旁，讓學生方便拿到工作材料，空白牆壁的周圍也是設立工作區的好地方，因為面對空白的牆壁可以降低學生分心的程度；相反的，假使工作區安排在鏡子或窗戶旁，則易使學生分心，最好能避免。更重要的是，教室桌椅應適合學生的年齡大小，讓他們可以輕易地、舒服地完成工作。

　　地毯、書架、櫃子、隔間、桌椅以及貼在地上的膠帶都可以用來當作清楚的界線。例如，休閒區可舖設舒服的地毯；不要的地毯則舖在洗手台前，讓學生知道洗手或洗碗盤時該站在哪裡。

　　用具及材料也應該要依照學生的理解程度，加以清楚地標示和安排。有些教具只有教師能夠使用，有些則不能在遊戲或休閒時使用，諸如此類均應注意擺設的位置並做出明顯的視覺線索，圖片、顏色、數字等都能幫助學生、協助學生拿取材料及歸還。

(二) 工作區域的安排

　　為了有效的教學，教室空間也是經營的重點。教師必須依照活動流程的動向、各項設備應用的便利性，以及因應學生個別化學習特質的需求，加以規劃各工作區域。教室內的空間可明確的區隔成三大區域，即學習區、轉換區及遊戲區；假使設備經費許可的話，可再加上電腦區。

　　1. 學習區：又分為獨自學習區與團體學習區，是兒童學習、工作或進行團體活動的地方。

　　　(1)獨自學習區：此區的結構是由幾張個別的獨自學習桌組成，獨自學習桌由三面隔板分別架設在桌邊，另一面是座位，學生通常背對著團體活動區、遊戲區及電腦區。以隔板阻隔、獨自面對工作的佈置，可減少學生受到視覺與聽覺的干擾，較易集中精神、專心學習。對於功能

較差或正在學習新課程的學生，通常在此區由教師從事一對一的個別指導；其他可獨自學習的是那些已出現浮現技能而需加強訓練的學生。

(2)團體學習區：本區布置一個可供團體學習、共同用餐之團體桌，以進行各種活動，通常是美勞、唱遊或者午餐、午休時間；如果進行社會技能訓練或結構性的遊戲訓練時，也可移開桌子在此空間內活動。

2. 轉換區：此區由雙拼的三層矮櫃分隔而成，矮櫃的內面是遊戲區，放置學生最喜歡的物品；外面向著獨自學習區的部分則屬轉換區。轉換區的矮櫃內放著各種不同的塑膠籃子，籃子內裝著學習用的材料及教學卡片，每一節課所要用的教材教具都有一籃子，一天若有五節課，就有五個不同的籃子分別放在五個格子內。

本區需要有明確的視覺線索，讓學生分辨這是誰的櫃子；且在每個籃子前面貼上一張工作時間結構卡片，讓學生可以和該節教師所給的工作時間結構卡片互相對照，便能拿取正確的籃子。當然，同一位學生所需要的工作材料籃子要擺放在一起，並按照使用的時間順序擺放。

轉換區除了可系統化的放置各種教材教具之外，更重要的是，此區能讓學生準備下一個課程，同時用來平衡學生的情緒轉換。當學生聽到上課鈴聲後，要從快樂的遊戲區或電腦區回到學習區去上課，心情難免不穩，此時，讓他先到轉換區拿取工作材料，再慢慢走到獨自學習桌去，其間約二至三分鐘，可緩衝其不愉快的情緒。

3. 遊戲區：自閉症兒童經過獨自學習課程或團體學習活動之後，需有一段休閒時間，從事無結構性或有結構性的休閒活動以怡悅身心。此區應設置在轉換區的另一面，隔著雙拼的三層矮櫃，矮櫃內放置各種不同的教具、玩具或用品。如特殊的、會旋轉的、閃閃發光的、會發出聲音的玩具，音樂盒、拼圖、撲克牌、麥克風……等各種遊戲器材或增強物等，提供學生探索各種遊戲或休閒活動的趣味，並增進參與他人活動或互動的機會。最好區內能放置一個彈跳床，因為自閉症兒童喜歡彈跳的刺激，藉以減少其敏感現象及過動的情緒，獲得心理上的平衡。

當然，不要忘記用視覺線索，標示出那是誰的櫃子；並放置該學生最喜歡的物品作為增強物。學生在本區內活動時，教師應注意到，假使結構性的休閒（經教師教導才會的，如玩牌、象棋……）時間太長，會讓學

生失去興趣；而非結構性休閒（任由學生自己玩的）的時間若超過二十分鐘，則容易演變成自我刺激。

為了讓學生每天都有好心情準備上課，如果一大早來到教室就可以進入遊戲區玩他喜愛的物品或玩具，將會是個不錯的點子！

4. 電腦區：許多自閉症兒童喜歡電腦遊戲或動畫，其聲光色的效果能滿足其視覺上的刺激，也能利用電腦學習課程。現在學校都有充足的電腦設備可以應用，教師可發展適合的教學活動設計，或者將電腦區作為學生學習表現的增強物。

(三) 考慮個別化的需求

當教師在規劃教室的空間結構時，考慮學生的個別需求是很重要的。每個班級和學生需要的結構程度不同，功能較低的學生及自我控制較差的學生比高功能的學生需要更高度的結構、更多的規範限制、更多的界限和更多的線索。幼小的學生要安排有遊戲學習區、個別教學區、獨自學習區、點心區和生活自理能力發展區；年紀較大的學生，教室應有休閒區、學習區、家事技能區、生活自理區、清潔區和個別教學區；也許還需要一個團體活動區或一個特定的區域來發展學生的職前能力。很多教室需要規劃隔離區，可讓某些學生離開令其分心及刺激的事物，以再度取得部分的自我控制。

另外，可由教室中結構不同的三種工作區域來說明個別化。在團體學習區放一張桌子和數張椅子，讓不受其他活動干擾的學生，或有分心事物仍可學習的學生使用。獨自學習區的桌子則面向空白的牆壁，且在地面貼上膠帶，以標示工作時椅子應該放的位置，這是為較易分心且在沒有工作時會遊蕩的學生設計的。第三種是專為易受他人活動影響且有干擾他人行為的學生設計的，桌子兩側置隔物板，正面對著空白的牆壁，可以隔開外界的訊息。每一個學生所需的結構都需經過個別評估與計劃，當學生的表現愈來愈獨立時，空間的結構便可逐漸地減少。

班級教師在進行工作區域的規劃時，應考量下列問題：

1. 有個人和團體的工作空間嗎？
2. 工作區域安排在最不受干擾的地方嗎？
3. 所有的工作區域都標示好了嗎？學生都可以找得到自己的區域嗎？

4. 有前後一貫的工作區域，讓需要的學生來用嗎？

5. 教師容易看到各工作區的活動嗎？

6. 有擺放學生已完成作品的地方嗎？

7. 工作所需要的材料，放置在中心地帶且接近工作區域嗎？

8. 學生能容易拿到材料，他的材料都有標示清楚嗎？

9. 遊戲或休閒區是否盡可能的大？是否遠離出口呢？

10. 這些區域是否遠離學生休閒時不該去的區域和材料？

11. 這些區域的界線都很清楚嗎？

12. 在遊戲區或休閒區的架子上，是否夾雜著損壞或沒人用的玩具呢？

二、作息時間結構化

自閉症兒童對於時間概念的理解有所困難，常因不能了解一連串活動之間的關聯與事情的因果而感到不安，因而會拒絕學習或缺乏主動參與的動機。作息時間結構化就是利用時間表、行事曆或計畫表，讓學生了解何時或何地應該做什麼，以及一整天、甚至一星期的作息順序，依照學生的理解能力，透過文字、照片、圖像或其他容易理解的媒介，以視覺線索清楚地顯示。以幫助學生了解各項學習活動進行的流程，建立對各項活動之預期，提示情境轉換的線索，協助學生知道什麼時候要從一個情境轉換到另一個情境，並能發展學生對時間的概念以及提升預測轉變的能力。如此，可以改善自閉症兒童缺乏時間概念，不了解活動程序與內容而害怕學習的特性，並能增進學習效率。作息時間結構化的優點如下：

1. 學生不需記憶課程內容，亦不需他人提醒作息時間。

2. 可減少散亂無組織的時間；並在完成一天工作後，習得「結束」的概念。

3. 減少對接受性語言的抗拒，使自閉症兒童願意接受口語指示。

4. 養成獨自學習的習慣。

5. 藉視覺的提示，提高學生的學習動機。

教師可以將自閉症兒童一週內的活動，依時間的長短以圖表呈現，再把每天的各項活動時間以圖片、字卡或圖片與字卡共同呈現的方式，按照時間先後順序由上而下或由左而右排列，使學生能一眼看出自己每天的作息時間、活動

內容及地點等,並遵循時間表進行每一項活動。

　　班級教師必須要有一個教學架構,以便有效地教導自閉症兒童,例如以下的情境:兩個學生與教師助理正在廚房從事烹飪活動;有一個學生在休閒區內玩彈跳床;另一個學生正在獨自學習區完成學習單上的作業;第五個學生則和教師一對一的一起練習數學題目。在他們的背後,一個計時器正在滴答滴答地計時,它的響聲預示著有一場混亂即將到來。不久,有人移動椅子、有人拿走材料,教師的讚美與增強正在進行,每個學生都在動往新的區域,然後又要工作一段時間了。大家怎麼知道要去哪裡,又要做些什麼呢?教師們又怎麼知道他負責的學生是誰呢?為什麼一切都進行得那麼順利呢?毫無疑問地,這個教室的時間表是有目標的、清楚的、前後一致的,用以框出人、事、時、地的輪廓來。

　　時間表是自閉症兒童所需要的教室結構之一,因為他們理解力差且有序列記憶和組織時間的問題,因而很難了解自己該做些什麼。時間表可以幫助學生組織和預測每天、每週的事件,只要每天利用固定時段給予學生說明與引導,便能一切就緒,大大的降低學生因為不知道下一步要做什麼事所帶來的焦慮。除了可以用來知道某個時段會有什麼活動之外,時間表也可以幫助學生自己進行活動之間的轉銜,因為時間表讓他們知道下一步要做什麼。對於主動性較差的學生,從時間表上看到他們喜歡的活動就在後面,較可能願意完成較難或較害怕的工作。

　　通常教室中會同時使用兩種類型的時間表。第一種是整體教室時間表,第二種是個別學生時間表。

(一) 整體教室時間表

　　整體時間表框出每天教室內所有的事件,它並不規定學生要做些什麼活動,而是告知整體性的工作時間、休息時間等。以下是某國小啟智班典型的教室時間表:

　　8:00　學生到校,向人打招呼,放好東西

　　8:40　升旗或晨會時間或導師時間

　　8:40　工作一(實用語文或實用數學)

　　9:20　休息

9：30　工作二（知動課程）

10：10　休息

10：30　工作三（休閒教育）

11：10　休息

11：20　工作四（生活教育）

12：00　午餐

12：30　戶外遊戲

12：40　午休

13：30　工作五（社會適應）

15：00　放學

　　這個教室時間表指出工作與非工作的時段。在工作時間裡，學生和教師從事各式各樣的課程活動，包括認知課程、知動課程、生活教育、休閒教育、社會適應以及其他學校工作。除了校外教學、特別活動，或社區訓練的安排外，整體時間表也可以當作一週的時間表。這些教室時間表上的活動項目也會反映在學生個別時間表中。

　　整體時間表張貼在所有人都看得見的教室位置，且在學生剛到學校或在團體活動時，溫習一遍時間表。時間表的型式可以是用手寫的，或打字列印；但是對看不懂文字的學生而言，可以用照片或圖畫來代表各項活動，也有同樣的效果。例如：以一張書桌的圖像，取代「工作時間」字樣；以掃把畚箕的圖像取代「打掃時間」；以碗筷的圖像代表「午餐時間」等。然後以由上而下或由左至右的時間順序，將圖片貼在一張大的海報紙上。

　　有了整體時間表，教師們就可以分配每天或每週的教學責任。用筆記板來夾時間表，教師就容易拿、也容易看。教師分配教學責任時，需要考量哪些學生在小團體教學時表現較良好、哪些學生較有獨立的工作技巧、哪些活動需要教師助理來協助學生、哪些學生對控制自己的行為有困難⋯⋯？兩位班級教師（以及義工或愛心媽媽）一定要知道自己的教學責任及負責的對象。

（二）個別學生時間表

　　為了幫助個別學生了解，進行整體教室時間表上所列活動的細部課程內

容，教師必須再準備一份個別學生的時間表。時間表可有多種形式，但一定要個別化，例如要適合學生的年齡、要平衡困難與容易的工作、要配合學生的理解程度及其耐力水平（如增強與變換活動需要多久一次……等）。

時間表的制定，可以由教師主導，也可以由學生自己訂定、自己遵守，不管如何，要讓學生了解時間表是給自己用的。它像是一張功課表，把學生一天上課的所有課程順著時間一節一節的排列，除了正式課程，也包括下課遊戲時間及午餐、打掃、放學時間，各個時段皆以卡片呈現出來。假使一天有四節課，包括各節下課和午餐、放學共有九個時段，則作息時間結構就而需準備九張卡片，讓學生藉由卡片的視覺線索知道，今天一整天有什麼活動，現在要做什麼。

作息時間結構中所使用的卡片，應盡量以黑白的簡單線條畫出代表圖案為佳，避免彩色圖案、實物或照片，讓學生不會產生過度選擇。卡片一式兩份，一份做成個別學生時間表貼在獨自學習桌的左邊或右邊板子上，並把它設計成口袋，橫排或直排口袋可隨學生喜好；另一份在教師手上，在每時段開始之前，把卡片交給學生，讓他拿著卡片到轉換區找到對應的材料籃子，拿著材料回到獨自學習桌或遊戲區去，先將卡片插入有著相同圖案的口袋中，然後開始工作。一次一張卡片，代表一節課或一個活動時段，當他把每一張卡片插完了的時候，今天的工作就結束，也就可以回家了。圖示如下：

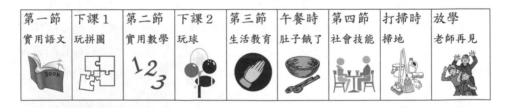

自閉症兒童每節課的學習時間不宜過長，通常幼兒約為十至二十分鐘，低年級十五至二十五分鐘，中年級二十至三十分鐘，高年級二十五至四十分鐘，國中生三十至五十分鐘。教師可在每時段開始前，告知學生預定結束的時間，並以鬧鐘計時。下面提供一些參考實例：

1. 在學生的桌面上擺上一條長海報紙條，由上而下夾著各種圓形色紙。先教學生拿最上面的圓形色紙，然後到工作架上找出一個貼有相同圓形色紙的材料盒。並拿著該材料盒回到座位完成該盒的工作（是否需要教師

的協助來完成工作，則依照工作的難易度來決定）。完成之後將盒子放回原來的工作架上。照此方式持續地做，直到所有圓形色紙都拿完了。

2. 教師與學生完成了活動與增強後，教師從下一活動的物品中拿一個給學生看。學生或者拿著該物品到下一活動區，或者用該物品換取其他所需的材料，帶回他的工作桌。

3. 一到學校，學生就把自己的物品放好，然後拿起掛在牆上的筆記板。筆記板上有整天的活動時間表，每項活動都附有檢核用的小方格。教師和學生在前一天放學前，就一起寫好時間表。學生看看8：30的活動內容，然後完成它。接著，學生請教師檢查他的工作，並在時間表上的格子內畫上檢核記號。第二項活動時間安排在 8：50。如果有空檔，學生就可以安靜地待在遊戲區。學生每天在校作息都是依照時間表和時鐘來進行，如果學生沒有在規定的時間內完成工作，或有不適當的行為，學生都不能得到完成工作的檢核記號。每天放學前，得到一定數量完成工作的記號就可得到一顆星星。一週內得到四顆星星，就可以在週五下午自由時間選擇活動項目，而不必工作。

　　上述都是個別化實例的展示。當學生不會閱讀也不了解圖片的意思時，顏色和實物就用來幫助他們進行整天的活動。有時會安排在一個時段內完成二或三項活動，但有時在休息之前或增強之前只安排一項活動。每一份個別化時間表都反應出學生對於活動的喜好，學生喜愛與較不喜愛的活動交替地安排在時間表上。

　　善用清楚而連貫的時間表有助於班級的順利運作，並且會有更多時間用來進行真正的教學與學習，而不必將學生的時間用來一再地重新組織與規劃上。當學生學會並能遵守時間表時，他們就發展出獨立工作技巧以及遵守指示的能力。這兩項重要的能力，有助於學生未來的職業安置與社區安置。

　　下列的問題是教師們在計劃班級與學生個別時間表時必須考量的：

1. 時間表的呈現方式是否容易讓學生了解？

2. 是否每天都均衡地融入個人的、獨立的、團體的及休閒的活動？

3. 是否每位學生的時間表都考慮到學生的休息時間需求、增強物，以及喜歡的活動是否伴隨著不喜歡的活動？

4. 時間表是否有助於學生工作的轉換——去哪裡、做什麼？

5. 時間表是否能幫助學生了解何時開始與結束？

6. 活動的轉銜與改變是如何告知學生的，是計時器的鈴聲、教師引導或學生自己看時鐘？

7. 時間表是否清楚，可讓教師們知道自己每天的工作責任為何？

（三）工作制度結構化

　　工作制度結構化係基於個別學生時間表發展而成。工作制度結構化的目的是為了告訴學生某項活動或工作的實施步驟，並指導工作要如何操作，需完成到什麼程度，以及活動完成後會發生什麼事。

　　如同作息時間結構化的架構一樣，教師應將工作內容提供讓學生容易理解的視覺線索以系列化方式呈現。在個別學生時間表上所列出的每一節上課或下課、甚至午餐、打掃各時段皆需有個別的工作結構，將該時段內的課程內容做工作分析，再將分析的步驟製成卡片序列呈現，以增進學生的學習效率。工作制度結構傳遞出四個訊息：(1)預期個人即將進行的課程內容；(2)了解該時段內有多少工作需要完成；(3)認知到工作已經完成的概念；(4)接受工作完成後下一個活動內容。

　　將課程活動進行工作分析時，應考量自閉症兒童能力的高低決定步驟的繁簡，每個步驟一張代表卡片，卡片以簡潔的文字描述為主，也可加上圖片或數字，學生依照卡片排列順序獨自操作學習，部分時間由教師個別指導。學生在進行工作學習時，應採用一致性的工作流程：

1. 固定採用由左至右的作業流程，即左邊籃子擺放預備的材料，右邊籃子準備擺放完成的作品，中間位置為學生正在操作的材料。

2. 採用顏色管理的概念，以顏色區分不同的工作制度結構，如同色的卡片或籃子代表同一單元的學習主題。

3. 如同顏色管理概念，依照文字、符號和圖示，說明工作內容、工作量及步驟。

　　自閉症兒童的教育目標，最終在於能走出社會、適應社會生活，甚至能謀得工作機會，因而指導他們建立一個合乎社會要求的工作態度是很重要的。首先，最基本的工作態度是養成「先工作後娛樂」的習慣，因而在作息時間結構化中，運用時間表來呈現活動的順序，將學生喜歡的活動安排在學習活動後面，

以刺激其完成工作的動機和堅持，這就是為了養成「先工作後娛樂」的工作態度。其次，工作流程應以「由左而右或由上而下」順序進行的習慣，這種工作結構的目的，除了讓學生能有效性的獨自學習之外，更重要的是，讓他們學到「工作結束」或「完成」的概念，並且能夠按部就班的操作。

工作制度結構與作息時間結構是緊緊相扣的。以下提供一個實例說明兩種結構合而為一的運作情形：

在學生桌上貼上一張紙，上有三列格子，每列都有五個方格，每一方格都畫有圖畫，並編上號碼，而每個方格內容與整體教室時間表上的時段相對應。學生可依由左至右的順序來進行。第一列格子第一張圖片，提示學生要在獨自學習區工作；完成後，依第一列格子第二張圖片的提示進行，第二張圖片畫的是遊戲區，學生可以去遊戲區玩喜愛的玩具十分鐘。接著，第一列格子第三張圖片上畫有一張桌子及椅子，代表要與教師一起進行學習活動；當第二節下課鐘響，學生便依照第四張圖片上的提示進行，第四張圖片畫的是遊戲區，學生可以趴在觸覺球上搖滾十分鐘。最後，第五張圖片畫著一輛車子，表示學生要收拾書包準備放學回家。如此，學生依序完成當天的時間表。

在學生工作區旁邊的布告板上，釘上代表工作結構的序列圖片五張。學生從最上面的圖片開始，先拿取左手邊的材料，完成該項工作步驟後，把成品放在右手邊；取下第二張圖片，重複相同的動作；直到拿完這個工作所需的五張圖片為止。這是第一列格子第一張圖片的工作序列，通常最後一張圖片是學生喜愛的遊戲或玩具，意即接續第二張畫著遊戲區的圖片進行，學生拿到這張圖片時，可以一直玩到下一個工作階段開始的鐘聲響起。指導學生每次取下一張工作分析圖片時，便將圖片依序貼在獨自學習桌上，讓他知道整排共五張的圖片都取下時，就代表工作已經結束，可以接著至遊戲區休息或玩耍。接著向教師領取第一列格子第三張圖片，準備材料走到工作區，依照工作結構的序列圖片，和教師一起完成這件工作。

在學生成功地、努力地完成每格上所畫或所列的全部活動後，學生可以得到金錢的獎賞，他可以用錢買點心，或在放學之前買些吃的東西，也可以買些便宜的小東西，例如貼紙。

工作分析是工作制度結構化最重要的技巧，教師必須依照學生的能力將工作內容分析成一個一個簡單的動作，以幫助學生一步一步輕鬆的學習，學生因

此更容易學會，學習更有效率。當然，父母在家裡也能利用工作分析來教導自閉症兒童學習生活技能；例如要教導孩子自己洗澡，工作分析表可如下列，卡片可以膠膜護貝，貼在浴室內的牆上：

1	2	3	4	5	6	7	8
脫光衣服	身體沖水	拿肥皂	洗臉和脖子	洗身體前胸、後背	洗手和腳	把泡泡沖乾淨	用毛巾擦乾身體

(四) 視覺結構化

　　結構化教學最主要是善用自閉症兒童的視知覺優位能力，以彌補其欠缺處理環境訊息的理解能力和抽象能力。除此之外，自閉症兒童缺乏傳送刺激的能力，因而無法對外界的口語訊息做出反應，與人互動；也因心智發展缺陷，使其不易了解與分辨他人的意圖、願望、感情、信念等，由於感受不到、因而無法適切表達。有鑑於自閉症兒童這些特質，結構化教學運用視覺澄清、視覺組織和視覺教導等視知覺方法，用以輔助他們快速有效的學習。分別敘述如下：

1. 視覺澄清：指以視覺明示事物。自閉症兒童透過視覺學習認證事物的主要特徵，而不需聽懂對方的語言，例如分類學習時，能用視覺清楚分辨形狀和顏色，因而產生興趣；桌上散落的菜屑知道應該清除，可見視覺澄清使之了解乾淨與髒亂，並了解工作的目的。視覺澄清能使工作內容具體實際，學生因而容易了解並願意學習，養成獨自學習的習慣，並可增進注意廣度。

2. 視覺組織：自閉症兒童易為外界事物所困惑且缺乏控制能力，提供視覺組織能協助他們有效的處理訊息。例如將清掃區以明顯的線條區隔成幾個小區，教導他們一區一區的清掃，此即利用視覺組織的線索。

3. 視覺教導：就是以文字或圖示的視覺方式呈現工作的步驟，使學生知道作業的要求和進行順序等，此方法對工作相當有助益。「齊格」（jig）即是標準的視覺指導方法之一，意指教學者事先將教學內容明示於紙上或塑膠板上，教導學生以對應、組合的方式完成工作；自閉症兒童很容易學會齊格，一看就懂該如何操作，因而可以輕易達成教學目標。利用齊格的視覺指導方法有三種：(1)圖形齊格，即將材料依照齊格上的圖形對應排好，然後按順序串起來；(2)組合齊格，即依照齊格上的圖形將材

料一一放好後，組合起來再包裝；(3)凹陷齊格，如插座或拼圖的設計，將材料和齊格配對結合。

舉凡裝訂、組合、拼裝、生活自理技巧、溝通表達等技能，都可以運用視覺指導的教學技巧來培養自閉症兒童獨立學習的能力。

教師進行結構化教學時，所有物理環境結構化、作息時間結構化、工作制度結構化的過程，都必須以明顯的視覺線索設計提供自閉症兒童充分的提示。視覺線索包括以顏色、形狀、大小、數字、字母等屬性來區分出場地、時間、教材、工作分析步驟……等等，使學生依線索對照，了解該在何處、何時、拿什麼材料、要怎麼做的種種訊息，然後完成工作。例如教學者可能利用彩色的容器，協助學生按顏色把物品分類；用貼好郵票的信封，指導學生照樣把郵票貼在另一信封上；或在馬桶前貼上雙腳的腳印，指導學生上廁所應該站立的位置。

我們以教材教具的結構為例，說明視覺結構化的做法。首先，所有的教材都需利用視覺線索原理，做成卡片或齊格，讓學生對應。其次，每一節課所用的教材都準備好放在該節課的籃子內，籃子前面貼上代表該節課與時間表對應的圖片，把籃子放到轉換區的矮櫃內。學生上課時，拿到教師給他的、時間表上代表該節課的圖片，找到該節課的材料籃子，開始上課。學生上完課後，應指導他收拾教材，再將籃子放回轉換區矮櫃內原來的位置上。學生工作時，可應用各種齊格協助其正確且快速的完成工作。如下圖示為組合齊格：

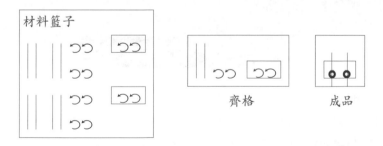

要注意的是，運用齊格是為了輔助自閉症兒童的學習，一旦學生漸漸學會該項工作，便要逐漸減少，最後褪除使用齊格，讓他只看著工作分析就能獨立操作。

自閉症兒童的父母最關心的問題是希望孩子能夠獨立自主的生活，以減輕照顧的負擔。因此，訓練自閉症兒童獨立處理日常生活自理的技能，是重要的

教育課題，善用視覺線索可說是有效的技巧，它不僅可以矯正自閉症兒童的異常行為，也能建立良好的行為。例如要消除自閉症兒童不當踢門的動作，可以在門上貼著用手敲門的圖片，以指導他做出「開門前要先敲門」的動作；同時，在自閉症兒童用腳踢門的門上位置，貼上他用腳踢門的照片並劃上一個大大的叉叉，表示不可以用腳踢門。經過一段時間，就會出現一個彬彬有禮的孩子——開門前會先用手敲門。

雖然自閉症與相關溝通障礙兒童的處遇與教育是針對自閉症兒童認知與學習特徵所設計的教學法，但教師或家長們在實施教學時，仍需注意下列事項：

1. 個別教學計畫的設計必須依據每位自閉症兒童的優弱勢能力與興趣，必須顧及其成長後能夠就業並適應社會生活等必要技能之習得。
2. 實施結構化教學的過程中，自閉症兒童的口語訓練以習得眾人能理解的功能性溝通為主，而非以學習口語為主。
3. 教學目標以自閉症兒童在不需協助下，能獨自遵守作息時間表為佳。
4. 盡可能使自閉症兒童獲得高水準的工作技能。
5. 盡可能使自閉症兒童習得較多的社會適應能力，包括行為及人際溝通技能。
6. 讓自閉症兒童能夠習得生活自理能力。
7. 讓自閉症兒童習得休閒娛樂技能，以獨樂亦能眾樂的活動為佳，如籃球、保齡球、游泳等。

第二節　教學方法

一個教師若想要有效的教導自閉症兒童，除了愛心與耐心之外，沒有技巧是辦不到的，重要的技巧之一，就是將教學方法系統化與組織化——工作的指導與提示以及增強物的使用，都要運用結構化方法。這使得學生更能預測學習情境，並且幫助他們克服分心、抗拒改變、缺乏動機等問題，以創造學生成功學習的經驗。

(一) 教學流程

促進自閉症兒童成功學習的另一種方法，即是由教學流程與教學方法著

手。當物理環境結構、作息時間結構已經就緒,接著教師要做的便是確立每天的教學流程:

　　學生一早進教室先到遊戲區玩→(上課鈴聲)教師給他第一節課的卡片→學生拿著卡片到轉換區拿教材→到獨自學習區→將卡片插入作息時間結構內→依照工作制度結構的工作分析圖片操作→每做一個步驟就取下一張圖片排在桌上→工作結束後收拾教材→將籃子放回轉換區矮櫃內→拿著「休息」的卡片插入作息時間結構中→到遊戲區或電腦區玩或者休息。第二節課開始,依照上述的固定模式進行。

　　教學流程進行中應注意下列事項:

1. 為了讓學生沒有手部的固持行為,所以教師的教學節奏要很緊湊。
2. 對視覺有問題的學生,教師應指導其利用聽覺、觸覺、嗅覺學習。
3. 指導學生抽象的概念時,要用五種以上的教材練習,學生才可能類化此行為。如教導「黃色」的概念,要至少舉出「黃色的花」、「黃色的衣服」、「黃色的香蕉」、「黃色的果汁」、「黃色的車子」……五種以上的實物示範說明。
4. 布偶對一般正常孩子具有治療功能,可減輕學生壓力,但對自閉症兒童應小心使用,注意學生是否有觸覺防禦的情形。
5. 要學生從遊戲區出來到獨自學習區工作時,不要說「上課了」或者用手抓他,以免引起學生不愉快的心情,可用鈴聲或鬧鐘來指導。
6. 學生從遊戲區出來到轉換區,再走到獨自學習區工作需時二至三分鐘,此時間能緩衝學生情緒,不要去催促他或用手抓他。只要一二週的時間學生便能學會這件事。

(二) 清晰的指令和提示

　　分派學生工作的指示可以是口語的或者非口語的,而且指令的內容必須符合學生理解的程度。

1. 口語指示

　　(1)口語指示時,指令要簡潔,不要同時說出許多指令,最好是一個指令一個動作。例如不要說:「我要你把這些螺絲釘、帽全部組合起來,等全

部完成時，你就可以到遊戲區選擇一樣玩具來玩！」下面的說法也可以達到相同意思：「把螺絲釘和帽組裝起來，然後去玩！」

(2)口語指示應與手勢及肢體語言並用，以幫助學生理解。在上述例子中，教師可以用手指著那堆螺絲釘、帽，然後再指向遊戲區。指示學生時，最重要的是要吸引學生的注意力，再給予指示。這並不代表學生的眼睛一定要和教師有所接觸，有些學生以轉動身體、說話或停下其他活動來代表他注意到了。

(3)教師給予指示時，要確定學生了解教師對他的工作要求與期望。如果學生不了解材料在哪裡，不知道如何開始工作，或完成作業後要做些什麼，那麼學生就不太可能達成教師要求的標準。

2. 非口語指示

除了使用手勢，也可以用非口語的情境或視覺線索來給予指示。例如系統地呈現與排列材料，並且使用書面指令和齊格。齊格和書面指導可以幫助學生做事有條有理，教師可向學生展示已完成的作品實例或圖片，讓學生了解他們要做什麼，以及做到什麼程度。

學生要做的工作一律由左至右排列，如此可幫助學生養成學習的習慣，不需教師太多口語指示。

一次只提供學生一項工作所需的材料，比較不會讓他們搞混。把材料放在學生會用到的地方，也可幫助學生依循指示來工作，使其較能成功地完成工作。例如：把玻璃清潔劑、水槽清潔劑、廁所馬桶清潔劑和海綿放在要清洗的浴室裡，這樣的線索可清楚地讓學生了解要做的是什麼工作，也知道要用的材料是什麼。

3. 提示

教導學生新工作時，教師可以使用提示（prompting）幫助學生成功地學習。有各種不同類型的提示可幫助或提醒學生。

(1)身體的提示：當學生如廁之後，教師可以使用身體的提示，指導學生的手去拉起他自己的褲子。

(2)視覺提示：前面提到的齊格和書面指導就是視覺提示的方式。學生可用

齊格來進行工作盒與色卡配對；而罐子上寫著粗大的「花生醬」三個字，可將學生的注意力引到花生醬罐子上，此即書面視覺提示的一種。

(3)手勢提示：不用口語告訴學生拿餐巾紙，教師只要指著餐巾紙盒，再指向學生午餐盤上的空位，學生就知道要拿什麼了。

(4)示範或展示：示範或展示某件事的做法也可當作提示，可讓學生模仿學習。

要能有效使用提示，教師必須有系統地呈現提示。換言之，提示必須是清楚的、連貫的，而且要在學生犯錯之前就要引導他。舉例來說，教師教導查克如何洗餐盤；教師選擇的第一個工作步驟是將正確的清潔劑量倒入洗碗槽水中。一週後，查克在這項技巧的學習上，似乎沒有太大的進步，他總是擠出太多清潔劑。教師給查克提示：「不對！你清潔劑放太多了，只要一點點就好。」事實上，這樣的提示沒有效能。為有效提示查克學習使用正確的清潔劑量，教師可以先從口語提示開始，當查克拿起清潔劑瓶子時，教師當下就要說：「只要倒一點點清潔劑」；然後，以身體協助查克，將清潔劑擠進量杯裡；同時演示如何將量好的清潔劑小心的倒入水中，以變成肥皂水。這樣繼續教三天，查克就學會了以量杯倒出正確的清潔劑量。可見，各種用來教導查克了解該用多少清潔劑的提示，都應該在查克使用錯誤的清潔劑量之前，就要加以使用。

當教師沒有意思要提示學生時，要留意自己是否無意間給了學生提示與線索。教師的頭或眼睛只要稍微看看，常常就會將正確答案透露給學生；有些學生做每一步驟時，如果沒有看教師一眼，獲得教師的確認與肯定，他們就不會繼續做下去。此時，教師可以站在學生的旁邊或後面，而不是站在學生的前面。這樣一來，無意的提示或線索就不太會洩漏出去了。

當教師在思考如何有效地計畫教學法時，應考量下列問題：

(1)在指示學生之前，教師是否引起他的注意力了？

(2)所用的口語是否配合學生的理解程度？當學生有理解的困難時，教師的口語指令是否配合手勢來幫助學生理解？

(3)是否給予學生足夠的資訊，好讓他們盡可能地獨立完成工作？

(4)情境與材料的安排是否有助於傳遞指令給學生？

(5)材料是否以有條理、有組織的方式呈現？

(6)某些時候，是否會給予過多材料？

(7)是否提供學生成功地完成作業所需的全部協助？

(8)是否針對學生的學習風格與程度提供適當的提示？

(9)是否在學生犯錯之前，就給予提示？

(10)教學情境是否設計得當，所以學生不會得到無意的提示？

(11)關於學生的反應或行為的正確性，是否有清楚的回饋？

(三) 增強物的使用

　　大多數人的工作動機大都來自他人的讚美、內在的滿足感以及薪資酬勞的綜合結果，但是這些事情通常不會引起自閉症兒童的工作興趣。再一次提醒，由於接收性語言的困難，妨礙了自閉症兒童了解人們對他的期望，因而他不會去取悅別人，也不了解輸贏的滋味有何不同。然而，自閉症兒童和常人一樣的是，擁有人性基本的生理需求，或者是自閉症兒童特殊的、變異性的喜好。不論如何，教師們必須找出來什麼事情可以引起學生興趣，並且教導他們學習行為與增強物之間的因果關聯，系統化的來影響他們學習的動機。例如，當教師發現學生對觸摸沙紙很感興趣時，就要讓學生完成工作後，便可以立即獲得沙紙來玩，以增強其學習行為。自閉症兒童有許多的特殊興趣與特殊才能，可以用來作為增強他們學習其他能力與技巧的自然增強物；行為改變技術的研究也發現，正增強的效果遠比負增強要好。

　　增強物可包括各種的東西或活動。有些人因熱愛食物或玩具而激起動機；有些人則因愛好的活動而引起動機；有感覺變異的自閉症兒童可用他們特殊的喜好作為增強物（如泡泡紙、轉動的風車……）；而功能較高的學生也可以用代幣增強（token economy）。除此之外，社會性的增強對自閉症兒童也很重要。所有學生都應獲得讚美、擁抱、摸頭，還有教師的點頭和微笑等社會性增強，有些學生只要大人或師長讚美他們就足以引發其學習動機；有些學生則完成工作本身就十分吸引他們，而不需要任何的增強物。

　　教師必須有系統地使用增強物，才能使增強成為有效的教學工具。在行為養成的初期，應該使用連續性增強，然後漸漸地改為間歇性增強。增強物必須緊跟在學生完成工作或學會技能之後立即提供，如此才能讓學生清楚知道行為與增強兩者之間的關係。增強物的種類必須是自然而恰當的，並且要與學生所進行的活動相關，也與學生的理解層次相當；例如：如果學生不了解代幣制度，

那代幣就不是一項有效的增強方式。如果要建立學生主動「提出要求」的行為，當學生學會了要「一杯果汁」，假使教師提供了「巧克力、糖果、餅乾」或其他食物來增強都是不對的，因為得到「果汁」本身就有增強效果，「果汁」就是增強物。

　　教師在評量學生的興趣、工作技能的進展、可增強的行為之後，應能判斷出增強物是否產生效果，且要經常評估、適時調整。教師應用增強系統時，應考量下列問題：

　　1. 行為的結果及增強物的關係，是否讓學生清楚了解？

　　2. 學生是否能立即遵守規範？

　　3. 增強的頻率是否足夠？

　　4. 增強是否基於學生的理解和動機水平？

第三節　個別化教育評量

(一) 評量的目的

　　對於自閉症兒童的教育應該以所觀察到的行為，以及行為背後所看不見的自閉症的認知缺陷，為其教育設計的主要考量。教學前對自閉症兒童做詳細的個別化的評量，其目的有二：

　　1. 了解自閉症兒童現有哪些能力與知識可以用來學習新技巧，以適應環境；針對評量的結果，可以決定教育自閉症兒童的優先順序。

　　2. 了解自閉症兒童有哪些無法克服的缺陷，必須調整環境以適應他們。

　　除非個別學生的長處及需求在計劃時就加以考慮，否則即使有良好的物理環境結構和作息時間結構，學生也不一定能因此受益。所以個別化是有效教學的前提，那麼，要達到個別化教學的目標就先要經過個別化的教育評量。

(二) 評量的方法

　　為要有效的教學，掌握個案的學習狀況，評量需要持續不斷的進行。評量可以使用正式的評量工具、非正式的觀察與晤談，或者其他方式來實施。通常家長與教師用心與仔細的觀察，可以提供非常豐富而有用的訊息，這些觀察可以作為個別化教育計畫的依據；而且家長的觀察報告更是自閉症兒童長期的行

為觀察紀錄。

1. 正式評量：正式評量需要特殊的技巧，通常由專家主持，且定期實施，大約一或兩個月評量一次，以正式編製的標準工具施測。

2. 非正式評量：可由教師及家長應用各種機會自行評量，不要求需專業技能，以持續的觀察記錄比較個案實施教學期間前後的變化情形，因而不太可能在幾次觀察之後，便可正確評量出學生的能力。

(三) 評量工具

利用 PEP 學習能力診斷表可以評量出自閉症兒童目前的能力現狀，找出浮現技能。評量前教師、家長、心理治療師以及學者專家等要先行討論，以了解個案近來的情況。此診斷表原本有一百七十八個題目，經翻譯後適合國人的部分有一百五十八題。正式評量時，由專家在房間內施測，其他人利用單面鏡觀察學生受試情形並做討論；此部分亦為評量結果之參考。

1. PEP 學習能力診斷表的功能

(1)找出浮現技能：假使個案對某項題目，十次之中約有二至四次機會說出正確答案，表示對這題目有一點點會，還不是完全會，這個題目就是個案的浮現技能，教師可試著教導此項技能，學生在短時間內學會的機率很大。若十次之中個案可答對四次，則表示這個題目他已經會了，無須再學習；而低於兩次則表示他完全不會，目前先不用學習，但不代表以後也不用學習，可於下次評量時，用另一種方式再測一次。

(2)找出個案興趣：經由觀察找出個案最喜歡的學習內容或方式，已是浮現技能又是個案感興趣的題目，就是教學計畫的優先項目，效果會比較好。

(3)了解個案的學習習慣：如個案注意力的長短、忍受干擾的程度、動機的強弱、組織能力和獨自學習的成熟度……等等。例如：假使個案在評量當中出現主動抱父母的舉動，表示其社會互動性佳，比較易於教導。

2. PEP 學習能力診斷表的內容概要

本評量工具的內容，可分為八大課程領域和十一項認知教學領域。

(1)八大課程領域：

①配對：指將兩項有相同特定屬性的物品配合在一起。如相同物品的顏色配對、不同物品的顏色配對、顏色與語詞配對、形狀配對、形狀與輪廓配對、形狀與齊格配對、大小配對、大小與輪廓配對、圖形配對、答案與問題配對……等。

②分類：指將所有相同特定屬性的物品集合在一起。可以依形狀、大小、顏色、總數、功能、組織、重量、物品性質、天氣、地名、職業、年齡、食物……等分類。

③組合：需具有精細動作能力、手眼協調能力以便在操作下列物品中發現其組合能力，包括用推、扭、抓、抽等方法將兩個或兩個以上的零件組合起來。可使用齊格裝配物品，將不同零件組合成一項完整物品；或依所列出的物品名稱組合，如將工具組合、裝訂紙張；組合好的物品用迴紋針、橡皮筋、漿糊、釘書機……等工具束縛。

④包裝：視物品大小及性質使用不同的盒子、箱子或袋子等容器，將上述一份一份的物品包裝好，並用繩子或封箱帶綑綁。

⑤辦公物品：會使用剪刀、美工刀、夾子、釘書機、膠水……等；將文件或物品放入適當的封套內、貼上標籤、裝訂整理；能依顏色、數字、文字……等線索，將文件放入檔案夾內。

⑥系列圖形：指依照顏色、形狀、大小、文字、數字加以排序，或依每天、每週、每月之時序排列，或依字母或符號排序。

⑦功能性數學：認數、數數、點數、計數、計量、對座、數字加減、用錢、時間概念、火車時刻表……等。

⑧功能性語文：字母配對、字詞配對、認識自己和家人的名字、物品命名、圖片與文字配對、簡單句閱讀、複雜句閱讀、說明書閱讀、看菜單、查閱字典、看書報雜誌……等。

(2)十一項認知教學領域：

①模仿：模仿四肢粗大動作，模仿教師或同學的行為。

②感官知覺訓練：利用拼圖、堆積木、眼光追視……等方法，感覺四周的事物。

③粗大動作訓練：通過障礙物、前後跑控制速度、滾球、拍球、踢球、傳球、跳繩、蹲跳……等。

④手眼協調訓練：投幣、插卡、插吸管、用筷子夾菜、用湯匙喝湯、畫
　　線、串珠子……等。

⑤精細動作訓練：黏土揉捏壓搓、抓沙子、丟石子、剪紙、寫字、仿畫
　　圖形。

⑥語言：初階語言、進階語言、自發性語言、對話。

⑦社交：擁抱、握手、操作布偶……等。

⑧問答：誰、什麼事、在哪裡、什麼時候、為什麼。

⑨想像性遊戲：角色扮演。

⑩抽象思考：看圖說話、認識自己。

⑪回憶：知道昨天上了什麼課、 今天早餐吃了什麼東西……等。

　　請參閱本章附錄：王大延編製「PEP 學習能力診斷表」題目。

(四) 依據評量結果發展教學目標

　　教師們要針對自閉症兒童所表現出來的特長、興趣及浮現技能來發展個別
化教學。個別化教育計畫的擬定要將父母的期望考量其中，自閉症兒童的父母
非常希望孩子能學會最基本的生活自理能力；假使有可能，更希望孩子能擁有
一技之長，可以謀求一份工作。所以，教學目標要以功能性的課程設計為訴求，
著重訓練學生的生存技能及社會適應的能力。設計教學活動時強調，應以學生
年齡相符的能力訓練為原則，亦即，一個五年級的學生要發展適合的五年級課
程目標，但課程內容需依照學生的能力需求，調整規則予以簡化，或以替代方
法來變通；例如五年級的球類項目要學投籃，對自閉症兒童不需嚴格要求規則，
不管他站在哪裡、怎麼抱著球，只要他能把球投進去籃框就算得分；千萬別讓
他自己在旁邊學拍球、滾球。教師要先教導學生一定會用到的技能，尤其是職
業相關的技能；再者，以學生能獨立學習不需他人協助的課程為主，以訓練其
獨立生活。

　　教導自閉症兒童的教學策略與支持系統應是終生一致的，後面的教學應該
奠基於以前的教學成果，因此教學目標應有系統化的設計。

第四節　結論

　　如果我們把自閉症兒童教育的重點擺在學生的強項，可以使家長與教師把注意力放在如何善用他們的優勢能力上。結構化教學法提供系統化的教學原理和方法，也經過教育實務驗證數十年，堪稱為目前最具影響力的自閉症特殊教育措施，因而再次強調結構化教學對自閉症兒童教育學習的優勢：

1. 自閉症兒童對同時性的訊息處理優於序列性訊息，結構化教學法的物理環境結構、作息時間結構、工作制度結構和視覺提示結構均能提供自閉症兒童持久、明確的具體化時間與空間訊息。

2. 針對自閉症兒童注意力特徵，物理環境結構的獨自學習區，可減少外在視覺與聽覺刺激干擾，增進其注意力。

3. 自閉症兒童在有意義訊息的回憶能力有缺陷，對口語材料的記憶力亦較非口語材料記憶力差，視覺結構能提供如何完成一項作業的明確視覺指引。

4. 對於自閉症兒童缺乏動機的現象，由作息時間結構的個別時間表可讓學生了解喜愛的活動所出現的時段；工作制度結構則讓學生了解完成學習活動之後可獲得增強，以提高其學習動機。

　　當所有環境準備就緒之後，另一個自閉症兒童教育是否成功的關鍵，就是教學的實施，也就是說，教師是主宰整個教育計畫的重要關係人，因為再好的計畫若沒有配合適當合宜的教學方法，成效很難斷言。當然，要幫助教師能準確的設計出適性的個別化教學方案，非得靠評量的運用不可。由評量找到一個起始點，設定教學目標，結構化教學，再評量，繼續下一階段的教學；這是一個循環性的流程。

　　在開始進行結構式教學的課程前，應對學生的起始能力和先備知識有所了解，老師可以利用學習能力檢核表，找出其浮現技能，根據浮現技能為學生設定教學目標。所謂的浮現技能就是學生曾顯現出學習興趣、或曾經嘗試去學但尚未學會的事物，以這樣的題材作為教學目標，配合設定各項結構化的教學，將大大的提升學生學習的效果。在教學之後，則需再次評量教學是否成功，學生學會了嗎？學會的教學目標將繼續往更高層次的能力挺進；尚未學會的目標，

則需檢討教學的教材內容、方法，並視學生學習狀況調整。教學流程如下所示：

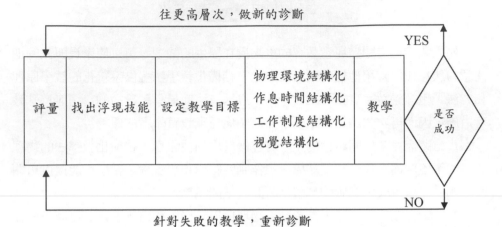

圖 8-1　教學流程

參 考 文 獻

王大延（2001）。**結構化教學——自閉症種子教師研習營講義**（進階）。台北
　市：台北市立師範學院特殊教育學系。

附錄
自閉症兒童學習能力鑑定
──PEP 學習能力診斷表（王大延編製）

說明：(C)表示通過；(P)表示知道如何做但未達標準；(N)完全不知何意

1. 扭轉開啟泡泡瓶子。操作：用雙手將泡泡瓶扭轉打開。
   □成功的扭轉(C) □知道如何做，但打不開(P) □完全不知何意(N)

2. 吹泡泡。操作：示範如何吹泡泡。
   □成功吹出一些泡泡(C) □雖吹不出泡泡但知道如何吹(P) □完全不會吹，經示範後仍然不會(N)

3. 移動眼睛。操作：示範吹泡泡時，觀察自閉症兒童是否追視。
   □能看著吹出的泡泡(C) □已注意到吹出的泡泡(P) □眼睛不會跟隨泡泡移動(N)

4. 追視物品。操作：由左至右（抓泡泡）。
   □由左至右追視物品(C) □物品移到中間才追視(P) □不會跟隨移動到中間(N)

5. 探觸積木。操作：放三塊積木在學生面前。
   □能堆、疊、碰、觸(C) □非尋常的興趣或無興趣(P) □表現過度怪異行為或感官刺激（抓、聞、舔、迴避）(N)

6. 操弄萬花筒。操作：如何看、轉萬花筒。
   □同時看、轉萬花筒(C) □只看或只轉動萬花筒(P) □完全不會(N)

7. 使用眼睛視物。操作：眼睛隨萬花筒內的東西上下移動。
   □眼睛不斷移動(C) □只在開始時看一下(P) □沒有眼神接觸(N)

8. 敲鈴兩次。操作：將鈴放在學生面前，示範敲兩次。
   □模仿敲兩次(C) □敲一次或許多次(P) □並無企圖敲鈴的動作(N)

9. 穿刺黏土。操作：用手指穿刺黏土或麵糰。
   □示範後有目的的穿刺黏土動作(C) □只用手觸摸(P) □沒有意願做(N)

10. 抓取蠟燭（或小木棍）。操作：六根蠟燭和黏土做成的蛋糕，示範將蠟燭插在黏土上。若孩子不會做，就將蠟燭全部插上，請他將之全部取走。
    □至少插一根(C) □用整個手抓(P) □不會抓取、插入或取走(N)

11. 捲揉黏土。操作：把黏土分成兩份，一份置於學生面前，另一份由老師示範，將黏土捲揉成長條形。

□能揉成長條形(C)　□企圖模仿動作，但不會做成長條形(P)

□不會模仿，不會揉黏土(N)

12. 用黏土做碗。操作：示範將黏土做成碗狀，再將之恢復成原狀。

□能做成碗狀(C)　□有塑型的動作(P)　□不會塑型也沒有塑的動作(N)

13. 操作布偶（木偶）。操作：將布偶穿在手上說：「我是貓（狗），我要親你。」其他如笑、哭、打、拍等動作。

□能模仿，操弄布偶的頭和手(C)　□已嘗試去模仿，但沒有成功(P)

□不會將布偶穿在手上(N)

14. 模仿聲音。操作：如上題，以布偶模仿貓狗的叫聲「ㄇㄧㄠ」或「ㄨㄤ」

□能模仿貓狗的叫聲(C)　□能嘗試去發聲(P)　□不願意嘗試發聲(N)

15. 模仿動作。操作：以貓、狗和四種用具（湯匙、杯子、牙刷、紙巾），老師手上帶著布偶，對布偶說：「你刷牙。」

□至少能模仿三種(C)　□至少能模仿一種(P)　□不了解，也不企圖做任何動作(N)

16. 指出布偶身體部分。操作：要求自閉症兒童指出布偶的眼、鼻、耳、口。

□至少指出三個部位(C)　□至少指出一個部位(P)　□不了解也不企圖做任何動作(N)

17. 指出自己身體各部分。操作：不用任何動作，要求孩子指出自己的眼鼻耳口。

□至少指出三個部位(C)　□至少指出一個部位(P)　□不了解也不企圖做任何動作(N)

18. 想像遊戲。操作：老師：「我們要怎樣和布偶玩？」如果學生未反應，則老師可建議：「讓我們（布偶）跳舞，到商店買冰淇淋。」

□能與布偶交互作用(C)　□有動作表現，但未有交互作用(P)　□不了解，也不企圖做任何動作(N)

19. 放置幾何圖形。

⑴操作：圓形、正方形、三角形以及有此三種形狀的齊格，將幾何圖形與齊格配對。

□能將三種圖形正確放入齊格內(C)　□只能放一種圖形在齊格內(P)　□經示範後，仍然做錯或沒有任何動作(N)

(2)操作：同操作(1)，但示範時幾何圖形改變

　　□能將三種圖形正確放入齊格內(C)　□只能放一種圖形在齊格內(P)　□經示範後，仍然做錯或沒有任何動作(N)

20. 形狀配對。

(1)操作：圓形、正方形、三角形配對並說出名稱。

　　□正確配對並說出三個圖形(C)　□正確配對一個圖形(P)　□不了解，也說不出任何圖形(N)

(2)操作：教師要求學生給圓形、正方形、三角形。教師說：「給我圓形（三角形、正方形）。」

　　□正確指著或給教師三個圖形(C)　□正確指著或給教師一個圖形(P)　□不了解，也不會指任何形狀(N)

21. 完成圖形。

(1)操作：四種圖形（雨傘、蝴蝶、梨、小孩）配對放入模型中。

　　□四種圖形正確配(C)　□只能配對一個圖形(P)　□示範後仍不會配對(N)

(2)操作：將雨傘、小孩放右邊，蝴蝶、梨放左邊。

　　□正確通過中線取物配對至少一次(C)　□只通過中線取物配對一次(P)　□無越過中線的動作(N)

22. 完全不同的形狀。

(1)操作：三隻大小手套，要求配對。

　　□指出每一隻手套的正確位置(C)　□正確指出一個手套的位置(P)　□示範後仍不會配對(N)

(2)操作：三隻大小手套，正確放入木板模型中。

　　□每隻手套皆正確放入木板中(C)　□至少能將一隻手套正確放入木板中(P)　□示範後仍不會配對(N)

23. 區別大小。

(1)操作：三隻大、中、小手套和木板模型。教師說：「這裡有三隻手套，它們有什麼不同？哪一隻是這個（指著對應的木板模型）？」

　　□正確的認出大小(C)　□正確認出大或其中之一(P)　□無法正確指認(N)

(2)操作：三隻大、中、小手套，大的放右邊，小的放左邊，教師說：「給我小的手套」、「給我大的手套」重複做兩次。

　　□正確的認出大小(C)　　□正確認出大或其中之一(P)　　□無法正確指認(N)

24. 完成拼圖。

(1)操作：完成貓圖形（四片）的拼圖

　　□正確組合四片圖形，一定要接合(C)　　□至少能接合兩片圖形以上(P)

　　□經示範後，仍然無法正確組合圖形(N)

(2)操作：完成貓圖形（四片）的拼圖

　　□正確接合四片圖形(C)　　□至少能接合兩片圖形(P)　　□經示範後，仍無意願組合圖形(N)

(3)操作：完成牛圖形的拼圖

　　□正確接合六片圖形(C)　　□正確接合至少兩片圖形(P)　　□示範後，仍無意願組合圖形(N)

25. 配對。

操作：將紅、黃、綠、藍、白五種顏色的積木配對。任意選擇三種顏色配對。

　　□正確配對五種顏色(C)　　□正確配對至少一種顏色(P)　　□完全不會配對(N)

26. 辨認顏色。

(1)操作：紅、黃、綠、藍、白五種顏色的積木任取其一，說出顏色的名稱。

　　□正確認出五種顏色(C)　　□正確認出至少一種顏色(P)　　□無法或無意願正確辨認顏色(N)

(2)操作：完成貓圖形（四片）的拼圖

　　□正確接合四片圖形(C)　　□至少能接合兩片圖形(P)　　□經示範後，仍無意願組合圖形(N)

27. 尋找聲音的來源。

(1)操作：將鈴放在背後，用手搖鈴，觀察學生對鈴聲的反應。

　　□傾聽並尋找聲源(C)　　□只是輕微的反應，可能在尋找聲源(P)

　　□無任何反應(N)

(2)操作：將鈴放在背後，用手搖鈴，觀察學生對鈴聲的反應。

　　□能適當的反應聲音，指情緒(C)　　□延遲反應或對聲音有輕微的反應(P)

□過度反應，如情緒不穩(N)

28. 單獨走路。操作：（只對幼兒）觀察是否能單獨走路，或抓對方的手走路。
　　□單獨走路不需支持(C)　　□需在其左手或右手支持(P)　　□需支持兩手(N)

29. 拍手。操作：教師拍手數次，確定學生是否注視。
　　□跟隨教師拍手(C)　　□試著拍手，但不成功(P)　　□無拍手動作(N)

30. 單腳站立。操作：不必依賴其他器物單腳站立。
　　□單腳站立一至二秒(C)　　□需扶持才能單腳站立(P)　　□無單腳站立意願(N)

31. 雙腳跳躍。操作：教師示範雙腳跳（學生在無意中起跳，仍算通過）。
　　□同時雙腳跳(C)　　□只有單腳跳或有動作卻沒跳起(P)　　□無跳的動作(N)

32. 模仿大肌肉動作。操作：教師說：「看著我，舉起手臂，向上伸展、雙手摸鼻子」。
　　□能模仿三個動作(C)　　□至少模仿一個動作(P)　　□無任何模仿意願(N)

33. 手指動作系列。操作：手掌打開看著學生，示範用拇指接觸食指、中指、無名指、小指。
　　□拇指能接觸每一根手指(C)　　□拇指至少接觸其中一根手指(P)　　□拇指雖有動作，但未與其他手指接觸，或完全無意願(N)

34. 接球。操作：教師將籃球拋給學生接。
　　□拋三次至少接到一次(C)　　□嘗試去接球但未接到(P)　　□不會嘗試接球(N)

35. 拋球。操作：學生將球拋回給教師。
　　□試拋三次，至少有一次將球拋出(C)　　□嘗試拋球但未成功(P)　　□不會嘗試拋球(N)

36. 踢球。操作：教師將球交給學生（或滾球），鼓勵學生踢三次。
　　□踢球三次至少一次成功(C)　　□嘗試踢球但未成功(P)　　□不會嘗試踢球(N)

37. 單腳優勢。操作：只用左腳或右腳，踢球或上下樓梯（固定用左腳先下或右腳先下）。
　　□明顯的單腳優勢(C)　　□單腳優勢落後同齡兒童(P)　　□無單腳優勢(N)

38. 帶球。操作：要求自閉症兒童將球放入籃內或放在桌上。
　　□帶著球至少四步以上才掉落(C)　　□帶著球至少兩步以上(P)　　□不會帶球向前走(N)

39. 推球。操作：坐著對著目標（教師）推球。

□對準目標推球(C)　□推球但沒有目標(P)　□不會推球(N)

40. 換腳走樓梯。操作：左右腳交換走樓梯。
　　□只用左腳或右腳上每個階梯(C)　□能走樓梯，但每一階都需兩腳著地(P)
　　□不會上樓梯(N)

41. 坐椅子。操作：要求自閉症兒童自己坐椅子。
　　□自己坐椅子不需協助(C)　□嘗試坐椅子需協助(P)　□不會嘗試坐椅子(N)

42. 玩躲貓貓。操作：用浴巾蓋住自閉症兒童的頭，當他掀開浴巾，教師問：
　　「你是誰？」或用雙手搗臉。
　　□能了解遊戲意義(C)　□跟隨遊戲但需提示(P)　□對遊戲無興趣(N)

43. 發現隱密的物品。操作：用杯子或毛巾蓋物，鼓勵自閉症兒童去拿。
　　□能很快發現東西(C)　□需提示或發現部分物品(P)　□不會發現物品(N)

44. 鏡中自我。操作：對著鏡子，教師問：「你看見什麼？」。
　　□能適當反應（說出自己名字、做鬼臉或輕指鏡子）(C)　□反應不太正確
　　(P)　□不當反應（避免看自己，躲在鏡後或過度興奮）(N)

45. 身體接觸反應。操作：教師以雙手輕拉或搖自閉症兒童。
　　□能適當反應（表示高興、親近）(C)　□沒有積極反應(P)　□不當反應
　　（尖叫逃開、害怕哭泣）(N)

46. 搔癢反應。操作：用手搔癢自閉症兒童。
　　□表示喜悅(C)　□輕微迴避(P)　□尖叫不停笑或害怕(N)

47. 聽哨音來源。
　　⑴操作：活動進行中，教師故意吹哨子，測驗自閉症兒童知覺聲音的來源。
　　　　□正確的發聲源(C)　□能反應聲源但不太正確(P)　□完全不知聲源(N)
　　⑵操作：對聲音過度反應，或是注意所有的聲音。
　　　　□對聲音表示好奇並探知聲源(C)　□輕微的不當情緒(P)　□嚴重的不
　　　　當情緒（過動、掩耳或完全無反應）(N)

48. 動作反應。操作：叫學生過來，把積木拿走；給教師蠟筆，坐下。
　　□對所有動作均有反應(C)　□只對部分反應(P)　□完全無反應(N)

49. 用杯喝水。操作：學生喜歡的飲料注入杯中。
　　□用手正確抓取杯子喝飲料，不會溢出(C)　□會用手掌和手指抓杯，喝飲
　　料會溢出(P)　□沒有人協助便無法抓取(N)

50. 尋求協助的動作。操作：物品放入瓶中蓋住，學生能自己打開，或抓別人的手去打開，教師可問：「是不是要打開？」。
□能用動作或語言尋求協助(C)　□沒有積極尋求協助的動作(P)　□完全不會要求協助(N)

51. 細繩反應。操作：將細繩放置於桌上，要求學生拿起並使用它。
□對細繩反應與一般兒童無異(C)　□對細繩反應有些特別或無興趣(P)　□過度反應（拿起細繩輕拍、抽動或咀嚼）(N)

52. 穿珠。操作：四個珠子和一條繩子放在桌上，教師示範如何穿珠。
□能成功穿珠兩個以上(C)　□能成功穿珠一個以上(P)　□不知如何穿珠也不願意穿(N)

53. 搖動穿珠。操作：將穿好的珠子拉起並左右擺盪。
□能左右擺盪(C)　□能試著擺盪，但不一定能成功(P)　□不願意做任何擺盪動作(N)

54. 取管中的珠了。操作：將六個正方形珠子，裝入十公分長的吸管，要求學生將之倒出。
□雙手合作，一手抓管、另一手搖動，倒出全部珠子(C)　□用一隻手，倒出一或二個珠子(P)　□不會做，亦不願意做(N)

55. 手指動作協調。操作：使用兩隻手穿珠、剪紙、塗色。
□雙手能協調合作(C)　□知道如何用雙手做，但動作笨拙(P)　□不會做，亦不願做(N)

56. 雙手交換。操作：兩手能交換操作拼圖、穿珠。
□很容易交換操作(C)　□交換操作有困難(P)　□不會交換操作，亦不願意做(N)

57. 詢問名字。操作：教師問：「你叫什麼名字？」
□能說出名字(C)　□只說出姓、或名、或乳名(P)　□回答錯誤(N)

58. 男生或是女生。操作：問學生的性別。
□正確說出性別(C)　□不正確的說出性別，或跟隨著說出「你是男生或女生」(P)　□沒有反應(N)

59. 主動塗鴉。操作：提供白紙和蠟筆要求學生塗鴉，教師可以示範。
□主動塗鴉或在紙上畫點或符號(C)　□經示範後才會塗鴉(P)

□經示範後仍不會塗鴉(N)

60. 顯示手部優勢。操作：從 61 ─ 67 測驗均能顯出手部優勢。

　　□明顯手部優勢(C)　□比同齡兒童手部優勢差(P)　□無手部優勢(N)

61. 仿繪線條。操作：仿繪直線、橫線。

　　□畫出的線條與示範的線條一致，三次試繪至少畫出一垂直線(C)

　　□雖畫出垂直線但歪斜(P)　□無法繪出垂直線（縱線）(N)

62. 仿繪圓形。操作：示範繪出圓形。

　　□不需示範即能繪出一個圓（三次試繪）(C)　□出現有稜角的圓，需加以示範(P)　□不會繪出圓形(N)

63. 仿繪正方形。操作：示範繪出正方形。

　　□三次試繪即能繪出一個正方形(C)　□繪出的圖形邊不相等，角未呈九十度，需加以示範(P)　□不會，亦無意願繪出正方形(N)

64. 仿繪三角形。操作：示範繪出三角形。

　　□三次試繪即能繪出一個三角形(C)　□線段扭轉彎曲，角度異樣，需加以示範(P)　□不會，亦無意願繪出三角形(N)

65. 仿繪菱形。操作：示範繪出菱形。

　　□三次試繪即能繪出一個菱形(C)　□線段明顯波動，需加以示範(P)
　　□不會，亦無意願繪出菱形(N)

66. 形狀塗色。操作：用蠟筆在繪出的松鼠圖形中塗色，只在尾巴、耳和腳塗色

　　□能依指示在尾巴、耳和腳塗色(C)　□能在尾巴、耳和腳塗色，但十分紊亂(P)　□不會，亦無意願塗色(N)

67. 描繪圖形。操作：用蠟筆描繪圓形、正方形、三角形和菱形。

　　□至少繪出三種圖形(C)　□能繪出一種圖形(P)　□不會，亦無意願描繪(N)

68. 字的配對（或注音符號）。操作：打開幼兒書籍，有大字體的注音符號或國字，用字卡配對（ㄅ、ㄆ、ㄇ、ㄈ、ㄉ、ㄊ、ㄋ、ㄌ、ㄍ）（大、中、上、左、坐、來、日、天、星）。

　　□能全部配對九個字(C)　□至少配對兩個字(P)　□不會配對，亦無意願配對(N)

69. 表達性配對。操作：說出第 68 題的國字或注音。

　　□能說出全部九個字(C)　□至少說出一個字(P)　□不會正確的說出，亦

無意願說出(N)

70. 接受性配對。操作：以第 68 題的注音與國字為內容，教師：「請給我
ㄊ。」。
　　□正確的給教師全部九個且第一次就成功(C)　□至少給教師正確的字兩個
以上(P)　□不會把字拿給教師，亦無意願(N)

71. 描寫文字。操作：以第 68 題的注音與國字為內容，請學生描寫每一個字
（字體要大）。
　　□正確描寫七個字以上(C)　□正確描寫一個字以上(P)　□不會寫任何字(N)

72. 畫人。操作：給學生一分鐘時間畫出人物，不給予任何線索或填補遺漏。
　　□能畫出頭、身體、手和腳以及至少一個臉部的器官(C)　□無法清楚畫出
人體，如頭與身體連結(P)　□不會臨摹畫人，亦無意願畫(N)

73. 正確的寫出姓。操作：用蠟筆寫出自己的姓。
　　□不必示範即能寫出自己的姓(C)　□寫出的姓，筆畫錯誤(P)　□完全不
會寫(N)

74. 剪紙。操作：示範用剪刀剪紙。
　　□能用剪刀剪紙(C)　□雖不會剪紙，但知道怎麼拿剪刀及剪的動作(P)　□
完全不會拿剪刀，亦無剪紙意願(N)

75. 觸摸事物。
　⑴操作：將筆、積木、蠟筆、球、銅板放在袋內，要求學生取出所要求的
　　物品（物品取出後放回）。
　　　□正確取出所要求的物品至少四件(C)　□正確取出所要求的物品至少一
　　件(P)　□不會從袋中取出任何所要求的物品(N)
　⑵操作：將筆、積木、蠟筆、球、銅板、鈕釦、鑰匙放在袋內，要求學生
　　取出所要求的物品（物品取出後放回）。
　　　□正確取出所要求的物品至少六件(C)　□正確取出所要求的物品至少一
　　件(P)　□不會從袋中取出任何所要求的物品(N)

76. 人物拼圖。操作：給一個小孩子的全身輪廓，和部分身體構造圖片，包括
頭髮、眼睛、鼻、口、衣服、褲子，要求學生拼成人形。
　　□能正確拼成人形(C)　□只能拼出部分人形(P)　□不會，也無意願拼(N)

77. 單獨遊戲。觀察：單獨遊戲有困難嗎？無組織的行為？過度退縮？過度活

動？不會做正常探索，有自我刺激行為？以上行為可在環境中觀察二至五分鐘。

　　□使用器材的方式與同齡兒童無異(C)　　□遊戲時表現無興趣或異於同齡兒童的行為(P)　　□遊戲中孤獨、自我刺激、過動(N)

78. 自動的社會行為。觀察：與他人主動交互作用（主動與人交談、問問題、分享食物或展示東西）

　　□與主試者用語言或非語言交互作用(C)　　□似乎知道主試者存在，但不會主動交互作用(P)　□完全與主試者不發生交互作用(N)

79. 反應主試者的聲音。觀察：學生無視於主試者的存在，主試者馬上叫：「過來，坐這裡。」觀察兒童對命令的反應。

　　□適當的反應主試者的語言和非語言，如眨眼或說好(C)　　□延遲對主試者反應(P)　□完全無語言和非語言反應(N)

80. 堆積木。操作：將十二塊積木一塊塊堆疊，練習三次，至少疊八塊，然後再推倒散置。

　　□至少一次成功的堆疊八塊以上並推倒(C)　　□至少堆疊三塊以上(P)　　□只堆疊兩塊(N)

81. 把積木放入盒子。操作：將十二塊積木放入小盒子中（洞口很小），主試者可示範兩次。

　　□至少放入一塊(C)　　□嘗試放入但沒成功(P)　　□不會，也無意願放(N)

82. 計數積木。操作：將兩塊積木放在桌上，要求數出一、二，回應後再放五塊積木，繼續數到七。

　　□能正確數到七(C)　　□只能數到二(P)　　□完全不會做(N)

83. 分段指示。操作：將積木和杯子放在桌上，教師：「把一個積木放入杯內，再把杯子放在地上。」

　　□能正確做出兩階段動作(C)　　□只會將積木放杯內，或只會將杯子放地上，或放許多積木在杯內(P)　　□不會聽指示，也無意願去做(N)

84. 分類。操作：六個同顏色積木和六個黑棋子，要求學生配對放入容器（必要時，教師可示範第二次）

　　□兩個容器分別放入六個積木和六個黑棋(C)　　□兩個容器各自放入四個積木或黑棋(P)　□兩個容器各只放入四個以下的積木或黑棋(N)

85. 投籃。操作：將六塊積木準確投入籃中，觀察學生的投擲能力。投籃距離兩公尺。

　　□至少投入一塊(C)　　□已努力投出，但未投進(P)　　□不會投籃(N)

86. 重述數字。

　　⑴操作：跟著教師重述二或三個數字，如 2-9、5-7-1。

　　　□能正確的重述(C)　　□只能正確重述兩個數字(P)　　□無法正確重述(N)

　　⑵操作：跟著教師重述四或五個數字，如 5-8-6-1、7-1-4-2、3-2-9-4-8、7-4-8-3-1。

　　　□能正確的重述四或五個數字(C)　　□只能正確重述四個數字(P)　　□無法正確重述四或五個數字(N)

87. 唱數。操作：教師：「從一數到十，我現在數一，接下去呢？」

　　□能正確數到十(C)　　□至少數到三以上(P)　　□只能數到三以下的數(N)

88. 認數。操作：取 1-10 的數字卡，要求學生讀出數字。

　　□能正確讀出一至十(C)　　□至少讀出三個數字(P)　　□讀出少於三個數字(N)

89. 計數能力。

　　⑴操作：教師：「小明有一個球，再給他兩個，現在小明有幾個球？」「小明有兩元，再給他五元，現在小明共有幾元？」「小明有五塊積木，再給他兩塊，現在小明有幾塊積木？」

　　　□至少做對兩題(C)　　□至少做對一題(P)　　□全部不對或不知如何回答(N)

　　⑵操作：教師：「小明有五個球，拿走兩個，還剩幾個球？」「小明有兩元，媽媽再給他四元，現在小明共有幾元？」「小明有三塊積木，爸爸再給他一塊，現在小明有幾塊積木？」

　　　□至少做對兩題(C)　　□至少做對一題(P)　　□全部不對或不知如何回答(N)

90. 發現藏匿物。操作：一塊餅乾和三個不透明杯，將餅乾放入中間的杯子，隨後與右邊的杯子調換位置，請學生說出餅乾在哪個杯子中；如有困難，可將餅乾取出再放入。依此方法調換位置三次。

　　□三次試驗至少有兩次正確指出餅乾位置(C)　　□三次中至少有一次正確指出餅乾位置(P)　　□全部不對或無意願回答(N)

91. 抓取物品。操作：將餅乾放在手掌上，拿給學生。觀察學生如何取走餅乾。

　　□用拇指和食指取餅乾(C)　　□以拇指與其他手指取餅乾(P)　　□不會用手

指，或以手指和手掌併用(N)

92. 描述物品功能。操作：準備口哨、球、鼓、鑰匙、小鋸子，隨機拿取一樣，教師：「告訴我，這個可以做什麼？」
□能說出（或動作）五種物品的功能(C)　□能說出（或動作）三種物品的功能(P)　□不會做出物品功能的動作，或無意願表達(N)

93. 鈴聲反應。
(1)操作：當學生做其他工作時，主試者搖鈴以觀察學生的反應。
□清楚而正確的指出（語言或非語言）聲音來源(C)　□能反應聲音，但不能確定聲源(P)　□對聲音無反應(N)
(2)操作：當學生做其他工作時，主試者搖鈴以觀察學生的反應。
□對聲音有適當的反應(C)　□輕微的延宕反應或不當的情緒反應(P)　□對聲音過度敏感，包括掩耳、害怕或過動(N)

94. 模仿聲音。操作：要求學生模仿搖鈴、敲湯匙、拍手。
□能模仿三個動作並發出聲響(C)　□只是玩鈴、湯匙或無意義的拍手(P)　□不會模仿任何聲音與動作(N)

95. 認識形狀與顏色。操作：將紅、綠、紫三種不同顏色的正方形、圓形、三角形卡片十二張放在桌上，要求學生將相同的放在一起。
□不必提示就能將十二種顏色與形狀的卡片放在一起(C)　□至少能將顏色或形狀之一分類(P)　□經示範後仍不會做，亦無意願做(N)

96. 實物與圖案配對。操作：用襪子、杯、牙刷、蠟筆、剪刀、梳子、鉛筆與形狀大小、顏色相同之圖片配對。
□至少能正確配對五種物品(C)　□至少能配對兩種物品以上(P)　□完全不會配對(N)

97. 說出物品的名稱。操作：要求學生說出下列物品的名稱：襪子、杯、牙刷、蠟筆、剪刀、梳子、鉛筆。教師問：「這是什麼？」如果不會回答，教師便說「這是……」
□至少能正確說出五種物品的名稱(C)　□至少能說出一種物品的名稱(P)　□無法說出任何物品的名稱(N)

98. 要求物品。操作：將襪子、杯、牙刷、蠟筆、剪刀、梳子、鉛筆放入盒中，向學生說：「給我襪子（或其他物品）。」

□至少能給予三種被要求的物品(C)　　□至少能給予一種被要求的物品(P)　　□不會給予任何物品(N)

99. 說出物品的功能。操作：用杯子、湯匙、剪刀、蠟筆、梳子當工具，要求學生說明物品的功能。

□能說出每種物品的功能(C)　　□至少說出一種物品的功能(P)　　□不會說出任何一種物品的功能(N)

100. 輕觸開關。操作：要求學生開和關一般的開關。

□能開和關一般的開關不需示範(C)　　□企圖開和關一般的開關，但未成功(P)　　□完全無意願開和關一般的開關(N)

101. 閱讀興趣。操作：將有文字和圖畫的書放在桌上，問學生：「請你讀讀看。」

□能打開書注視書中的圖案，並表示有興趣(C)　　□會打開書但對內容無興趣(P)　　□不會打開書，甚至鼓勵他都不願有翻書的動作(N)

102. 指認圖案。

⑴操作：打開書本，要求學生指認書中的圖案，如杯子、牛奶、口香糖等。

□能指認十四種圖案(C)　　□至少指出一種圖案(P)　　□不會正確回答，亦無意願指認圖案(N)

⑵操作：打開有圖案的書，指著圖問學生：「這是什麼東西？」若圖案中的物品有動作，則問：「他在做什麼？」

□能正確說出至少十四個圖案的內容(C)　　□能正確說出至少一個圖案內容(P)　　□不會正確回答，亦無意願指認圖案(N)

103. 仿說聲音。操作：教師：「聽我怎麼說『mmm, ba-ba, pa-ta, la-la, da-da』」

□至少能仿說三種聲音(C)　　□至少能仿說一種聲音(P)　　□不會仿說任何聲音(N)

104. 仿說字彙。

⑴操作：要求學生說：「上、站、車、糖」。

□至少說出二至三個字彙(C)　　□至少說出一個字彙或一個字彙的部分，如ㄕㄤ(P)　　□不會仿說任何字彙(N)

⑵操作：仿說：「我要吃飯」、「我不哭」、「我要睡覺」。

□至少能說出兩個句子以上(C)　　□至少能說出一個句子或部分句子，如

我吃(P)　□無法說出兩個字彙以上(N)

105. 仿說簡單句。操作：仿說「我看見飛機在空中」「小明會拍紅色的球」「小明買了一個玩具」

　　□至少能正確說出兩句，發音不很清楚亦算通過(C)　□至少能說出一句，發音略有錯誤亦算通過(P)　□無法仿說至少四個字彙以上(N)

106. 仿說複句。操作：仿說「雖然我不喜歡狗，但是我不害怕」、「吃飯之前要先洗手」、「如果我聽話，就可以吃冰」

　　□至少能正確說出二句以上(C)　□至少能說出一句或說兩個不同句子的子句(P)　□無法仿說兩個子句以上(N)

107. 自發語句。操作：主試者做一些動作，問學生：「剛剛我做了什麼？」「敲打盒子」、「吃水果」、「把蓋子放在盒子上」、「抱洋娃娃」、「喝水」

　　□至少有四句自發語言(C)　□至少一句自發語言(P)　□不會回答問題(N)

108. 聽指令。操作：主試者要求學生「站起來、坐下、過來、手放好、打開窗戶」

　　□能聽與做三個指令以上(C)　□能聽與做一個指令以上(P)　□不會聽從指令(N)

109. 模仿他人行為。操作：看完他人行為後，能模仿其行為（非自我刺激行為）至少三遍以上。

　　□知道如何模仿他人動作，且對動作表示有趣而反覆模仿(C)　□知道要模仿，但不會反覆模仿(P)　□完全不知模仿動作(N)

110. 使用兩個字的詞。操作：主試者用一些語言引導學生說話：

　　⑴果汁和杯子（你喜歡果汁嗎？你要喝點果汁嗎？哪裡有杯子？你會向別人要餅乾嗎？）

　　⑵餅乾（你要吃餅乾嗎？你要不要帶一些餅乾回家？）

　　⑶梳子（這是什麼？你用梳子做什麼？誰幫你梳頭髮？）

　　⑷泡泡（怎樣才能吹泡泡？你喜歡泡泡嗎？告訴我，你正在做什麼？）

　　　□至少能說出三種不同的句子(C)　□至少能說出一個字彙(P)　□不會使用字詞(N)

111. 使用四至五個字的詞。操作：看「語言書本」，指著書中的圖要求學生

「告訴我，你看到什麼？你家有沒有這個？告訴我，你家的狗、貓、球是誰買的？你最喜歡吃什麼？你怎麼穿衣服？」。

□至少能使用一次四至五個字的詞(C)　□能使用短詞（兩個字）(P)

□不會回答問題(N)

112. 完成連續概念。操作：主試者要求學生一次完成兩個概念

(1)指著你的眼睛（耳朵、手指等），同時問主試者「這是什麼？」

(2)指著你的衣服（鈕釦、鞋子等），同時問主試者「這是什麼？」

(3)指著餅乾（積木、杯子等），同時問主試者「這是什麼？」

□至少能一次完成兩種概念一項以上(C)　□只會完成一個動作，不會問問題(P)　□不會做動作也不會問問題(N)

113. 使用代名詞。操作：材料含果汁、兩個杯子、餅乾、布偶。教師：「誰的手有布偶（果汁、杯子、餅乾）」、「誰喝果汁」「誰吃餅乾」。

□至少能使用一個代名詞以上（我、你、他、我們、你們、他們）(C)

□錯用代名詞(P)　□完全不會說代名詞(N)

114. 認識字彙。操作：打開「語言書本」，指著上一欄的字「球、狗、人、房屋」

□至少能讀出三個字(C)　□至少能讀出兩個字(P)　□完全不會讀字(N)

第 115、116 題的短文：

「小明有一隻狗和一隻貓，也有一個大球。貓和狗和小明在一起，小明很喜歡和貓、狗玩，狗跳到小明的球上，貓跑到街上，小明去抓牠，把牠帶回家，小明把貓留在家，球收在盒子裡。」

115. 閱讀短文。操作：主試者給學生一段文章，文中每一句皆為短句，要求學生閱讀。

□至少能讀出一個短句(C)　□至少能讀出文中的一個詞或兩個連續的字(P)

□完全不認識字(N)

116. 文意測驗。操作：依短文回答下列問題：「小明擁有哪些動物？」「小明跟誰玩？」「誰拍小明的球？」

□至少能正確回答二至三個問題(C)　□至少能正確回答一個問題(P)

☐無法回答任何問題(N)

117. 收拾測驗工具。操作：主試者測驗結束後，指導學生收拾測驗工具。經過一或二次指導後，觀察學生是否會主動收拾測驗工具。

☐只需很少提示即能收拾測驗工具(C)　☐需要每次都提示才會收拾(P)　☐無法養成收拾測驗工具的習慣(N)

118. 說再見。操作：測驗期間，主試者在做有布偶的測驗題之後，向布偶搖手說「再見」，觀察學生是否向布偶搖手說再見。

☐只需很少提示即能向布偶說再見(C)　☐需要多次提醒，或再見的動作不明顯(P)　☐完全不會說再見(N)

119. 擰扭反應。觀察：「我要擰扭你」，主試者說完即輕微擰扭學生。然後問：「會痛嗎？」觀察學生是否過度反應、無反應、故意要讓主試者知道他（學生）的疼痛。

☐哭、說不要或好痛，只是短暫時間即停止(C)　☐只是輕微反應(P)　☐大聲哭、尖叫、捲身、過動等(N)

120. 探測環境。觀察：測驗過程中，學生對測驗環境是否有不當反應。

☐正常的探測測驗環境(C)　☐對探測環境毫無興趣或有些敏感(P)　☐極度不適應，尖叫、捲身、過動等(N)

121. 探測測驗工具。觀察：測驗過程中，學生對測驗工具的反應。

☐用視、觸覺去接觸測驗工具並表示有興趣(C)　☐不停注視測驗工具或對測驗工具無興趣(P)　☐對測驗工具極不適應，尖叫、過動(N)

122. 尋求主試者協助。觀察：測驗過程中，學生會不會請求協助完成工作、向主試者要求飲料或想要的東西。

☐有要求協助的動作(C)　☐很少有要求協助的動作，或以非直接的動作要求(P)　☐完全沒有請求協助的動作(N)

123. 懼怕反應。觀察：對測驗情境或陌生情境，不是過度懼怕就是完全漠然，或離開父母懷抱就有激烈的情緒反應。

☐情緒反應恰當(C)　☐比同齡孩子有過多不當的情緒反應(P)　☐過度害怕、甚至很長時間才能平穩，或完全神情漠然(N)

124. 固持行為。觀察：進行結構與非結構測驗，身體與動作是否有固持現象。

☐雖偶有動作不協調，但無固持行為(C)　☐偶爾有固持行為(P)　☐有嚴

重固持行為或自傷行為 (N)

125. 感知主試者的存在。觀察：學生是否感知主試者的存在？能不能反應主試者的聲音，是否有眼神接觸，或對讚美與微笑沒有反應。

□與主試者有適當的眼神接觸，傾聽聲音或微笑(C) □缺乏社會性接觸，如眼神接觸、自發反應(P) □完全無反應，漠視主試者存在(N)

126. 與主試者合作。觀察：學生是否配合主試者的要求？是否了解詢問的問題？

□學生會接受主試者的要求，若不會回答亦能以動作表達(C) □有輕微的不合作，消極反應(P) □過度不合作，十分消極反應(N)

127. 注意力長度。觀察：學生是否注意主試者、測驗工具，或主試者要求學生合作時，學生是否有正常反應。

□汪意力反應時間與一般正常兒童無異(C) □注意力反應時間過於短暫(P) □注意力只是瞬間出現，不能與主試者合作(N)

128. 忍受中斷。觀察：主試者拿走學生喜愛的測驗工具，學生是否有激烈的情緒反應。

□主試者更換測驗內容，學生能忍受被拿走測驗工具(C) □主試者更換下一個測驗內容，較難忍受(P) □無法忍受更換測驗內容(N)

129. 音調變化。觀察：語言的型態是否異常。

□語言、音調、音色、頻率與正常兒童無異(C) □音調平板，說話速度有時太慢、有時太快(P) □語言明顯怪異，包括聲調、速度、高低變化異常(N)

130. 語言含混不清。觀察：是否不斷的反覆，無意義或無法了解的聲音或語言。

□無含混不清的語言(C) □經常出現含混不清的語言(P) □所有口語皆含混不清(N)

131. 字彙意義。觀察：說出的字或語詞是否不具意義。

□語言表達得體，具溝通功能(C) □使用字詞有笨拙、不當(P) □語言表達並不反應實際需要或不斷重述電視廣告(N)

132. 使用暗喻語言。觀察：學生是否經常使用無法理解的語言或怪異的語言。

□依情境需要語言表達得體(C) □偶會使用無意義的語言，但有些語言仍有溝通價值(P) □口說無意義的字句、暗喻語言(N)

133. 延宕回覆音。觀察：學生是否不斷的重述過去聽到的某些字句。

□不會重複不斷的說某些字句(C) □偶會重述曾經聽過的字句(P) □不

斷的重述曾經聽過的字句(N)

134. 立即回覆音。觀察：學生是否不斷的重述最近聽到的字句。

□不會重複不斷的說最近聽到的字句(C) □偶會重述最近聽到的字句(P)

□不斷的重述最近曾經聽過的字句(N)

135. 固持字句與聲音。觀察：學生是否不斷的反覆說出字句或聲音。

□不會固持說出字句與聲音(C) □偶會固持說出字句與聲音(P) □固持

說出字句與聲音(N)

136. 錯用代名詞。觀察：學生是否錯用代名詞你、我、他。

□會正確的使用代名詞(C) □偶會錯用代名詞(P) □經常錯用代名詞，

似乎不了解你我他代名詞的意義(N)

137. 無法理解的語言。觀察：學生是否有發音、拼字、聲音等混淆不清。

□發音、拼字、聲音清楚容易了解(C) □偶有發音、拼字、聲音的混淆而

無法理解(P) □發音、拼字、聲音混淆不清無法理解(N)

138. 造句能力。觀察：詞彙、句子結構是否運用錯誤。

□能正確的說出字彙與句子(C) □偶有詞彙、句子應用錯誤(P) □使用

詞彙、句子紊亂、錯誤(N)

139. 自發性溝通。觀察：學生是否沒有能力回答問題，或溝通缺乏變化，沒有

自發語言。

□溝通內容富於變化，亦有自發語言(C) □少有自發語言，缺乏相互溝通

的能力(P) □無任何自發語言或固持於某一主題(N)

140. 要求具體求償的動機。觀察：學生是否因為想得到酬賞而有學習動機。

□行為因可獲得酬賞而有動機(C) □行為目的不全然為獲得酬賞(P)

□完全沒有獲得酬賞的動機(N)

141. 尋求讚美的動機。觀察：學生是否在乎主試者的讚美。

□未獲得社會增強而有動機(C) □少有獲得社會增強的行為動機(P)

□對社會性增強完全沒有反應(N)

142. 自發的動機。觀察：學生是否對完成所給予的工作有興趣，或缺乏工作動

機。

□對於完成所給予的工作相當有動機與興趣(C) □對於完成所給予的工作

少有興趣(P) □對於完成所給予的工作完全無興趣(N)

第九章

增進自閉症兒童的遊戲能力

鄭秀真

第一節　遊戲對幼兒發展的重要性

　　孩子在成長中,透過「玩」,學習到許多基本的技能,也學習表達自己,與人溝通,並認識自己和周遭的環境。遊戲是孩子最喜歡的一種活動方式,莎翁說:「遊戲是兒童的工作。」法國教育家盧梭在《愛彌兒》一書中提出:「兒童時代是理性的睡眠時期,只要任他遊戲即可。」遊戲可以說自有人類起便有的一種活動,是一種自發的、自我滿足的活動,是孩子生活的全部,也是幼兒重要的學習途徑。

　　然而遊戲是什麼?它的意義在哪裡?自古以來便有不少學者提出各種遊戲理論,從古典到現代,可謂五花八門。這些理論都在闡釋遊戲在兒童發展中所扮演的角色,我們也可從現代的遊戲理論中更了解人類遊戲行為的現象與目的。學者們從遊戲的目的及功能來解釋兒童的遊戲行為,一方面可以幫助我們了解遊戲,另一方面可藉著遊戲來幫助孩子學習與治療。

一、何謂遊戲

(一) 心理分析論

　　心理分析論(psychoanalysis theory)由 Freud 所提,認為遊戲可以調節孩子的情緒,具淨化作用,可以幫助孩子治療因創傷而來的負向情感,並調節其受挫經驗。如:孩子被罵或處罰時,轉而向玩具或布偶發洩,即是將負向情緒

轉移他物而得到紓解。一些兒童心理治療師所強調的遊戲治療,即是藉由觀察孩子的遊戲動作與表現,找出病因而予以適當輔導。

(二) 認知理論

認知理論(cognitive theory)有三個學派分別提出對遊戲在孩子發展上的看法:

1. Piaget 針對兒童智力發展的各個階段提出遊戲的型態:

零至二歲是感覺動作、熟練性遊戲。

二至七歲為想像性、裝扮性遊戲。

七至十一歲則是有規則性的遊戲。

Piaget(1962)認為遊戲是一種不平衡狀態,且同化作用(修正事實以符合原有的認知結構)大於調適作用(改變認知結構以配合實際情況)。因遊戲無所謂調適,孩子在遊戲中不用學習新技巧,是透過遊戲去練習並鞏固最新的技巧,進而達到熟練的程度。Piaget 認為缺乏練習及鞏固技巧,孩子可能也很快失去表徵的技巧。

2. Vygotsky(1976)認為,遊戲可以直接促進兒童的認知發展。孩子在三、四歲時,進入能區分意義與實物的想像思考階段,才能玩想像遊戲。因此,表徵性遊戲對兒童的抽象思考能力十分重要。

3. Bruner(1972)認為,遊戲的方法與過程,比遊戲的結果來得重要。又遊戲中可嘗試很多新的行為及玩法,可以應用在日後的日常生活中,解決生活上的問題。因此,遊戲助長了兒童的變通能力(flexibility)。

不管各種遊戲的理論如何,因為孩子無時無刻都在玩,遊戲大致上具有五項特徵(Rubin, Fein, & Vandenberg, 1983):

1. 孩子主動參與,沒有固定模式。

2. 遊戲出自內在動機(intrinsic motivation)。

3. 重過程而輕結果(process over product)。

4. 是一種自由選擇(free choice)。

5. 具有正向的影響(positive affect)。

二、遊戲的功能

從遊戲的功能與目的，大致上遊戲對幼兒發展的重要性可以從以下兩方面來說明。

(一) 是生活的全部

許多兒童心理學家及兒童臨床心理學者認為成人若想徹底了解兒童的生活世界，就得和孩子玩在一起。遊戲對孩子而言，是生活的全部。「玩」、「遊」、「戲」，是孩子與外界互動的三種形式（陳娟娟，1993）。在「玩」中，孩子用操作實物（如玩具、物品），達到與物的互動；在「遊」中，不知不覺與環境互動，得到新的經驗或刺激的感受；從「戲」裡培養同儕之間的社會關係（如扮家家酒），與人產生互動，學習社會技巧。對幼兒而言，玩的相反是「不玩」、「無所事事」，因此，玩可以說是幼兒與周遭環境的人和事物的互動。

玩，提供孩子樂趣和挑戰，如果沒有玩，孩子的生活就會缺少各種刺激和學習的機會，也會變得退縮，缺乏參與活動的熱忱。

(二) 學習的重要媒介

從兒童的發展而言，孩子需透過感官認識世界，需透過具體操作的經驗和反覆練習來建構抽象的概念。因此，遊戲也就成了幼兒最好、最自然的學習方式，因為在玩當中，幼兒的潛能得以充分發揮。也許表面上看來遊戲似乎是漫無目的的一種活動，事實上，遊戲是一種準備工作，透過遊戲，孩子學習體驗生活，在未來的成人階段做鋪路。

遊戲幾乎占去兒童時期每日生活的大部分，遊戲也是兒童期成長過程中重要的學習來源。遊戲對兒童的教育功能如下（鄭秀真，1996）：

1. 幫助孩子如何正確執行，培養解決問題的能力。
2. 發展兒童的感官的能力。
3. 教導孩子如何操控自己的身體。
4. 增進兒童的注意力、模仿能力。
5. 發展兒童的想像力與創造力。

6. 幫助孩子認識自己、了解別人。

7. 提升兒童學會事物的來龍去脈，思索事物之間的關係。

8. 促進兒童的語言能力、溝通表達技巧。

9. 學習情緒的適當表達。

10. 學習與人分享、與人合作，建立良好人際關係。

整體而言，玩遊戲是孩子與外在世界溝通的橋樑。它不但能幫助孩子發現自我，探索問題，也滿足孩子與生俱來的好奇心，讓他們有機會表達自己對事物的看法和態度，因為遊戲是自動的、全心全意投入的。因此，遊戲本身就是一種教育。遊戲、生活、學習對幼兒而言，是三位一體。特殊兒的「幼稚期」特別長，這正式實施遊戲治療，寓教於樂的黃金時期。讓孩子可以玩出智慧，玩出歡樂，擁有在歡樂中學習成長的童年。

第二節　遊戲如何介入特殊幼兒的教育治療

一、何謂遊戲教育治療

「治療」的意義是針對個案的身心狀況提供改善、補救或服務，透過改變不愉快、不健康或達不到的狀況，而使個案能變得更愉快、健康或獲得能力。遊戲教育治療的意義是針對個案的障礙給予矯治，特別是在認知能力、行為問題、社會適應等方面加強補救與診療，達到教育的功能。遊戲對特殊幼兒而言，不只是玩而已，更具有學習與行為改變的作用。因此，遊戲可以當作一劑「處方」。筆者從事特殊兒童個案輔導多年的經驗，遊戲確實有改善障礙狀況的作用，在提升認知、學習能力等十分顯著。

遊戲治療是由 Freud 等心理學者用來協助語言較弱的孩子，紓解心理困擾的方法。十九世紀的醫療人員與特教老師發現遊戲治療對特殊幼兒具有紓解心理困擾、促進認知能力發展、增進人際相處技巧與社會互動、改善親子溝通、情緒與行為問題、提升親職效能等多元療效（王淑娟等，2002；林美珠，2001；魏渭堂，1998；VanFleet, 2003）。目前的遊戲教育治療模式有：團體遊戲治療、親子遊戲治療，及娛樂型、休閒型、治療型的醫院遊戲治療（黃惠如、郭靜晃，2001；VanFleet, 2003）。

二、遊戲對特殊幼兒的教育治療功用

(一) 促進知覺的發展

　　視覺、聽覺、觸覺是我們對人、事、物產生認知的重要管道，唯有透過感官知覺才能進入學習的歷程。然而特殊幼兒其視、聽、觸覺對刺激的感覺閾偏低，如智障兒對刺激朝向薄弱（陳榮華，1971），而遊戲則是提供多重感官輸入的最佳活動。如打擊樂器不但能提供聲音的刺激，也具有視覺、觸覺的刺激及大小肌肉運動的作用，能提高特殊幼兒偏低的感覺閾，促進知覺發展。此外，透過各種視、聽玩具的操弄，如插洞、拼圖、聽聲音找圖片等，提升對刺激的知覺，有助於對反映的敏捷性、正確性和精巧性。

(二) 增進動作發展

　　我們透過各種大、小肌肉的控制與協調，不但訓練了身體的協調性、敏捷性和平衡感，更使得個體逐段邁向獨立自主的各項活動。然而特殊幼兒的動作發展大多受到阻隔，造成行動不便或笨手笨腳，他們無法像一般孩子在追、趕、跑、跳、碰中發展各項動作技能。而遊戲和動作發展密不可分，只要經過精心設計，注意安全，採取漸進和逐步引導的方式，特殊幼兒能在遊戲中練習大小肌肉及身體手腳的協調，如騎木馬、三輪車；從玩翹翹板、溜滑梯、盪鞦韆等學習控制身體，得到前庭刺激和平衡感；透過玩積木、拼圖、穿線遊戲、畫圖等訓練手眼協調，獲得精細動作的技能。

　　特殊幼兒的動作能力獲得提升，才能有效進行孩子生活自理能力的訓練，早日能「獨立自主」，減少家庭的負擔，社會成本的付出，更重要的事，他們能過得較有「尊嚴」的生活，不用處處依賴他人。

(三) 協助集中注意力

　　注意力是學習各項技能的重要準備度之一，它就如同車子的機油，少了它，車子不但開起來無法順暢，甚至引擎因而報銷。注意力不足或有障礙，必定導致學習困難，無法有效吸收訊息與技能。特殊幼兒如自閉症、學習障礙、注意力缺陷過動症、智能不足等均有注意力的問題。事實上，絕大多數的特殊幼兒在注意力上都需要加以訓練，以提高學習效率。遊戲不僅提供孩子歡樂，

透過各種玩具操弄或遊戲，如拼圖、連連看、配對、走迷宮、堆疊……等，能培養孩子在注意力的延長和專注。一但注意力獲得改善，孩子在認知、學習上均能大有斬獲。

(四) 引發學習動機

學習動機是一種驅力（drive），如電池，才能使車子發動。特殊幼兒的學習意願很低，他們不堪挫折，因此不願再次嘗試，生活常常未學習前就「舉白旗」加以拒絕。一旦孩子沒有學習動機，整個學習幾乎停擺。而遊戲具有喚起（provocation）的作用，這在治療上是非常重要的策略，即藉由遊戲這項刺激以引起孩子的注意和維持興趣，使其在參與中獲得能力，達到教育治療的效果。因為在遊戲中學習自然十分愉快，因此，遊戲除了提供學習動機，更是一項絕佳的增強物。

(五) 培養語言溝通能力

人際之間透過溝通來交換訊息，傳達情誼，表達感受，而語言則是溝通中重要的工具之一。特殊幼兒由於心智或生理的障礙，導致語言溝通能力不良，其表現往往是「鴨子聽雷」、「不知所云」或「一指神功」。從各種受容遊戲中，如聽故事、聽 CD、看圖片、看圖畫書、觀賞影片等，是訓練語言溝通能力的最佳教材。此外，如打電話遊戲、辦家家酒、猜猜看或故事接龍，都可以讓孩子在遊戲中學習說話與表達。

(六) 穩定情緒

遊戲可以帶來歡樂無窮，能海闊天空地玩，讓情緒得以適當的「釋放」。因此，遊戲是一帖「退火消氣」的放鬆劑。特殊幼兒的情緒起伏較波動，他們又往往缺乏管理自己情緒的技巧與能力。藉著遊戲，特殊幼兒在和人與玩具的互動中，體會「放鬆」的感覺，從唱歌、表演、敲打中發洩情緒，寄託情感。情緒能穩定，學習才能有效進行與吸收。讓這群「失落」的孩子，在遊戲的歡樂中，「開放」自己，迎向未來。

(七) 提高團體參與的意願

　　特殊幼兒因心智、生理缺陷，往往在人群中顯得消極、退縮、不敢、不願、不會參與團體活動（Donald, 1976）。其實，獨樂樂不如眾樂樂，教師或父母只要費心設計，提供各式玩具，再邀些小朋友與特殊幼兒互動，學習遊戲規則，如輪流、合作，進而發展社會化，如禮儀、合作、服從、分享、協助等。

(八) 加強認知能力

　　特殊幼兒的認知能力差，而課堂上的枯燥乏味，往往扼殺了孩子的學習意願，但遊戲如同一位魔術師，它能將學習意願提升，營造好的學習環境。從各種玩具和遊戲中，讓特殊兒了解大小、長短、高低、冷熱等概念，透過遊戲的內容和操作，提供孩子模仿和重複練習的機會。在各式多變化的遊戲中，培養孩子的觀察力、想像力和理解力等。讓他們在遊戲中，真正「玩出歡樂，玩出智慧」。

第三節　自閉症兒童的遊戲

一、自閉症兒童的遊戲特質

　　上述遊戲的功能對自閉症兒童而言一樣重要。因此增進自閉症兒童的遊戲能力，等於對自閉症兒童做「遊戲治療」（註：此處之遊戲治療，並非指輔導學上的心理遊戲治療，而是特殊教育上的教育遊戲治療）。尤其是針對自閉症兒童的特殊缺陷，遊戲可發揮獨特的治療功能：

1. 自閉症兒童的共同缺陷是缺乏模仿（imitation）能力及聯合的注意力（joint attention），這種缺陷可經由遊戲教學來改善。
2. 透過遊戲學習與遊戲活動相關的用語，發展自閉症兒童生活上常用的語彙，並藉著兒童彼此互動機會，增加自閉症兒童使用溝通性、互動性語言。
3. 透過遊戲熟練精細動作與粗大動作，因而增進大小肌肉的靈巧性。
4. 透過功能階層（level of functional use）遊戲讓自閉症兒童認識各種日常生活用品的功能。

5. 透過互動性遊戲之教學，讓自閉症兒童學習遵守遊戲規則，並參與兒童
   之遊戲團體，增加與正常兒童互動機會，增長人際互動技能。

Wulff（1985）比較正常兒童與自閉症兒童的遊戲指出：給予正常的兒童大
量的玩具時，他們會使用全部的玩具做高功能的遊戲，如象徵性的遊戲、裝扮
性的遊戲。然而自閉症兒童只會用少數幾樣玩具，並以簡單的方式操作玩具。
自閉症兒童使用玩具時，常常出現對某些玩具的偏好與錯誤使用。

比較一般兒童與自閉症兒童遊戲發展的差異如表 9-1：

表 9-1　正常兒童與自閉症兒童遊戲發展之差異比較

年齡（月）	正常兒童	自閉症兒童
12	功能性遊戲（適當的操作玩具）	玩手，對玩具沒興趣
18	假裝吃、喝、打電話等日常生活	反覆怪異的動作，對某些刺激特殊的偏好
24	餵玩具、動物吃喝等擬人化的玩法，假裝性種類增加	反覆怪異的動作和玩法：敲、打、咬、聞、拍等
36	有計畫系列的裝扮性遊戲	反覆怪異的動作和玩法，對某些視動玩具的偏好和特殊能力（認符號、文字）
48	數位兒童一起玩裝扮的遊戲（扮家家酒），象徵物取代實物	教過的功能性遊戲，高功能的自閉症兒童可有少數、反覆、個別、簡單的假裝性遊戲
60	語言和想像的裝扮遊戲結合在一起，如講故事、編故事	功能性遊戲增加，在自然情境中自發性創造性玩法

歸納專家的研究，自閉症兒童遊戲在方面的缺陷是：

1. 侷限某種固定、重覆的遊戲方式，只會用少數的玩具，並以簡單的方式
   操作玩具。
2. 玩具的錯誤使用：如做簡單的操弄、敲打、亂扔；將玩具排成一排或堆
   成一堆；將車子顛倒放，然後轉動車輪子。
3. 缺乏想像性（象徵性、裝扮性）的遊戲。
4. 自閉症兒童常自己玩自己的，不會參與各種互動性、社會性的遊戲。

二、自閉症兒童遊戲的輔導原則

要教導自閉症兒童遊戲，必須先了解自閉症兒童目前的遊戲發展階段。一般兒童在遊戲的發展階段，可從遊戲的層面（dimension）與層次（level）來分析（Quill Ed., 1995）：

(一) 遊戲的象徵層面〈與玩具互動的層面〉

1. 沒有互動：遊戲發展在此層次的兒童並不會與玩具接觸或玩玩具，只是從事一些自我刺激的行為，如注視、扭動的手指、舞動手臂、搖晃身體等。
2. 操弄玩具：試探性地玩弄玩具，如敲打、咬、撞擊、搖晃、亂丟、堆積或排列玩具。
3. 功能性的遊戲：以玩具本身的功能或用途來玩玩具，如拿玩具杯喝水，拿玩具搥釘鐵釘；用積木堆造房子。
4. 想像性的遊戲（象徵或裝扮的遊戲）。

兒童以某種東西代表另一種東西稱之為象徵，如以竹竿象徵是木馬；以鉛筆象徵梳子；以手指當釘子；以拳頭當鐵鎚等。

兒童裝扮做某動作（如踮腳尖假裝是穿高跟鞋）或假裝成某人（如扮家家酒或角色扮演等）稱之為裝扮的遊戲。

比較高層次的裝扮遊戲可以摻和更高層次的想像，例如以手帕綁在手指上，象徵布偶（關雲長）並以筷子為大刀，然後演布袋戲（過五關斬六將）。

(二) 遊戲的社會性層面〈與人互動的層面〉

1. 獨自遊戲：顧名思義此層次的兒童是自己玩自己的，明顯地不知道別人的存在。只專注於當前所興趣的東西，如漫無目的地遊蕩、爬上爬下、靜靜地坐著或背對他人自己玩。
2. 朝向刺激或目的物：此時兒童會注視目標物，如注視其他兒童及其玩具或活動，但沒有參與遊戲。
3. 平行或接近的遊戲：兒童使用同一空間，但各自玩自己的玩具。偶爾兒童會展現自己的玩具給玩伴看或彼此相互模仿。

4. 互動性遊戲：一群兒童彼此依一定的規則互動地遊戲，此種遊戲英文稱之為 game，有別於前面所述的遊戲（play）。

Stone 等人（1990）以九十一位三歲到六歲的兒童，其中二十二位是自閉症，十五位是智能不足，十五位聽障，十九位語言障礙，二十位非障礙兒童為實驗的結果：自閉症兒童使用較少的玩具，而且玩玩具時與玩具原來設計的用法不同，他們不會模仿別人或其他兒童的動作。這三組評量標準可以有效區別自閉症兒童與其他兒童，特別是模仿能力最具鑑別力。

第四節　自閉症兒童的遊戲教學活動

一、親子團體遊戲

學前特殊教育十分重視家長的參與，經常舉辦相關課程或活動以增進家長的輔導技能，提升親子良性互動。親子共同參與的團體遊戲或音樂療育等活動，以期達到多元療育效果，通稱為親子團體遊戲治療（parent-child group play）。目前國內倡導此類遊戲治療有：樹德科大陳俞君教授引進並在鳳山兒童發展中心嘗試的 PIWI 方案（曹純瓊等，2006；楊意賢、陳俞君，2005）；國立台北市立師院楊宗仁教授引進 Wolfberg（1994）以鷹架理論為主的整合性遊戲團體（integrated play group）方案；蔡青芬、曾怡真、曹純瓊（2003）以復健師主導的親子團體遊戲、高雄市調色板協會兒童玩具圖書館以奧福律動結合感覺統合的親子團體律動等（曹純瓊等，2006）。

(一) PIWI 親子團體遊戲

PIWI（Parents Interacting With Infants, 1995）方案是美國 Illinois 大學 Urbana 分校所發展以親子關係本位取向的團體遊戲，主要理念及研究架構：

1. 親子互動深切影響兒童的自我發展及人際關係、物我關係的發展。
2. 家長是能成功維持雙向回饋性互動，且體驗家長效能的最佳人選。

PIWI以親子關係和嬰幼兒發展之間的互動互惠，以期能達到：增強自我能力、信心、雙向歡樂等三大效能。PIWI主要由兩名以上不同專長的輔導員（facilitator）組成團隊，規劃與設計十至十二週的活動，執行與評估整個活動過程。

團隊以早療機構和家庭訪問時營造一個親子團體遊戲的情境，在整個約一個半小時中，輔導員需提供有意義且歡樂的遊戲機會，加強親子關係（Parents Interacting With Infants, 1995）。此活動採分齡，每週一次，PIWI 其固定的流程：

1. 相見歡：約十分鐘。
2. 分享：觀察、說故事，約五分鐘。
3. 開放性活動：由子女發展主體，家長加入討論與分享，並預測當日之可能反應。輔導員可運用三角策略支持家長與子女的自由操弄教材玩具，在活動中感受到有能力、有信心且愉悅的，可在各個操作區自由活動，約三十五分鐘。
4. 點心時間：家長分享心得及提出解決問題方法，輔導員可適時承諾提供下回聚會的相關資訊，約十分鐘。
5. 轉銜時間：親子唱歌或遊戲，約十分鐘。
6. 結束座談：觀察孩子遊戲，並檢討是否達到預期目標，約十分鐘。

楊意賢、陳俞君（2005）的實驗結果，具體指出 PIWI 方案的成功關鍵是輔導員必須準備好事前環境佈置，及發展主題規劃、行政單位充分支持、家長的參與與配合、所有參與者對 PIWI 理念的認識與態度（曹純瓊等，2006）。

(二) 復健師主導的親子遊戲

蔡青芬等人（2003）以復健治療師為主導及設計的親子團體遊戲，家長的角色不同於PIWI，是全力配合治療師的指示，輪流在固定的四個活動流程（暖身→動態活動→靜態活動→沉澱），對不同的孩子提供示範、協助、適時褪除等支持技巧。

親子遊戲的四個流程內容：

1. 暖身：音樂律動、點名。
2. 動態活動：感覺刺激輸入、動作協調、學習合作輪流等待、認知學習。
3. 靜態活動：美勞、口語表達。
4. 沉澱：成果發表與分享、再見歌。

蔡青芬等人（2003）的實驗結果，顯示整合語言治療師和職能治療師的治療活動，在配合特教老師定期諮詢，發現短期內的療育能增進特殊幼兒的發展能力，特別是溝通表達與社會互動，家長的支持度與配合度愈高，孩子進步情

形愈顯著。

賴美智（1994）設計有關改善感覺防禦的遊戲：

1. 成對遊戲：相互按摩、輕輕擁抱與緊緊擁抱。

2. 利用輪胎串進行進出、趴臥、坐上、躺滾等活動。

3. 利用滾筒進行跨坐被搖、趴坐被搖、躺著被搖及走在滾筒的活動。

二、遊戲教學活動

研究指出：自閉症兒童的共同缺陷是缺乏模仿（imitation）能力及聯合的注意力（joint attention），這種缺陷可經由遊戲教學改善。相關的遊戲教學活動如下：

(一) 身體動作之模仿的遊戲（play）

1. 教學目的：

(1)增進模仿的能力。

(2)學習與活動相關的用語。

2. 教學方法：

(1)示範：老師手指著自己的五官，說兩次「摸鼻子」（或其他器官）。

(2)模仿：請自閉症兒童依老師的口語指示作動作。例如老師說「摸鼻子、摸鼻子」，自閉症兒童能模仿摸自己的鼻子兩下。

(3)變化：老師將鼻子改為其他動作（如抓耳朵）。

(4)練習：讓自閉症兒童學習模仿老師所要求的動作，並多加練習。

3. 遊戲延伸：

(1)模仿身體動作：彈指、踮腳尖、起立、舉手、踏跳、拍手、摸頭髮、摸嘴巴、洗臉、搥膝蓋；前後左右彎腰、拍肩膀、動肩膀，以及點頭、轉頭、轉身、搖屁股、塑像遊戲（大象、小鳥、小白兔、猴子、青蛙）。

(2)模仿操弄玩具：仿推積木，收拾玩具，將各種模型水果分類（重點不在分類而在模仿動作），揉紙球，火車嘟嘟：老師以手緩緩推動小火車玩具，並說：「嘟嘟──」，再由家長或助理老師協助幼兒以手緩緩推動小火車，並說：「嘟嘟──」，讓幼兒模仿推車的動作及模仿

發「嘟嘟」的音。

(二) 大肌肉動作之模仿的遊戲

1. 教學目的：

(1)增進模仿的能力。

(2)學習與活動相關的用語。

(3)增強粗大動作之肌肉。

2. 遊戲舉例：

(1)模仿身體動作：跳遠、跳箱、站起來、坐下、停止、跨過障礙、單腳跳、橫行、後退、走平衡木、走曲線、翻滾動作、模仿連續動作、學動物走路（大象、企鵝、猴子、小鳥、飛翔）。

(2)模仿操弄玩具：提水、踢足球、滾大球、拍球、搖呼拉圈、從地上撿拾東西或玩具、跳十字形的格子；滾輪胎（廢棄的汽車輪胎）；利用雙手及雙腳攀爬、溜滑梯、盪鞦韆（盪鞦韆的方式：單人坐式搖晃，單人立姿搖擺，雙人坐式搖擺，一人立姿一人坐姿搖擺，兩人面對面立姿搖擺）。

(三) 功能性階層的遊戲

1. 主要目的：

(1)透過功能性遊戲讓自閉症兒童了解各種東西的功能。

(2)透過遊戲培養自閉症兒童的聯合的注意力。要達成此目的，需由一位老手表演動作範本，另一方面由指導老師用身體與口語的協助。

2. 遊戲舉例：

(1)堆積木；丟沙包入桶子；套藤圈；穿珠子；搖瓶子；搖鈴鼓；滾球。

(2)搓湯圓；模印紅龜粿。

(3)裝珠子入罐子；收拾整理玩具；用釣魚的玩具學釣魚。

(4)用挖土機挖土；用小鏟子挖沙；幫洋娃娃狗狗梳頭。

(5)編織（用紙條或繩子編出簡單圖形）。

(6)敲打節奏樂器（敲鼓、鑼、木琴、木魚、手響板等，可固定拍子敲打。或用不同節奏敲打或配合歌曲一起敲打）。

(7)拿蛋糕刀子切蛋糕麵粉團；拿筆寫字；拿口紅塗嘴唇；用湯匙吃飯。

(8)幫娃娃穿衣服、扣鈕釦、戴手錶；裝豆子或糖果入瓶子；穿珠子成項鍊。

(9)拼圖；搖呼拉圈；背書包。

(四) 發展假裝性的遊戲

1. 感覺動作的遊戲：此期兒童只是單純地操弄玩具，包括撞擊、擺動和吸吮東西。此外，包括儀式固定的行為，如將東西排成一排，以形狀、顏色分類。

2. 初期功能性的遊戲：此期兒童利用物品以社會傳統的方式遊戲，沒有假裝的成分。如把茶杯放在茶托上。推著車子。若在十分鐘內兒童出現一至二種遊戲樣本。

3. 成熟期功能性的遊戲：若在十分鐘內兒童出現三種以上的遊戲樣本。

4a. 初期假裝性的遊戲：

(1)假裝性遊戲包括：東西替代，如以鉛筆代表是梳子；以木磚代表車子；以桌布代表披肩；以筷子代表長槍。

(2)假裝的物品屬性歸附：包括歸附錯誤的屬性，如替洋娃娃洗臉，假裝洋娃娃的臉很髒。

(3)利用想像性的物品或劇本：兒童在遊戲中假裝不存在的東西是存在的，如踮起腳跟，假裝是穿高跟鞋，如同高跟鞋是存在的；以槍擊殺對方，假裝死了。

(4)假如兒童在十分鐘的評估時間內自發性地出現一至兩次的上述三種遊戲。

4b. 假裝與真實的區別：

(1)此時老師表演一種假裝的遊戲，然後問兒童是否老師真的在做或假裝做。

(2)要評估假裝與真實的區別，老師可用下列的例子：

①例一：物品替代

讓我們來玩一假裝性的遊戲，這裡有一條繩子，我們假裝他是一條蛇，這條蛇在草叢中蛇行，並發出「ㄙ、ㄙ」的聲音。然後老師

說：「我在假裝這是一條蛇，你要不要假裝它是一條蛇？」接著問測試問題：

真實問題：這是一條真的蛇？

假裝問題：「我是假裝這是一條蛇？或是我在假裝這是繩子？」

②例二：假裝動作

「現在我們在來玩例一個假裝的遊戲，注意看著我，我現在假裝在刷牙。」

此時老師用想像的牙刷刷牙。

「我現在在假裝刷牙？你也能夠假裝刷牙？」

繼續假裝刷牙，然後問：

真實問題：「這是真的牙刷嗎？」

假裝問題：「我在假裝刷牙還是真的在刷牙？」

③例三：假裝劇本，替洋娃娃洗臉

好，再來玩遊戲，拿起洋娃娃。

「注意看！我在假裝替洋娃娃洗臉。」

「我假裝他的臉很髒。」

老師假裝替洋娃娃洗臉，假裝用想像中的法藍絨布替洋娃娃洗臉。

「我現在假裝他的臉很髒，需要好好洗一洗。」

繼續做假裝洗臉的動作，然後問測試的問題。

真實問題：「這洋娃娃的臉真的很髒？」

假裝問題：「是我假裝洋娃娃的臉很髒？還是真的很髒？」

5. 成熟期假裝性的遊戲：假如兒童在十分鐘的評估時間內自發性地出現三次的上述三種遊戲，或出現 4a 的任一種遊戲的兩個例子。

(五) 象徵與假裝階層的遊戲

1. 象徵性遊戲是用某一物替代另種功能性的東西來玩遊戲。一般正常的兒童在三歲以前便會假裝性的遊戲。但是假裝性的遊戲牽涉抽象思考，自閉症兒童較難學會。

2. 遊戲舉例：

(1)每個小朋友套一個呼拉圈假裝成一節火車廂，將小朋友連起來當火車

扮火車開動。

(2)張開手當翅膀；綁被單當披風或衣服；筷子象徵鼓棒打鼓；吸管當奶嘴吸；捲報紙當喇叭；拿雨傘當拐杖；豎拇指、食指當作是槍。

(3)坐在座墊上，雙手抱膝蓋，前後搖動，象徵坐搖椅。

(4)用各種大小的花色毛巾裝扮做服裝表演。

(5)牛奶罐當鼓，免洗筷當鼓棒，玩打鼓的遊戲。

(6)用手勢做剪刀、石頭、布來玩猜拳遊戲，勝的一方可以得到小獎勵。

(7)把手變成不同的東西來玩。如：變成狗、蝸牛、烏龜、小鳥、長頸鹿。

(8)用竹竿（象徵馬）騎馬；踮腳尖象徵高跟鞋；用鉛筆當飛鏢。

(9)用鉛筆（象徵梳子）幫洋娃娃狗狗梳頭（象徵性遊戲）。

(10)摺紙遊戲（由造型象徵該動物或物品）。

(11)用筷子象徵刀槍玩布偶作戰遊戲；利用玩具手槍做開槍狀，口中發出手槍發射的聲音。

(12)扮家家酒：假裝當醫生，拿聽筒替娃娃看病，拿筆象徵針筒注射；假裝當老師教小朋友；假裝當新娘子扮結婚；煮飯（用玩具刀切菜，假裝樹葉當菜，樹枝當筷子）；假裝是母親，抱洋娃娃，邊搖邊哼歌，哄小孩入睡。

(13)餵洋娃娃喝開水或吸奶；拿空杯子假裝喝水；用葉子當雨傘；用牛奶罐當鼓打；拿話筒假裝打電話給爸爸；揮手假裝是蝴蝶飛。

(14)推玩具車、讓玩具車爬山；坐在木板上划船。

(15)穿過山洞：把桌子當作山洞，在裡面鑽山洞遊戲；讓小朋友手搭在前一個小朋友的肩膀上，拉成一排，再由兩個小朋友把手搭成山洞，小朋友玩鑽山洞的遊戲；將大紙箱上下端去除或以組合式地墊組合成山洞。老師用彎腰或蹲下來穿過山洞，再由家長或助理老師協助幼兒彎腰或蹲下來穿過山洞。

(16)烤香腸：老師先做示範，躺在軟墊上，雙手上舉過頭，往左或往右翻滾一圈，並說：「烤香腸」。由家長或助理老師協助幼兒躺在軟墊上，雙手上舉過頭，往左或往右翻滾一圈，並說：「烤香腸」，讓幼兒模仿往左或往右翻滾的動作及模仿說出：「烤香腸」。

⒄排火車：老師拿泡綿大積木放置地板，並說：「我要排火車。」接著，請幼兒拿一塊積木接在後面，並說：「我要排火車。」老師再放一塊積木後，再指導幼兒拿一塊積木接在後面，並說：「我要排火車。」此時，老師由最後一塊積木開始往前推，並說：「火車跑了。」

⒅打保齡球：用養樂多當球瓶，小皮球當保齡球，在教室玩。

⒆用紙箱當神轎玩廟會遊戲。

(六) 互動性遊戲

1. 遊戲若達到互動的程度，依一定的規則進行，便是達到 game 的程度。自閉症兒童常常被稱為孤獨俠，就是不了解遊戲規則，因而無法依循一定的規則參與互動。故教學者需先由比較簡單規則的互動性遊戲開始。

2. 遊戲舉例：

⑴輪流是一項重要的遊戲規則，各種遊戲都可用來教導輪流，例如：跳繩：輪流當甩繩子者及跳繩者；傳球；跳格子。

⑵搭車回家：將椅子排成一排座位，用樹葉當車票，老師扮成剪票員，小朋友依序出站搭火車，然後老師當司機。

⑶接棒遊戲：小朋友圍成一圈，傳東西（如帽子、球、手帕）如左手接東西，右手給東西。給東西時，可教他說：「這個帽子給你。」接東西時，可教他說：「謝謝你。」

⑷輪流：學習輪流的規則，如輪流推積木；拼圖；鑽過輪胎隧道；小朋友輪流在大壁報紙上畫老師。

⑸你丟我接：老師站中間，小朋友圍成一圈，老師依序丟球給小朋友，小朋友接球後，丟還給老師。

⑹玩聽指令的遊戲：「坐下來」「老師說：坐下來」的遊戲。

⑺捉迷藏；老師從一數到五，由家長或助理老師協助幼兒躲起來讓老師找。

⑻一二三木頭人：一人蒙眼當鬼，在鬼喊一二三木頭人的時候全部的小朋友都不能動，若動了，就會被鬼抓出來。

⑼蘿蔔蹲：老師當白蘿蔔，由家長或助理老師協助幼兒一起當紅蘿蔔。

老師唸：「白蘿蔔蹲，白蘿蔔蹲，白蘿蔔蹲完，紅蘿蔔蹲。」由家長或助理老師協助幼兒一起唸：「紅蘿蔔蹲、紅蘿蔔蹲、紅蘿蔔蹲完，白蘿蔔蹲。」

(七) 整合性團體遊戲（integrated play group）

1992 年由 P. J. Wolfberg 與 A. L. Schuler 所發展出來。Wolfberg 的博士論文研究結果整合性治療對自閉症兒童的社會互動溝通及象徵能力的提升有幫助。

整合性遊戲團體是由自閉症兒童及熟練遊戲的兒童（專家遊戲者）組成。遊戲團體大約三到五位。專家遊戲者所佔比率較高。在引導式的參與之下進行。

遊戲空間的設計如下：

1. 限制空間的密度和大小：空間大約要能容納五位兒童。每位兒童的空間約在三十平方呎。遊戲空間太大會影響兒童之間的互動，太小則過於擁擠容易起衝突。
2. 清楚界定界線：至少用三面隔間來界定遊戲場所。
3. 遊戲器材的取用：遊戲器材要清楚標示名稱並整齊放置。
4. 系統放置遊戲材料：每個遊戲器材放置固定的櫃子標明器材名稱使易於取用及放回整理。
5. 遊戲材料的擺放：遊戲器材依照遊戲主題予以合理安排放置。

遊戲時間表和規則如下：

遊戲時間與主題應列一個時間表。每天固定時間進行遊戲。每次約三十分到一個小時。遊戲結束可已有個固定的儀式，例如對遊戲進行的討論、複習遊戲的團體規則、對事件的回顧、分享想法和感覺。

(八) 自閉症兒童遊戲教學方法

教導自閉症兒童遊戲的方法是採鷹架式（scaffolding interaction）的指導法，首先給予示範、口頭指示及身體的協助，再慢慢地將口頭指示及身體的協助褪除（fading），直到不需要協助而能參與遊戲為止（Quill Ed., 1995）。

鷹架式協助互動教學法的過程如下：

1. 層次一：示範並引導遊戲

「你看，Sandy（遊戲老手），Monica（新手）正拿著洋娃娃的梳子。」

「Monica 看起來好像想玩洋娃娃！」

「Sandy，為什麼你不拿洋娃娃給 Monica？」

「Monica，讓 Sandy 看看我們如何一起梳洋娃娃的頭髮。」

「現在你們兩個可以一起梳洋娃娃的頭髮。」

「看看我們這裡有什麼，有漂亮的衣服給洋娃娃耶！」

「你們可以一起給洋娃娃穿衣服了。」

「也許你們可以為這兩個洋娃娃穿衣服，然後帶他們去購物？」

2. 層次二：口頭指導（verbal guidance）

「Jerry（遊戲老手），Eddy（新手）想要玩了，你有什麼看法？」

「你要怎麼做才能讓 Eddy 知道你要他與你一起玩車子？」

「Jerry，你認為 Eddy 了解你想和他一起玩車子的訊息嗎？」

「你還有什麼方法讓 Eddy 了解你想和他一起玩？」

「既然你試了各種方法邀請 Eddy 加入你，但他都沒有回應你，為什麼不試著在他旁邊自己玩一會兒？」

「Eddy，和你一起玩好嗎？」

「現在你們一起玩車子了，也許你們可以為車子蓋一條道路讓你們的車子一起在上面開。」

「Eddy，你喜歡在路上賽車，為什麼你不讓 Jerry 看看你是如何蓋一條馬路呢？」

3. 層次三：不予協助（no support）。

參考文獻

◎ 中文部分

王淑娟等（2002）。團體是介入課程對發展遲緩兒童語言之教學研究。**兒童福利期刊**，**2**，61-68。

林美珠（2001）。親子遊戲治療訓練之個案研究：一位母親之改變歷程。**花蓮師院學報**，**12**，23-48。

曹純瓊等（2006）。**早期療育**。台北市：華騰。

陳娟娟（1993）。走進孩子的遊戲世界。**學前教育月刊，16**，45-47。

陳榮華（1971）。智力刺激強度等因素與朝向反射之關係。**心理與教育學報，
5**，26-28。

黃惠如、郭靜晃（2001）。建構以病童健康生活品質為考量之醫院遊戲活動方
案。**兒童福利期刊，1**，221-238。

楊意賢、陳俞君（2005）。社區教育──提升優質親子關係──PIWI在機構內
的應用。載於讓孩子的未來亮起來（頁 23-25）。台北市：財團法人伊甸
社會福利基金會。

蔡青芬、曾怡真、曹純瓊（2003）。**親子團體遊戲介入對提升自閉症幼兒能力
之初探性研究**。發表於「手語暨溝通障礙研討會」。

鄭秀真（1996）。遊戲對特殊幼兒的教育治療。**特殊教育論文集 83126**。台中
市：國立台中師範學院特殊教育中心。

賴美智（1994）。**中重度智障者功能性教學綱要**。台北市：第一兒童發展文獻
基金會。

魏渭堂（1998）。**親子遊戲治療團體方案設計與效果之分析研究**。國立彰化師
範大學輔導學系博士論文，未出版，彰化市。

◎ 英文部分

Bruner, J. S. (1972). The nature and uses of immaturity. *American Psychologist, 27*,
667-708.

Donald, E. M. (1976). *Music therapy: An introduction to therapy and special educa-
tion through music*. Sprinfield, IL: C. C. Thomas.

Parents Interacting With Infants. (1995). from http://irs.ed.uiuc.edu/students/reznitsk/
ipiw

Piaget, J. (1962). *Play*. Cambridge, NA: Harvard University Press.

Quill, K. (Ed.) (1995). *Teaching children with autism: Strategies to enhance com-
munication and socialization* (pp. 219-242). New York: Delmar.

Rubin, K. B., Fein, G. G., & Vandenberg, B. (1983). Play. In P. H. Mussen (Ed.),
*Handbook of child psychology: Socialization, personality, and Social develop-
ment* (4th ed.) (pp. 639-774). NY: John Wiley & Sons.

Stone, W. L., Lemanek, K. L., Pamela, T., Fishel, P. T., Maria, C., Fernandez, M. C., & William, A., & Altemeier, W. A. (1990). Play and imitation skills in the diagnosis of autism in young children. *Pediatrics, 86*(2), 267.

Vygotsky, L. S. (1976). *Play and its role in the mental development of child.* NY: Basic Books.

VanFleet, R. (2003). *Group play therapy techniques.* from http://www.ptti.org.

Wulff, S. B. (1985). The symbolic and object play of children with autism: A review. *Journal of Astism and Development Disorders, 15,* 139-148.

第十章

社會故事教學法的
理論與實務

黃金源

一、社會故事的意義

　　根據社會故事原創者Gray（1995）的定義，社會故事是由父母或老師針對自閉症兒童的學習需求撰寫的簡短故事，描述一個社會情境，在此情境中涉及相關社會線索及合適的反應（所希望的行為）。其目的是教導自閉症兒童認識該情境的相關線索，並做出合適的應對技巧（coping skills）。

　　譬如「教導孩子過馬路」，一位媽媽寫了這個社會故事：

　　　　我從學校回家，要經過一條大馬路。媽媽說：過馬路時，要先停下來，抬頭看看紅、綠燈。如果是綠燈（在此情境中所涉及的相關社會線索），就可繼續向前走（合適的反應）；如果是紅燈（在此情境中所涉及的相關社會線索），就要停下來（合適的反應）。

　　　　媽媽說：「綠燈旁邊還有一個燈，燈裡面有一個人在走路。如果走路的人是用走的（在此情境中所涉及的相關社會線索）你就用走的（合適的反應）；如果走路的人用跑的（在此情境中所涉及的相關社

會線索），那你也要用跑的（合適的反應）。」

更具體說，社會故事是一個簡潔且個別化的簡短故事，透過文字及視覺支持（圖畫或照片），描述一個社會情境及該情境特定的反應線索，用以教導自閉症兒童認識某社會情境中，相關的人物、事情、地點、時間以及如何做出合適的反應（Gray, 1995）。

社會故事是專為自閉症兒童設計的一種教學法。因為自閉症兒童常常不會捕捉情境中的線索，或者不了解相關線索的意義，因而無法做出合適的反應，或者做出不合適反應。例如有位自閉症兒童跟媽媽回娘家參加舅舅的喪禮，在喪禮中人人表情哀戚肅穆，但是自閉症兒童卻在此情境中大聲嬉戲或亂喊、亂叫。這是因為他沒有認識到喪禮情境中各種有關悲傷情緒的線索，感覺不出悲傷哀戚的氣氛，也不知道什麼是合適的反應。因此老師或父母藉著簡短的社會故事，指導自閉症兒童去認識此情此景的相關線索並教導他做出合適的反應。

社會故事原是為高功能自閉症兒童設計的，當社會故事撰寫完成後，可由自閉症兒童自己朗讀社會故事，或由老師或父母朗讀（以錄音的方式呈現）給自閉症兒童聽。經過一段時間的閱讀後，該社會故事成為自閉症兒童的內在語言，藉以規範其行為。

若教導的對象為較低功能的自閉症兒童時，父母或老師可運用圖片或多媒體，協助他了解社會故事的意義。再由自閉症兒童在真實情境演練該社會技巧，直到該自閉症兒童能從事該社會技巧為止。

二、社會故事的用途

(一) Gray（1994，1995）提出社會故事的用途

1. 社會故事教學特別有利於促進自閉症兒童融入普通班級中學習。

自閉症兒童在融入普通班中學習，常常遭受普通班老師的排斥。主要原因是自閉症兒童常常會表現出各式各樣的挑戰行為：打人、推人；發出怪聲；在教室裡走來走去等行為，干擾教室秩序。若能運用社會故事予以消除，將使普通班老師更容易接納自閉症兒童。

2. 能有效地教導自閉症兒童學習居家生活及學校生活的常規，或調適生活常規之改變。

自閉症兒童常常表現拘限的、固定的、固著的行為模式，如固定一種遊戲方法、吃固定的東西、走固定的路線，他們害怕改變生活常規或生活秩序。

　　例如一個自閉症兒童每天一到教室就坐在講台上，不到自己的座位上去，嚴重影響老師上課。這時候可以用社會故事予以消除，並使他回到座位上，這就是改變在教室的生活常規。

　　又如一位自閉症兒童的媽媽快要生產了，這將帶給自閉症兒童新的生活作息，媽媽可以寫社會故事教導自閉症兒童在小弟弟或妹妹出生後新的作息習慣。

　　3. 社會故事也能成功地教導新的社會技巧。

　　例如可以用社會故事教導自閉症兒童如何和人打招呼；如何和人玩遊戲；在餐廳吃飯，如何訂餐？

　　4. 教導自閉症兒童了解他人行為的理由或意義，增進角色取替的能力。

　　因為社會故事第三部分叫作觀點句，是教導自閉症兒童了解別人的動作，為什麼會干擾到他？目的就是要教導自閉症兒童能了解別人的行為原因，增進角色取替的能力。例如：排隊時小明彎腰下去綁鞋帶，碰到自閉症兒童的肚子，讓自閉症兒童生氣。這時候可用社會故事的觀點句教導該自閉症兒童，讓他知道：「小朋友彎腰下去綁鞋帶，不小心碰到他，不是故意的，不要生氣。」

　　5. 運用社會故事成功地消除許多種不良行為，包括攻擊行為、強迫行為和
　　　恐懼。

　　攻擊行為往往來自自閉症兒童本身不良的溝通能力，為無法把負面的情緒做適當的表達，因此用咬、捏、打、踢等傷人的方式，或自己撞頭、打嘴巴、耳朵等自傷行為來表達生氣憤怒的情緒。透過功能性評量，我們可以了解自閉症兒童想要溝通的是什麼？然後透過社會故事教導他功能等值（functional equivilents）的溝通行為。在自閉症兒童表現出合適的溝通行為後，予以適當的增強，便可以消除攻擊行為。

　　焦慮會引起兒童「不斷咬指甲」的強迫行為，因而去除此行為最好方法是消除焦慮來源。舉例來說：一個資優生因為媽媽要求太高，所以造成該生焦慮，達不到媽媽的要求，便出現咬指甲的症狀。媽媽用盡各種方法都無法消除咬指甲的行為。其實媽媽應降低對該生的要求，減輕壓力可以消除該強迫行為。

　　約 70%的自閉症兒童都是智能不足，因為智能低下，所以碰到新的情境，常常不知如何去應對，因而產生焦慮。例如帶自閉症兒童到未去過的地方，因

為處在新的情境中，自閉症兒童無法掌控，無法預知會發生什麼情況，不知如何去應付，所以會發生焦慮，因而拒絕進入陌生的地方。運用社會故事教導自閉症兒童如何去應付新情境，就可以消除其焦慮。焦慮消除後，強迫行為往往自然消失。

恐懼是害怕的對象實際已經發生，焦慮則是對尚未發生但可能發生的不幸的事情，感到擔憂煩惱。茲以「雨人」這一部影片說明，影片中有一段情境描述雨人聽到警報器聲響後，十分害怕、恐懼，便急著要逃離該情境（這是恐懼）。影片中的另一段，描述他弟弟要帶他去搭飛機，可是雨人擔憂飛機會出事，所以拒絕搭飛機（這是焦慮）。

焦慮或恐懼都可以透過社會故事來教導應對的技巧，以便消除之。例如一位三歲的小朋友在公園裡看到小狗向他走來，他很害怕就躲在媽媽的背後。此時媽媽就教小朋友說：不用害怕，蹲下身子，假裝撿石頭要丟牠，小狗自然跑開。媽媽邊說邊示範給小朋友看。小朋友知道如何對付小狗，便不再害怕。

(二) 依筆者之見，社會故事教學用途尚不止於此

任何能協助自閉症兒童存活於當前社會所必須的基本技能，均可用社會故事教學。筆者將下述的生活技巧總稱為社會生存技巧（social survival skills）。

1. 生活自理技巧（吃飯、洗手）。
2. 居家生活技巧（如使用盥洗室、迎接未來的弟妹）。
3. 社區生活技巧（過馬路、去麥當勞買漢堡）。
4. 學校生活技巧（發言要先舉手、不可以隨便離開座位）。
5. 社會互動技巧（微笑與大聲笑、招待客人、打招呼）。
6. 休閒技巧（看電視、打躲避球、養寵物、到紅茶店飲茶）。
7. 職業技巧（警察在指揮交通）。

三、理論基礎

自閉症兒童的諸種認知障礙中，以智力功能低下（intellectual subnormality）及執行功能缺陷（executive disorder）影響自閉症兒童的學習與成長最大。

約 70 至 80%的自閉症兒童是智障者。由於智能障礙的限制，使得自閉症兒童對外在環境線索的選擇（判定何者重要？何者不重要？而據以做出正確選

擇）、解讀（經由他人的臉部表情動作，得知他人的情緒及其動機）、推論（舉一反三、見微知著、一葉落而知天下秋）均十分困難。此項認知變異是造成自閉症兒童的人際互動困難、語言變異、怪異行為等重要缺陷的主因。

　　所謂執行功能是指有組織的搜尋、計畫、執行及衝動控制、彈性等能力。自閉症兒童缺乏上述能力而體無法「未雨綢繆、主動出擊、隨機應變」，缺乏執行功能，使得自閉症兒童常常表現無彈性，堅持固守不變的生活常規，一再重複定型的行為。

　　社會故事教學法的發明，正是因應自閉症兒童上述兩項缺陷的產物。茲就自閉症兒童的主要特徵，人際互動技巧缺陷，加以分析。

　　自閉症兒童人際互動缺陷的主要原因有二：第一個障礙是來自人際知覺的缺陷，他們無法從別人的話語及行為語言察知他人的情緒、信念、意圖，因此沒有能力做出符合他人企求的行為。例如一位小朋友對著自閉症兒童叫其名字「迪克，你好」，可是迪克卻視若無睹，毫無反應。此種場景並不表示：「迪克驕傲自大，看不起別人」，而是迪克根本不知道：「別人叫其名字，是有意和他做朋友或和他玩遊戲」。此外，自閉症兒童亦欠缺角色取替（role taking or perspective taking）的能力。他們很難站在別人的立場去感受他人的情緒與需求。譬如，一個自閉症兒童的爸爸說：他一再教導兒子「叫爸爸」，但是他的兒子始終不肯，其中的一個原因是，此自閉症兒童根本不知道：「爸爸多麼期待他叫一聲爸爸」。因為不了解別人的感受，所以常常直截了當地對異性表達愛意，例如有位自閉症兒童不知道對方不喜歡他，常常在教室眾多學生面前直接說我愛你，也常常跟著女生到女廁所，這是他用來表達愛對方的方式，因而造成該學生感到尷尬。上述障礙情形，學者們稱之為心智理論缺陷。

　　第二個障礙是自閉症兒童在計畫、對應（coping）、執行的能力有缺陷（executive disorder）。一般而言，自閉症兒童很少會用撒嬌或諸種設計（打招呼或稱讚別人）來贏取獎賞（口頭讚美或實物增強），這是缺乏計畫、執行能力的表徵。另外，自閉症兒童可以學會騎腳踏車，但是要求自閉症兒童騎腳踏車去生鮮超市卻有困難，因為它牽涉到對各種不可預知的變數之知覺，繼而選擇對應策略並做反應的能力。又如亞斯伯格症候群的兒童，他們的語言能力通常是不錯的，他們可以發展正常的語彙及語意的理解，但是在語用（pragmatic）上卻有困難，因為語用仍然是牽涉計畫、對應、執行的能力。

人際溝通有關語用的部分，是自閉症兒童十分困難的部分。

在口語方面：包括選擇、維持及改變（談話的主題）；還有啟動（主動打開話匣子）；注意聽、回應（點頭表示贊同；回答別人的問題）；輪流對話（談話中，知道對方講完了，輪到自己說話了）；回饋（對別人的談話內容表示意見）、延宕、等待（等待別人完整表達意見）；插入（選擇適當的時機介入談話）；韻律（包括抑、揚、頓、挫，快、慢、急、徐）；強調（聲音之大小，重複次數）等社會技巧。

在非口語方面：注視對方表示重視；點頭表示同意、贊成；保持距離以策安全；捶拳表示生氣，頓足表示抗議，轉身表示逃避等等；都是語用的一部分。

為了克服第一項障礙，有些專家（Howlin, Baron-Cohen, & Hadwin, 1998）從教導自閉症兒童閱讀別人的心靈下手。雖然研究證實心靈閱讀是可以教導的，但是自閉症兒童被教導而能理解他人的意圖後，仍然沒有能力做出適當的反應。這就是自閉症兒童的第二項障礙，即欠缺計劃、對應、執行的能力所致。

為了克服第二道障礙，運用社會故事教導自閉症兒童諸種社會生存技巧，不失為正確的方向。因為社會故事直接指出社會情境的重要線索，並告知如何做出正確的反應。過去的研究（Swaggart, et al., 1995; Hagiwara & Myles, 1999）證實：運用社會故事可以有效地教導自閉症兒童各種社會生存技巧（social survival skill）。

根據 D. Meichenbaum 認知行為改變理論，人類的行為發展共有三階段：

第一階段主要是受別人的外在語言所控制。例如：媽媽大聲叫：「不可以玩打火機！把打火機放下」（外在語言控制），兒童便將打火機放下（兒童行為表現）。又如媽媽說：「寶寶，把這些垃圾丟到垃圾桶」（外在語言控制），兒童把垃圾丟垃圾桶（兒童行為表現）。

第二階段是受制於自己的外在語言（這時候屬於一邊動作，一邊自言自語階段）。例如：兒童要過馬路時，一邊注視紅、綠燈，一邊自言自語道：「過馬路要注意紅、綠燈」（自己的外在語言）。又如，兒童喝咖啡的時候，一邊說：「媽媽告訴我，『咖啡很燙，要一口一口慢慢地喝。』」（自己的外在語言）同時，慢慢地一口一口喝著咖啡。

第三階段是受制於自己的內在語言，亦即兒童是先思（內在語言）而後行。一般正常兒童當年齡達到某種階段，都可以發展出內在語言以控制其行為。

自閉症兒童因為語言能力薄弱,所以要自己形成內在語言比較困難。必須透過社會故事教學,在其腦中銘記為內在語言,以指導其行為。

運用社會故事教導自閉症兒童社會生存技巧,其實是透過社會故事之朗讀,使自閉症兒童擁有適當的外在或內在語言來指導其行為,以正確的對應各種社會情境。

依照 Meichenbaum 的理論,認知行為改變(cognitive behavior modification)的步驟如下:

1. 老師說,老師做:即由老師一邊口述,一邊示範正確動作(此期為示範階段)。

2. 老師說,老師做;學生同時仿說,學生同時仿作(此期為模仿階段)。

3. 老師說,老師不做;學生同時仿說,學生同時做出動作(此期為老師口頭提示階段,此期由老師外在語言控制)。

4. 老師不說、不做;學生一邊說,一邊作(此期為學生自我叮嚀階段,由學生自己的外在語言控制)。

5. 老師不說、不做;學生不說,只做動作(此期學生受自己內在語言控制其行為)(Gearheart, DeRuiter, & Sileo, 1986)。

Meichenbaum 的認知行為改變之教學過程中的第四階段,被命名為自我叮嚀。過去從事特殊教育人員廣泛利用自我叮嚀技巧,修正過動兒的衝動—過動行為,其成效卓著。幼稚園或國小一、二年級的小學教師,亦廣泛用此自我叮嚀技巧,讓小朋友學習自我控制。例如國小低年級的老師,為了讓小朋友在下課時能完成該做的事,便教導小朋友自言自語說:「下課時,先上廁所、洗手,然後玩遊戲,聽到鐘聲進教室。」

當小朋友年齡漸長,可以用自己內在語言控制其行為時(即 Meichenbaum 的第五階段),這種邊說邊做的方法,不僅成為一種累贅,而且不雅觀。所以到了國小高年級或國中階段,對注意力缺陷過動症兒童的教學,教師亦需將教學目標從自我叮嚀提升到由自己的內在語言控制。

依據 Gray 的說法,社會故事的教學過程是:先由父母或教師根據自閉症兒童之需求,選定一個標的行為作為教學目標,再依此目標編寫社會故事,然後由自閉症兒童朗讀。待自閉症兒童朗誦熟練後,形成內在或外在的語言。然後據此內在或外在語言來規範或實踐該標的行為,即指導自閉症兒童為人(與人

對應的技巧）處事（做事的方法）之道。這與 Meichenbaum 認知行為改變的第
四、五階段之教學原理相同。

四、運用社會故事消除自閉症兒童行為問題的原理

Gray 首創社會故事教學法，原先的旨趣在養成自閉症兒童的新行為，以適
應環境（包括人與周遭的事、物）的需求。但是，不到幾年的時間，許多學者
開始研究運用社會故事消除問題行為。研究結果大多數也證實，社會故事可以
消除諸種問題行為。但是仔細閱讀這些研究報告發現：研究者並沒有闡釋運用
社會故事消除自閉症兒童行為問題的原理。

普遍的做法是運用功能性評量或動機評量以了解行為目的，再用社會故事
教導新行為取代問題行為。這種行為改變模式，運用在自閉症兒童身上，有時
有效，有時無效。

自閉症兒童的行為問題來源有三：

第一，大多數的自閉症兒童有如多數重度障礙兒童一樣，有表達性語言的
困難，所以常常用不合適的行為如抓、捏、打、踢父母來表達其欲求，或撞牆、
哭泣以表示恐懼，或拒絕、逃避的某些事物。

第二，半數以上的自閉症兒童有認知變異，所以常會表現不合適的行為應
付環境的要求。如在教室裡跑來跑去，或玩弄生殖器。

上述兩類型的問題行為，可以透過功能性評量以了解其行為目的，然後運
用社會故事教導合適的功能等值行為來替代不合適的行為。在這兩種情況下，
自閉症兒童所表現的問題行為，大都可以運用此一模式予以消除。社會故事之
所以可以消除自閉症兒童的問題行為，其機轉在此。

第三，自閉症兒童的行為問題有可能來自感覺變異。如拒吃某種食物，逃
避某種聲響，跳上跳下，原地打轉，專注某細小事物而不注意聽講等等之問題
行為，基本上來自感覺變異。此時運用功能行為評量縱使能確認其行為目的，
也是無法用社會故事養成新行為去取代問題行為。

本書第四章「自閉症兒童的感覺變異及其治療」一章，專論自閉症兒童的
感覺變異所表現的挑戰行為及其處理方式。老師或父母可以參考該章所論述的
方法來消除因為感覺變異所造成的問題行為。

第二節　社會故事教學法的實務

一、社會故事的編寫要點及注意事項

(一) 依據社會故事創始人 Gray 的意見，社會故事通常包含三個部分（Gray, 1995）

1. 描述句（descriptive sentence）

此種句子主要的目的是描述故事的背景。通常是描述一種情境中的場景、相關聯的人及所發生的事（或事情的步驟）。社會故事通常以描述句開始，以布置場景。

社會故事主題：排隊。

描述句：「我的名字叫王伯君，就讀○○國小三年級，上學的時候常常要排隊。當老師說：『小朋友現在要升旗了，趕快到教室前面排隊！』所有的小朋友都走出教室，到教室前面排隊。」（以上為描述句）。

2. 指示句

指示句（directive sentence）是用來教導自閉症兒童在某種情況下如何做？或如何與人對應？指示句應該以肯定句的形式呈現，不要用否定句呈現。所以指示句通常以「我會」、「我能夠」開頭。

社會故事主題：排隊。

指示句：「每天早上，老師會說：『各位小朋友，現在要升旗了，趕快到教室前面排隊。』各位小朋友很快跑到教室前面排隊（以上為描述句），（以下為指示句）我也會趕快走到教室前面，和同學一起排隊。」

3. 角色取替的句子（或譯為觀點句）

角色取替的句子（perspective sentence）是用來教導自閉症兒童了解別人行為對他的影響，或自閉症兒童的行為會使別人有什麼感受。

社會故事主題：排隊。

角色取替的句子:「每天早上,老師會說:『各位小朋友,現在要升旗了,趕快到教室前面排隊。』各位小朋友很快跑到教室前面排隊(以上為描述句),我也會趕快走到教室前面,和同學一起排隊(此句為指示句)。(以下為觀點句)排隊的時候,李大明彎腰繫鞋帶,他的屁股撞到我的肚子。老師告訴我說:「不要生氣!李大明不是故意的。』」

Gray(2000)社會故事應該個別化,同時要包括描述句、指示句、觀點句、肯定句;Gray 也規範社會故事的結構為:零至一句指示句對應二至五句描述句、觀點句或肯定句。其意義是每個社會故事中一個指示句要搭配二至五個其他三種句子。Gray 建議遵守這些原則,以保證社會故事能描述情境而不是僅僅指導學生的行為而已。

(二) 社會故事應以第一人稱撰寫

如前所述,社會故事既然是用來教導自閉症兒童經由反覆的朗誦而形成內在語言,以指導其為人(與人對應的技巧)處事(做事的方法),作為內在自我指導(self regulating)的語言,必然是以第一人稱出現。

(三) 撰寫社會故事應站在自閉症兒童的角度

需考慮個案的語言能力——是否認識字?能閱讀與否?使用的詞彙應該為學生所能理解。社會故事的內容也應符合該童的理解水準。

由於自閉症兒童有傾向依照字面上(literal)的意義解讀社會故事,所以用字上應盡可能具體,避免含糊籠統的詞彙。例如社會故事中「我不能在圖書館說話」會被解讀成:在圖書館不可說任何話。所以圖書館工作人員問他問題時,他可能拒絕說話。因此,正確的說法是「在圖書館時,我說話聲音要小一點」或「在圖書館內,如果要說話時,要輕聲地說話」。

(四) 社會故事的編寫應盡量避免抽象的文字

大多數的自閉症兒童如同語言學障的兒童,對抽象的語言不容易了解。在社會故事中使用太多的抽象語言,將增加教學的困難度。而且社會故事的目的是用來教導自閉症兒童做事或與人互動的技巧,故社會故事的主要內容應限制在與人、事、物及動作有關的詞彙,所運用的詞彙通常是具體的。

社會故事中的角色取替句子，有可能是動作（如排隊的時候，有些小朋友可能會彎腰穿鞋子而碰到我）這種句子的語彙是具體的。但是有些是表達他人感覺（如看電視的時候，我會把聲音關小一點，否則爸爸媽媽會生氣），這是抽象的詞彙（如生氣、害怕）。這時候可以考慮用照片（生氣、害怕的照片）說明。

　　要解決抽象的詞彙難以理解的困難，Gray 建議將抽象詞彙與具體詞彙做連結，讓具體詞彙成為功能性的線索。

　　例如：我會把桌子擦乾淨（抽象詞彙），我一定要將掉到在桌上的飯粒、果汁、骨頭、青菜全部擦掉（功能性線索）。又如爸爸說：要每天運動（運動兩字可用游泳、跑步、打球等活動名稱幫助了解），運動會使身體健康。

(五) 社會故事的編寫應盡量以「一個故事，一個具體的生活事件」為原則

　　例如「幫忙做家事」這個主題，涵蓋許多生活事件，如幫忙掃地、洗衣服、收碗盤、擦桌子……等。編寫社會故事時，便應該分開撰寫。

(六) Gray 認為社會故事以一頁一個主題呈現，而且最好不要有插圖

　　Gray（1995）認為插圖有兩個缺點：一是插圖可能限制自閉症兒童類化所學得的行為於其他情境（自閉症兒童本來就很難於類化所學的技巧到類似的情境，插圖有可能使類化的情況降低。）例如畫一個在學校洗手台洗手的動作，會讓該生錯誤認為洗手一定要在學校洗手台洗，因而可能限制該生回家時，在自己家中洗手台表現洗手的行為。

　　二是插圖可能吸引自閉症兒童的注意力（造成分心效果）而影響自閉症兒童閱讀社會故事。原因在於多數的自閉症兒童其注意力常會有過度選擇（over selection）的現象，也就是說自閉症兒童的注意力常常拘限於視覺面上的某一部分，因而忽略其他部分的視覺畫面。因此，在社會故事中插圖確實會有分心效果。

　　Gray 設計社會故事教學法，原先的目的是用於教導高功能自閉症兒童。對高功能自閉症兒童而言，在社會故事中加插圖，確實有 Gray 所說的缺點；但是，後來許多學者將社會故事運用於教導低功能自閉症兒童，低功能自閉症兒

童對書寫或口語語言能力薄弱，若無插圖恐怕無法理解其意義，所以 Gray 不再堅持不可以插畫。Gray 進一步指出：有些社會故事如果用照片做插圖，效果不錯。尤其要表達一個概念，卻代表數種變形（variations）時，例如「遊戲」的概念，可用兒童在溜滑梯、盪鞦韆、打乒乓球、踢毽子等照片來說明。

二、社會故事的教學之進行

社會故事撰寫完成後，就可以進行教學。Gray（1995）提出三種社會故事的教學法：

1. 若自閉症兒童能獨立閱讀，老師或父母教導時可和自閉症兒童一起朗讀社會故事兩次。此時父母或老師應坐在自閉症兒童的左右兩側後方，先由父母或老師唸一遍，再由自閉症兒童唸一遍，然後再重複此過程一次。一旦自閉症兒童熟悉該社會故事，每天由自閉症兒童唸一次即可。每天唸社會故事的時間，應在該社會故事要發生之前。例如該社會故事是要教導自閉症兒童「吃營養午餐時，能自行盛飯、吃飯、洗碗盤等事情」，則唸社會故事的時間是午餐之前；若該社會故事是要教導自閉症兒童「聽到鬧鈴響時，能自行起床」，則唸社會故事的時間是晚上就寢前；如果屬於中低功能的自閉症兒童唸此社會故事的時間，則是該自閉症兒童醒來之後。

2. 若自閉症兒童不會自己閱讀時，則可將社會故事製作成錄音帶。讓自閉症兒童自行播放錄音帶，並跟著錄音帶「閱讀」。若社會故事超過一頁，則以鈴聲做信號，告知自閉症兒童應翻到下一頁。當自閉症兒童學會操作社會故事之播放，也會在鈴聲響時翻頁後，自閉症兒童每天跟著錄音帶「讀」一遍，且不應超過一遍。

3. 不論自閉症兒童是否能自行閱讀，將社會故事製作成錄影帶，依社會故事內容之順序，以一頁一場景（真人演出）出現。錄影帶之播放方式有二，一種是以發音（volume on）方式，唸給自閉症兒童聽，另一種則是不發音（volume off），讓自閉症兒童自己唸。

上述三種教學方式，不論採何種教學方式，在教學後，均應檢視自閉症兒童對該社會故事之理解程度。檢核方法可用問答方式，讓自閉症兒童回答相關問題，或要求自閉症兒童演出指定的場景。

至於何時可以褪除閱讀社會故事？這個因人而異，需視學習情況而定。功能較高的自閉症兒童可能只唸數天，便不需要再繼續閱讀，頂多數週或一個月複習一次即可；有的自閉症兒童則需天天閱讀，好像永遠記不住，對這種自閉症兒童而言，社會故事便類似烹飪手冊，每次做飯以前都需要看食譜一樣。

　　筆者認為，當社會故事不能達到預期效果時，父母或老師應檢討原因，以便修改社會故事之內容，提升社會故事教學效果。Swaggart 等人（1995）也有相同的建議，他們認為當教師從事社會故事的教學兩週後，若發現成效不好，則應該檢討社會故事及教學過程的缺失並加以改進。改變過程中，宜一次改變一個變數為原則。例如改變社會故事內容時，便不要改變教學過程或改變教學者，以確定是何種變數造成成效不彰。

　　Swaggart 等人（1995）研究運用社會故事教導低功能自閉症兒童的可行性後，對低功能自閉症兒童的社會故事教學提出下列建議：

1. 首先要確定所要教導的標的行為或要教導的問題情境。所要教導的社會技巧應能增進：(1)積極的社會互動；(2)更進　步的學習技巧或社會技巧；(3)更安全的學習環境，等三項為指導原則。例如，吃營養午餐的時候，一位學生經常從別人的食物盤抓取食物，這種行為會導致該生受人討厭。若能修正此行為，將可增進正面的人際互動的機會。
2. 將標的行為具體化，以利於資料的蒐集，然後針對標的行為撰寫社會故事。並將社會故事編成書，每一頁一至三個句子，功能愈低者則以每頁一句為宜。
3. 加入照片、手繪圖畫或象徵圖樣（icon）。插圖的目的在幫助不會閱讀的自閉症兒童了解合適的行為，例如要教自閉症兒童洗手，可畫一個洗手的圖片，幫助自閉症兒童理解「洗手」的意義。雖然 Gray 認為社會故事不應插圖，但是對低功能的自閉症兒童而言，這是必要的措施。

第三節　社會故事教學之實徵研究

　　從理論上看，絕大多數的特殊教育學者都認為，社會故事是教導自閉症兒童社會生存技巧的有效方法。目前國內師資教育機構在訓練自閉症師資時，社會故事教學已成為一個重要主題。可惜實徵研究上，卻寥寥無幾。截至目前為

止，美國方面的文獻只有三篇；我國國內的實徵研究也只有一篇陳淑萍的碩士論文，及筆者未發表的一篇研究。下面對現有的文獻做簡單的回顧。

一、社會故事應用於高功能自閉症兒童教學的研究

從 Gray 在 1993 年提出社會故事教學法後，實徵性研究不多，但是研究結果均具正面性的結果，顯示社會故事教學法十分具有希望與鼓舞性，茲回顧十多年來的研究如下。

(一) 國內的研究

1. 運用社會故事教導自閉症兒童的社會互動技能

依據社會故事教學的創始者Gray（1995）的看法，社會故事教學最適合高功能的自閉症兒童，其最適切的教學主題是自閉症兒童的社會互動。因此，我國從事社會故事實徵研究者陳淑萍（1998）亦是選擇三位高功能自閉症兒童為研究對象。研究主題亦是自閉症學童的社會互動。本實徵研究結果顯示：運用社會故事教導自閉症兒童打招呼、尋求協助及購物表現等三種社會互動能力，在提示下均達 80%以上增進此三種社會互動能力。結果顯示：社會故事教導自閉症兒童的人際互動技能成效良好。此研究驗證了 Gray 的看法。

2. 運用社會故事教導自閉症兒童串聯（chaining）日常生活技能

為了驗證社會故事教學功能不止限於教導自閉症兒童之社會互動技巧，它仍然可以運用於各種社會生存技能之教學，筆者曾進行一個個案研究（黃金源，2001）。研究個案年齡八歲，屬高功能自閉症兒童，就讀國小啟智班二年級，級任老師認為該生已具備回歸普通教育場所的能力，建議父母考慮重新安置於普通班。該生詞彙不少，接受性與表達性語言皆可，具備閱讀能力。

個案父親是醫生，母親是教師，父母對個案之成長過程極為關心，對個案教學極盡心力；該生已經學會生活自理、居家生活及學校生活之各項技能。

目前最苦惱的是，該生無法自行串聯每一個生活自理技巧（如早上聽到鬧鐘聲醒來、起床、大小便、刷牙、漱口、洗臉、吃飯），使它連貫完成。

在上述每一個動作之後，母親必須給予口頭指示或某知覺線索（動作指

示），受試才會啟動下一個動作，否則受試會停在該動作或重複該動作（如起床後，就站在床前，不會自行去尿尿；刷牙後繼續不停地漱口，不會做下一個動作——洗臉）。父母比喻該生目前之行為症狀，猶如打電腦時，每一筆資料，必須給予「輸入」（enter）的指令，電腦才會執行一樣。根據這樣的理解，筆者與父母共同決定，運用社會故事教導該生串聯完成從起床到上學前的生活自理工作。

此外，本研究個案的獨特需求（每一個動作前，需要老師或父母的指令或提示），不僅發生在家裡，同時也在學校表現同樣的行為。顯示該生不適應的行為是跨情境的。在學校中，個案吃午餐時，亦需不斷給予口頭提示或肢體暗示，以引領下一個動作。因此筆者與父母共同決定，同時在學校中，運用社會故事教導午餐時，自行完成用膳的行為。

根據上述之理解，本研究之標的行為有二：

(1)個案在家中從早上醒來、起床、尿尿、穿衣、洗臉、刷牙、到廚房吃早餐等各動作之間，所需的口頭暗示或肢體暗示之次數。每日需提醒的次數最高為六次。

(2)個案在學校，從盛飯、禱告後，開始吃飯到刷牙、漱口、洗餐盤、至將吃飯用具歸定位為止等各動作之間，所需的口頭暗示或肢體暗示之次數。每日所需提醒次數最高為八次。

研究結果：

(1)個案在家中上學前的生活自理工作需提醒次數，在十四天的觀察期間平均每天需提醒次數為 5.07 次（需提醒的次數比率為 84.5%）。訓練後，平均每天須提醒次數降為 2.25 次（需提醒的次數比率為 27.8%）。由此可看出訓練效果。觀察受試在訓練後的維持階段之表現，受試在家的所需提醒的平均次數是 3.25 次（需提醒的次數比率為 54.1%）。可見社會故事教學後的保留成效良好。

(2)個案在學校結束用餐前後，於觀察期所需提醒次數平均為 6.25 次（需提醒的次數比率為 78.1%），經訓練後所需提醒次數平均為 3.28 次（需提醒的次數比率為 41%），明顯較觀察期降低。

維持階段，受試明顯保留社會故事之教學成果，受試之表現並未明顯增加所需提醒次數（平均所需提醒次數為 3.11 次，需提醒的次數比率為 38.8%）。

由此可知社會故事教學成效可以持續。

(二) 國外的研究

　　一般而言，亞斯伯格症兒童與高功能自閉症十分相似，也可算是高功能自閉症。運用社會故事教導亞斯伯格症兒童的社會技巧自然成為研究的主題。

　　Rogers 與 Myles（2001）運用社會故事與連環圖畫會話，成功地教導一位十四歲的亞斯伯格症青年的社會技巧。

　　Bledsoe、Myles 與 Simpson（2003）利用社會故事成功地使一位亞斯伯格症的青少年在午餐時，減少不合適的飲食技巧，並增加合適的技巧，如擦拭嘴巴的行為。

　　Norris 與 Dattilo（1999）利用單一個案 AB 實驗設計，檢驗社會故事教學法與自閉症兒童的社會互動之關係。研究對象為一位八歲的自閉症兒童，具普通的認知能力及少數的同伴互動，以及高比率的不合適的互動，如鸚鵡語言。處遇程序：包括在午餐前唸社會故事，並有老師可以回答問題及檢驗了解情況。研究結果指出：不合適的互動減少，但是合適的互動，在基線期與處理期沒有顯著差異。

二、利用社會故事消除自閉症兒童的問題行為

　　社會故事原先是為養成新行為而設計的，但是不久的時間，研究者展開運用社會故事是否能有效消除問題行為之研究。

　　Kuttler、Myles 與 Carlson（1998）運用社會故事教導一位十二歲的自閉症男童，他是個 X 染色體脆弱症者，有間歇性爆發脾氣障礙。這位男童在工作及午餐時經常發脾氣，經過社會故事教學後，發脾氣的行為顯著降低。但是，終止社會故事教學後，發脾氣的頻率又增加。

　　Chapman 與 Trowbridge（2000）鑑於自閉症兒童對日常生活常規的改變或無法預知的事情常常會感到害怕，運用社會故事告知每日活動的情形，可以使他們心安。他們以日記的形式撰寫社會故事，成功地幫助一位自閉症兒童克服旅遊的恐懼。

　　Brownell（2002）研究以音樂形式呈現社會故事是否可以有效改變自閉症兒童的行為。本研究受試共有四位小一及小二的自閉症兒童。研究者為每位自

閉症兒童量身訂作一個社會故事，並將社會故事當作歌詞，配上原始創作音樂，作為研究介入的工具。研究設計為 A 基線期，B 閱讀社會故事，C 歌唱社會故事。社會故事的呈現順序為 ABAC/ACAB。研究結果顯示，不論是閱讀社會故事或歌唱社會故事，均顯著比基線期降低問題行為。三位自閉症兒童的問題行為，以「歌唱社會故事」均較「閱讀社會故事」為低，但只有第三個個案有顯著差異。

　　Agosta、Graetz、Mastropieri 與 Scruggs（2004）報告一位自閉症兒童在特殊班上課時，常常大聲哭、吼叫、發哼哼聲和其他分心的吵鬧聲，這些行為使老師猶豫是否將他安置到更統合的學習環境。透過大學教授與老師合作進行社會故事教學實驗研究，成功地改善該自閉症兒童的問題行為。

　　Adams、Gouvousis、VanLue 與 Waldron（2004）利用單一受試研究，ABAB 實驗設計，研究一位小學一年級的亞斯伯格症兒童在做家庭作業時，碰到挫折時的問題行為。挫折行為包括哭鬧、大聲尖叫、打桌子或東西，從椅子上跌下來或重擊椅背等四種行為。研究結果顯示，四種行為在社會故事介入期，顯著降低。父母親表示：社會故事介入前，彼得做家庭作業是一種挑戰，父母都同意社會故事介入後，彼得已經會用合適的話請求協助，大大降低挫折行為。彼得的老師也表示學期剛開始時，彼得也表現那四種行為，但隨著日子過去，彼得漸漸減少挑戰行為，教室裡也清靜許多。

　　Sansosti 與 Powell-Smith（2006）由於證驗性研究應用社會故事於亞斯格症兒童甚少，因而本研究目的在檢驗應用社會故事在三位亞斯伯格症兒童的社會互動行為之可行性。標的行為分別為：

　　Darius（十歲一個月）在球場上玩球時的反抗行為，如：喊叫其他小朋友的名字，對隊友咆哮，因此引起其他小朋友的嘲笑揶揄。

　　Francis（十一歲六個月）常常犯社會性大錯，如：經常說不適當的笑話，在談話時如果談話主題不是他的興趣，他就走開，因此得罪其他小朋友。此外他的眼睛很少看人，也忽略人際距離。

　　Angelo（九歲九個月）主要困難是自發性參與活動，休息時間大都孤獨一個人，有時候自言自語。

　　利用多基線、誇受試的實驗設計，研究三位亞斯伯格症兒童在非結構化的活動，如休息時間的標的行為。研究結果顯示：這三位個案的其中兩位其社會

互動行為有改善，但在保留階段就消失不見了。

三、社會故事應用於低功能自閉症兒童教學的研究

依據 Gray 的說法，社會故事之教學最好應用於高功能的自閉症兒童，而且教學過程需要個別化（依據每一位自閉症兒童的獨特需要而編寫社會故事）。因此有的學者嘗試探究擴大社會故事教學功能。第一篇實徵研究是由 Swaggart 等人（1995）開始。Swaggart 試探性研究的主題有二：一是驗證擴大社會故事應用的對象於低功能的自閉症兒童；二是探討應用同一個社會故事教導不同自閉症兒童的可行性。

為了達成研究目標，Swaggart 略微修改社會故事的形式及教學過程。第一，依據 Gray 的說法，社會故事應該一頁一個主題為原則，而且不宜加入圖片，以免分散自閉症兒童的注意力。Swaggart 為了讓社會故事適用於低功能的自閉症兒童，將一個社會故事編成一本書（非一頁），書中每一頁一個句子（目的是減少自閉症兒童閱讀時分心），並且在每一個句子下，置一個相片或圖畫（幫助低功能自閉症兒童理解句子的意義）。

第二，Swaggart 選擇「分享」作為社會故事的主題，將同一社會故事教導兩個以上的自閉症兒童。

本研究共有三位受試，研究結果如下：第一個受試是十一歲重度自閉症的女生，經過社會故事教學後，比較基線期與處理期的改變，合適的打招呼從 7% 增加 74%，攻擊行為從 9% 降至 0%，不合適的觸摸從 82% 減少 26%；另一位七歲的重度自閉症男童，攻擊行為從 30% 降低至 6%，平行遊戲從 80% 提升到 94%，尖叫行為從 100% 減少為 56%，分享行為 0% 增加到 22%；第三位七歲重度自閉男童，抓人行為從 100% 降低至 35%，分享行為從 0% 增加到 35%。

本篇研究的主要結果證實：經過適度的修改，老師可以擴大社會故事的教學對象至低功能的自閉症兒童（中度及重度），教導他們學習正確和人打招呼，分享玩具，並可消除胡亂擁抱人及攻擊行為。

Hagiwara 與 Myles（1999）應用 Swaggart 等人所設計的原理（包括一頁一句子及每句子下加上插圖或照片），再加上利用電腦輔助教學，以修正形式的社會故事教導兩位自閉症兒童洗手及三位自閉症兒童專注於工作的行為（on task behavior）。研究結果顯示：運用多媒體加上插圖的方式進行社會故事教學，可

以增加自閉症兒童的工作水準。

　　上述兩研究（Hagiwara & Myles, 1999; Swaggart et al., 1995）證實：只要對社會故事的內容稍做修改，以及教學過程採用圖片的呈現方式，則社會故事仍可以用來教導低功能自閉症兒童之社會生存技能。

　　Barry 與 Burlew（2004）研究一位特殊班教師利用社會故事，教導兩位重度自閉症兒童如何選擇活動區，如何合適的玩弄所選擇的玩具，合適的和玩伴玩遊戲。實驗設計是以 ABCD 四階段，多基線跨人物的實驗設計：(A)老師領導教學階段；(B)重點放在選擇遊戲區及合適的玩玩具；(C)重點在合適的與同伴玩；(D)撤除老師的協助，但自閉症兒童仍可閱讀社會故事。

　　研究結果再度證實社會故事教學法對低功能自閉症兒童教學的有效性，兩位重度自閉症兒童經過社會故事教學後，可以獨立選擇遊戲區，及適當的玩玩具，還有與同伴合適的遊戲。

四、綜合從上述的實徵研究結果，得到下列結論

1. 社會故事教學成效獲得證實，上述實徵研究成效均支持運用社會故事教學法能使自閉症兒童學習更多社會生存技巧。即使從 1993 年 Gray 創設此教學法算起迄今才十多年，證驗性論文研究也只不過十多篇，不過大多數的研究都證實了社會故事教學法的有效性。

2. 社會故事教學法的功能，不僅限於人際互動技巧（如打招呼、分享、尋求協助）之增進，還可以教導自閉症兒童生活自理技巧（如洗手）、社區生活技巧（如社區購物技巧）。上述各種技巧，筆者總名之為社會生存技巧。

3. 社會故事教學成效除了正面的社會生存技巧之習得外，還可用於減少自閉症兒童亂發脾氣之行為，增進自我規範（self-regulating）的能力。

4. 社會故事教學適用的對象不僅限於高功能的自閉症兒童，而且只要將所要教導的技巧簡單化並加上插圖，它仍可用於中、低功能的自閉症兒童。

5. 理論上，社會故事教學應個別化。但只要自閉症兒童的認知功能相近，所要教學的目標相同，則同一個社會故事可用於多數的個案。

參考文獻

◎ 中文部分

陳淑萍（1998）。社會故事的教導對自閉症學童社會互動之影響研究。中國文化大學兒童福利研究所碩士論文，未出版，台北市。

黃金源（2001）。應用社會故事增進自閉症兒童的生活技巧之研究（未出版）。台中市。

◎ 英文部分

Adams, L., Gouvousis, A., VanLue, M., & Waldron, C. (2004). Social story intervention: Improving communication skills in a child with an autism spectrum disorder. *Focus on Autism and Other Developmental Disabilities, 19*(2), 87.

Agosta, E., Graetz, J. E., Mastropieri, M. A., & Scruggs, T. E. (2004). Teacher-researcher partnerships to improve social behavior through social stories. *Intervention in School and Clinic, 39*(5), 276-287.

Barry, L. M., & Burlew, S. B. (2004). Using social stories to teach choice and play skills to children with autism. *Focus on Autism and Other Developmental Disabilities, 19*(1), 45.

Bledsoe, R., Myles, B. S., & Simpson, R. L. (2003). Use of a social story intervention to improve mealtime skills of an adolescent with Asperger syndrome. *Autism: The International Journal of Research and Practice, 7*(3), 289-295.

Brownell, M. D. (2002). Musically adapted social stories to modify behaviors in students with autism. *Journal of Music Therapy, 39*(2), 117-144.

Chapman, L., & Trowbridge, M. (2000). Social stories for reducing fear in the outdoors. *Horizons, 121*, 38-40.

Delano, M., & Snell, M. E. (2006). The effects of social stories on the social engagement of children with autism. *Journal of Positive Behavior Interventions, 8*(1), 29-42.

Gearheart, B., DeRuiter, J., & Sileo, T. (1986). *Teaching mildly and moderately handicapped students*. New Jersey: Prentice-Hall.

Gray, C. (1994). *Making sence out of the world: Social stories, comic strip conversations, and related instructional techniques*. Paper presented at the Midwest Educational Leadership Conference on Autism, Kansas City, Mo.

Gray, C. (1995). Teaching children with autism to "read" social situation. In K. Quill (Ed.), *Teaching children with autism: Strategies to enhance communication and socialization* (pp. 219-242). New York: Delmar.

Gray, C. (2000). *The new social story book*. Arlington, TX: Future Horizons.

Hagiwara, T., & Myles, B. S. (1999). A multimedia social story intervention: Teaching skills to children with autism. *Focus on Autism and Other Developmental Disabilities, 14*(2), 82-95.

Howlin, P., Baron-Cohen, S., & Hadwin, J. (1998). *Teaching children with autism to mind-read: A practical guide for teachers and parents*. New York: John Wiley & Sons.

Kuttler, S., Myles, B. S., & Carlson, J. K. (1998). The use of social stories to reduce precursors to tantrum behavior in a student with autism. *Focus on Autism and Other Developmental Disabilities, 13*(3), 176-182.

Rogers, M. F., & Myles, B. S. (2001). Using social stories and comic strip conversations to interpret social situations for an adolescent with Asperger syndrome. *Intervention in School and Clinic, 36*(5), 310-313.

Sansosti, F. J., & Powell-Smith, K. A. (2006). Using social stories to improve the social behavior of children with Asperger syndrome. *Journal of Positive Behavior Interventions, 8*(1), 43.

Swaggart, G. L., Gagnon, E., Bock, S. J., Earles, T. L., Quinn, C., Myles, B. S., & Simpson, R. L. (1995). Using social stories to teach social and behavior skills to children with autism. *Focus on Autistic Behavior, 10*(1), 1-15.

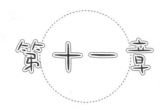

圖片兌換溝通系統教學法

許素真

　　五歲以下的自閉症兒童通常不會用口語溝通，即使有口語，也大都是屬於鸚鵡式語言（例如：你問他「你要什麼？」他回答「你要什麼。」），無法與人有效的互動。解決這項困難過去有人嘗試過下列方式做為解決的對策。

一、使用手語作為替代性溝通

　　有人認為，教導他們使用手語或許是可行的溝通方式，但是要教導自閉症兒童以手語溝通有很大的困難。其理由如下：

1. 手語原來是為聽障兒童創造的替代性溝通系統。但是要教導自閉症兒童學會手語會有很大的困難。因為教導自閉症兒童學習手語時，他的眼睛往往不看教導者的手勢或動作。所以僅僅要教導自閉症兒童學會各種手勢或動作這件事就已經不是一件容易的事情。

2. 手語本身也是一種符號系統。要教導自閉症兒童使用手語溝通與教導自閉症兒童使用口語與人溝通都會碰到相同的難題。那就是我們必須教導自閉症兒童瞭解這套符號系統中，所有每個符號所代表的意義。也就是說要教導自閉症兒童使用手語和人溝通，不但要教導他會打各種手勢或動作，同時也要教導他各種手勢或動作的意義，這一階段的困難度與教導自閉症兒童使用口語溝通的困難度相同。意思是教導他們瞭解口語的

意義與瞭解手語的意義兩者的困難度相同。如果一個自閉症兒童無法使用口語和人溝通，那麼想教導自閉症兒童使用手語溝通，無異緣木求魚。簡單的說手語無法成為沒有口語能力的人的替代性溝通系統。

3. 語言本身除了主體語言（各種溝通系統）之外，還有副語言（包括聲音大小、陰陽上去、快慢急徐、表情動作）。這些副語言會影響主體語言的意義，這部分本書的第五章已經詳述。聽障兒童只有聽力問題，在心理、行為、情緒、與人互動各方面均能正常的反應，因而他們與人溝通時，表情、肢體語言十分豐富，甚至會有撒嬌和開玩笑的互動；這些自閉症兒童都不會，他們欠缺表情、姿勢、肢體動作等等非口語溝通的輔助，而這些輔助卻是溝通時不可或缺的重要條件。例如，一個女生叫他的男友「滾遠一點」，她用的語氣、聲調、表情不同，意義差別很大。女生撒嬌時，「滾遠一點」就不是真心要男友走開，她若提高嗓門大聲叫「滾遠一點」，男友如果不走，可能會引起更大的反彈。自閉症兒童無法了解別人的情緒和變化，一方面不理解，一方面也不會應用。所以教導自閉症兒童使用手語溝通也會遭遇困難。

4. 自閉症兒童沒有溝通的意圖，除了必要性的需求之外，他們不會主動找人聊天、分享事物、表達想法、建立友誼……，所有社會性的溝通幾乎闕如。因此我們了解，手語是適合聽障兒童的溝通方式，對自閉症兒童是沒有用的。

5. 手語使用的普遍性不夠。手語是針對聽障者設計的替代性溝通系統。但是目前已經逐漸被淘汰。聽障教育的主要教學法現在的主流已經是口語教學法。因為整體社會人士的溝通系統是口語。聽障生彼此可以使用手語溝通，但是無法融入社會。一個自閉症兒童如果能夠克服上述四項困難學會手語與人溝通仍然會與聽障生遭遇相同的困難，因為絕大多數的社會人士不會手語。如果要求所有的非障礙人士學習手語來與他們溝通，似乎是一項不可能實踐的任務。

二、圖片溝通系統

一般而言，自閉症兒童的視覺學習優於聽覺學習，因此提供足夠的視覺線索能更有效的幫助他們成功的學習。有人嘗試使用圖片溝通系統（The Picture

Communication System）教導自閉症兒童功能性的溝通，但學習圖片溝通系統對他們而言，仍有相當的挑戰性。

圖片溝通系統主要的是為腦性麻痺兒童所設計的一種溝通系統。適用的對象包括腦性麻痺、中重度智障、中風病人、大腦損傷造成無法使用語言或者是失語症患者。這些人士只是喪失或者不方便使用口語語言的能力，但是沒有自閉症兒童的障礙，所以對上述人士而言，它是很有效的替代性溝通系統。

教導自閉症兒童使用圖片兑換溝通系統，仍然會碰到上述教導自閉症兒童使用手語溝通的五項困難，這些困難都難於克服。用另一種說法說明：語言的定義是：使用一組符號系統用以交換或分享訊息與情意。口語、手語、圖片都只是一種符號系統，彼此的差別只是符號系統不同。低功能自閉症兒童不會使用口語溝通，我們便很困難教導他們使用其他符號系統與人溝通。

更詳細的說：這種圖片溝通教學，在初級的層次是在訓練他們表達生活的基本需求：要求物品、如廁⋯⋯等生活自理方面的表達。這些生活需求的表達，其實不必特別去教，自閉症兒童也會自行發展出行為語言的溝通的方式。

在比較高的層次圖片溝通系統也可以協助上述的患者做社會性溝通，但是圖片溝通系統對自閉症兒童的溝通教學有非常大的困難，尤其對於他們溝通意圖之缺陷，更加束手無策。

事實上，這套系統應該是腦性麻痺者最佳的替代性溝通方式，有些腦性麻痺者無法說話或者口語不清，但認知功能正常，他要買東西、想要和人打招呼卻口不能言，利用電腦輔助科技，將溝通內容藉由語句或圖片設定在溝通板中，幾乎能做到使腦性麻痺者溝通無礙的地步。

當老師要教導自閉症兒童使用圖片做替代性溝通，需先教導他們指出圖片以說明他所要的東西，但是要教導自閉症兒童指著圖片也是十分困難的事，因為他們眼睛往往不看人，也不看圖片，很難讓他明白：「指出你所要的東西」這句話；因而他們往往隨手指著圖片，眼睛卻看窗外，老師這時很難確定，學生要指的東西與窗外所看的東西是否相關，或者他純粹只是敲著圖片。

三、用行為語言溝通基本需求

總結上述，想要運用手語溝通或圖片溝通系統教導自閉症兒童與一般人進行溝通完全不可行。可是自閉症兒童畢竟也是人，他一樣有人的基本需求，所

以他無可避免要與照顧他的人進行溝通。前述當自閉症兒童有基本需求時他會發明行為語言來與照顧他的人做溝通。可是行為語言中的每個行為語言，其定義卻鬆散沒有一致性，所以容易造成誤解。其他的語言不論是口語手語或書寫語言都有明確的定義。比如說：我看見一隻狗。這句話第一個字是指說話者的第一人稱；看見是動詞；一隻狗是指數量只有一隻；狗則指會看家對主人很忠心的動物。所以不論用口語手語或書寫語言都不會產生誤會。但是身體語言則是定義鬆散，作為溝通的工具經常容易誤解。譬如：人際距離中，當一個男生與一位女生的距離很接近，到達所謂的親密距離。那位女生很可能將這位男生解釋成對她有意思（如果那位女生私下暗戀該男生的話）；也可以解釋成那位男生不懂禮貌（如果男女兩位是剛剛認識的人）；也可以解釋成那位男生意圖對她非禮（如果那位女生對男生本來就很討厭）。所以使用行為語言最為基本需求的溝通很容易誤解。

黃金源教授曾經在一次演講中提出三個例子說明自閉症兒童使用行為語言溝通基本需求時，被誤解為攻擊行為的例子：

例一：九二一大地震後黃教授訪視台中縣某國小，當時一位自閉症學童的家長展示他全身受傷累累的情況。這位自閉症學童的雙親都是一樣全身受傷嚴重。攻擊者來自這位自閉症學童。經過詳細盤查黃教授發現：該自閉症學童因為有聽覺上的感覺變異，所以無法忍受學校復建過程中推土機推到牆壁所發出的聲音，所以狂抓父母要逃離現場。這個瘋狂抓父母的行為表面上是攻擊行為，其實只是為了溝通：「我很害怕聽到那種聲音」的一種行為語言。

例二：在台中教育大學特教中心的一次晤談中，有位自閉症兒童陪同母親在晤談室約半小時，突然伸手抓媽媽的頭髮。媽媽立即告訴該自閉症兒童說：「你放手，媽媽帶你去」。這位媽媽馬上問黃教授：「貴校的廁所在哪裡？」黃教授馬上恍然大悟，原來該生抓媽媽的頭髮是表示：要上廁所的意思。這就是這對母子的一種行為語言的溝通。

例三：在小人國黃教授曾對一群家長演講，演講結束後一位母親抱著自閉症兒童請教他說：「從剛才到現在這位孩子一直不停扭動身體並亂抓母親的頭髮與身體」。當時的情境很明顯：演講持續三小時，這位年僅五歲的自閉症兒童根本聽不懂，而且已經中午了肚子餓了想吃東西。所以扭動身體與抓頭髮也是一種行為語言，目的要表達：我無聊、我肚子餓了、我要吃東西。只是媽媽

不瞭解行為語言的意義而已。

　　這三個例子很清楚說明：自閉症兒童使用行為語言溝通基本需求代價非常高。

四、圖片交換溝通系統

　　圖片交換溝通系統（picture exchange communication system，以下簡稱PECS）與圖片溝通系統兩者是不一樣的教學方法。圖片交換溝通系統，是一個擴大性與替代性（AAC）的功能性溝通系統，它能迅速教導沒有口語的自閉症及相關溝通障礙的兒童，不需經由口語模仿而能與人有效的溝通。經過圖片交換溝通系統六個階段的教導與學習，自閉症兒童幾乎可以與人做日常的溝通，問他「你要什麼？」他能夠回答，問他「你看見什麼」或「你聽到什麼」？他也能夠回答，甚至能夠做選擇。而且在教導的過程之中，原本沒有口語能力的自閉症兒童也能漸漸的學會語言。

　　當一個自閉症兒童學會用圖片回答「你要什麼時」，等於他已經學會用圖片表達他的需求。這樣一來自閉症兒童的父母會減少處理非常多的問題行為。

　　根據本書第六章所表述的自閉症兒童問題行為來源有三個主要來源，其中一個是自閉症兒童常常是缺乏表達他們的基本需求，以及因此引起的情緒。所以就使用不正確的行為語言（通常是攻擊行為如抓媽媽的頭髮或身體）來表達其需求與情緒（恐懼、痛苦）。

　　當自閉症兒童學會回答「你看見什麼」「你聽見什麼」這類問題時，表示他們已經學會用圖片與人做初步的社會性溝通。這是教導自閉症兒童與人做諸種社會性溝通的初步跨出這一步，其實就是突破自閉症兒童缺乏與人溝通意圖的障礙。

第二節　圖片兌換溝通系統教學法的過程

　　為了幫助父母和老師進行自閉症兒童的教學與輔導，筆者將 Frost 與 Bondy（2002）所發展的圖片兌換溝通系統的整個教學方法詳細敘述如下；這一節的內容主要是從 *The Picture Exchange Communication System Manual* 一書節譯而來，並已獲得美國 Pyramid Educational Consultants, Inc. 的認可授權後使用，任

何著作物欲引用本節，應與該公司聯繫。本節只選擇該書對教學過程的重要部分加以敘述，讀者如果需要全部教學過程的詳細敘述，可以參考原著作。

（This translation is a synopsis of the PECS protocols, and procedures obtained from The Picture Exchange Communication System Manual 2nd Ed. It represents a tiny part of the whole program and does not constitute training in PECS.）

PECS 的教學過程共有六個步驟，茲依序敘述如下。

一、第一階段：「如何」溝通

(一) 終極目標（terminal objective）

在第一階段我們要教導孩子學習去接近另一個人，執行一項行動，然後得到想要的物品。此時也尚未被要求選擇特定的圖片。學習活動先由具體的增強物開始，如食物、玩具……等，因為這些是最有效的增強物。

(二) 教學步驟（教導自發性行為）

要教導學生的自發性行為，我們必須確定學生「先啟動」（goes first）。起初，我們找出一個威力強大的增強物，讓學生能擁有它一會兒，然後把它收起來，擺著給學生看，藉此誘發學生的行動。學生若是想要嘗試去拿取物品，這個行為就是學生「先啟動」的行為。我們要知道，啟動的行為並不算是溝通，因為學生行為的目標是增強物並非教學者，當提示者等待學生拿取物品，並且使用肢體協助，完成一個連續性的試探──從撿起圖片、拿給教學者，再將手放開、將圖片放進教學者手中──便將行為塑造出來。當學生把圖片拿給教學者時，這個「拿給」的動作就變成溝通性的行為。此時，教學者要立即以具體性的物品來增強學生的行為。

在每次試探之前，我們必須確定所使用的物品仍然有增強作用，即使你才剛完成正式的增強物評估，學生感興趣的物品可能又改變了。我們可以使用「第一個免費」（first one's free）的策略，就能很快的測出某項物品是否仍為學生現時所喜愛的東西：你可以先給學生一點吃的東西，或者是先讓他先玩一下玩具，試試看學生是否接受，就知道他是否仍然喜歡該食物或玩具了。假使學生要求玩玩具，允許他玩十五至二十秒鐘，然後靜靜的把玩具收回，準備下一回的試探。

在連續性的訓練中，提示者使用後向串聯策略，將肢體引導的提示依「撿起→拿向→放開手」的次序，由後面往前面動作，逐步加以褪除：

1. 提示者持續等待學生啟動動作，然後協助他撿起和拿向的動作，但是要褪除手放開圖片的協助；意即褪除「放開手」的提示。

2. 當學生能自己放開手把圖片放進教學者的手中時，提示者便開始進行褪除對學生拿圖片給教學者的肢體協助。當學生拿來物品圖片時，教學者在此時伸出張開的手；提示者除了繼續撿起圖片的提示之外，其餘後面的動作便提供越來越少的肢體協助，直至學生能自己拿著圖片，並把圖片交給教學者。意即進一步褪除「拿給」的提示。

3. 最後，提示者要開始褪除「撿起圖片」的動作協助，並重複這個步驟，直至學生一看見想要的物品，便能自己去撿起圖片拿向教學者，並把圖片放進教學者張開的手中，教學者立即給於學生想要的物品和口頭讚賞。

二、第二階段：距離和堅持（distance and persistence）

(一) 終極目標
　　學生走到溝通板前，取下圖片走向教學者，得到教學者的注意，並把圖片放進教學者的手中。

(二) 教學步驟

1. 步驟一：從溝通簿取下圖片
　　訓練時，我們把目標圖片安排在溝通板面的中央，其餘的圖片收在溝通簿內。允許學生自由使用某項物品來開啟第一步動作，當他吃了或玩了該項物品十至十五秒後，便開始試探。我們拿出單張圖片放在溝通簿的封面上，開始誘導學生，讓學生取下圖片交給教學者，圖片要放進教學者的手中。

　　如果必要的話，提示者可以提供肢體協助引導學生取下圖片，但必須在學生已啟動行為後才能提示他。提示者也要逐漸褪除協助，直至學生能獨立的完成從溝通簿取下圖片到與教學者交換完畢為止。

2. 步驟二：增加教學者和學生之間的距離

1. 當學生拿著圖片要交給教學者時，教學者握住他的手，讓學生必須稍微更往前來交換圖片，圖片交換完成後，立即給於口頭讚賞並提供增強物給他繼續享用。

2. 在下一回的試探時，教學者要稍微往後移動，離學生遠些，讓學生身體必須更加往前才能交換圖片。然後，再退遠一些，讓學生必須站起來才能把圖片交給教學者。

3. 繼續這個方式逐漸的增加學生與教學者之間的距離，從吋、到呎、到碼。最後，學生能夠橫過房間找到教學者，把圖片交給他，以便交換增強物。

4. 因為我們採用塑形策略一步一步的訓練學生，因而學生應該可以逐漸移動更遠的距離。然而，若是進展太快，學生產生遲疑、停頓或到達教學者之前就停止動作的話，此時提示者很重要，他應隨即引導學生到教學者那兒去；並在下一回的試探時，教學者和學生的距離應靠近些。

教學者不應該提供任何提示，也不能在學生中途停頓時主動靠近他。假使教學者這樣做，學生會學到「走向握著東西的那個人，停頓一下，然後他會走過來」的錯誤訊息。此時必須運用第一階段所提的「退後一步」策略來更正錯誤，讓學生明白交換圖片的溝通是一種連續性的工作程序。

3. 步驟三：增加學生和溝通簿之間的距離

當學生能獨立的移動到五至八吋之遙的教學者時，便開始要有系統地增加學生和溝通簿之間的距離，學生必須走到溝通簿那兒取得圖片，然後再去教學者那兒完成交換。剛開始時溝通簿就在旁邊，同時以每次幾吋的距離，將溝通簿移開學生遠一些；經過幾回的試探之後，把溝通簿移到更遠的地方，讓學生必須站起來並且走過去拿圖片；最後，把溝通簿移到房間的另一邊，使它與學生、教學者不直接在一直線上，學生要學會找到他的溝通簿，再從溝通簿中找到圖片，才能完成溝通。我們要把學生的溝通簿收放在一個特定的位置，便於他想要溝通時能很快的找到。

關於距離的控制，教學者萬一把學生和溝通簿的距離拉得太長，此時，提示者應能即時對學生提供肢體協助而成功越過，在下一回的試探時，溝通簿的

距離則須挪靠近學生一些；若提示者不能立刻協助以致學生遲疑了幾秒鐘，為避免學生有錯誤的認知，教學者應回到「退後一步」的程序。

另一種不同錯誤的型態是，學生一看見教學者手中有他想要的東西，便直接走向教學者而不是去取圖片。這種錯誤是在整個連續性的工作程序中早期的階段，所以「退後一步」程序將包括從試探開始到結束、提供額外的協助，並使用不同的增強方式。

4. 步驟四：消除額外的提示

1. 期望的眼神：教學者應對著鏡子學習撲克臉，以避免學生從你臉上的表情得到暗示。

2. 物理環境方面的提示：雖然 PECS 的訓練是從結構化的情境設計著手，當我們開始第二階段「距離」的訓練後，學生開始移動位置、離開原來的座位，因而在此階段訓練當中，教學者可以把活動移到地板上、戶外或在架子旁進行。

3. 避免分心：教學者應該讓學生把注意力擺在你所要提供的物品上，因而教學者應褪除誇張的誘導動作（聲音、表情、手勢或行為）。引導學生要求那些眼前看不見的或沒有握在教學者手中的物品。

4. 身體導向：當教學者以離學生越來越遠的距離要教導他「移動」時，可利用轉身離開的方式進行，如此學生將堅持獲得你的注意即使你轉身背對著他，如果必要，提示者可以引導學生輕拍、碰觸、使教學者轉過身來。

5. 眼睛接觸：教學者在訓練拉開與學生的距離時，最好把眼睛或眼神移開，讓學生學會不等待你的注視即啟動溝通。

6. 不同的環境／房間／活動：我們可能在結構化的情境中實施 PECS 的訓練，但訓練的場所可視學生的喜歡而定，通常增強物在哪兒場所就在哪兒！如遊樂場、操場或廚房。我們鼓勵能在各種不同的環境或場所進行訓練，增進學生類化技能的機會，包括百貨公司或是學生喜愛的餐廳中。

三、第三階段：圖片的辨識（picture discrimination）

(一) 終極目標

　　學生要自己走到溝通簿前，從一列圖片中選擇適當的圖片然後走向教學者，把圖片交給他以請求想要的物品。

　　第三階段 A：分辨「非常喜歡」的物品圖片和「不相關」的物品圖片之差異。

　　第三階段的分辨訓練中，學生所要學習的新技能是選擇正確的圖片。這個目標比把圖片放進教學者的手中來得重要。訓練時，我們知道越是密集且及時的增強越能促使目標行為的產生，增強物的效果就越大；也就是說，在學生觸摸到正確圖片的當下，就應立即予以增強，如此學生才能快速的學到這個新的技能。千萬勿等待學生拿起圖片放進你的手中才有反應，這樣的回饋已經延誤太久，而且也誤導學生從你的臉上表情或肢體動作找尋線索，以便得到正確的答案。假使學生動作慢吞吞的拿、再交圖片給教學者，重點放在完成這件事上而沒有表現出分辨能力的話，記住！我們必須在學生觸摸到正確的圖片時，立即以口語回應，如「是的」「嗯哼」「對了」；接著，當學生把圖片放進教學者手中，就馬上給他請求的物品。如果學生拿錯圖片，我們不做任何口語回應，只等待學生完成交換，然後給他圖片所示的物品。

(二) 教學步驟

　　在第三階段只需要一個教學者。

　　一開始，我們要設定一個熟悉的情境（例如擺放適合這個情境的物品，好讓學生在想要某項物品時隨即派上用場），並在溝通板上準備兩張圖片：一是有高度增強作用的物品，一是不相關的物品。我們開始像第一階段課程一樣，誘導學生並等待他的請求，一見到學生拿起正確的圖片，就讚美他，當他把圖片放進你手中，隨及遞給他該項喜歡的物品。假如學生拿起不相關物品的圖片時，教學者不提供任何反應，當他把圖片放進你手中，就給他該項不相關的物品，並觀察學生的反應。假使學生有任何負面反應，例如拒絕，這是好現象！表示學生可以被教導使用特定的圖片，換取想要的東西。當學生選錯圖片時，我們使用「四步驟錯誤矯正程序」來糾正他：

步驟	教 學 者	學生
	以兩種物品引誘學生	
		學生拿了錯誤的圖片
	給學生符合的物品	
		反應負面的行為
示範或展示 （model or show）	展示或輕拍目標圖片（讓學生看著溝通簿上的目標圖片）	
提示（prompt）	握住學生靠近目標圖片的手，或用肢體、姿勢加以提示	
		學生拿了目標圖片
	口頭讚賞	
轉換（switch）	給「看我做」的指令或暫停幾秒鐘	
		執行轉換動作
重複（repeat）	以兩種物品引誘學生	
		學生拿了正確的圖片
	給學生想要的物品並口頭讚賞	

說明：在 PECS 的分辨訓練中，訓練主題的改變會使學生對圖片產生視覺上的混淆，此時將學生的注意力「轉換」到一個熟知的工作是很重要的，教學者趁這個機會插入一個快速的試探——到與選擇圖片無關的程序中，如模仿教學者做一個動作或者暫停幾秒鐘，移走或者翻轉溝通簿等。然後回到訓練的開始，重新以學生喜歡的物品誘導溝通。這就是轉換的作用。

「轉換」時可用的點子：

1. 讓孩子完成一項單一的動作（如拍拍手、觸摸頭髮、站起來、轉圈等）。

2. 展示某項不相關的事物。

3. 用手勢提示學生從地上撿起事物。

4. 翻轉 PECS 溝通簿。

5. 示範一項動作讓學生模仿。

　　在每個獨立的課程中，要改變學生所請求的物品，好讓學生試著去探索不同的圖片。同樣的，在四步驟錯誤矯正程序的第三步驟——轉換，也不能總是用同一個活動應付，我們需要改變轉換時的活動，以免學生把轉換的活動誤以

為是交換圖片時的正規程序之一。

此階段的目標是要學生學習分辨圖片，為了不讓學生以記憶圖片在溝通簿上的特定位置而蒙混過關，在每一個試探之前，應確定以不同的方式重新安排兩張圖片，且改變其在每一行列的位置。

(三) 第三階段 B：分辨兩項增強物圖片的差異

呈現的兩項物品都是學生所想要的。但在第一次交換之前，我們並不知道哪一項才是學生此時真正想要的物品，因此我們需要檢驗出學生是否用對了圖片，以獲得他想要的特定物品。我們可以執行「符合檢驗」（correspondence checks）來確定：

1. 展示一盤裝著兩種學生非常喜愛的物品兩種，準備好溝通簿在旁邊，封面上放著兩張對應的圖片。
2. 當學生給你一張圖片時，指出他所要拿的適當物品，教學者伸出盤子，說「很好，你拿吧！」
3. 在階段三 B，新的行為是要學生拿到與圖片相符的物品，所以，我們開始一見到學生將要拿起正確的物品時，便口頭讚賞加以增強，並在他拿起正確的物品時，立即讚美他、讓他拿走自己所要求的物品。
4. 假定我們說「你拿吧！」學生拿起了他想要的物品，此時，我們需要趕緊展示出圖片來符應學生所拿走的物品。我們稱此為「教導取得」（teach the reach）。假使學生拿了不正確的圖片，要阻止他取得物品，並使用四步驟的錯誤矯正程序來糾正這個錯誤。

符合檢驗配合四步驟錯誤矯正的程序如下：

步驟	教 學 者	學生
	以兩種物品引誘學生	
		給教學者一張圖片
	「你拿吧」「請用」之類的口語回應	
		學生拿錯誤物品
	阻止學生取得物品	
示範或展示	指出或輕拍正確的圖片	

（續上表）

提示	握住學生靠近目標圖片的手，或用肢體、姿勢加以提示	
		學生拿了目標圖片
	口頭讚賞（不給學生物品）	
轉換	「做做看」動作模仿或其他學生熟知的工作	
		執行轉換動作
重複	以兩種物品引誘學生	
		給教學者一張圖片
	「請用」之類的口語回應	
		學生拿了正確物品
	允許學生取得物品並口頭讚賞	

說明：在執行符合檢驗時，僅僅只說「你拿吧」是對學生重要的回應，千萬別說出物品的名稱，如「拿走餅乾吧」。因為當你說出物品的名稱，因而學生拿對了物品時，我們無從了解學生拿對物品是因為正確的聽覺分辨（餅乾名稱），還是因為正確的視覺分辨（餅乾圖片）。應當在學生拿了正確的物品之後，才叫出物品名稱。假如學生在開始階段三 B 的分辨訓練時，一直犯錯，那就要考慮學生是否已準備好，能在兩項喜歡的物品圖片之間進行分辨。

（四）在多項圖片之間的分辨訓練

增加圖片的數量，以便讓學生學習在多數的圖片中提出請求。我們先以三項學生喜愛的物品圖片開始。現在盤子內要提供三種誘導的物品，並進行這三樣物品的符合檢驗。假使學生在分辨這三種圖片時犯了錯誤，就使用四步驟錯誤矯正的程序。要記住的是，矯正程序之後必須以符合檢驗來結束。有些學生從兩項圖片進入到三項圖片時會產生困難，有一個過渡的工作可以做為橋樑——利用兩項學生喜歡的物品圖片，加上另一項不相關的圖片，來幫助學生分辨。假使學生可以辦得到，就能繼續進行三項物品的分辨訓練。

當學生能精熟三項物品的分辨訓練後，接著繼續增加圖片到四項、五項，並跟著執行符合檢驗。若學生可以正確的分辨五項物品圖片的不同，表示我們可以結束階段三的分辨訓練了。此時，可以把這五項物品圖片以「X」的方式，

黏貼在溝通簿上，學生可以用視覺做垂直、水平或對角式的掃描所有的選擇方案。

　　分辨訓練的最後步驟，要教導學生能從自己的溝通簿裡尋找出特定的圖片。首先，打開溝通簿內的活動板頁，放上一或二項學生非常喜愛的物品圖片，再把板頁放進簿內，再以物品引誘學生，當學生要伸手到溝通簿找圖片時，我們先把簿子輕輕的關上，讓學生去打開它，找尋符合的圖片出來完成交換。

四、第四階段：句子結構（sentence structure）

(一) 終極目標

　　學生能使用多重字詞的片語（multi-word phrase），要求眼前或者不是眼前的物品。從溝通簿撿起「我要」的圖片或符號放在句型條上，再挑出想要的物品圖片放在「我要」的後面，形成一個句子，然後把句型條從溝通板上拿下，交給教學者。完成此階段訓練後，學生普遍能學會二十項或更多的圖片，並且可以和不同的教學者溝通。

(二) 教學步驟

1. 步驟一：把增強物的圖片加到句型條上（adding reinforcer picture to sentence strip）

　　課程一開始，先把「我要」的圖片貼上句型條的左邊，並把溝通簿封面上的圖片數量減少。現在，如果學生想要某項事物，他就會從溝通簿上拿下相符的圖片來讓你知道。這是一個重要的啟動，我們必須耐心的等候！只要學生一啟動，教學者以肢體引導他將圖片放上句型條「我要」的旁邊，這樣的協助是OK 的。然後引導學生把句型條交給教學者，教學者讀出句型條以為回應，並讓他得到想要的物品。把句型條轉向學生面前，並指出你說出的名稱所對應的每個圖片。

　　進行幾次試探之後，便要褪除肢體上的協助，學生的目標是要能獨立的把增強物的圖片加到句型條上，然後拿著句型條交換物品。因而，當學生一把圖片加到句型條上，應立即給予讚賞，如「嗯哼」「是的」「很棒」之類的口語；當他交換句型條之後，應立即提供他想要的物品，做進一步增強。

2. **步驟二：巧妙的運用「我要」圖片**（manipulating the "I want" picture）

　　為了要教導學生以正確的順序建構句子，我們把「我要」的圖片放在溝通簿的左邊，鼓勵學生先將「我要」的圖片放到句型條上。試探開始時，若學生把手伸向增強物圖片，阻止他做這個動作，應以肢體協助他先拿取「我要」的圖片放到句型條上的左邊。到這裡，就和步驟一的準備動作相同，然後繼續步驟一。進行幾次試探之後，要褪除所有的肢體協助，讓學生學習獨立的建構句子並完成句型條的交換。

3. **步驟三：「讀出」句型條**（"reading" the sentence strip）

　　當學生獨立的完成建構句子，並把句型條放進教學者手中後，教學者要把句型條轉向學生面前，並以肢體協助他指出，你所讀的每個名稱所對應的圖片。當學生能熟練的指出教學者念出的句型條，我們要進一步在交換的過程中，提供機會讓學生去說。不必企圖去教導學生了解句子的意義，直到學生已經精熟建構與交換句型條的工作。

　　※請求多項物品時

　　當學生能更有效率的使用 PECS，便能教導學生使用「和」（and）這個字或符號，來請求兩項或更多的物品。

　　※該「拒絕」的時候

1. 利用空的容器（如吃完洋芋片的碗），告訴學生東西已經沒有了。

2. 提供替代物品，告訴學生此時他所能要的物品，就只這兩種可選擇。

3. 做個協定。假使學生想要看影片，教學者可要求他先完成一項簡單的工作。

4. 暫不提供（not right now）。溝通簿裡以特定的頁面放著目前暫時沒有的物品圖片，且特別予以標示。

5. 規定得到某項增強物品的時間，學生若還想要該物品必須等到下次。

6. 教學生等待。

7. 直接說「不！」

五、屬性（attributes）

(一) 終極目標

學生走到溝通簿前，建構包含「我要」的圖片、屬性的圖片、增強物圖片的句型條，然後和教學者進行交換，以請求眼前或者不是眼前的物品。學生要使用各種不同的屬性圖片，組合成包括有三個以上圖片的句子。

(二) 教學步驟

1. 步驟一：三項圖片的句子結構（three-picture sentence construction）

當學生請求「我要糖果」時，將這兩張圖片分別放到句型條上，然後教學者手中握著兩種糖果，問「要哪一種？」當他拿起較喜歡的那種糖果，不要讓他拿走，先以肢體協助他去拿那種糖果顏色的圖片（例如藍色），放到句型條上「我要」和「糖果」的中間，然後念出「我要藍色的糖果」，並給他藍色的糖果。

第二次試探時，讓學生把「我要」的圖片放上句型條，當他要拿起增強物圖片時，先阻止他，再以肢體引導他拿起屬性的圖片放上去，然後讓他加上增強物圖片。當他把句型條交給教學者時，要讀給他聽，並把糖果給他。

繼續進行後向串聯的程序，直到學生能獨立建構和完成句型條的交換。教學者應在適當的時機，提供正面的回應（例如嗯哼、是的……），當學生能獨立進行新的行為——放好「我要」圖片，接著拿起屬性圖片，最後放上增強物圖片，完成句型條交換；並且逐漸褪除肢體協助之後；學生即學會了建構三項圖片句子的正確程序。

2. 步驟二：分辨非常喜歡和較不喜歡兩種屬性圖片的不同

在溝通簿增加第二種屬性的圖片，以便訓練學生分辨不同的屬性圖片、挑出目標圖片。理想上，屬性圖片應該呈現一項學生不喜歡物品的圖片，另一項則沿用前步驟所使用的屬性圖片，例如藍色的糖果、橘色的糖果，現在，學生的工作是分辨出藍色和橘色。

假使學生一開始所選擇的圖片是他不喜歡的物品，我們不提供任何回應，

讓學生完成交換，然後讀出句型條給他聽，並給他不喜愛的物品。等待學生做出負面的反應，如同階段三所做的，然後進行四步驟錯誤矯正程序，教導正確的顏色圖片。

屬性的四步驟錯誤矯正程序		
步驟	教學者	學生
	以學生喜歡和不喜歡的物品引誘學生	
		以不正確的屬性圖片交換句型條
	給予相符的物品	
		負面的反應
	將屬性圖片放回溝通簿*	
示範或展示	指出或輕拍目標圖片（要學生看著圖片）	
		看著溝通簿上的目標圖片
提示	握住學生靠近目標圖片的手，或用肢體、姿勢加以提示	
		把目標圖片加到句型條上
	口頭讚賞（但不給學生增強物）把屬性圖片放回溝通簿	
轉換	「做做看」的指令或暫停幾秒鐘	
		執行轉換動作
重複	以兩項物品引誘學生	
		把正確圖片加到句型條上
	讀出句型條，口頭讚賞並給學生物品	

說明：「*」這是一個屬性圖片分辨的錯誤，所以我們不要求學生重新建構整個句型條，錯誤更正只包括屬性圖片的部分即可。

　　假使學生在「重複」時做錯了，請再次進行四步驟錯誤矯正程序。假使學生作對了，應予適當的增強；否則，應回到前面他所熟練的步驟再往後續程序

練習，以便讓學生學會正確的反應。

3. 步驟三：呈現兩種或更多種喜歡物品的圖片做為選擇範本，從中分辨圖片的差異

增加另一種學生喜歡的糖果顏色圖片。現在，學生必須分辨三種顏色圖片，其中兩種以喜歡物品代表的顏色，一種是不喜歡物品代表的顏色。當學生請求一份特定的果汁（我要紅色的果汁），我們要執行符合檢驗以確定學生使用了正確的圖片，指示學生「拿去吧」，假使學生拿了正確的果汁，便給他喝一些；假使學生拿了不正確的果汁，阻止他的動作並使用四步驟錯誤矯正程序。

4. 步驟四：增加屬性分辨工作的複雜性

增加其他的屬性圖片，並提供學生所喜歡的其他相關種類的物品。當你實施符合檢驗時，多提供一點物品的數量，但要記住，在讀出句型條時不要叫出物品名稱。每介紹一樣新的屬性圖片，需經常性的執行符合檢驗，但學生有進步時便可減少之。

5. 步驟五：介紹這個屬性其他的例子

繼續增加其他屬性相關的增強物樣本，我們增加圖片就執行符合檢驗，檢驗所提供的各種顏色的積木、糖果、彩色筆……等等，學生的工作就是去分辨屬性圖片和增強物圖片，使彼此互相對應。

接著，我們可以繼續教導其他的屬性，例如尺寸、形狀、位置、身體部位、溫度、速度、材質、數量……等等。

六、第五階段：回答「你要什麼？」

(一) 終極目標

學生能自發性的請求各種不同的物品，並回答問題：「你要什麼？」

(二) 教學步驟

1. 步驟一：零秒的延宕（zero second delay）

以呈現學生想要的物品、相符的圖片和「我要」的圖片，同時（零秒的延宕）指出或輕拍「我要」的圖片，問「你要什麼？」

2. 步驟二：增加延宕的期間（increasing delay interval）

　　漸漸拉長問題「你要什麼」和指出「我要」圖片兩者間距的時間，開始時暫停一至兩秒，每次試探以增加一至兩秒為原則。目的是要學生能一直逼近「beat」肢體協助的提示（helping prompt）。

3. 步驟三：在回應性的請求和自發性的請求之間轉換（switching between responsive requesting and spontaneous requesting）

　　我們要記住，向學生提問「你要什麼」是為了創造自發性請求的機會。所以在結構化的試探中，問「你要什麼」和以物品引誘學生，兩項程序之間要稍微暫停一下，等待學生發出請求；假使教學者提供的物品確實是學生所想要的，應該能夠引起學生自發性的請求。

七、第六階段：發表意見（commenting）

(一) 終極目標

　　學生能回答「你要什麼？」「你看見什麼？」「你有什麼？」「你聽見什麼？」「那是什麼？」並能自發性的請求和發表意見。

(二) 教學步驟

1. 步驟一：回答第一個發表意見的問題（answering the first comment question）

　　此階段的目標是要學生能主動的發表意見，因此我們要創造一種熟悉的活動情境來觸發學生想要發表意見，例如，一個小女孩在晚餐時可能談到，說她看到一條狗兒跑到門口對著門外大叫……。這種環境事件正是引誘發表意見發生的型態之一，因為這種話題的特點是：新奇的、不尋常的、非預期的、突發的、令人驚奇的。

　　我們設計的第一個發表意見課程，應包括上述的特點至少一種以上，下列的課程或活動可做為參考：

──神秘盒（袋）

──相片簿

──觀看喜愛的 VCD 影帶或 CD 節目

──好玩有趣的書籍

──散步

──聆聽喜愛的聲音

從溝通簿拿出「我要」圖片和增強物圖片，將發表意見的句子啟動器（如「我看見」、「我聽見」）圖片，放在溝通簿封面上左邊，另外再放一些物品的圖片。

創造一個環境事件，同時指著「我看見」的圖片問「你看見什麼？」從你的手指提示，學生應拿起「我看見」的圖片放在句型條上，他也可能認識物品和聯結的圖片，將之一起放上句型條並完成交換動作。

教學者的反應對發表意見的進行是很重要的。此時我們只提供口頭讚賞，不要給學生任何物品，學生可能有不太滿意（less-than-happy）的反應。所以我們要記得開始這個課程時，應以學生熟悉的物品而非學生喜愛的增強物來引誘學生。

假使教學者指著「我看見」圖片的提示是有效的，學生應該不會犯錯，如果不然，就應該提供肢體上的協助。

當學生成功的回答這個問題幾次（要使用不同的物品）之後，便開始在問出「你看見什麼？」和指著「我看見」圖片這兩個動作之間，增加延宕的時間。這是為了讓學生逼近肢體協助的提示，假使學生作對了，立即提供更多社會性的讚美、擁抱。當他不再需要提示，便能使用正確的句子啟動器回答問題，表示學生已經精熟了這個課程。

2. 步驟二：分辨句子啟動器之間的不同（discrimination between sentence starters）

在溝通簿的封面上安排兩項句子啟動器圖片，再增加幾項熟悉的物品圖片，這些物品應是步驟一曾使用的，也是學生可能想要的。創造一個環境事件，問「你看見什麼？」接著，在下一個試探，以物品引誘並問「你要什麼？」學生現在必須分辨這兩個問題，才能以符合的句子啟動器來回答，因而新行為便

在「我看見」、「我要」之間被抉擇而分辨出來。

錯誤更正：

當學生拿了不正確的句子啟動器，我們不提供任何回應並讓他完成交換；然後另以個別的課程，進行四步驟錯誤更正程序。

1. 示範：指出正確的句子啟動器圖片
2. 提示：發問原始的問題，並提示學生使用正確的句子啟動器圖片
3. 轉換：插入一項不相關的動作
4. 重複：（把句子啟動器圖片放回溝通簿上）再發問原始的問題

3. 步驟三：維持自發性的請求（maintaining spontaneous requesting）

在課堂上創造機會讓學生做出自發性的請求，例如，在你隨意問出「你看見什麼」或「你要什麼」時，中間暫停一會兒，讓學生有機會主動的請求某項東西。

4. 步驟四：主動性的發表意見（spontaneous commenting）

我們要繼續創造有趣的環境事件來誘發問題，以便讓學生達到主動性發表意見的目標。或許最簡單的方式，應該是褪除這些誘發的問題——假使學生能參與我們連續創造出來的、有趣的環境事件，將這些活動加以重複，然後系統性的褪除誘發問題。舉例如下：

環境事件	教學者說……	PECS 句子
教學者用力的從神秘盒中拉出一項物品	「喔哦……你看見什麼？」	「我看見狗。」
教學者用力的從神秘盒中拉出一項物品	「喔哦……什麼？」	「我看見兔子。」
教學者用力的從神秘盒中拉出一項物品	「喔哦！」	「我看見企鵝。」
教學者用力的從神秘盒中拉出一項物品		「我看見猴子。」

第三節 圖片兌換溝通系統評述

一、圖片兌換溝通系統是一項重大的突破

本章第一節已經陳述：任何形式的替代性溝通系統都難以教導自閉症兒童使用。其困難度非常高，幾乎可以用不可能的任務形容。唯獨圖片兌換溝通系統可以有效教導自閉症兒童進行溝通行為。他不僅可以教導自閉症兒童表達其基本需求。還可以表達他所見所聞，與人做初步的社會性溝通。

不可思議的是：圖片兌換溝通系統不僅不會像教導聽障者使用手語的副作用就是阻礙聽障者使用口語的動機，相反地，自閉症兒童透過一段時間的學習後反而會使用口語溝通。

更不可思議的是：教導低功能自閉症兒童學習口語時，很難讓他們瞭解問句的意義。像「你要什麼？」「你看見什麼？」「你聽見什麼？」「蘋果在哪裡？」「發生什麼事情？」這些簡單日常常用的問句，很難讓低功能自閉症兒童理解他的意義。導致自閉症兒童使用鸚鵡語言回應。

因為語言的理解基本上屬於配對學習。要教導自閉症兒童理解「鴨子」，就必須將「鴨子」的實物與「鴨子」的語音結合，不斷反覆出現。才能教導低功能自閉症兒童理解「鴨子」這個語音的意義。教導低功能自閉症兒童回答問句時，卻是沒有相對的實物可以配對。所以很困難教導他們學會回答問句。圖片兌換溝通系統卻做到了。

這是自閉症兒童語言教學的一項重大突破。

二、圖片兌換溝通系統有良好的副作用

(一) 協助結構化教學的進行

當自閉症兒童學會圖片兌換溝通系統後，有一個非常大的好處，那就是幫助他在學校接受結構化教學。因為結構化教學有一個重要步驟：就是使用圖片去兌換學習時所需要的教材、教具。如果沒有經過圖片兌換溝通系統的教學，學校老師在進行結構化教學時，還得大費周章去教導自閉症兒童如何使用圖片兌換教具。結構化教學是目前世界上使用最廣泛的一種自閉症學童教學法。台

灣也有許多的小學使用結構化教學。如果自閉症兒童年幼時，先行教導圖片兌換溝通系統，到了進入小學進行結構化教學將協助自閉症兒童很快進入狀況，在學校中獲得最大的學習效果。

(二) 預防並協助消除自閉症兒童的問題行為

　　自閉症兒童的問題行為部分是由於缺乏溝通工具表達其基本需求以及各種情緒包括焦慮恐懼害怕。圖片兌換溝通系統既然可以協助自閉症兒童表達這些基本需求與各種情緒。自然可以避免部分問題行為的產生。

　　除了預防部分問題行為的發生外，圖片兌換溝通系統也可以協助父母或老師消除自閉症兒童的問題行為。根據黃郁茗（2008）的碩士論文「運用社會故事處理自閉症兒童問題行為之研究」中，她指出：要使用社會故事消除重度自閉症兒童的問題行為之前，需要先教導他圖片兌換溝通系統。幫助自閉症兒童學會使用圖片去表達他的需求。這樣社會故事的教學才能達到消除自閉症兒童問題行為的目的。

　　總而言之，學會圖片兌換溝通系統是對自閉症兒童進行教學與解決他的問題行為所必要的先決條件。

三、圖片兌換溝通系統的相關研究

　　PECS 原本是針對自閉症、發展遲緩或其他具有社會性溝通障礙的學齡前幼兒所設計的，經過不斷的驗證與修正，在數年間接受訓練的對象已擴大至有溝通障礙的成人；它能促進溝通障礙者自發性的溝通，甚至產生口語能力。相較於應用各種高科技設計的擴大及替代性的輔助溝通系統而言，PECS 容易操作學習，且不需複雜而昂貴的教具及人事訓練，因此，適合教師、家長於學校、家庭中運用。

　　近來有許多專攻自閉症理論與教學的專家學者一致贊同 PECS 的理念並加以研究推廣，在在證實此項功能性溝通訓練的成效（王大延，2002；楊宗仁，2002；黃瑞珍，2005；鳳華，2002）。近年來，有許多利用圖片交換溝通系統對自閉症與相關溝通障礙兒童所做的語言溝通研究（宋慧敏、孫淑柔，2003；林欣怡，2003；許耀分，2002；董愉斐，2004；謝淑珍，2002；羅汀琳，2003；Tincani, 2004），均指出 PECS 訓練對自閉症兒童的溝通教學有正向效

果，不僅比其他視覺策略的功能性溝通簡單易懂，並且能在短時間內達成各階段的訓練目標。利用此項替代性的溝通方式，能增進個案的溝通效能，有效的減少其不當的溝通行為，甚至有簡短的口語出現；研究也證實 PECS 教學成果具有類化及保留的效益。這些結論給教師和家長對自閉症兒童溝通能力的訓練帶來無比的信心，並從此方向努力前進。

參考文獻

◎ 中文部分

宋慧敏、孫淑柔（2003）。**圖片兌換溝通系統對促進智能障礙兒童溝通能力之研究**。國立新竹師範學院特殊教育系碩士論文，未出版，新竹市。

林欣怡（2003）。**圖片兌換溝通系統對改善國小低功能自閉症自發性溝通行為類化之成效**。國立台北師範學院特殊教育系碩士論文，未出版，台北市。

許耀分（2002）。**圖片兌換溝通系統教學對增進自閉症兒童自發性使用圖片溝通行為之研究**。台北市立師範學院溝通障礙研究所碩士論文，未出版，台北市。

黃郁茗（2008）。**運用社會故事處理自閉症兒童問題行為之研究**。國立台中教育大學特殊教育學系碩士班碩士論文，未出版，台中市。

黃瑞珍（2005）。**兒童溝通評量（上下冊）**。台北市立教育大學 94 暑期溝通障礙學分班講義。台北市：台北市立教育大學。

董愉斐（2004）。**應用圖片兌換溝通系統教學法增進自閉症兒童主動溝通行為之研究**。國立屏東師範學院特殊教育系碩士論文，未出版，屏東市。

鳳華（2002）。**中華民國自閉症總會辦理九十一年度「自閉症應用行為分析」種子教師培訓研習營研習手冊**。

謝淑珍（2002）。**發展遲緩幼兒溝通教學成效之研究**。國立彰化師範大學特殊教育系碩士論文，未出版，彰化市。

羅汀琳（2003）。**圖片兌換溝通系統對中度自閉症兒童溝通行為成效之研究**。國立高雄師範大學特殊教育系碩士論文，未出版，高雄市。

◎ 英文部分

Bondy, A. S., & Frost, L. (2002). *A picture's worth: PECS and other visual communication strategies in autism*. Bethesda, MD: Woodbine House.

Bondy, A. S., & Sulzer-Azaroff, B. (2002). *The Pyramid approach to education in autism*. Newark, DE: Pyramid Educational Consultants, Inc.

Frost, L., & Bondy, A. S. (2002). *The picture exchange communication system manual* (2nd ed.). Newark, DE: Pyramid Educational Consultants, Inc.

Tincani, M. (2004). Comparing the picture exchange communication system and sign language training for children with autism. *Focus on Autism and Other Developmental Disabilities, 19*(3), 152.

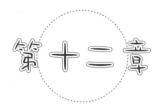

第十二章

低功能自閉症兒童的課程與教學

黃金源、許素真

本章共有兩個主題：一個是低功能自閉症兒童的課程設計；另一個主題是低功能自閉症兒童的教學技巧。

在課程設計上，筆者認為：屬於功能性課程學術派典的社區本位課程（community-based curriculum）最為適合低功能自閉症兒童學習。在教學技巧上，本章敘述：(1)行為改變技術中的三種養成新行為的方法；(2)社區本位課程特有的修正（adapting）與支持（supporting）技巧。

簡單的說，課程就是學生在學校學習經驗的總和。這個定義包含顯性課程與隱性課程兩種。顯性課程是指學校安排學生就學期間所學習的學科。隱性課程是指：學生在學期間，在顯性課程之外所學習得到的知識與經驗，包括學生彼此互動或參與課外活動所獲得的知識與技能，以及受學校風氣的影響所形成的氣質。

一般探討課程時，通常指的是顯性課程，也就是討論學生就學期間，學校應該教什麼的問題。課程安排設計適當與否，不僅關係到學生學習經驗的獲得，也影響教學活動的成效。教導資賦優異或殘障兒童通常需要在課程上做若干程度的修正，以便符合他們特殊的需求。

在殘障學生方面，智障者的課程設計是特殊教育最先考慮的特殊兒童。因為他們智能障礙，學習能力薄弱，無法學習一般兒童的課程。歷史上，智障者的課程發展有兩大方向：一是發展性課程，一是功能性課程。智障者教育的摸

索、草創時期，大抵以發展性課程為主。發展性課程大致適合輕度智能障礙者學習。早期的啟智教育，大都以輕度智能障礙者為主，所以此時期，發展性課程有一段滿長的時間被啟智教育工作者所使用。一直到中重度智障者的受教權受到重視時，啟智教育工作者才逐漸發現：發展性課程對中重度和極重度的智障者根本是一個死胡同。功能性課程的構思才逐漸萌芽。

第一節　低功能自閉症兒童的課程

一、低功能自閉症和中重度智能障礙者實施課程之相關性

　　國內學者對智能障礙者依智商指數（IQ）的高低區分為：輕、中、重、和極重度等四級智能障礙。IQ 在七十以上屬智力正常的兒童，IQ 在七十至五十五之間稱為輕度，IQ 在五十五至四十之間稱為中度，IQ 在四十至二十五之間稱為重度，IQ 在二十五以下則是極重度智能障礙。

　　王大延依自閉症兒童的功能（智能、語言能力、社會互動能力）將自閉症兒童區分為：高、中、低功能。其中智商在七十以上，約略可以算是高功能；智商在五十至七十可算是中功能；智商五十以下則屬於低功能。所以本章所說的低功能自閉症兒童，在智能上約略等於中、重度和極重度的智障者（以下本文簡稱為重度智障者）。

　　根據趙文崇、王大延書中提到的數據，有 70 至 80%自閉症兒童有智能不足的缺陷，這些智能不足的自閉症兒童之中，有七成是中、重度智能不足者。依據這個資料計算：70 至 80%自閉症兒童屬於智能障礙者，而此七成到八成的智障者中，又有七成屬於中、重度和極重度智障者。換句話說：大約有 49 至 56%的自閉症兒童的 IQ 在五十以下，屬於低功能自閉症兒童。

　　所以教導低功能自閉症兒童的課程與教學技巧，與教導重度智能障礙者是可以互通的。簡單的說，教導低功能的自閉症兒童的課程，可以依據一般重度智能障礙者的課程設計。下一節所討論的重度智障者的課程也就是教導低功能自閉症兒童的課程。以下本章所論述的重度智障兒童課程與教學都是等同於低功能自閉症兒童的教學。

二、重度智障者的課程分析

一般而言，智能障礙者的課程理論，大概可以分為兩個派典：一是發展性課程；二是功能性課程。發展性課程的學術派典是以Piaget的認知發展論為主；功能性課程的學術派典則以行為主義為主。

(一) 發展性課程

「發展性課程」強調：人類是依照發展階段的預期順序發展的，且每一階段發展完成是次一階段的先備條件，在設定教學目標時，主要依據學生身心發展階段加以選擇教材。

發展性課程的立論基礎就是 Piaget 的認知發展論。Piaget 將人類的認知發展分為四個階段：知覺動作期零至二歲、前運思期二至七歲、具體運思期七至十一歲、形式運思期十一歲以上。老師以發展性課程理論進行教學時，必須根據孩子發展的步驟，循序漸進，不能躐等去教導孩子能力不足的課程與教材。教學者如果踰越兒童的認知發展，進行教學，將會徒勞無功。

發展性課程係主張智能障礙兒童之心智發展與一般兒童無異，只是發展速度較慢、能力的上限偏低，因此發展性課程之內容與組織，乃根據一般普通兒童發展的次序來安排。

歷史上屬於智能障礙者的發展性課程設計約如下述：感覺訓練課程、知覺動作訓練、非功能性課程、降低水準課程（water down curriculum）。

1. 感覺訓練課程

始於智能障礙者教育之父 Itard 所設計。Itard 當初為了教育狼人（Itard 命名為 Victor）使其成為文明人。首先將他完全不知冷熱的感覺恢復，使他願意恢復像常人一樣會穿衣服。所以第一件事就是感覺訓練，訓練方法是讓 Victor 晚上睡覺時蓋棉被，早上起床需走過走廊到另一房間穿衣服。這樣有如現代人的三溫暖。經過一段時間，Victor 走過走廊會打噴嚏，也就是恢復常人的冷熱感。

Itard後來嘗試教導Victor學習語言，可是沒有成功。最後Itard發現：Victor是一個不可救藥的白痴，所以放棄這位狼人的教育。Itard 的學生 Sequin 繼續

Itard 的衣鉢從事智能障礙者的感覺訓練活動。

筆者認為：感覺訓練課程可以在智能障礙者的課程中佔一小部分，但是絕非智能障礙的全部課程。因為他無法協助智能障礙者達成教育的最高目標：獨立生存於社會。

2. 非學術課程

因為智能障礙者的學習能力很難學習抽象的學術課程，所以放棄學術課程改教導非學術課程是極為自然的邏輯思考。非學術課程可能較容易為智能障礙者學習，問題是一個智能障礙者在學校中，若只是學習非學術課程，則不僅學習不完全，也無法幫助智能障礙者獨立生存於社會中。

3. 知覺動作訓練（perceptual-motor training）

這個教學活動並非來自智能障礙教育專家的設計。他是來自學習障礙者教育專家的巧思。大約在 1950 到 1980 年美國的學習障礙專家努力發展知覺動作訓練。可是後來發現知覺動作訓練效果極小，不如直接教學法（direct instruction）來得有效。所以 1980 年以後，學習障礙的專家逐漸放棄這種教學法。

知覺動作訓練過去曾被國人列入智能障礙者的課程中。問題是：這種非源自於啟智教育專家的設計，而且已經被學習障礙教育專家所拋棄的教學法，自然不應該列入智能障礙者教育的方法或課程。

4. 學科本位課程

智障兒童需學習與其發展相似的同儕所能學習的學科內容，以便於正常化。它把每一學科分開教授，各學科之間卻欠缺統整；它比較適合輕度智障及欲回歸普通班之特殊兒童。對於重度智能障礙兒童較不適合，因為重度智障者學習能力嚴重受到限制，無法學習一般兒童所學習的課程與教材。

5. 降低水準課程

這是另一套為智能障礙者的課程設計。其邏輯思考也非常自然。依據 Piaget 的認知發展說：老師教導學生必須根據學生的認知發展程度選擇教材。教育界所說的智商就是：心理年齡（MA）除於生理年齡（CA），乘上一百

〔（MA÷CA）×100〕。根據這個公式，一個重度智障者如果智商五十，其生理年齡十歲，則其心理年齡只有五歲。此時教材選擇就要選擇五歲兒童所能學習的東西，這就是所謂心理年齡相當原則（mental age appropriate principle）。這樣的教材選擇方式叫作降低水準課程。

這樣的做法，中外教師都自然的可以想得到，也是過去有一段長時間，廣為全世界啟智教育教師所使用的。這種課程看起來極為合乎邏輯思考。因為智力就是學習能力。學習能力低者選擇與他學習能力相當的教材，看起來是天經地義。

一個重要困難問題是：障礙程度如果屬於智商五十以下，那麼這位學童在他一生求學階段（六至十八歲），所學習的東西最高只能達到九歲兒童的水準，相當於小學三年級的教材。這是智商五十者的最高程度的教材。如果智商二十五，那麼他在高職畢業時，所學習的教材只能達到 4.5 歲的程度。如果智商二十五的學生，學完根據這種理論設計的教材。那麼他畢業時，根本無法自己在這個社會獨立或半獨立生存。

總而言之，上述所有課程設計，均無法解決協助重度智障者獨立或半獨立於社會中，所以智能障礙教育專家才改變思考邏輯，採取新的派典：功能取向的課程。

(二) 功能性課程

當發展性課程走入死胡同之後，功能性課程就應運而生。功能性課程的精神是教師在教學時，應該教導學生在日常生活中用得到的技能。特別是重度智能障礙者或低功能自閉症兒童。因為他們學習能力有限，在求學階段，能夠學習成功的技能就十分有限。教師不應該浪費學生寶貴的時間去學習生活上根本用不上的技能。

一般而言，功能性課程取向的教材取材原則如下：

1. 學生目前生活上所需要的基本技能。
2. 學生未來生活上所需要的基本技能。
3. 其他領域學習所需要的基本技能。
4. 學生實際年齡所需要的生活技能。
5. 學生及家長認定的需要優先順序。

第一兒童發展文教基金會編製「中重度智障者功能性課程綱要」、高雄師範大學特教中心編製「國民中小學功能性數學」，及彰化師範大學特教中心根據 Brolin 所設計的 career education，編譯成「生計教育課程」等都是功能性課程。

三、最適合於低功能自閉症兒童的課程──社區本位課程

(一) 社區本位課程與功能性課程的區別

社區本位課程也是一種功能性課程。不過他與一般功能性課程不同之處在於：

一般的功能性課程大多數是為了輕度智能障礙兒童設計的。為了讓輕度障礙兒童生存於當前的社會，所以將生存於當前社會所需的技能加以分析整理，依照所需學習能力的邏輯順序編纂而成。

社區本位課程則是為了重度智能障礙兒童所設計。重度智能障礙兒童因為學習能力的限制，無法學習所有生存於當前社會的所有技巧，例如：如何搭飛機、捷運、火車，甚至開汽車、使用電腦等等，這些技巧也是功能性的技巧，可是對重度障礙者而言，可以肯定是無法學習成功。一個人要生存於當今複雜的社會，所需學習的技巧太多，重度智障者在短短的十二年學校教育，絕對無法全部學會。低功能自閉症兒童屬於重度智能不足，無法以一般人的速度學習，對於人生必要的生活課題，想要鉅細靡遺的全盤接受，實際上是一項不可能的任務。

低功能自閉症兒童的一生，大部分的時光都會是在社區中度過，即使他想外出走走、觀光旅遊也得有專人協助，從這個觀點看，在社區中獨立生活的各項技巧，就是低功能自閉症兒童所需要學習的內容，例如肚子餓了要吃飯，孩子能自己去自助餐店買便當；要加油，知道加油站在哪裡；要領錢存錢，知道郵局在哪裡……等等。因此課程規劃者將低功能自閉症兒童所要學習的技能，限制在生存於社區所需的技能。這樣子可以大大減少低功能自閉症兒童所要學習的技能。這樣的課程設計叫作社區本位課程（community based curriculum）。簡單的說：社區本位課程是把功能性課程的範圍再縮小，聚焦在社區內食衣住行育樂等相關活動的訓練。

社區本位課程的引進，使這些低功能自閉症兒童的教育出現曙光，也完全

解決教師和學生之間教與學的難題。

(二) 社區本位課程的精神

1. 參與

　　協助重度智障者或低功能自閉症兒童能夠自我照顧以及參與使用社區的所有設備乃是社區本位課程的最高目標。自我照顧包括生活自理能力與居家生活技巧。

　　社區本位課程最重要的精神就是幫助低功能自閉症兒童獨立或半獨立的生活。可是即使只要求能獨立自我照顧以及參與社區設備，也不是一般的教學可以完成，甚至長期的訓練也無法教導成功。所以社區本位課程強調：只要重度智障者能夠參與，就不拘參與的形式。

　　就以生活自理或居家生活而言，教導「穿褲子」這個教學活動，目標是教會他們穿褲子，至於穿什麼樣式的褲子就無所謂。又如：如果低功能自閉症兼有腦性麻痺的附帶障礙，他們可能無法穿有拉鍊的衣服或褲子，那就修正為穿鬆緊帶的衣褲。又如多數低功能自閉症兒童很難學會「繫鞋帶」，那就改成穿有「魔術膠帶」的鞋子。教學的重點是：自己能夠穿衣服、褲子、鞋子，不要拘泥於任何樣式的衣服、褲子或鞋子。這就是把重點放在自己穿（參與），但不必拘泥於任何形式穿法或任何型式的衣褲。

　　另外，以參與社區生活而言：社區中的所有設備都應該教導他們使用，如果不教導他們如何使用，那個設備就成為障礙；反過來說，社區中沒有那個設備，就不要浪費時間教導。

　　社區本位課程的最終目標：就是協助他們能夠融入社區，參與社區中的各項活動與使用各項設備。

2. 轉銜

　　社區本位課程的主要目的是教導重度智障者，從學校生活結束後，順利轉銜到社區生活。所以課程的選擇就要以這個目標作為最高的指導原則。

　　轉銜包括兩個階段，一個階段是求學期間的轉銜，詳細的說就是從幼稚園轉銜到國小，從國小轉銜到國中，從國中轉銜到高中職。每個求學階段都要為

下一個求學階段做轉銜的準備。課程設計一定要注意到轉銜的工作。

　　第二個階段是求學階段結束後，要轉銜到社區生活。這個時期的轉銜工作除了協助他們能夠學會生存於社區的各項技巧外，還需要以支持性就業服務協助他們也能有適當的職業生活。

3. 融合

　　社區本位課程的最高目的是協助重度智障者完全融入社區。

　　一方面，學校的教學要求以生理年齡相當原則選擇教材。目的是讓低功能的自閉症兒童能夠做正常兒童的同輩團體所能做的事情。這樣子低功能自閉症兒童才能融入正常兒童的同輩團體。

　　此外，協助低功能自閉症者在社區中找到合適的工作，參與社區的職業生活，也是社會工作者的一個重要責任。所以支持性就業（supported employment）方案取代了以往庇護工廠（sheltered workshop）的就業形式。因為庇護工廠的就業形式是隔離於社區的就業形式。不符合社區本位課程的精神。

(三) 社區本位課程的設計原則

　　根據重度智能障礙兒童的特性，社區本位課程的精神，設定教師選擇教材的原則如下：

1. 生態效度

　　社區本位課程有個重要的原則，那就是生態效度（ecological validity）。其意義是該智障兒童所居住的社區沒有該項設備，就不需要教導他使用這項設備的技能。比如該社區沒有計程車，那就不需要花時間教導他辨認計程車、如何招呼計程車，以及如何付車資等等。又如該社區沒有旅館，就不必教導他如何訂旅館，以及如何使用旅館的各種設備，或住旅館時如何逃生等技能。

　　反過來說，如果該社區有某一種設備，你不教導他使用，則該項設備就毫無意義，也就是變成障礙環境。例如有公共電話不會用，就是多餘的設備；有郵局不會寄信、領錢，就是障礙的設施；有溜冰場不會溜冰，那也沒有用。障礙環境使生活機能變得殘缺不全。

　　生態效度的理論基礎有二：

(1)減少中重度智障者的學習負擔：中重度智障者他們的學習能力畢竟十分有限，即使要求學會目前生存於社會上所需的技能也是不可能的任務。必須將生存於當前社會的功能性技巧再大大精簡，才有可能學習成功。

(2)協助中重度智障者融入社區：一個中重度智能障礙者的一生，生於斯，長於斯，他們所必要學習的功課是生活在社區的技巧，只要能在社區內的便利商店買吃的東西，會洗衣服，能做簡單的打掃，會使用公共設施，可以認識路走到要去的地方等，在食衣住行各方面能方便安全、獨立生活是其教育的最高指標。因此，生活自理技巧、居家生活技巧與社區生活技巧是該課程最優先學習的技能。

筆者有位朋友是自閉症兒童的母親，聯合附近自閉症兒童的家長，共同訓練孩子能自己到社區內的便利商店買東西，這是社區本位教學的概念，對低功能自閉症兒童的教育而言，是很正確的觀念。

有人可能會質疑說：該社區沒有火車，也沒有飛機場，可是他也可能需要旅遊。若不教導他如何搭火車、搭飛機，那麼他將無法外出或到國外旅遊。回答這個質疑的理由是：這些智能障礙者一生到外處旅遊的次數有限，而他所能學習的技能也十分有限。所以應該把學習重點放在每天生活用得上的技能。使用次數愈多，要優先學習，如果一生使用次數極其有限，就不必浪費時間教導。就好像正常人一生到國外旅遊的次數也不會太多，所以也不必為了到國外旅遊，花費一生的時間，去學習世界上各個國家的語言。

2. 功能性原則

因為社區本位課程是屬於功能性課程，所以教材的選擇必須符合功能性原則。

所謂功能性，一個簡單的區分就是：如果不教導，則在生活上必須有人替他做該項技巧。比如刷牙、洗臉等技巧，父母或老師如果不教導他們刷牙、洗臉，那麼每天就必須由父母或老師替該生洗臉、刷牙。以此原則判斷：洗臉、刷牙就是功能性技巧。至於「將棒球精準投入水桶中」這個技能，縱使老師不教導此項技巧，也用不著任何人替他做這項工作。所以「將棒球投入水桶中」這個技能就不是功能性技巧。

(四) 與生理年齡相當原則（chronological appropriate principle）

社區本位主張課程內容中，所安排要學習的事物要符合重度智能障礙兒童的生理發展年齡，反對依據人類心智發展階段，來設計課程進行教學。

這個原則的意義是：假使低功能自閉症兒童已經十五歲，老師應該教他十五歲的兒童該學習的東西。因為重視選擇適合學生生理年齡的學習內容，才能協助他融入同輩團體之中。

根據生理年齡選擇教材的方法是：評量一般兒童在該年齡能做哪些事情，或者說該年齡的學童都可以學會某項技能，老師就應該將該項技能列入教材。譬如說：一般而言，八歲的學童都會自己穿衣服，那麼老師也應該將穿衣服的這項技能教導低功能自閉症兒童。

生理年齡相當原則必然引起老師們諸多質疑。一個重度智障者怎麼可以學習超越他的心理年齡的技能？就如同一個八歲的正常兒童大都已經學會自己穿衣服、褲子、鞋子等技能，那麼一個重度的智障者怎麼可能學會這些技能呢？就以穿褲子為例，他們馬上碰到如何分辨褲襠、褲腳？如何區辨褲子的前面、後面？假如一個低功能自閉症兒童的智商只有二十五，那麼他可能終生無法學會分辨褲襠、褲腳，區辨褲子的前面、後面這兩件事；那他如何學會自己穿褲子？相同的，他可能永遠無法學會繫鞋帶，他又如何學會穿鞋子？

相同的例子：一個十歲的正常兒童已經學會加減乘除等四則運算，而且也瞭解錢幣的幣值，所以大都可以自行到商店購物。那麼一個智商二十五的低功能自閉症兒童，他可能連認識一到十的數字都不會，老師如何教導他自己使用鈔票到商店購物呢？

解決上述困難，看似不可能的任務，然而社區本位課程專家設計了兩個教學方法：一個是支持（supporting），另一個是修正（adapting），靠這兩個法寶，可以完全解決上述的困難。

有關這兩個技術，請看下一節重度智障兒童教學法的第二個單元之說明。

至於社區本位課程中生活自理領域、居家生活領域與社區生活領域的修正與支持教學技巧，則請參考本書的附錄。

(五) 部分參與原則

社區本位的教學重視參與，強調中重度智能障礙兒童有權利完全參與其社

區生活，因而主張透過各種修正與支持的方式，使其達到最基本的參與，亦即讓能力受限的低功能自閉症兒童，依個別能力所及，部分參與某項工作。

譬如，教職業課程時，教低功能自閉症兒童當理髮師不可能，但可以教他洗頭或掃地；學習餐廳工作時，只教他做擦桌子或收盤子的工作；參與整體工作的一部分，單一項目的工作，他們可以被訓練得很好。

(六) 高頻率使用原則

因為孩子的學習能力有限、速度慢，教的東西一定要挑重點教。如生活自理的刷牙、洗臉、進食、如廁等等，這些技巧是天天要用的技巧，就是需要優先教導的技能。

(七) 自然環境教學，非模擬情境教學原則

這個原則的理論基礎是重度智障者或低功能自閉症兒童他們的學習遷移能力很低。他們無法將模擬情境所學到的技巧類化到自然的生存環境中。

所謂的自然環境包含鄰近地區和社區、學校和班級等。要教導兒童購物，就實際到社區的超商或市場直接教學，而不是在虛設的環境進行模擬教學。

目前大多數重度智能障礙兒童和低功能自閉症兒童的平時教學都是在特殊班或特殊學校進行，學校內的教學和實際的社會情境總是存在著某種程度的落差，低功能自閉症兒童在課堂上的學習，無法類化到實際的生活上，很難以發揮其預期效果。

有位老師說過他親身經歷的笑話。當他對低功能的自閉症兒童實施「上廁所」訓練，首先會提到男生廁所和女生廁所的標記，國中教的是英文字，男生是「man」、女生是「woman」，學生看不懂、記不住，老師就說：「男生比較短、女生比較長。」過幾天出去戶外教學，學生要用廁所，找到公共廁所了，卻不知要進去哪一間，就在那裡等著、憋著，直到老師來解救，原來公共廁所的標記，不是 men 與 women，而是在門上一邊貼著一根煙斗、一邊貼著高跟鞋，這樣學生就搞不懂了，所以也不敢進去。

還有一個低功能的自閉症兒童站在餐廳的玻璃大門前久候，不進去也不走開，許久許久才讓人搞懂，原來他在等大門自動打開，他才能走進去用餐；有人告訴他說，這大門不是自動門，你要自己用力推開門走進去，孩子回答說：

「老師教的啊！」老師教的是有自動門的餐廳，現在他要進入的是手動的推拉門，老師沒有教怎樣進入手動的推拉門之餐廳，只教進入有自動門的餐廳，孩子就只能站在門口等了。

第二節　重度智障者（低功能自閉症兒童）的教學法

一、成就感的教學法（沒有失敗的教學法）

所謂成就感教學法就是教導學生學習新的技能時，一方面不讓學生在學習過程碰到失敗的情況，以避免打擊學生的自信心，所以又稱為沒有失敗的教學法；另一方面讓學生每一個學習步驟都能順利學習成功，從成功增進學生的能力感，產生成長的喜悅，增強下一步行動的信心，所以又稱為成就感教學法。這種教導學生學習新技能或新行為的方法共有三種：一為串聯法（chaining），一為褪除法（fading），一為行為塑造法（shaping）。

(一) 串聯法

利用工作分析方法，將兒童要學習的工作，分解成若干個較為簡單的小動作，然後一個小動作學會，再進入第二個小動作，第二個小動作會了，第一、二個動作串聯起來，再進入第三個小動作……再串聯，當所有的小動作都學會且串聯起來，反覆練習形成熟練的動作，便成功的學習了該項工作。請看下面兩個例子說明。

例一：

教導學生穿褲子為例，將其工作分析成下列九個步驟：步驟一（分辨褲頭、褲腳）→步驟二（分辨前後左右）→步驟三（雙手抓穩褲頭）→步驟四（右腳伸入右褲腳、左腳深入左褲腳）→步驟五（雙手拉起至腰部）→步驟六（拉上拉鍊）→步驟七（扣褲頭的鈕釦）→步驟八（繫皮帶）→步驟九（扣皮帶環）。

所謂正向串聯（forward chaining），就是依上述步驟一至步驟九的正向順序教學。老師先教學生分辨褲頭、褲腳，剩下八個步驟由老師協助完成，

等學生學會分辨了，再教第二個步驟，先讓學生做出步驟一的動作（複習），老師再教步驟二的動作，其餘七個步驟由老師協助，之後進行步驟三的教學時也是一樣，學生自行做出步驟一、二的動作（複習）→老師教學步驟三→老師協助剩下的步驟，依此類推、直到整個穿褲子的動作技能熟練為止。

所謂反向串聯（backward chaining），就是先從上述步驟九教起，依序教到步驟一的逆向順序教學。老師先幫學生做步驟一到步驟八的動作，剩下最後一個步驟（步驟九）教導學生扣皮帶環，學會之後等於穿好褲子。下一近程的教學是：老師再幫學生做步驟一到步驟七的動作，讓學生學步驟八的動作，再讓學生自行做出已會的步驟九的動作，然後就完成穿好褲子了。依此類推直到步驟一教會了，接著學生就可以順利做出整個穿褲子的動作。

例二：

有名的「馴夫記」是利用反向串聯法讓不做家事的先生逐一完成煮飯的任務。首先妻子以各種理由讓先生先做最簡單的「只要按下電鍋電源的開關」這個動作就可以了，當然妻子已經先將米洗好、放入電鍋、加上內、外鍋的水、蓋上蓋子、插上插頭，只交代先生完成最後一件事，就可以提早吃飯。當先生做到之後，妻子再巧妙的安排，交代先生早已會做的按電源開關動作，然後提醒先生看一下插頭插電了沒？目的是讓先生做到這兩個動作，然後歸功先生的舉手之勞才可以提早吃飯。依此類推，妻子都是先做好前面幾個動作，再逐步留幾手讓先生照著太太的話做，如此一來先生就學會用電鍋煮飯了。

(二) 褪除法

剛開始學習時，老師給予學生大量的協助，慢慢地依學生學習的情況逐步褪除協助，逐步到完全不需協助也能完成該動作為止，這種教導的過程就是利用褪除法，一步一步拿掉學習上的支持，而孩子也逐步學會獨立操作的要領。請看下面兩個例子」。

例一：

教一個重度智能障礙的兒童仿寫數字 123，老師用點狀字教學生描寫，學

生卻完全聽不懂，竟然依樣跟著點。怎麼辦？老師就用紙版鏤空數字123，先讓學生拿筆順著紙版的鏤空字圖滿，學習畫1，等他會畫了，拿開紙版的支持，再用點狀字，剛開始點出1的全形，等他會畫了，減少點的數量、拉長點的距離，等他會畫了，直接看著1仿寫；等他會寫了，再學寫2。從紙版、點狀字到直接看字仿寫，逐漸褪除支持，學生經過反覆的練習，最終就學會了。

例二：

一個父親指導孩子學騎腳踏車也是同樣的方法，剛開始車子兩邊加上輔助輪，並協助孩子一手扶著車把，一手幫忙他推，讓孩子雙腳放在踏板上，體會踏板的動作和車子前進的關係，並學習腳要用力踩踏版。父親會偷偷的鬆開在後面助推的手，讓孩子自己踩，接著父親就放手讓孩子獨自操作，孩子就學會騎腳踏車了，最後拆掉輔助輪即大功告成。

(三) 行為塑造法

行為塑造法容易讓人與串聯法混淆，事實上兩者可以簡單的加以區分：串聯法是一種量變，而行為塑造法是一種質變。

串聯法是把一件工作細分成許多簡單的步驟逐步的學習，漸次增加學會的步驟，一個新的步驟學會了就串起來，再進行下一個步驟，會了再串起來，直至那件工作所有的步驟學會了、也都串聯起來為止。過程需要花費長時間的一再重複練習與串聯，依據學生能力彈性調整動作難易及時間，終能完成學習目標，所以稱為沒有失敗的教學。學生學會工作的步驟逐步增加，是一種學習內容量的增加，對於智能較低的學生能有顯著的學習效果。

行為塑造法適合智能較高的障礙兒童。有些技能的學習，利用行為塑造法能產生質變的效果，使工作從粗糙到精熟、細緻，複雜或困難度增加，亦即兒童習得技能，對工作的熟練度和能力提高。下面三個例子說明其意義。

例一：

一位心理年齡約五六歲的重度智能障礙兒童，教他傳接球，必須從滾球開始，一公尺內滾球，讓學生能接到球、摸到球，了解球會滾、會跳的特性；接著，學習雙手拿球、抱球、拋球、拍球的動作，以及使力的大小對球的反彈作用；再來，練習拋球、接球的連續動作，距離由零逐漸拉開，

一公尺、二公尺……；甚至可以由一邊走、一邊傳接球，達到一邊跑、一邊傳接球的功力；這就是逐漸提升學習技能的困難度。

例二：

訓練海豚跳火圈，也是利用同樣的方法，從大圈、中圈至小圈，從低處至高處，再加上火，最後由一個火圈到四五個火圈，甚至身體先轉圈再跳，海豚都能成功的跳過去；這時海豚跳火圈的技能就有更精緻、複雜的變化，大大吸引觀眾驚豔的目光。

例三：

許多特教老師會為學生設計使用陶土的功能性課程，課程的前半段可以用串聯法教導學生基本的粗胚製作，工作分析、逐步養成，做出一個杯、一個碗或其他容器的外形。後半段利用行為塑造法，教導學生把粗胚做精緻的加工與設計，把水壺蓋和壺身分開，加上提把，把壺嘴鑽出管道；或者加上花邊、鏤空上釉等，由簡而繁、由拙而細、不斷嘗試。

二、與社區本位課程配合的教學技巧——修正與支持技巧

社區本位課程要求老師教學時，選擇教學教材必須配合學生的生理年齡，不必考慮學生的心理年齡。這是學術派典的重大改變（paradigm shift），他揚棄 Piaget 的認知發展理論，跳脫教學必須依照學生的認知發展階段的窠臼。

這個建議是說：老師在選擇教材時，不用考慮學生的心智發展的水準。一切只要根據學生的生理年齡來選擇教材。譬如先前所敘述的：一般兒童在八歲時就能夠自己穿衣服，那麼老師在教導八歲低功能自閉症兒童就必須教導他們學會自己穿衣服。這項要求十分難以做到，所以教育專家就想出這兩個教學技巧（修正與支持技術）來解決這個難題。

所謂修正技術就是當學生所要學習的作業是超越他的能力，無論如何教導或教導多少次，他仍然永遠無法學會。此時老師有必要以其他替代方案來取代原來的作業，以這種方式避開原來永遠無法學會的作業，這叫修正技術。例如一個八歲的低功能自閉症學童他可能永遠無法學會繫鞋帶。老師應該不要浪費學生的時間，讓學生不斷的經驗學習失敗的痛苦。老師可以用魔術膠帶取代繫鞋帶的困難作業。學生學習拉開及貼上魔術膠帶應該更容易學會，避開永遠學不會的繫鞋帶改穿魔術膠帶的鞋子。一個低功能的自閉症學生可以很快的學會

自己穿鞋子。

　　支持技術是當學生學習某項作業發生困難時，老師可以運用某種提示（prompting）以幫助學生學會改作業。就以前述穿鞋子為例：低功能自閉症學童學習穿鞋子時，有可能很容易左右對調。要避免這種錯誤經常發生，老師或父母可以在自閉症兒童穿鞋子的地方放上一個大型的厚紙板在厚紙板上將並排好的鞋子外緣畫上粗線條。然後教導自閉症兒童在穿鞋子之前先將兩隻鞋子與所畫的圖案核對整齊。這樣子就不會左右穿反了。

　　下列再以穿褲子為例：如上述，老師教導學生穿褲子時，需將穿褲子工作分析成下列九個步驟：步驟一（分辨褲頭、褲腳）→步驟二（分辨前後左右）→步驟三（雙手抓穩褲頭）→步驟四（右腳伸入右褲腳、左腳深入左褲腳）→步驟五（雙手拉起至腰部）→步驟六（拉上拉鍊）→步驟七（扣褲頭的鈕釦）→步驟八（繫皮帶）→步驟九（扣皮帶環）。

　　如果依照串聯法從步驟一開始教導，馬上會碰到這個困難，這些低功能的自閉症兒童可能永遠學不會：哪個是褲管？哪個是褲頭？哪個是前面？哪個是後面？這樣將會使教學永遠無法進展。修正與支持技巧可以解決這個難題。

　　例如在學生的褲頭前面繡上兩隻米老鼠，然後教導學生穿褲子時告訴學生穿褲子時要用雙手抓住米老鼠。這樣一來，學生就不會先將雙腳插入褲管也不會將褲子穿反面。透過繡上米老鼠這個支持技巧學生將很快速學會穿褲子的第一與第二步驟。用米老鼠來幫助學生解決分不清褲管與褲腳、褲子前面後面的問題，這種方法叫作支持技巧。

　　假定學生手功能有問題無法做精細動作，如拉拉鍊或穿皮帶或扣皮帶環，那麼老師可以請父母讓他穿鬆緊帶的運動褲。這樣學生可以避開拉拉鍊、穿皮帶、扣皮帶環的問題。也就是將這三個小動作修正成為不用拉拉鍊、穿皮帶與扣皮帶環的動作。這樣的設計叫作修正技巧。

　　筆者在協助一位在高級職業學校實習的低功能自閉症學生做圖書管理時，筆者針對自閉症學生無法對圖書做分類的困難，建議該職業學校的圖書館分類的標籤使用不同顏色，並且將每本書的編號以不同顏色區別，這樣同一分類的圖書，使用相同的顏色的分類標籤，以及圖書編碼的標籤。學生只要將相同顏色的書放在一起，學生就可以將桌上的圖書正確的放回書架。這種做法叫作支持技巧。

對於比較高功能的障礙學生，學會使用計算機是必要的，當他到大賣場買東西時，可以教他先把身上的錢數記在計算機上，每拿取一件商品，看到價錢45，就在計算機上按「－45」，直到計算機上的錢數多出「－」號時，最後一件商品就要放棄，然後到收銀機櫃台付錢。利用計算機的支持，讓學生可以避開不會加減乘除的限制，可以使用金錢去買日常用品。這個是使用計算機作為支持的工具，這也是屬於支持技巧。

對一般人而言，修正與支持技術仍然有用。例如有些人不會英文，所以使用現代化的電器產品時，常常會碰到不認識的英文字的人會造成使用的困難。例如高級音響有大小聲音、前進後退等按鍵。如果以英文標示的話，可以按鍵上貼上中文標籤，這樣不懂英文的人照樣可以使用外國進口的電器產品。

一般人在穿純白的內衣時往往會前後反穿，如果在內衣的前面繡上圖案那麼前後顛倒穿的情況就可以避免。

三、本書附錄「修正與支持技巧」說明

運用修正和支持的教學技術是特殊教育重要的方法，如此能讓學生快速成功學會所要學習的作業不會浪費光陰。當然各項作業都要由老師思考每個學習作業的修正與支持方案，將是一項非常艱鉅的挑戰。為了協助老師解決這項挑戰，本書的附錄已經將低功能自閉症兒童所必須學習的社區本位課程中的生活自理領域、居家生活領域、社區生活領域，所有的基本生存技巧的各種修正與支持技術開發完成。這是筆者與國立台中教育大學碩士班的學生共同設計的。筆者希望拋磚引玉，讓全國的教師與父母思考創造更多的修正與支持技術，也極度企盼全國教師如有任何新創造的修正與支持技術，請寄到這個Email帳號：deruiter@pie.com.tw，以便將來附加到本書修正版中，嘉惠全國教師與家長。

參 考 文 獻

Falvey, M. A. (1989). *Community-based curriculum: Instructional strategies for students with severe handicaps*. Baltimore, MD: Paul H. Brookes.

低功能自閉症兒童的教學技巧
修正與支持技巧「生活自理」

李一飛

類別：衣著──衣褲裙

技能項目 1：脫長袖套頭衣服　　　　　　　　　　　　❖ 彭慧玲

工作分析	可能障礙	修正與支持
1. 雙手交叉於胸前。		1.1 可用單一手練習替代。
2. 抓住下襬往上拉。		1.1 在下襬左右處縫上圓形鬆緊帶方便套在雙手手腕處。
3. 雙手由胸前向上舉直。		1.1 將他的雙肘往外撐開協助用力。
4. 頭部會由領口脫出。		1.1 拉起胸前下襬一起帶動交叉的雙手協助用力將衣服由領口脫出。
5. 左手抓住右袖口右手脫出袖口。	1. 不會左手拉右袖。	1.1 直接就拉扯出衣物。 1.2 用雙手往下抖落衣袖正面。 1.3 舉起右手用嘴咬右袖。 1.4 在桌緣釘上問號掛勾用雙袖勾套住袖口輕拉脫下衣袖亦可。
6. 右手抓住左袖口左手脫出。	1. 不會用右手抓左袖。	1.1 舉起左手用嘴咬左袖。 1.2 在桌緣釘上問號掛勾用雙袖勾套住袖口輕拉脫下衣袖亦可。
7. 抖一抖衣服整齊放好。	1. 不會抖動衣服。	1.1 脫下擺在一旁即可。

技能項目 2：穿套頭衣服

❖ 王如敏

工作分析	可能障礙	修正與支持
1. 把衣服弄平，使衣服正面朝下，衣服開口朝向學習者。	1. 弄不清楚前後面。 2. 分不清正反面。	1.1 買正面有圖案的衣服，並教導分辨圖案。 2.1 畫個衣服形狀的厚紙板，使其能放對位置。
2. 用兩隻手抓住衣服的開口。	1. 無法準確抓住或只有抓住一邊。	1.1 用夾子將衣服兩肩處夾住，將衣服吊起來並超過頭部（使用魔鬼氈更方便）。
3. 把開口舉起來，而且套過頭。	1. 無法舉直或舉起。	1.1 同上一步驟，使其兩手能抓住衣服邊緣（買寬領口的衣服）。
4. 用一隻手抓住衣服的前端。	1. 無法抓住前端。	1.1 用夾子將兩袖口夾起來並吊起來（使用魔鬼氈更方便）。
5. 將手伸入衣服內，找到相對應的袖口伸出來。	1. 無法準確伸入相對應的袖子。	1.1 同上一步驟，先伸進去袖子再用力一拉夾子（魔鬼氈）就掉下來。
6. 用已經穿過打開袖子的手抓住衣服的前面。	1. 無法抓住前端。	
7. 將手臂伸入相對應打開的袖子，而且推到袖子的外面。	1. 無法準確伸入相對應的袖子。	
8. 用兩手抓住衣服的套口，把衣服邊緣往下拉到適當的位置。	1. 會擠在一起，不會往下拉直。	1.1 在面前擺一面鏡子，使其能知道要拉直才好看。 1.2 在衣服兩邊緣各縫一條線，讓他直接拉線。

技能項目 3：脫下有鬆緊帶的衣服

（內衣、短襯裙、寬鬆的長褲、裙子、泳衣等）　　❖ 周美君

工作分析	可能障礙	修正與支持
1. 將大拇指放進褲頭內側。	1. 手放的位置不對。	1.1 可以在褲子褲頭兩側先縫上兩個小手形狀的指示，讓學習者可以依指示把手放在正確的位置。
2. 抓住腰帶的兩側。		
3. 往外拉，溫和的撐開鬆緊帶。		

（續上表）

工作分析	可能障礙	修正與支持
4. 將衣物向下拉到膝蓋。	1. 無法把衣著物拉到膝蓋。	1.1 照顧者從旁協助。
5. 坐下或彎腰使膝蓋彎曲。		
6. 把衣服拉到腳下。		
7. 舉起一腳，把它放在衣服外。		
8. 再舉起另一腳，把它放在衣服外。		
9. 撿起在地板上的衣服，並放在適當的地方。	1. 可能無法彎腰撿起衣服。	1.1 可以用長柄夾子將衣服夾起。

技能項目 4：穿有鬆緊帶的褲子

❖ 彭慧玲

工作分析	可能障礙	修正與支持
1. 拿起褲子。	1. 不分褲子的裡、外或前、後。	1.1 教導以口袋或圖案來學習分辨裡、外或前、後。 1.2 使用不需區分前後的鬆緊帶褲子。
2. 雙手將褲頭兩側拉開。	1. 不知拉褲頭。 2. 不會拉開。	1.1 抓住他的手去抓取褲頭。 2.1 不會拉開，會拉上即可。 2.2 鬆緊帶別太緊，以方便操作。 2.3 使用特殊固定器夾住並撐開褲頭兩側。
3. 將腳套入褲子。	1. 不會將腳套入褲管內。	1.1 將褲管捲起，縮短褲長方便他套入。 1.2 褲管寬大些。
4. 雙手將褲頭拉至腰部。	1. 不會拉至腰部。	1.1 會往上拉即可。 1.2 鬆緊帶別太緊，以方便操作。

技能項目 5：解皮帶　　　　　　　　　　　　　　　　　　❖ 蕭月卿

工作分析	可能障礙	修正與支持
1. 將皮帶末端自皮帶扣旁的環扣中拉出。		
2. 將皮帶扣上方的皮帶拉住，直到皮帶末端脫離皮帶扣的一端。		
3. 將皮帶末端往回拉，使皮帶下方的叉戟露出來。		
4. 將皮帶扣的叉戟從皮帶孔中拉出。	1. 不知如何將皮帶拉出，盲目用力而扯壞皮帶環。	1.1 老師示範並說明吸口氣、縮小腹，緩慢且小心地抽離皮帶，使皮帶扣不至於被扯壞。 1.2 老師協助學習者學習上述動作，並強調保持皮帶扣完整的重要性。 1.3 皮帶扣改用扣式（皮帶環孔可直接扣入皮帶扣反面之圓頭凸出物）取代叉戟式皮帶扣。
5. 抓住未穿過皮帶扣的一段皮帶。		
6. 用另一隻手抓住皮帶扣，將皮帶完全的拉出皮帶扣。	1. 皮帶太長，無法一次抽離。	1.1 以另一隻手幫忙將皮帶導離一個一個的皮帶扣。 1.2 繼續拉皮帶，直到完全脫離皮帶環及褲子。

技能項目 6：脫洋裝　　　　　　　　　　　　　　　　　　❖ 葉淑美

工作分析	可能障礙	修正與支持
1. 將鈕釦／拉鍊解開。	1. 無法握緊拉鍊頭解開拉鍊。 2. 無法將鈕釦打開。	1.1 拉鍊頭上套住一個大鐵環。 1.2 洋裝後面的拉鍊改成在前面。 2.1 袖口的鈕釦改用鬆緊帶。 2.2 身上部位的鈕釦改成拉鍊。
2. 將右手／左手從袖子拉出。	1. 無法將右手／左手從袖子拉出。	1.1 改穿無袖的洋裝。 1.2 袖口加大方便脫／穿。
3. 雙手將洋裝往下拉。	1. 卡住了，無法將洋裝往下拉。	1.1 雙手交叉將洋裝往上脫，應避免頭被矇住。 2.2 無法順利將洋裝往上脫，改穿直筒式洋裝。

（續上表）

工作分析	可能障礙	修正與支持
4. 提起右腳／左腳往洋裝外踩。		
5. 將洋裝拿起整理。		

技能項目 7：穿洋裝

❖ 葉淑美

工作分析	可能障礙	修正與支持
1. 先將洋裝的拉鍊／鈕釦打開。	1. 無法握緊拉鍊頭解開拉鍊。 2. 無法將鈕釦打開。	1.1 拉鍊頭上套住一個大鐵環。 2.1 袖口的鈕釦改用鬆緊帶。 2.2 身上部位的鈕釦改成拉鍊。
2. 判斷哪一面是洋裝的正面。	1. 無法判斷哪一面是洋裝的正面。	1.1 洋裝的正面縫上喜愛的／漂亮的圖案。
3. 雙手將洋裝正面朝下平放。		
4. 將頭套進洋裝。		
5. 右手／左手伸進袖子。	1. 無法將右手／左手伸進袖子。	1.1 改穿無袖的洋裝。 1.2 袖口加大方便脫／穿。
6. 將拉鍊／鈕釦拉好扣緊。	1. 無法握緊拉鍊頭拉好拉鍊。 2. 無法將鈕釦扣緊。 3. 不會判斷是否拉好拉鍊。	1.1 拉鍊頭上套住一個大鐵環。 2.1 袖口的鈕釦改用鬆緊帶。 2.2 身上部位的鈕釦改成拉鍊。 3.1 將拉鍊改在前面。
7. 領口／袖口／裙襬拉好。		

類別：衣著——手套

技能項目 8：脫手套 ❖ 周美君

工作分析	可能障礙	修正與支持
1. 抓牢手套的指尖部分。	1. 不會抓牢手套的指尖部分。	1.1 用牙齒將指尖的部分先一個一個咬出一點。 1.2 照顧者先幫忙此一步驟，一一將手尖拉出一部分。 1.3 不要帶五指手套，改戴兩指或全包的手套。
2. 一根一根的鬆開指尖的部分。	1. 不會鬆開指尖的部分。	1.1 用牙齒將指尖的部分先一個一個咬出一點。 1.2 照顧者先幫忙此一步驟，一一將手尖拉出一部分。 1.3 不要帶五指手套，改帶兩指或全包的手套。
3. 完全將手套拉開。	1. 不會將手套拉開。	1.1 用另一手的手肘（或其他重物）壓住指尖部分，再將手抽出來。
4. 重複步驟 1.—3.，脫掉另一手的手套。		
5. 將手套收藏到指定的保管處。		

技能項目 9：戴兩指手套 ❖ 王如敏

工作分析	可能障礙	修正與支持
1. 用一隻手抓住另一隻手套的開口處。	1. 無法分辨手套的左右手，或可能戴錯面。	1.1 手套背部繡手的形狀。
2. 將大拇指及其他四指伸入套口處。		1.1 將手套放在桌面上，並用魔鬼粘使手套固定在桌面上（兩指要張開）。
3. 當大拇指伸進手套袖口大拇指的部分時，須朝著手腕的方向拉。	1. 無法準確伸入手套大拇指部分，而將手套擠在一起。	1.1 先在外面比對手套，弧口張開。 1.2 手套手腕部分要加長。
4. 拉手套套口朝手臂的方向越過整隻手掌，直到手指接觸到手套的底端。	1. 會因沒有套好而無法拉起來。	1.1 在手套手腕部分縫一圈的紅線，當紅線到手腕時即可停止。

（續上表）

工作分析	可能障礙	修正與支持
5. 戴另一隻手套時，重複工作分析 1.ᐨ4.。	同工作分析 1.ᐨ4.。	同工作分析 1.ᐨ4.。

類別：衣著——鞋襪

技能項目 10：穿襪子　　　❖ 王如敏

工作分析	可能障礙	修正與支持
1. 坐下將膝蓋彎曲。	1. 無法將膝蓋彎曲。	1.1 在腳下放一個墊子，使高度能剛好符合穿襪子的高度。
2. 抓住襪子的前端，並且從襪子裡面用兩個大拇指打開。	1. 大拇指無法張開。	
3. 當四指在外側拉襪子往上時，拇指向下在襪子內側移動。	1. 手指無法靈活運用做到此項動作。	1.1 做一個適合他的腳大小的木頭鞋子模型。 2.1 在襪子開口處用魔鬼氈固定在鞋子腳跟開口部位。
4. 身體向前彎並舉起一腳。		1.1 腦性麻痺孩子用襪子輔助器。
5. 將腳趾伸進打開的襪子。		
6. 拉襪子回到腳趾的地方。		
7. 拉襪子超過腳跟。		
8. 拉住襪子的上方，從腳跟地方一直往上拉。	1. 無法一直往上拉而擠成一堆。	1.1 同上，但要讓腳趾碰到硬處才往上拉。 1.2 將襪子上方加長以便拉起。
9. 穿另一隻鞋時，重複工作分析 2.ᐨ8.。	同工作分析 2.ᐨ8.。	同工作分析 2.ᐨ8.。

技能項目 11：脫鞋子（魔鬼氈）　　　❖ 謝秀霞

工作分析	可能障礙	修正與支持
1. 拉開魔鬼氈。	1. 拉開魔鬼氈有困難。	1.1 操作學習。 1.2 選穿魔鬼氈容易操作的鞋子。 1.3 改穿鞋面鬆緊帶式的鞋子。
2. 將鞋子脫掉。	1. 不知道從腳後跟拉開鞋子。	1.1 動作示範。 1.2 操作學習。 1.3 向前甩動鞋子至脫掉。

（續上表）

工作分析	可能障礙	修正與支持
3. 將脫下的鞋子，分左右放好。	1. 不會正確擺放鞋子的左右腳。	1.1 在鞋子左右腳併靠處，貼上相對的圖案或貼紙。 1.2 依學生鞋形，在地上畫出左右相對鞋子的形狀。

技能項目 12：脫鞋子（需繫鞋帶）　　　❖ 謝秀霞

工作分析	可能障礙	修正與支持
1. 拉開鞋帶。	1. 拉錯鞋帶位置（變成死結）。	1.1 在鞋帶頭兩端塗上顏色。 1.2 指導辨認鞋帶頭兩端的硬膠套。 1.3 改穿魔鬼氈的鞋子。 1.4 改穿鞋面鬆緊帶式的鞋子。
2. 將鞋子脫掉。	1. 不知道從腳後跟拉開鞋子。	1.1 動作示範。 1.2 操作學習。 1.3 向前甩動鞋子至脫掉。
3. 將脫下的鞋子，分左右放好。	1. 不會正確擺放鞋子的左右腳。	1.1 在鞋子左右腳併靠處，貼上相對的圖案或貼紙。 1.2 依學生鞋形，在地上畫出左右相對鞋子的形狀。

技能項目 13：穿脫黏扣帶的鞋子　　　❖ 彭慧玲

工作分析	可能障礙	修正與支持
1. 拉起鞋舌。	1. 不知鞋舌的部位。	1.1 使用標籤做記號註明。 1.2 使用無須鞋舌的鞋子來替代。 1.3 將鞋舌一邊固定縫牢。 1.4 將鞋舌更換成伸縮布面縫牢固定在鞋舌的位置。
2. 將腳套進正確鞋子。	1. 不會分辨左右腳。	1.1 將左右鞋固定擺好放在面前。 1.2 先拿出其中一隻鞋指定他先穿上這隻鞋。 1.3 鞋子和腳分別做記號，做配對練習。如：左腳貼＊，同時左鞋也貼＊。

（續上表）

工作分析	可能障礙	修正與支持
3. 將腳往前伸入鞋內。	1. 不會將腳往前伸入鞋內。	1.1 使用「鞋拔」協助之。
4. 腳跟完全踩進鞋內。	1. 不會踩進鞋內。	1.1 使用「套鞋棒」協助。
5. 拉直鞋舌。	1. 不會用力拉直。	1.1 使用無鞋舌的鞋子來替代。 1.2 將鞋舌一邊固定縫牢。 1.3 將鞋舌更換成伸縮布面縫牢固定在鞋舌的位置。
6. 穿上後抓起黏扣帶並拉緊。	1. 不知黏扣帶為何物或不知拉何處。	1.1 在黏扣帶上做「　」的圖示。 1.2 直接穿不需黏扣帶的鞋子。
7. 對準子扣。	1. 對不準扣子。	1.1 直接穿不需黏扣帶的鞋子。 1.2 用魔鬼氈替代。
8. 按下黏扣帶並扣住子扣。	1. 不知要扣下扣子。	1.1 同工作分析 7.。

技能項目 14：穿脫懶人鞋　　　　　　　　　　❖ 彭慧玲

工作分析	可能障礙	修正與支持
1. 拿起鞋子。		
2. 將腳套入鞋子。	1. 分不清前後。	1.1 將鞋擺正在面前協助套入。 1.2 在鞋面上貼上腳印的符號。 1.3 在鞋面上貼上＊記號。 1.4 地上擺紙板的鞋印。
	2. 分不清左右。	2.1 將左右鞋固定擺好放在他面前。 2.2 先拿出其中一隻鞋指定他先學穿這隻鞋。 2.3 鞋子和褲腳分別做記號，當作配對練習。如：左腳貼＊，左鞋也貼＊而右腳右鞋則貼另一組符號。 2.4 鞋子和褲腳分別做一個半圓的圖形，當作拼圖配對。
3. 腳跟完全穿進鞋內。	1. 不會將腳往前伸入鞋內。	1.1 使用「鞋拔」協助之。 1.2 用手指伸入鞋後，協助腳跟套進鞋內。 1.3 直拉起鞋後拉環。

技能項目 15：學習將鞋子穿對腳　　　　　　　　　　　　　❖ 王如敏

工作分析	可能障礙	修正與支持
1. 把鞋子併排放在腳的前面。	1. 不會排在一起。 2. 拿到不同樣式的鞋子。	1.1 製作一個板子，上面有雙腳的鞋型。 2.1 要先確定是同一雙鞋子。
2. 把左右鞋相對應地放在腳的前面。	1. 會無法相對應而將左右顛倒。	1.1 同修正 1 所述，用兩個半圓形，使其拼成一個圓形。
3. 假如合適的話，把右邊的鞋子拿起來並把鞋舌往上拉。	1. 不會將鞋帶下的那一塊布往上拉，而直接踏下去。	1.1 不要使用那一塊鞋舌，而改用子母扣或魔鬼氈。
4. 將右腳的腳趾伸進右邊的鞋子。	1. 無法準確伸進去或鞋子會移動。	1.1 同修正 2 所述，並用手固定鞋子，以使鞋子不會移動。
5. 將腳往前推，直到腳趾接觸到鞋子前端。	1. 會因往前推，力量不能控制而將鞋子弄得不平整。	1.1 用鞋拔插在鞋跟，並將鞋拔加長。
6. 將腳跟套進鞋子裡面。	1. 腳跟會踏在鞋子上。	1.1 鞋跟處改用彈性帶直接拉起來，或甚至不必有鞋跟（像拖鞋）。
7. 穿另一隻鞋時，重複工作分析 3.─ 8.。	同工作分析 3.─ 8.。	同工作分析 3.─ 8.。

技能項目 16：穿鞋子　　　　　　　　　　　　　　　　　　❖ 謝秀霞

工作分析	可能障礙	修正與支持
1. 把鞋子放好。	1. 不會分左右。	1.1 在鞋子左右腳併靠處，貼上相對的圖案或貼紙。 1.2 依學生鞋形，在地上畫出左右相對鞋子的形狀。
2. 把鞋舌拉住，腳穿進鞋子裡。	1. 不知道拉適當的部位。 2. 腳穿進鞋子有困難。	1.1 在鞋舌上做記號或畫小手形狀。 1.2 挑選鞋舌顏色明顯的鞋子，指導辨認。 2.1 使用鞋拔，把腳套進鞋子。 2.2 動作協助。 2.3 鞋子的尺寸加大（稍大）。
3. 用手拉鞋的後緣。	1. 彎腰有困難或腦性麻痺的孩子，拉鞋後緣會有困難。	1.1 用穿鞋輔助伸縮夾拉住鞋後緣，協助固定。 1.2 選穿鞋後緣有突起狀的鞋子。

（續上表）

工作分析	可能障礙	修正與支持
		1.3 指導坐著穿鞋，並調整椅子高度，以最適合穿脫鞋子之角度為宜。
4. 繫鞋帶。	1. 不會繫鞋帶。	1.1 改穿魔鬼氈的鞋子。 1.2 穿無鞋帶的鞋子。 1.3 把鞋帶繫好，讓其穿上。

技能項目 17：用擦鞋劑擦亮已磨損的鞋子　　❖ 蔡碧

工作分析	可能障礙	修正與支持
1. 用鈍刀刮落鞋上的泥土。	1. 無法找到鈍刀。 2. 不會刮泥土。	1.1 可使用軟刷子替代鈍刀，刷落鞋上泥土。
2. 用微濕的抹布擦拭鞋子不乾淨的地方。	1. 無法擰乾抹布。	1.1 用海綿塊取代抹布。
3. 將鞋帶拿走。	1. 無法鬆開鞋帶。	1.1 採用有魔鬼氈式的鞋子。
4. 在桌子或地板上鋪上報紙準備擦拭鞋子。	1. 無法彎腰擦拭鞋子。	1.1 將報紙墊在矮桌子上。 1.2 使用止滑墊替代報紙。
5. 將鞋子或靴子放在報紙上。	1. 報紙容易撕破，導致鞋油弄髒地板。	1.1 使用止滑工作墊取代報紙。
6. 用破布、海綿或軟刷子，並在其上塗抹鞋劑，擦拭每個皮製鞋子的表面。	1. 無法將鞋劑塗在軟刷子上，或無法均勻擦拭鞋子表面。	1.1 用罐裝海綿式鞋油，直接擦拭皮鞋表面。
7. 直到鞋亮劑乾為止。	1. 無法擦亮鞋子。	1.1 將鞋子固定在鞋架上。 1.2 用長條或環狀抹布來回擦拭鞋面，直到鞋亮為止。
8. 如果使用糊狀鞋劑，需使用乾淨的抹布或軟鞋刷擦拭每一雙鞋的表面。	1. 不會使用糊狀鞋劑。	1.1 採用噴式鞋劑，讓孩子將鞋劑直接噴在鞋面上。
9. 將擦鞋過程中用到的工具放回原儲藏室。	1. 無法復原工具於工具袋中。	1.1 工具袋貼有如工具實物的圖形，孩子只要依圖形即可順利將工具放回原處。
10. 穿回鞋帶。	1. 無法穿回鞋帶。	1.1 改採無鞋帶之鞋子。 1.2 若孩子可以訓練穿鞋帶，則可用勾環輔助孩子穿鞋帶。

註：可利用自動擦鞋機擦亮鞋子。

類別：衣物清理

技能項目 18：用刷子或滾筒清除衣物的泥土或毛髮 ❖ 吳俊容

工作分析	可能障礙	修正與支持
1. 清除刷子上或滾筒本身的泥土或毛髮。	1. 無法區別刷子或滾筒是否該清除了。 2. 不知如何清除。	1.1 每次使用前均清洗。 2.1 教導清除程序。
2. 緊握刷子或滾筒的把手。	1. 無法緊握把手。	1.1 把手用布纏繞。
3. 移動刷子或滾筒清除。	1. 無法掌握刷子或滾筒的動向。 2. 無法顧及整件衣物之清除。	1.1 教導前後滾動及刷除。 2.1 整件攤平。
4. 重複步驟 3.直至滿意為止。	1. 重複的順序忘了。	1.1 圖示照相或多加練習。
5. 去除積在刷子或滾筒的髒物。		同 2.1

技能項目 19：衣物污漬處理 ❖ 謝秀霞

工作分析	可能障礙	修正與支持
1. 用衛生紙或濕布擦拭衣物的污漬。	1. 不會沾濕毛巾或擰乾毛巾。	1.1 塊狀污漬（如冰淇淋、蛋糕……）指導以衛生紙（或紙手帕）先擦拭。 1.2 液狀污漬、以濕巾按壓（一次不乾淨，則多更換幾張）。
2. 用去漬劑噴在衣物的污漬上。	1. 不會將去漬劑噴在衣物的污漬上。 2. 不會對準噴嘴的方向。	1.1 去漬劑直接噴在衣物上，容許可能噴及周邊的範圍。 1.2 改塗去漬肥皂。 2.1 做記號標示。 2.2 固定噴嘴的方向。 2.3 改用按壓式的去漬劑。
3. 等待污漬溶解。	1. 不會測量污漬溶解時間。	1.1 固定等待半小時。 1.2 以定時器定時。 1.3 以鬧鐘定時。
4. 用水沖洗。	1. 不會搓揉衣物污漬部位。	1.1 動作示範。 1.2 以刷子刷洗。 1.3 延長溶解時間，直接用水沖洗。

（續上表）

工作分析	可能障礙	修正與支持
	2. 不會放適量的水。	2.1 在水槽或洗衣盆二分之一處貼上有顏色膠帶，示意放水量。 2.2 在水龍頭下沖洗衣服。
5. 如果污漬仍未消除，重複 2.～4.的工作分析。	1. 污漬無法洗淨。	1.1 送洗衣店處理。

技能項目 20：用洗衣機洗衣服　　　　　　❖ 吳俊容

工作分析	可能障礙	修正與支持
1. 清除口袋異物並分開會褪色的衣物。	1. 疏忽。 2. 不會分辨。	1.1 教導用手掏出異物。 2.1 教導沒洗過的衣物先泡水。
2. 設定適合的洗衣機按鈕。	1. 不會操作洗衣機。	1.1 改單一按鈕全自動洗衣機。
3. 控制衣量並加入適量的洗衣粉。	1. 量不會控制。	1.1 用洗衣籃控制衣量。 1.2 給固定量的杯子舀取洗衣粉，只舀一次。
4. 將衣物散置於洗衣槽。	1. 容易扭成一團。	1.1 練習一件一件的平均放置於洗衣槽內。 1.2 改用全自動洗衣機。
5. 取出洗好的衣物。	1. 不知衣物何時洗好。 2. 不知取出衣物的程序。 3. 容易打結。	1.1 指導注意聽洗好的「嗶」聲。 1.2 確定洗衣槽已停止運轉。 2.1 一件一件取出。 3.1 改用不會使衣物打結的洗衣機。

技能項目 21：用手洗衣服　　　　　　　❖ 謝秀霞

工作分析	可能障礙	修正與支持
1. 用洗衣粉或洗衣精浸泡衣服。	1. 不會放適量的水。 2. 不會放適量的洗衣粉或洗衣精。 3. 不會測量浸泡時間。	1.1 在水槽或水盆二分之一處貼上有顏色膠帶，示意放水量。 1.2 水量淹過衣服即可。 2.1 以小瓶子或小罐子分裝洗衣粉或洗衣精，每次放置一瓶（罐）份量。 2.2 固定放入一量杯的洗衣粉或洗衣精。 3.1 以定時器定時(固定三十分)。

（續上表）

工作分析	可能障礙	修正與支持
		3.2 以鬧鐘定時。 3.3 不浸泡、在水中攪動洗衣粉或洗衣精後，即開始洗衣服。
2. 搓洗衣服。	1. 不會搓洗衣服。	1.1 老師示範。 1.2 動作協助。 1.3 用洗衣棒輕輕捶打。 1.4 強調搓洗領子、袖口。
3. 倒掉浸泡水。	1. 倒水時（水盆），部分衣服會跟著倒出。	1.1 倒水時，一手按壓住衣服。 1.2 衣服和浸泡水一起倒出，讓水自然流出。 1.3 在水槽浸泡衣服，拉起排水口活塞，即可倒掉浸泡水。
4. 沖洗泡沫。	1. 泡沫沖不乾淨。	1.1 多用幾次清水沖洗。 1.2 直接在水龍頭下沖洗。 1.3 放入裝水的盆中或桶中，上下拉或左右甩，去除殘餘的泡沫。
5. 壓或擰出過量的水。	1. 不會壓或擰出過量的水。	1.1 使用洗衣機脫水。 1.2 掛在浴室滴水。 1.3 毛衣或針織衣送洗衣店處理。
6. 將衣服吊在衣架上。	1. 不會將衣服吊掛在衣架上。	1.1 在洗衣鍊上加裝夾子。 1.2 在衣架上加裝夾子。 1.3 直接將衣服披在晾衣繩或竹竿上。

技能項目 22：使用烘乾機　　　　　　　　　　　　❖ 吳俊容

工作分析	可能障礙	修正與支持
1. 解開某些糾結的衣物。	1. 不會解開。	1.1 改用使衣物不會打結的洗衣機。
2. 將需特別乾衣處理的衣物放置一旁。	1. 無法分類。	1.1 洗衣前指導其分類。
3. 將脫水後的衣物放入烘乾機。	1. 不易放入。	1.1 示範、教導。
4. 清除棉絮網。	1. 精細動作不佳，不能完全的清潔棉絮網。	1.1 給予小刷子一把，利用小刷子來清潔棉絮。
5. 設定時間。	1. 不能正確的設定。	1.1 每次固定烘乾的時間。

（續上表）

工作分析	可能障礙	修正與支持
6. 啟動機器。	1. 不知道開關的位置。	1.1 在開關的上面，貼上喜愛的圖樣。 1.2 教導壓按。
7. 由烘乾機取出衣物。	1. 不能順利的打開機門。	1.1 在門把上綁上可愛的米老鼠，引起注意並利於拉動。
8. 檢查未烘乾衣物，再烘一次。	1. 如上述。	1.1 重複上述烘乾的動作。

技能項目 23：晾衣服　　　　　　　　　　　❖ 吳俊容

工作分析	可能障礙	修正與支持
1. 由洗衣籃中取出衣物。	1. 糾結在一起，無法拉平。	1.1 改用使衣物不會打結的洗衣機。 1.2 拉住衣領，做甩開練習。
2. 將衣物吊掛於衣架上。	1. 頭尾不分。 2. 衣物太大，會掉落。	1.1 衣領繡上記號特徵。 2.1 利用夾子固定。
3. 考慮衣物曬乾的時間。	1. 沒有時間觀念。	1.1 以天色為準。 1.2 教導晚上晾，隔天中午收。
4. 檢查衣物曬乾否？	1. 衣服未乾就收回。 2. 衣物不易乾的部分忽略了。	1.1 教導用手觸摸腋下或口袋部分。
5. 將曬乾衣物放入洗衣籃。	1. 取下時容易掉落在地上。 2. 連同衣架一起放入洗衣籃。	1.1 地上保持清爽或先鋪上報紙。 2.1 再放一顏色鮮明且樣式不一樣的籃子放衣架。 2.2 空衣架掛原地，不拿下來。

技能項目 24：摺短褲　　　　　　　　　　　❖ 林蕙蘭

工作分析	可能障礙	修正與支持
1. 將褲子攤平放著，正面向上。	1. 不會分辨褲頭。	1.1 在褲頭上做記號。
2. 將褲管對折。	1. 無法分辨中央位置。	1.1 將對折線縫上記號，以便學生對折。 1.2 可以將褲子的四個角落均縫上相同的記號，可讓學生依記號來對折。

技能項目 25：掛裙子　　　　　　　　　　　　　　　　❖ 林蕙蘭

工作分析	可能障礙	修正與支持
1. 將裙子平放好。	1. 不會分辨衣架的上下。	1.1 在衣架的頂端貼上鮮黃色膠帶做記號，以便分辨衣架的上下。
	2. 不會分辨裙子正反面、上下，或無法使裙子平放好。	2.1 在裙子腰帶上的左右兩處縫上明顯的扣子或圖案，以便正確辨認裙子正反面及上下。
2. 將附有夾子的衣架平放好。		
3. 拉開夾子的兩端。		
4. 抓住裙子腰帶的兩端，對準衣架的夾子。	1. 腰帶無法對準衣架上的夾子。	1.1 裙子裡面有兩個吊線，利用吊線掛在夾子上。
5. 壓住夾子，打開夾子。		
6. 把裙子放入打開的夾子中。	1. 無法順利放入衣架的夾子中。	1.1 改用大夾子。
7. 鬆開夾子。	1. 壓開夾子之後，可能會一直壓住不知該何時放下，會放開夾子時，會不小心壓住手指頭。	1.1 每次壓開夾子，對準裙子腰帶之後，手離開再放。
8. 重複 5.、6.、7.。		

類別：如廁

技能項目 26：訓練小便（男生）　　　　　　　　　　　❖ 葉淑美

工作分析	可能障礙	修正與支持
1. 身體面向站在馬桶前。		
2. 掀開馬桶蓋及座墊。	1. 無法掀開馬桶蓋及座墊。	1.1 加裝自動掀蓋裝置。
3. 拉下褲子的拉鍊／鈕釦。	1. 無法握緊拉鍊頭解開拉鍊。 2. 無法將鈕釦打開。	1.1 拉鍊頭上套住一個大鐵環。 2.1 改用拉鍊的。 2.2 改穿鬆緊帶的運動褲。
4. 掏出陰莖。		
5. 對準馬桶／小便池小便並校正。	1. 無法準確對準。	1.1 在馬桶座位邊緣塗上顏色提示。 1.2 馬桶內噴漆畫圖案提示。

（續上表）

工作分析	可能障礙	修正與支持
6. 甩甩陰莖將餘尿甩盡。	1. 不會將餘尿甩盡。	1.1 站在馬桶／小便池握住陰莖左右甩一甩。
7. 將陰莖塞入內褲內。		
8. 拉上褲子的拉鍊／鈕釦。	1. 無法握緊拉鍊頭拉好拉鍊。	1.1 拉鍊頭上套住一個大鐵環。
	2. 無法將鈕釦扣緊。	2.1 改穿用拉鍊的。
	3. 不會判斷是否拉好拉鍊。	3.1 改穿鬆緊帶的運動褲。
9. 沖水。	1. 無法按／拉沖水鈕。	1.1 改用感應式的小便池。
10. 洗手。	（參見洗手技能）	（參見洗手技能）

技能項目 27：上廁所前脫褲子

❖ 廖芳碧

工作分析	可能障礙	修正與支持
1. 解開釦子。	1. 不會縮腹，左右手交互解開釦子。	1.1 使用子母帶。
2. 拉開拉鍊。	1. 握不住拉鍊。	1.1 環扣加大。
	2. 不會往下拉。	2.1 身體協助。
		2.1 穿鬆緊帶褲子。
3. 將雙手放在腰帶兩側。	1. 無法辨識正確的位置。	1.1 在腰的兩邊內側，各縫上環帶。
4. 將拇指伸入褲子內兩側。	1. 無法將拇指伸入褲子內兩側。	
5. 抓住褲頭，將褲子往下拉到膝蓋。	1. 不會將褲子往下拉到膝蓋。	1.1 身體協助。
		1.2 口頭提示。
		1.3 穿鬆緊帶褲子。
	2. 身體無法保持平衡。	2.1 裝置扶手。
6. 坐在馬桶上。	1. 身體無法保持平衡。	1.1 裝置扶手。

技能項目 28：坐在馬桶上大便 ❖ 廖芳碧

工作分析	可能障礙	修正與支持
1. 背向馬桶站立。	1. 不知馬桶和他相對的位置。	1.1 身體協助。 1.2 口頭提示。 1.3 在地上畫或貼上正確的腳印。
2. 站在馬桶前保持平衡。	1. 站不穩。	1.1 裝置扶手。
3. 彎曲膝蓋。	1. 不知如何彎曲膝蓋。	1.1 身體協助。 1.2 口頭提示。 1.3 裝置扶手。
4. 坐在馬桶上，將手擺在大腿上。	1. 馬桶座太大。 2. 馬桶太高。	1.1 馬桶蓋上面加上合適的馬桶座。 2.1 在馬桶前墊小椅子。
5. 臀部擺好，身體保持平衡。	1. 身體無法保持平衡。	1.1 裝置扶手。
6. 正確大在馬桶裡。		
7. 用衛生紙擦拭肛門。	（詳見上廁後擦拭肛門步驟）	
8. 雙手扶在馬桶邊緣。	1. 身體無法保持平衡。	1.1 裝置扶手。
9. 移動腳。		
10. 身體向前傾，保持平衡。		
11. 抬起臀部，身體垂直站起，保持平衡。		

技能項目 29：用衛生紙擦拭 ❖ 周美君

工作分析	可能障礙	修正與支持
1. 確定放衛生紙的地方。		
2. 大約撕下或抽出四至六張衛生紙。	1. 不會撕下衛生紙。	1.1 用抽取式衛生紙較方便抽取，且應連續抽兩張較夠用。
3. 將衛生紙對折多次，使成為襯墊。	1. 不會對折衛生紙。	1.1 一次抽取兩張合併使用。
4. 一手握著衛生紙。		
5. 將拿衛生紙的手伸到肛門的前面。	1. 擦不到正確的位置。	1.1 一手扶著牆壁或扶手，身體稍微往下蹲，比較容易擦得到。
6. 按壓衛生紙由前往後擦拭。	1. 無法自己擦拭。	1.1 裝設使用附有沖洗設備的馬桶，按開關就可以沖洗屁股！
7. 將使用過的衛生紙丟到垃圾桶。	1. 丟不準。	1.1 垃圾桶要大一點，且應放在容易丟得到的地方。

（續上表）

工作分析	可能障礙	修正與支持
8. 重複步驟 2.－7.，直到衛生紙上看不到髒髒的。	1. 可能擦了很多次，還擦不乾淨。	1.1 用衛生紙擦幾次以後，可以改用抽取式的濕紙巾，再擦乾淨一點。
9. 按（壓、拉）沖水器（沖洗馬桶）。	1. 不會按（壓、拉）沖水器。	1.1 改用感應式的自動沖水器。

技能項目 30：如廁後整理服裝　　　　　　　　　　❖ 周美君

工作分析	可能障礙	修正與支持
【內褲部分】		
1. 膝蓋稍微彎曲。	1. 腳站太開，內褲拉不起來。	1.1 提醒孩子腳要稍微合併。 1.2 老師適度的口頭提示。
2. 用兩手抓牢褲頭。	1. 兩手抓的位置不對。	1.1 可以在褲子褲頭兩側先縫上兩個小手形狀的指示，讓學習者可以依指示把手放在正確的位置。 1.2 照顧者從旁稍微協助。
3. 將內褲拉到腰間。		
4. 調整褲頭到舒適的位置。		
【襯衫和長褲部分】		
1. 曲膝並前傾。		
2. 用雙手抓牢褲子的腰帶褲頭。	1. 不知抓握何處。	1.1 可以在褲子褲頭兩側先縫上兩個小手形狀的指示，讓學習者可以依指示把手放在正確的位置。
3. 把褲頭拉到腰間。		
4. 把襯衫平順地塞進褲子裡。	1. 不會將衣服塞進去。	1.1 穿短腰身的衣服，不必塞進去。
5. 如果有拉鍊的話，抓住拉鍊，並且完全拉上來。	1. 不會拉拉鍊。	1.1 如果有拉鍊，可以在拉鍊的拉頭套上一個大鐵環，方便使力。 1.2 用母子帶（魔鬼氈）取代拉鍊，直接按壓母子帶（魔鬼氈）即可黏住。
6. 扣緊腰帶上的環扣或鈕釦（如果有的話）。	1. 不會使用環扣或鈕釦。	1.1 用母子帶（魔鬼氈）取代環扣或鈕釦。

（續上表）

工作分析	可能障礙	修正與支持
7.如果有皮帶，扣住皮帶。	1.不會使用皮帶。	1.1 穿有鬆緊帶的褲子。
8.調整腰上的衣服使舒服。	1.不會調整。	1.1 照顧者口頭指示。 1.2 照顧者親自示範。 1.3 照顧者從旁協助。
【裙子和洋裝】		
1.拉一拉裙子或洋裝的裙襬，避免被內褲夾住。	1.不會拉裙襬。	1.1 照鏡子檢查是否拉平了。 1.2 請旁人幫忙檢查是否拉平了。
2.視需要重新調整裙子或洋裝。	1.可能不會調整裙子。	1.1 直接穿寬鬆的洋裝比較好拉整齊。

技能項目 31：上廁所後沖水 ❖ 廖芳碧

工作分析	可能障礙	修正與支持
1.站立在馬桶旁。	1.不知站起來。 2.身體無法保持平衡。	1.1 從背後推他一下。 1.2 口頭提示。 2.1 裝置扶手。
2.轉身面向馬桶水箱。	1.不知馬桶和他相對的位置。	1.1 身體協助。 1.2 口頭提示。 1.3 在地上畫或貼上正確的腳印。
3.用手抓住把手。	1.無法找尋把手的正確位置。 2.無法握住把手。	1.1 將把手貼上鮮明的貼紙。 1.2 將把手塗上鮮明的顏色。 2.1 使用按鍵式。
4.將把手向下壓。	1.不知如何使力。	1.1 改用腳採式。
5.沖好水、鬆手。	1.無法控制。	1.1 身體協助。 1.2 口頭提示。 1.3 水箱加裝控制器。
6.馬桶尚未完全沖乾淨，等水箱水滿，重複工作分析 3.‾ 5.。	1.無法判斷是否沖乾淨。	1.1 重複工作分析 3.‾ 5.。

技能項目 32：更換捲筒衛生紙　　　　　　　　　　　❖ 廖芳碧

工作分析	可能障礙	修正與支持
1. 從桿上移開捲軸。	1. 不會扳開兩邊的固定器。	1.1 身體協助。 1.2 口頭提示。
2. 從桿上拿出捲筒軸。	1. 無法拿出捲筒軸。	1.1 身體協助。 1.2 口頭提示。
3. 把空的捲筒軸丟入垃圾桶。	1. 無法丟準。	1.1 將垃圾桶靠近身邊。 1.2 用大的垃圾桶。
4. 將捲筒衛生紙套入桿上。	1. 無法正確套入。	1.1 選用軸心較大的捲筒衛生紙。
5. 將套入捲筒衛生紙的軸插入一邊固定。	1. 無法扳開兩側固定器。 2. 無法插入固定。	1.1 身體協助。 1.2 口頭提示。
6. 壓入另一邊固定住。		
7. 調整軸的兩邊使其易轉動。		1.1 身體協助。 1.2 口頭提示。
8. 牢固並使捲筒衛生紙能輕輕轉動。		1.1 身體協助。 1.2 口頭提示。

註：對於腦性麻痺、重度智能不足兒童，可改使用抽取式衛生紙。

類別：自我清潔——小部位

技能項目 33：刷牙　　　　　　　　　　　　　　　❖ 吳幸助

工作分析	可能障礙	修正與支持
1. 拿取刷牙用具。	1. 不會握杯子。	1.1 用有握把杯子。
2. 握住牙刷。	1. 握不住。	1.1 加粗把柄。 1.2 使用鬆緊帶套緊。
3. 打開水龍頭。	1. 打開水龍頭。 2. 不知轉向哪一邊。	1.1 改良水龍頭開啟方式（見洗手技能）。 2.1 貼標籤指示。
4. 洗漱口杯及牙刷。	1. 不會洗。 2. 會弄濕身體。	1.1 沖濕三次。 2.1 控制水量。 2.2 穿防濕圍裙。
5. 沾濕牙刷。	1. 不懂沾濕。	1.1 指示沖水一下。
6. 拿取牙膏。	1. 握不住牙膏。	1.1 用牙粉代替。
7. 打開牙膏蓋。	1. 打不開。 2. 不知轉向哪邊。	1.1 加大蓋子旋轉。 2.1 貼上方向指示。 2.2 用按壓式牙膏。

（續上表）

工作分析	可能障礙	修正與支持
8. 擠適量牙膏在牙刷上。	1. 擠太多。	1.1 事先放置牙膏在易開盒中。 1.2 用牙粉。 1.3 教導每次按壓一至二次。
9. 關上牙膏蓋。	1. 不會關。 2. 不知方向。	1.1 加大蓋子旋轉。 2.1 貼上方向指示。 2.2 用按壓式牙膏。
10. 刷牙（1.~6.部位）每顆牙齒表面。	1. 不會做刷牙動作。	1.1 用電動牙刷。
11. 吐掉多餘牙膏在洗手台上。	1. 不會吐。 2. 不知何時吐。	1.1 用可食用牙膏。 2.1 用錄音帶提示。 2.2 教導頭低低的，讓嘴中多餘的牙膏泡沫自然流出。
12. 繼續刷完所有牙齒，直至乾淨。	1. 不知刷多久才乾淨。	1.1 用刷牙歌節奏提示錄音帶。 1.2 照鏡子檢視。 1.3 教導依序刷，刷至最後即結束。
13. 漱口。	1. 不會裝適量水 2. 喝入太多水。 3. 不知漱淨了沒。	1.1 在水杯貼上裝水提示標記線。 2.1 用小杯子代替。 3.1 至少漱口五次。
14. 洗淨牙刷、漱口杯。	1. 不知洗淨否。	1.1 指導追視泡沫及清潔狀況。
15. 將刷牙工具歸位。	1. 不知放回原位。	1.1 用圖示標明放的位置。

註：無法教會刷牙的用電動沖牙器或漱口水代替。或用牙線棒、紗布、棉花棒清潔。

技能項目 34：洗臉　　　　　　　　　　　　　　　❖ 吳幸助

工作分析	可能障礙	修正與支持
1. 拿出臉盆。	1. 不會握拿。	1.1 用改良握把。
2. 接適量的水。	1. 接太多或太少水。	1.1 貼記號指示線。
3. 洗淨臉盆。	1. 不會刷洗。	1.1 用長柄刷協助。
4. 拿毛巾。	1. 不會抓握。	1.1 用毛巾布做成手形手套（用手套式毛巾代替）。
5. 接七分滿的水。	1. 接太多或太少水。	1.1 貼記號指示線。
6. 扭乾毛巾。	1. 不會扭乾。	1.1 用海綿塊代替。
7. 搓洗臉部。	1. 只擦固定一處。	1.1 分區擦洗。

（續上表）

工作分析	可能障礙	修正與支持
8. 分別擦淨眼、鼻、口、耳等處。	1. 不能分別五官位置。	1.1 從上到下配合提示錄音帶。 1.2 照鏡子檢視。
9. 擦淨脖子前、後、左右。	1. 不會摒及脖子後。	1.1 用長把子布刷幫忙。
10. 重複 6.~12.步驟。	同上。	同上。
11. 掛回毛巾。	1. 不知放回何處。	1.1 用標籤貼紙圖示位置。
12. 臉盆放回原位。	1. 不知放回何處。	1.1 用標籤貼紙圖示位置。

技能項目 35：洗手 1

❖ 吳幸助

工作分析	可能障礙	修正與支持
1. 打開水龍頭。	1. 不會打開水龍頭。 2. 水量控制不良（太大）。	1.1 改用感應式水龍頭。 1.2 用長柄把手式水龍頭上下或左右撥動式把手旋轉。 1.3 水龍頭貼上指示方向箭頭。 2.1 貼一張明顯標誌在水龍頭上，固定適當水量。
2. 把雙手放在水龍頭下打濕。	1. 長袖衣服會弄濕袖子。	1.1 先教拉上袖子至肘。 1.2 墊高腳踏位置。
3. 關上水龍頭。	1. 不會關。 2. 關不緊。	1.1 改用感應式水龍頭。 2.1 用長柄把手代替旋轉。 2.2 用上下壓式把手。
4. 拿取肥皂或洗手乳液。	1. 不會握住肥皂。	1.1 用網子或絲襪掛肥皂在水龍頭旁邊。
5. 放回肥皂。	1. 無法正確放回。	1.1 用網子掛肥皂在水龍頭旁邊。
6. 均勻搓洗手心手背。	1. 無法做搓揉動作。	1.1 用菜瓜布幫忙搓洗。
7. 打開水龍頭。	同工作分析 1.。	同前。
8. 洗淨手上肥皂。	1. 無法洗淨。 2. 不會判別是否洗淨。	1.1 利用毛巾搓洗。 2.1 每隻手心手背各洗十下。
9. 以手捧水，沖洗水龍頭。	1. 不會捧水。 2. 無法對準水龍頭。	1.1 改用水瓢。 2.1 用毛巾擦拭。
10. 關緊水龍頭。	同工作分析 4.。	同前。
11. 在水槽內甩掉手上水滴。	1. 不會甩手。	1.1 用手互搓雙手水滴。 1.2 毛巾吊在洗手台邊直接擦。 1.3 省略甩手動作。

（續上表）

工作分析	可能障礙	修正與支持
12. 用毛巾擦乾雙手（紙巾）。	1. 不會拿取毛巾。 2. 不會做搓乾動作。 3. 不會掛回毛巾。	1.1 毛巾吊在方便取用處。 2.1 手心手背各靠近毛巾一次。 2.2 改用熱風吹乾。 3.1 放置指示位置。

技能項目 36：洗手 2
❖ 郭正田

工作分析	可能障礙	修正與支持
1. 轉開溫水。	1. 不知往哪個方向旋轉。 2. 不會調節溫度。	1.1 用紅色箭頭標示。 1.2 將標示放大貼於明顯處。 1.3 使用光感開關的水龍頭。 2.1 使用自動控溫裝置或固定低水溫。
2. 淋濕雙手。	1. 無法將手放在水龍頭下沖洗。	1.1 將手的標誌貼在適當處。 1.2 裝上塑膠導引板。 塑膠板
3. 將一塊狀香皂或乳皂放在手中。	1. 無法拿起塊狀香皂。 2. 不會壓乳皂。	1.1 改用按壓式乳皂。 2.1 將乳皂的瓶子加以固定。 2.2 將手的圖示貼於乳皂出口下。
4. 將肥皂塗成泡沫狀。	1. 不會將香皂塗在手上。	1.1 改用乳皂。
5. 在水龍頭下沖洗雙手。	1. 無法將手放在水龍頭下沖洗。	1.1 同工作分析 2.。
6. 關掉水龍頭。	1. 不知往哪個方向旋轉。	1.1 同工作分析 1.。

技能項目 37：修剪指甲　　　　　　　　　　　　　❖ 林素花

工作分析	可能障礙	修正與支持
1. 輕壓指甲剪的壓桿彈片。	1. 學習者的動作過大，無法作輕壓的動作。 2. 力量太小無法壓力指甲剪的壓桿。	1.1 加大壓桿的受力面積。 2.1 加長壓桿的力臂。
2. 旋轉彈片壓片到指甲剪的上方。	1. 無法順利將彈片壓到指甲剪的上方。	1.1 將彈片設計為幾段式操作裝置。 1.2 用特製的指甲剪，直接將彈片旋轉在指甲剪的上方。
3. 將一隻手放在垃圾桶上。	1. 手和垃圾桶無法對準。	1.1 加大垃圾桶的口徑。 1.2 改用報紙鋪在地上接剪下來的指甲屑。
4. 將指甲剪的兩邊切口邊緣對著指甲的位置放好，然後拿好指甲剪。	1. 拿不穩指甲剪。 2. 對不到指甲的位置。	1.1 加重指甲剪的重量。 2.1 將指甲剪固定在桌上，以手指就指甲剪，不用產生左右手要協調的困難。
5. 壓下指甲剪的彈片壓片。	1. 手無法施力。 2. 手指無法對準彈簧壓片。	1.1 加長壓桿的力臂。 2.1 用特製的指甲剪，直接將彈片旋轉在指甲剪的上方。
6. 沿著同一根指甲的裡外兩邊，重複工作分析 4.─ 5. 的步驟。	同工作分析 4.。	同工作分析 4.。
7. 鬆開指甲剪。	同工作分析 5.。	同工作分析 5.。
8. 重複工作分析 3.─ 7.的步驟修剪雙手的所有指甲。		

技能項目 38：擤鼻涕　　　　　　　　　　　　　❖ 吳幸助

工作分析	可能障礙	修正與支持
1. 拿取一張衛生紙。	1. 不會抓取衛生紙。	1.1 用抽取式衛生紙。
2. 將衛生紙對折成二分之一。	1. 不會對折。	1.1 一次用兩張。 1.2 直接選用厚一點的紙不用對折。
3. 雙手拿住衛生紙的兩端。	1. 不會只抓握兩端。	1.1 輕輕扶住，先不用力。
4. 摀住鼻子。	1. 衛生紙蓋不住鼻子。	1.1 用大張一點的衛生紙。
5. 一手壓住一邊鼻翼。	1. 不會按壓。 2. 可能會兩邊一起壓。	1.1 直接兩鼻孔一起擤。 2.1 閉住嘴巴從鼻子出氣。

（續上表）

工作分析	可能障礙	修正與支持
6. 用力擤出鼻涕。	1. 不會由鼻子出氣。	1.1 閉住嘴巴。
7. 以另一手壓住另一邊鼻翼。	同上。	同上。
8. 用力擤出鼻涕。	同上。	同上。
9. 步驟 4.─8.合併。	1. 不會擤鼻涕。	1.1 直接用衛生紙按壓擦拭。 1.2 流出鼻涕再擦。 1.3 用吸球吸鼻涕。
10. 雙手抓起衛生紙。	1. 衛生紙破掉。	1.1 雙手抓起衛生紙就丟掉，換一張衛生紙。 1.2 用厚一點的紙。 1.3 用餐巾紙。
	2. 捏不乾淨鼻涕。	2.1 照鏡子再捏一次教導檢視。
11. 擦鼻涕。	1. 擦不乾淨。	1.1 照鏡子自我檢查。
12. 重複 3.─10.步驟。	同上。	同上。
13. 將衛生紙丟入垃圾桶。	1. 丟不準。	1.1 選用垃圾桶口大的。 1.2 垃圾桶放在易丟入垃圾的地方。

類別：自我清潔──洗頭洗澡

技能項目 39：調水溫　　　　　　　　　　　　　❖ 黃小玲

工作分析	可能障礙	修正與支持
1. 握住冷水龍頭的把柄。	1. 無法握住水旋轉式的把柄。 2. 無法區辨冷水龍頭。	1.1 改用手推式的把柄。 2.1 將冷熱的標誌放大。如將水龍頭的把柄漆成藍色。
2. 將水龍頭的把柄慢慢地調整到適當的位置。	1. 無法調到適當的位置，一下子就開到最大。	1.1 將水龍頭的栓紐拴緊，讓學習者花一些些力氣開。
3. 當冷水調到中等的水流量時就停止。	1. 無法判斷適當地水量。	1.1 分別在水龍頭的把柄與下方畫一記號，將把柄轉至記號線對齊。 1.2 在把柄下方纏繞鐵絲拴緊並在適當處延伸鐵絲，並在上方貼上禁止的手勢。
4. 將手指頭放在水龍頭下方。		

（續上表）

工作分析	可能障礙	修正與支持
5. 握住熱水龍頭的把柄。	1. 無法握住水旋轉式的把柄。 2. 無法區辨冷水龍頭。	1.1 改用手推式的把柄。 2.1 將冷熱的標誌放大。如將水龍頭的把柄漆成紅色。
6. 將水龍頭的把柄，慢慢地調整到適當的位置。	1. 無法調到適當的位置，一下子就開到最大。	1.1 同工作分析 2.。
7. 一旦所加的熱水變熱時就停止。	1. 無法一下子判斷適當的溫度。	1.1 同工作分析 3.。
8. 需要時，可將熱或冷的水龍頭稍微做一下調整。	1. 可能無法做調整。	1.1 設計如飲水機一般的熱水器，分冷、溫、熱三種溫度，教導其分辨使用即可。

技能項目 40：洗澡　　　　　　　　　　　　❖ 黃小玲

工作分析	可能障礙	修正與支持
1. 打開水龍頭，並將水調到適當的溫度。	1. 無法打開水龍頭。 2. 無法區辨冷熱水龍頭。 3. 無法將水調至適當的溫度。	1.1 改用手推式的把柄。 2.1 將冷熱的標誌放大。如將水龍頭的把柄漆成藍色與紅色。 3.1 分別在水龍頭的把柄與下方畫一記號，將把柄轉至記號線對齊。 3.2 在把柄下方纏繞鐵絲拴緊並在適當處延伸鐵絲，並在上方貼上禁止的手勢。
2. 踏入淋浴間。		
3. 將簾幕或門完全的關起。	1. 無法判斷是否已將簾幕或門關緊。	1.1 做記號，使其簾幕與門關至記號處。
4. 將浴巾完全地用濕。	1. 無法將浴巾完全地浸濕。	1.1 備一臉盆，將浴巾置於臉盆浸濕。
5. 在濕的浴巾上擦上香皂，直到香皂泡沫出現。	1. 無法將手上的香皂握緊。	1.1 改用沐浴乳。
6. 將整個人包括頭、身體、手與腳等用浴巾擦洗。	1. 背部無法自己洗。	1.1 改用長柄刷子。
7. 站在水龍頭下，沖洗整個身體。	1. 無法判斷是否將整個泡沫沖乾淨。 2. 無法控制時間的長短。	1.1 在浴室置入一長鏡。 2.1 使用定時器。

（續上表）

工作分析	可能障礙	修正與支持
8. 清洗浴巾並將它掛好。	1. 無法判斷是否將整個泡沫沖乾淨。 2. 無法將浴巾掛好。	1.1 浸在臉盆用流動的水搓揉，直到泡沫不再出現為止。 2.1 降低懸掛桿的高度或加寬其寬度。
9. 將水關掉。		
10. 踏出洗澡間。	1. 無法關掉水龍頭。	1.1 改用手推式的把柄。
11. 用毛巾將整個身體擦乾。	1. 背部無法自己擦。	1.1 將長柄刷毛改用吸水海綿來使用。
12. 將毛巾掛好。	1. 無法將浴巾掛好。	1.1 同工作分析 8. 之 2.1。

技能項目 41：洗髮與擦乾　　　　　　　　❖ 林素花

工作分析	可能障礙	修正與支持
1. 打開水龍頭和判斷水的溫度。	1. 學習者不會扭轉水龍頭。 2. 無法判斷水的溫度。	1.1 將水龍頭改成按鈕式的，像電燈的開關。 2.1 直接將水溫設定好。
2. 把頭放在水龍頭底下整個沖濕。	1. 頭無法抬高。 2. 頭無法低下。 3. 人無法站立。	1.1 將水龍頭的高度降低。 2.1 將水龍頭的高度提高至學習者的頭部高度。 3.1 裝設躺椅式的洗髮椅，如美容院。
3. 倒適量的洗髮精在手上並將洗髮精塗抹於頭上。	1. 無法將洗髮精倒在手上。 2. 無法倒適量的洗髮精。 3. 無法將洗髮精塗抹於頭上。	1.1 將洗髮精倒掛在牆上。 2.1 設定一的按鈕，每按一次有固定量流出。 3.1 將洗髮精倒掛在牆上的高度設定和學習者頭部的高度一樣，讓學習者以頭就洗髮精，一按適量的洗髮精就會在頭上。
4. 用指尖搓揉頭髮使它產生泡泡。	1. 指尖無法使力。 2. 手掌的力量不夠。	1.1 改以手掌搓泡泡。 2.1 將已經有泡泡的洗髮精裝在洗髮精內，搓揉時，用有牙齒狀的短梳子代替手指。
5. 將泡沫擴張到整個頭髮的面積上。	1. 手肘運轉的幅度不夠大。	1.1 用有牙齒狀的短梳子代替手指。 1.2 用有牙齒狀的短梳子將它的柄加長。

（續上表）

工作分析	可能障礙	修正與支持
6. 用指尖搓揉整個頭皮。	1. 指尖無法使力或無法搓揉整個頭皮。	1.1 用有牙齒狀的短梳子代替手指。
7. 用指尖將頭髮整個洗得蓬鬆。	1. 指尖無法使力。	同上。
8. 將頭放置在水頭頭下面，並沖洗整個頭髮。	1. 頭無法抬高。 2. 頭無法低下。 3. 人無法站立。	1.1 將水龍頭的高度降低。 2.1 將水龍頭的高度提高至學習者的頭部高度。 3.1 裝設躺椅式的洗髮椅，如美容院。
9. 繼續沖洗直到頭髮乾淨。	1. 無法判斷沖乾淨的時間。	1.1 教師觀察幾次，並記錄下每次沖洗乾淨的時間，在水龍頭上加裝定時器，設定好先前觀察的時間，待定時器停止，即為洗淨時刻。
10. 關水。	1. 學習者不會扭轉水龍頭。	1.1 將水龍頭改成按鈕式的，像電燈的開關。
11. 用毛巾覆蓋住頭，或用毛巾包住頭髮。	1. 手拿不到毛巾。 2. 毛巾無法覆蓋住頭。	1.1 將毛巾設計放置學習者手可搆到的位置。 2.1 毛巾的質料選擇更為柔軟，面積為較大者。
12. 用毛巾擦乾頭髮。	1. 手無法轉動毛巾。 2. 手無法長期做擦乾的動作。	1.1 改以固定式的吹風機，將頭就吹風機下吹乾。 2.1 選擇吸水性更強的毛巾。

技能項目 42：用吹風機吹乾頭髮 ❖ 林素花

工作分析	可能障礙	修正與支持
1. 用毛巾擦乾多餘的水。	1. 要擦很久，無法支持。	1.1 選用吸水性良好的毛巾。 1.2 教導擦乾頭髮的策略。譬如先擦左邊，再擦右邊。
2. 擦乾手。	1. 手無法來回搓揉乾布。	1.1 用固定式感應烘手機烘乾手。
3. 將吹風機插上電源。	1. 電源位置過低。 2. 電源孔過小，無法對準。 3. 吹風機插頭太小抓不穩，或無法整個抓著。	1.1 調高電源孔至學習者合適的位置。 2.1 加大電源孔。 3.1 用膠布將電線纏繞加粗。
4. 將吹風機的溫度調到適當的位置。	1. 無法研判合適的溫度。 2. 假設吹風機調溫度是要用旋轉調溫，學習者無法做此動作。	1.1 將合適的溫度調好固定。 2.1 改以向上向下推式的調溫控制。
5. 當梳頭髮時，將吹風機的風向吹向梳的那一部分頭髮。	1. 手無法舉到頭的高度。 2. 兩隻手無法做協調的動作。	1.1 在牆壁上釘一掛勾，用以固定吹風機，吹風口向外。高度約學習者頭的高度。 2.1 將吹風和梳頭動作分開來做，先吹一下風，再梳一下頭髮。
6. 續將吹風機的風向吹向不同的區域，直到頭髮整個都乾了。	同工作分析 5.。	同工作分析 5.，惟改採人轉動，就吹風機位置。
7. 關掉電源。	同工作分析 4.。	同工作分析 4.。
8. 將吹風機的插頭從電源插座拔掉。	同工作分析 3.。	同工作分析 3.。

技能項目 43：梳頭髮　　　　　　　　　　　　　　　　　❖ 黃小玲

工作分析	可能障礙	修正與支持
1. 將梳子的齒邊或刷毛邊面向頭。	1. 可能會將梳子拿反，刷毛邊會往上。 2. 手指的張力無法拿取。	1.1 在握把的內側貼上貼紙，讓學習者的大拇指貼緊貼紙。 2.1 套上類似握筆器的套子。
2. 將梳子的邊緣放在頭頂後面的髮際線上，可以分成兩邊。	1. 無法分邊。	1.1 由頭往前傾，讓頭髮順勢向前，再往後仰，順勢用手指頭撥弄。
3. 將梳子由後往前梳，將頭髮分開。		
4. 將頭髮分開成兩邊。		
5. 將梳子放在後腦杓往下梳。	1. 無法將梳子放在想梳的部分。	1.1 用手指頭替代梳子，撥弄頭髮。
6. 將梳子放在左腦杓往下梳。		
7. 將梳子放在右腦杓往下梳。		
8. 重複工作分析 5.~7.，直到頭髮梳到很順為止。		
9. 將鬆散的髮絲撥向兩邊。	1. 無法判斷是否有鬆散髮絲。	1.1 站在鏡子前整理頭髮。

低功能自閉症兒童的教學技巧
修正與支持技巧「居家生活」

李一飛

類別：飲食──準備食物

技能項目 1：從冰箱取出冰塊　　　　　　　　　　　　　❖ 李映伶

工作分析	可能障礙	修正與支持
1. 洗手。		
2. 從冰箱裡拿出冰塊盤。	1. 無法使力去開冰箱。	1.1 在冰箱上加裝較大的門把。
3. 將兩隻手放在塑膠冰塊盤的兩端。	1. 手不知道要放在哪裡。	1.1 在兩端貼手形的貼紙，提醒手該擺放的位置。
4. 相反的方向轉動塑膠冰塊盤的兩端。	1. 不會相反方向轉動。 2. 無法使力。	1.1 盤子的兩端貼相反方向箭頭。 2.1 改用可以自動製冰的冰箱。
5. 從塑膠盤中取出冰塊。	1. 無法用手將冰塊取出。	1.1 將冰塊全部倒進一個較大的容器中以利取出。
6. 將冰塊放入玻璃杯或水罐中。	1. 裝太多或太少水。	1.1 在冰塊盤上做記號。
7. 將空的冰塊盤裝滿水。	1. 不知道放在冷凍或冷藏。	1.1 將放冷凍或冷藏的食物拍成照片護貝貼在冰箱的門上。
8. 再將冰塊盤放入冰箱內。		

技能項目 2：開拉環蓋罐頭 ❖ 林秋榮

工作分析	可能障礙	修正與支持
【拉環蓋罐頭】		
1. 一手抓牢罐頭。	1. 手無法抓握東西。	1.1 將罐頭放在桌上，一手固定。
2. 一手將拉環拉起。	1. 拉環拉不起來。	1.1 使用湯匙或鈍物撬起。
3. 插入指頭或拇指。	1. 手指細部動作能力不佳。	1.1 使用自動開罐器輔助打洞。
4. 抓緊拉環，向上拉起。	1. 手指無法穿入插孔。 2. 手指無法出力。	1.1 使用輔助器協助插入。 2.1 使用自動開罐器輔助拉起。
5. 當已經完全打開時，朝向罐頭按壓拉環。	1. 無法小心拉起拉環。	1.1 使用吸管取用飲料或湯匙取用食物。
6. 將飲料倒出。		
【去除密封】		
1. 一手抓牢罐頭。	1. 手無法抓握東西。	1.1 將罐頭固定在桌上。
2. 一手抓牢密封罐蓋。	1. 手指細部動作能力不佳。	1.1 使用自動開罐器輔助打洞。
3. 拉開密封處。	1. 手指無法穿入插孔。 2. 手指無法出力。	1.1 使用輔助器協助插入。 2.1 使用自動開罐器輔助拉起。
4. 丟棄已拉開的密封蓋。	1. 不知道垃圾桶的位置。	1.1 將密封先放在旁邊，等食物取出後再放回罐內回收。

技能項目 3：開啓易開罐罐頭 ❖ 郭正田

工作分析	可能障礙	修正與支持
1. 將罐頭置於桌上固定。	1. 無法握住罐頭。	1.1 設計罐頭固定裝置。
2. 撬起拉環。 3. 拉起拉環。	1. 無法撬起拉環，不會拉起拉環。	1.1 罐頭拉環的開口處標示辨認標記。 1.2 設計壓拉環的「壓口器」將易開罐的開口向下（內）壓。 1.3 使用替代壓口器，將開口向下（內）壓。
4. 倒入杯中（建議盡可能不要用吸管）。	1. 杯子無法固定在桌上。 2. 無法準確的將液體倒入杯中。	1.1 使用塑膠杯。 1.2 將杯子放在固定於塑膠杯中的塑膠的杯套中。 2.1 罐頭固定在設有旋轉固定桿的旋轉架上。 2.2 在旋轉架下標示杯子的圖示。

註：從前的液體罐頭開罐方式，已經都改成易開式的。

技能項目 4：開紙盒飲料

❖ 林秋榮

工作分析	可能障礙	修正與支持
1. 使飲料的開嘴朝向自己。	1. 不能分辨飲料的開嘴。	1.1 於開嘴處夾個記號。 1.2 教導辨認開嘴記號。
2. 將兩手的拇指放在紙盒凹陷處，其他手指保持在紙盒的上部。		
3. 拉開開嘴的兩邊。	1. 兩手不會一起用力。	1.1 一手固定、一手扒開開嘴的邊，再換之。
4. 一起擠向開嘴的兩邊，打開開嘴。	1. 無法平衡地壓開開嘴。	1.1 直接從接縫處撕開。 2.1 改用鋁箔插孔飲料。

技能項目 5：倒果汁或牛奶

❖ 詹麗貞

工作分析	可能障礙	修正與支持
1. 打開果汁或牛奶的蓋子。	1. 瓶蓋滑滑旋轉不開。 2. 旋轉方向搞不清楚。 3. 打不開容器蓋。	1.1 在瓶蓋上套寬板的橡皮筋止滑增加摩擦力。 2.1 在旋轉方向貼上指示箭號。 3.1 使用輔具或萬能開瓶器。 3.2 買鋁箔包裝，直接用吸管插入食用的飲料。
2. 一手拿杯子，一手拿起果汁或牛奶。	1. 手不知道抓握容器的哪裡。 2. 手掌太小握不住容器。 3. 玻璃杯子容易打破。 4. 太重不容易提起來。	1.1 在容器的適當抓握處貼上手掌的貼紙。 2.1 買有提柄的飲料，方便抓握。 3.1 用塑膠杯或壓克力杯。 4.1 在桌緣做固定的檻，讓容器一邊靠著，一邊藉力傾斜倒出飲料。 4.2 使用像洋酒瓶的固定架。
3. 將果汁或牛奶靠近杯子。	1. 不知要把容器噴嘴靠在杯子上方的邊緣。 2. 玻璃杯子容易打破。	1.1 使用公杯或茶海式的杯緣有凹槽的杯子。 2.1 用塑膠杯或壓克力杯。
4. 慢慢的倒出果汁或牛奶裝滿杯子。	1. 倒太滿而溢出。 2. 倒太快而過滿或溢出。	1.1 在杯子適當處畫上刻痕或圈上橡皮筋。 2.1 若是大瓶裝的飲料則可在瓶口鋁箔處對角戳兩個洞再倒。 2.2 在桌上做固定的檻，讓容器一邊靠著，一邊藉力傾斜再慢慢倒出。

（續上表）

工作分析	可能障礙	修正與支持
		2.3 使用像大瓶酒的固定架,再傾斜慢慢倒出。
5. 蓋回瓶蓋。	1. 旋轉方向搞不清楚。 2. 不會蓋回瓶蓋。	1.1 讓學生從錯誤中自行調整。 2.1 買單包裝飲料食用。

註:對於極重度或併有其他障礙而無法學習此技能的孩子,家長或教師可直接將飲料倒在壓取式的冷水壺,再讓學生倒飲。

技能項目 6:使用美式手工開罐器 ❖ 郭正田

工作分析	可能障礙	修正與支持
1. 分開開罐器的手柄。		
2. 將罐頭置於桌上固定。		
3. 將開罐器切割刀置於蓋子的內緣。		
4. 用力握緊開罐器手柄直到蓋子被戳破罐蓋。		
5. 順時鐘轉動開罐器旋轉鈕直到將蓋子切割開。		
6. 掀起蓋子（極具危險）。	1. 無法掀起割開的瓶蓋。	1.1 用塑膠的軟刀挑開來。
7. 從罐頭倒出食物。	1. 無法準確的將食物倒到盤中或湯汁會溢出。	1.1 選用較大容器。

註:1.本技能極具危險,中、重度學生居家應盡量避免購買馬口鐵之罐頭食品,建議盡量購買易開罐之罐頭。
　　2.選用美式手工或電動開罐器。

技能項目 7:使用電動開罐器 ❖ 郭正田

工作分析	可能障礙	修正與支持
1. 將罐頭固定於開罐器下。		
2. 罐頭內側邊緣位置切割刀輪下。		
3. 壓下控制桿戳穿罐頭蓋。		
4. 打開切割開關。	1. 不知如何打開。	1.1 在開關處上貼上圖示。
5. 舉起控制桿（蓋子會被磁鐵吸起來）。		

（續上表）

工作分析	可能障礙	修正與支持
6. 從罐頭倒出食物。	1. 無法準確的將食物倒到盤中或湯汁會溢出。	1.1 選用較大容器。

註：1. 基本上電器用品對重度學生都具有極高的危險性，學生居家此類食品最好不要購買。
　　2. 若無美式電動開罐器，本項技能不用教。
　　3. 本工作分析可採用較大連環圖示提醒。

技能項目 8：用湯匙挖果醬　　　　　　　　　　❖ 林蕙蘭

工作分析	可能障礙	修正與支持
1. 打開瓶蓋。	1. 不會分辨旋轉方向。 2. 打不開瓶蓋。 3. 手無法用力扭轉。	1.1 在瓶蓋上貼上打開方向指示箭頭。 2.1 使用輔具開罐器。 3.1 先將果醬放在掀蓋式保鮮盒中，或利用輔具打開瓶蓋。
2. 用湯匙或勺子來挖。	1. 不太會控制手，不知道湯匙要插入多深。 2. 手無法握緊湯匙或勺子。 3. 不會分辨湯匙或勺子的握柄。	1.1 在湯匙上做記號，可以套上一個環圈，避免湯匙插入太深。 2.1 選用嬰兒式握把。 3.1 在湯柄上做記號。
3. 將果醬舀起。	1. 不知道應該舀多少果醬。	1.1 可以使用冰淇淋的勺子來代替湯匙。
4. 把果醬放在碗或盤子上。	1. 果醬可能灑落在盤子上。	1.1 碗或盤子下鋪上一層報紙。 1.2 選擇口徑較大的容器。
5. 蓋上瓶蓋。	1. 不知道關起來的旋轉方向。	1.1 嘗試錯誤（兩個）。 1.2 改用擠壓式。

註：無法使用本技能，改用單包。

技能項目 9：在麵包上塗果醬　　　　　　　　　❖ 詹麗貞

工作分析	可能障礙	修正與支持
1. 將麵包放在盤上。	1. 麵包被握扁。 2. 盤子太重或容易打破。	1.1 使用厚片吐司。 2.1 用塑膠盤替代。
2. 打開果醬。	1. 瓶蓋滑滑，旋轉不開。 2. 不知道旋轉方向。 3. 不會打開。	1.1 在瓶蓋上套寬板的橡皮筋止滑 　　增加摩擦力。 2.1 在旋轉方向貼上指示箭號。 3.1 使用輔具開瓶器。 3.2 使用擠式的果醬。
3. 舀果醬。	1. 使用刀子具危險性。 2. 舀的果醬過多或過少。 3. 果醬會掉落。	1.1 用鈍一點的刀子。 1.2 用湯匙代替刀子。 2.1 使用單人份的果醬包。 2.2 直接用乳酪片替代果醬。 3.1 使用寬邊的盤子。 3.2 放麵包的盤子靠近果醬。
4. 把果醬塗在麵包上。	1. 使用刀子具危險性。 2. 盤子容易滑動。	1.1 用鈍一點的刀子。 1.2 用湯匙代替刀子。 2.1 在盤子下加吸盤固定或加橡膠 　　片止滑。
5. 把果醬均勻的塗在麵包 　上。	1. 使用刀子具危險性。 2. 不會塗均勻。	1.1 用鈍一點的刀子。 1.2 用湯匙代替刀子。 2.1 不要求均勻平滑散布。 2.2 把塗不勻的麵包捲起來食用。

註：對於極重度或併有其他障礙而無法學習此技能的孩子，可教導他直接買果醬麵包食用。

技能項目 10：做三明治　　　　　　　　　　　　❖ 鍾雅琴

工作分析	可能障礙	修正與支持
1. 將紙巾放在桌上或盤中。 2. 將麵包放在紙巾上。		1.1 放在平平的長方形盤上，方便 　　將麵包對準並不易滑動。
3. 打開沙拉包。	1. 不會剪開適當的大小出 　口。	1.1 用塑膠瓶裝的沙拉醬。 1.2 在沙拉瓶中裝上像擠牙膏用的 　　夾子，同時在擠壓的方向做一 　　個提醒的箭號。
4. 將沙拉醬均勻塗抹在麵包 　上。	1. 可能擠出太多沙拉醬。 2. 不會使用適當力道塗勻 　沙拉醬。	1.1 告知壓幾下即可。 2.1 塗抹的工具改用做蛋糕用的平 　　面刮刀，只需平刮一次即可將 　　沙拉醬塗抹均勻。

（續上表）

工作分析	可能障礙	修正與支持
5.將蔬菜、肉片與蛋平放於麵包上。		
6.再將另一片麵包蓋上。	1.無麵包無法對準放正。	1.1沿著長方形盒邊對準平放蓋住另一片麵包。

技能項目 11：打開或關上放有食物的盒子（或箱子）　❖ 蔡碧

工作分析	可能障礙	修正與支持
1.將上面盒蓋與下面盒蓋分開，並拉起上面的盒蓋。	1.無法分辨上盒蓋和下盒蓋。 2.無法順利拉起上盒蓋。	1.1在上盒蓋貼上紅色手印的輔助辨識貼紙。 2.1在上盒蓋供拉起之邊緣，設計可拉起之協助紙板，讓使用者拉協助板，順利的打開盒蓋。
2.知道打開的地方位置。	1.無法分辨盒子正反面。	1.1先教學童辨認朝上或朝下之「箭頭符號」。 1.2將有箭頭符號之符號貼紙貼在空盒上，訓練學生辨識。 1.3在盒子旁貼上「⇧」之紅色標籤供孩子辨認。
3.將下面的盒蓋拉起。	1.上盒蓋已開啟，若再開下盒蓋，容易導致食物掉落。	1.1除非必要，否則下盒蓋不要開啟。 1.2若盒內食物仍包有包裝紙，才需打開下盒蓋。
4.關邊蓋（四周的）及下面的盒蓋。	1.無法找到對應邊關邊蓋。	1.1採「抽式」拉出內盒。
5.將上面的盒蓋插入下面盒蓋口（有一細長小口）。	1.無法辨認、插入盒蓋口。	1.1將上盒蓋口用顏色及箭頭標示。
【開關有瓶口（可拉出）的盒子（如果汁）】		
1.確認開口的位置。	1.無法確認開口的位置。	1.1在開口的位置，貼上印有手印的輔助貼紙，讓孩子容易辨認開口處。
2.將瓶口完全拉開。	1.無法拉開瓶口。	1.1將「拉」的瓶口環加長。
3.倒出部分飲料。	1.易濺出飲料。	1.1在開瓶前，可將飲料罐先固定在固定架上，避免傾斜或倒塌。 1.2將飲料分裝在數個瓶子裡（使用者直接取用即可）。
4.壓住瓶口直到完全封合。	1.無法緊密封合瓶口。	1.1瓶口改採旋轉式瓶蓋。

技能項目 12：剝蛋殼　　　　　　　　　　　　　　❖ 林秋榮

工作分析	可能障礙	修正與支持
1.將煮熟的蛋放入冷水中。		
2.一手抓緊蛋。	1.手無法適當的抓握。	1.1雙手捧著蛋。
3.把蛋殼拍破。	1.不能均勻地敲破蛋殼。	1.1將蛋放在容器內搖晃幾下。
4.剝蛋的碎殼。	1.細小的蛋殼黏在蛋上。	1.1放回水裡洗一洗。
5.直到完全清除為止。		

能項目 13：洗蔬果　　　　　　　　　　　　　　　❖ 林蕙蘭

工作分析	可能障礙	修正與支持
1.打開水龍頭。	1.不會轉開水龍頭。	1.1在水龍頭上貼上方向指示箭號。 1.2可以改用感應式的水龍頭。 1.3可以上下或左右撥動式水龍頭。
2.把蔬果放在水龍頭下。	1.無法抓住蔬果，會滑掉。	1.1可以用容器將蔬果裝起來放在水龍頭下讓水流不斷沖洗。
3.用手指或刷子搓洗蔬果。	1.可能會洗不乾淨。 2.無法控制力道，可能把蔬果搓爛。	1.1在水盆內泡水泡久一點。 1.2用天然絲瓜布，軟毛牙刷洗（如芭樂、楊桃表皮）。 2.1可以把水和水果都放在雙層塑膠袋內握住袋口，再將手上下搖動，使水流不斷沖洗蔬果。
4.把洗好的蔬果放在紙巾上。	1.無法用紙巾將蔬果擦乾。	1.1自然瀝乾。 1.2將洗好的水果放在網狀籃子內，讓水分滴乾。

技能項目 14：削青菜水果皮　　　　　　　　　　　❖ 葉淑美

工作分析	可能障礙	修正與支持
1.將水果／蔬菜握在手上。	1.水果／蔬菜太大無法握緊。 2.水果／蔬菜太滑無法握緊。	1.1用刀子切開成分成兩半。 1.2用刀子切開，直接用湯匙食用。 2.1手戴防滑手套，防止滑動。
2.另外一隻手握緊刀子／削皮器。	1.無法握緊刀子／削皮器。	1.1用果汁機／榨汁機將水果／蔬菜絞碎。 1.2使用削皮機削皮。
3.刀子／削皮器放在水果／蔬菜由後往前削皮。	1.水果／蔬菜皮太厚無法使用削皮器。	1.1水果／蔬菜皮太厚，則先切塊再橫放直接用刀子切皮。

（續上表）

工作分析	可能障礙	修正與支持
	2. 不會測量削水果／蔬菜的距離。	2.1 水果／蔬菜外層包住抹布，避免削到手。 2.2 手戴手套，避免削到手。
4. 旋轉／移動水果／蔬菜。	1. 不會目測旋轉／移動的距離。	1.1 教導用眼睛辨識果皮與果肉的顏色不同。
5. 重複工作分析 3.—4.，削到完為止。		
6. 檢查是否削乾淨。	1. 不會判斷是否削乾淨。	1.1 教導用眼睛辨識果皮與果肉的顏色。 1.2 用手摸，若有粗粗不平的地方再削一次。
7. 清洗將水果／蔬菜上的果皮沖走。		

技能項目 15：切青菜水果

❖ 葉淑美

工作分析	可能障礙	修正與支持
1. 將青菜／水果放在砧板上。	1. 無法分辨青菜／水果擺放的方向。 2. 不會考慮青菜／水果的冷熱，選用合適的工具協助，將食物放在砧板上。	1.1 貼標籤做記號。 2.1 用夾子將青菜／水果放在砧板上。 2.2 手戴隔熱手套，將青菜／水果放在砧板上。
2. 用一隻手將食物握緊。	1. 青菜／水果太多／太大無法握緊。 2. 青菜／水果太滑無法握緊。 3. 青菜／水果太燙無法握緊。	1.1 分批切。用手抓一把青菜，無法握緊的等一下再切。 1.2 請人協助將青菜／水果握緊。 2.1 手戴防滑手套，防止滑動。 3.1 手戴隔熱手套。
3. 另外一隻手握緊刀子。	1. 不會選擇合適的刀子。 2. 無法握緊刀子。	1.1 將刀子手把處貼上圖案貼紙。例如貼水果貼紙，則表示這把刀子適用切水果。 2.1 將青菜／水果固定放在砧板上，用兩隻手握緊刀子。 2.2 採用食物處理機切青菜／水果。 2.3 請人協助。

（續上表）

工作分析	可能障礙	修正與支持
4. 將刀子舉高。	1. 不會判斷刀子舉起的高度。	1.1 直接放在青菜／水果按壓再切。
5. 刀子由上往下切青菜／水果。	1. 不會判斷青菜／水果是否切斷。 2. 無法正確切青菜／水果。	1.1 用手將切斷的青菜／水果拿走，剩下沒切斷則再切一次。 2.1 採用食物處理機切青菜／水果。
6. 將握住青菜／水果的手往後移動。	1. 不會適當的移動距離。	1.1 砧板上面畫線。 1.2 特別製作有刻度的模子。例如爆米香。
7. 重複工作分析 4.─6.，直到切完為止。		

註：剁肉是較難的技能，要考慮安全，避免剁到手，因此予以刪除；但可考慮採用下列變通方法：
(1)雞／鴨／鵝肉買現成煮好的，請肉販直接剁好。
(2)雞／鴨／鵝肉煮熟後手戴上塑膠手套，直接將雞／鴨／鵝肉用手撕開食用（手扒雞）。
(3)豬肉請豬肉販直接將肉絞碎／剁好。

技能項目 16：清潔廚房流理台 ❖ 李宜潔

工作分析	可能障礙	修正與支持
1. 水槽中放水。	1. 無法扭動水龍頭。 2. 分不清開、關的方向。	1.1 改用長柄左右方向的水龍頭。 2.1 旋轉方向用貼紙標明。
2. 加入少量洗碗精。	1. 無法斟酌洗碗精份量。	1.1 備妥一小瓶蓋的洗碗精。
3. 將抹布放入肥皂水中。		
4. 擰乾過多的水。	1. 不會擰抹布。 2. 不知乾的程度為何。	1.1 指導用按壓的方式。 2.1 規定按壓的次數。
5. 用抹布擦食物碎屑，並用一手接住。	1. 擦不乾淨。 2. 不會用手接。	1.1 用貼紙標明擦拭方向。 2.1 地上鋪報紙，碎屑直接掃落報紙上。
6. 將食物碎屑放入垃圾袋中。	1. 碎屑掉落滿地。	1.1 先將碎屑包在報紙裡再置於垃圾袋中。
7. 擦拭整個流理台。	1. 無法擦遍整個流理台。	1.1 用貼紙標明擦拭方向。
8. 清洗抹布。	1. 不會搓洗抹布或洗不乾淨。	1.1 備妥可替換的乾淨抹布。
9. 再次用濕抹布擦流理台。	1. 無法擦遍整個流理台。	1.1 用貼紙標明擦拭方向。
10. 將流理台擦乾。	1. 用濕抹布，愈擦愈越濕。	1.1 備妥可替換的乾抹布。

類別：飲食——煮食

技能項目 17：泡咖啡或熱巧克力　　　　　　　　　　　　　❖ 李映伶

工作分析	可能障礙	修正與支持
1. 在容器內裝滿水。	1. 不知道裝多少水。	1.1 用杯子量水量，例如泡一杯茶，用兩杯水。
2. 將容器放置在爐子上燒或插上插頭。	1. 用瓦斯爐燒的方式，容易發生危險。	1.1 使用插電的熱水瓶。
3. 當水煮沸或是電熱壺的笛音響起時就將爐子關閉或插頭拔掉。	1. 不會關火或拔除插頭。	1.1 選擇有笛音或「嗶」聲的熱水瓶。 1.2 熱水瓶在水開以後不需拔除插頭。
4. 將飲料的綜合包（如三合一）放進杯子裡。	1. 可能會將內容物灑出來。	1.1 選擇有紗袋的小包裝。 1.2 選擇口徑較大的杯子。
5. 將熱水倒進杯子裡。	1. 可能因拿不穩水壺而燙傷。 2. 不知道倒入多少水。	1.1 選擇按壓式的熱水瓶。 2.1 在杯子上做記號。
6. 攪拌直到飲料包完全溶解。	1. 不會一手扶住杯子一手攪拌。	1.1 選擇有把手或吸盤的杯子。

註：對於工作分析 2.、3.、5.有困難的孩子，可以改用電熱水瓶或開飲機。

技能項目 18：用微波爐煮食物　　　　　　　　　　　　　❖ 王玉琳

工作分析	可能障礙	修正與支持
1. 將食物放入微波爐專用容器內。	1. 不會用手扶住容器，以致食物掉出容器外。 2. 不會選用微波爐適用的容器。	1.1 教導使用架式的傾倒台。 1.2 用湯瓢慢慢盛入容器中。 2.1 全部使用可微波的容器。 2.2 在可微波的容器底部做記號。
2. 將置有食物的容器，放到微波爐的中央。		
3. 設定微波強度（POWER LEVEL）。	1. 不會設微波強度。	1.1 固定微波強度為 10 或 9。 1.2 購買不用設定微波強度的微波爐。
4. 針對食物設定微波時間。	1. 不知道設定多久。	1.1 在微波爐附近貼上食物與時間配對表。 1.2 每次固定加熱一分鐘直到食物熟了為止。

（續上表）

工作分析	可能障礙	修正與支持
	2. 不會設定微波時間。	2.1 用貼紙貼上操作順序號碼。 2.2 在牆上貼上操作說明。
5. 按下「START」鍵。	1. 不認識「START」或「開始」的文字。	1.1 用圖示法或用注音符號。 1.2 直接含在操作順序中的最後步驟。
6. 檢查食物是否熟了。	1. 用看的看不出來，又不敢試吃，怕燙到。	1.1 聞聞看是否有食物特定的香味。 1.2 用湯匙盛一點吹一吹，待涼再試吃。
7. 食物若未熟，則重複工作分析 3.～6.。	1. 重複工作分析 3.～6.。	1.1 重複工作分析 3.～6.。
8. 使用防熱手套將食物從微波爐中取出。		

技能項目 19：加熱罐裝食品 ❖ 王玉琳

工作分析	可能障礙	修正與支持
1. 將罐裝的食物倒入鍋中。	1. 不會使用一般的開罐器。	1.1 使用輔具開罐器輔具。 1.2 使用單手電動開罐器。 1.3 請家人幫忙先將罐裝食物放入保鮮盒當中，再放入冰箱。 1.4 買易開罐食物。
	2. 罐裝食物倒入鍋中時，不會用手扶住鍋子，以致食物掉出鍋外。	2.1 使用吸盤式鍋子固定器。 2.2 使用罐裝食物傾倒台，一邊固定靠著鍋子邊緣慢慢倒入鍋中。
2. 將罐子加滿水。	1. 不會開水龍頭。	1.1 貼上方向指示箭號。 1.2 改用感應式的水龍頭。 1.3 改用上下拉把式水龍頭。 1.4 改用左右撥動式水龍頭。
	2. 不會及時拿開，因而裝得太滿而溢出來。	2.1 只要不會溢出，不要求加到十分滿。 2.2 教導先拿開罐子，以免溢出再關水龍頭。
3. 轉開瓦斯爐。	1. 不會轉開瓦斯爐或瓦斯桶開關。	1.1 使用左右移動式瓦斯爐開關器。 1.2 使用插電式的電鍋式電磁爐。

（續上表）

工作分析	可能障礙	修正與支持
4. 調整適當的火侯。	1. 旋轉太快而熄火。	1.1 使用三段式火侯控制器。 1.2 使用按扭式開關控制器，不用調節火侯。 1.3 使用插電式的電鍋或電磁爐。 1.4 使用左右移動式的開關器。
5. 慢慢攪拌食物直到沸騰。	1. 攪拌太過用力，以致鍋子離開爐台。 2. 怕燙不敢攪拌。	1.1 使用摺疊式鍋爐固定器。 2.1 使用長柄式攪拌器。
6. 關掉瓦斯爐、瓦斯桶的開關。	1. 不知道關的方向。	1.1 教導學生看到熄火才能確定。 1.2 利用插電式的電鍋較易學習，拔掉插頭即可。
7. 將鍋子自爐台移開。	1. 怕中途燙到或使用抹布墊著感覺度較不敏捷。	1.1 使用折疊式鍋爐固定器時，直接帶防燙手套即可移開。 1.2 不要移開，直接拿碗來盛食物。 1.3 使用廚房送鍋台車，將鍋子送往餐桌。 1.4 使用無障礙廚具組或無障礙家具組。

技能項目 20：煎炒食物　　　　　　　　　　　❖ 王玉琳

工作分析	可能障礙	修正與支持
1. 轉開瓦斯爐。	1. 不會轉開瓦斯爐或瓦斯爐開關。	1.1 使用左右移動式瓦斯爐開關器。 1.2 使用插電式的電鍋或電磁爐。
2. 放入油或奶油。	1. 不會控制油量。 2. 油桶太重，難以倒油入鍋中。	1.1 使用湯匙為單位，每次放入三湯匙。 2.1 用小瓶子或小水壺裝，再使用水壺傾倒台將油倒入鍋中。
3. 油熱後放入食物。	1. 不知道油熱了沒有。	1.1 教導學生聽，若沒有聲音表示油熱了，可以煎魚等。 1.2 不管是否油熱了都把食物放下去炒。
4. 調整適當的火侯。	1. 旋轉太快而熄火。	1.1 再試一次。 1.2 使用左右移動式的分段開關器。

（續上表）

工作分析	可能障礙	修正與支持
		1.3 使用不用調節火候的電鍋或調節簡易的電磁爐。
5. 慢慢攪伴食物直到食物沸騰。	1. 攪拌太過用力，以致鍋子離開爐台。	1.1 使用摺疊式鍋爐固定器。
6. 視需要加入少許的水。	1. 不知道加入多少水或根本不用加水。	1.1 依自己的喜好加入水量。 1.2 在炒菜時固定加入一小杯水；而煎蛋時都不加水。
7. 檢查食物是否熟了。	1. 不能確定食物是否熟了。	1.1 聞聞看是否有食物特定的香味。 1.2 用湯匙盛一點待涼再試吃。
8. 加入鹽巴。	1. 不知道加多少。	1.1 在鍋中刻上記號，若記號為一，則加入一瓢；以下類推。 1.2 不加入鹽巴，改沾醬料。 1.3 固定一個常用的低標準量，試吃再調整。
9. 關掉瓦斯桶或瓦斯爐的開關。	1. 不知道關的方向。	1.1 教導學生看到熄火才能確定。 1.2 利用插電式的電鍋較易學習，拔掉插頭即可。
10. 將鍋子自爐台移開。	1. 怕中途燙到，或使用抹布墊著，感覺度較不敏捷。	1.1 使用折疊式鍋爐固定器時直接帶防燙手套及可移開。 1.2 不要移開，直接拿碗來盛食物。 1.3 使用廚房送鍋台車，將鍋子送往餐桌。 1.4 使用無障礙廚具組或無障礙家具組。

類別：飲食──用餐

技能項目 21：喝鐵鋁罐裝飲料　　　　　　　　　　　　　✤ 陳立玲

工作分析	可能障礙	修正與支持
1. 握住鐵鋁罐。	1. 握不住。 2. 罐子會在桌上滑動。	1.1 在罐身裝上附有手把的杯架。 　　或自製一個。 2.1 桌上放止滑墊。
2. 打開易開罐瓶蓋。	1. 瓶蓋拉環太緊無法敲開。	1.1 用一枝扁平湯匙協助打開瓶蓋。
3. 把易開罐放到嘴邊。	1. 拿起來到嘴邊的過程， 　　拿不穩瓶子。	1.1 罐身裝上有把手的杯架，方便 　　拿取、拿穩。 1.2 放在桌上，用長的吸管吸食。
4. 把飲料倒入口中。	1. 一次可能會倒太多飲料 　　到口中，會嗆到或溢出。	1.1 改用吸管取代。
5. 把飲料吞入口中。	1. 有部分孩子吞嚥有困 　　難。	1.1 每次吞嚥或吸入時，在喉頭用 　　手輕壓，協助吞嚥。

技能項目 22：從瓶子喝瓶裝飲料　　　　　　　　　　　　✤ 黃碧玲

工作分析	可能障礙	修正與支持
1.握住瓶子中間。	1. 不會握住瓶子適當的位 　　置。 2. 握不緊瓶子，容易鬆落。	1.1 在瓶子中間四周做上記號或圈 　　上橡皮筋。 2.1 選用塑膠瓶裝。
2. 平穩的舉起瓶子。	1. 動作不穩。	1.1 指導以兩手握持瓶子。
3. 舉起瓶子，瓶子對著嘴。	1. 打開嘴唇有困難。	1.1 改用吸管喝。
4. 張開嘴。	1. 不會打開瓶蓋。 2. 不會將上下嘴唇對著瓶 　　口。	
5. 輕微的傾斜著頭。	1. 不會適度的傾斜頭、 　　背。	
6. 向上傾斜瓶子。	1. 不會適度傾斜瓶子。	
7. 在嘴裡吞下口中的飲料。	1. 吞嚥有困難。	1.1 做喉嚨外部的按摩。
8. 放下瓶子，或重複工作分 　　析 3.─ 7.，直到所有的飲 　　料喝光。	1. 不會將瓶子放好。	1.1 以圖片標示瓶子放置的位置。 1.2 以動作協助放下瓶子。

技能項目 23：用杯子喝飲料　　　　　　　　　　❖ 陳立玲

工作分析	可能障礙	修正與支持
1. 握住杯子。	1. 握不好杯子。	1.1 使用嬰兒用，有杯環、粗把柄的杯子。
2. 把杯緣靠近嘴邊。	1. 拿不穩杯子。	1.1 選用加重型，粗把手杯子易控制。
3. 把水倒入口中。	1. 可能嗆到或溢出。	1.1 不用杯子，直接用長吸管。
4. 把飲料吞嚥下去。	1. 吞嚥有困難。	1.1 每次吞嚥時，用手在喉頸輕壓，協助吞嚥。

技能項目 24：吃冰淇淋　　　　　　　　　　　❖ 陳立玲

工作分析	可能障礙	修正與支持
1. 握著冰淇淋盒。	1. 小肌肉發展未完善，或手眼不協調，可能握不住盒子。	1.1 用一個比冰淇淋盒大一點的有把柄塑膠杯子，把冰淇淋盒放入杯中，協助孩子方便握拿。
2. 打開冰淇淋盒蓋。	1. 抓不準盒蓋的拉起點。 2. 不會拉起盒蓋，可能會胡亂推壓。	1.1 在盒蓋拉起點貼上一個塑膠圓環。 2.1 加強指導，對準圓環後，直接用力往上拉起。 2.2 他人協助。
3. 握著小湯匙。	1. 握不住，或拿不穩湯匙。	1.1 購買適用輔具，柄加粗，加重型。
4. 挖一小匙冰淇淋。	1. 冰淇淋太硬，挖不起來。	1.1 等冰淇淋軟一點，再開始挖。
5. 放入口中。	1. 湯匙可能會無法控制該深入口中多深。	1.1 在湯匙上加裝上像奶嘴一樣的控制點，讓孩子不至把湯匙太深入口中（或自製一個湯匙兩邊有凸起狀控制點的湯匙）。

技能項目 25：測試食物或液體的熱度　　　　　　❖ 黃碧玲

工作分析	可能障礙	修正與支持
【熱食】		
1. 確認食物可能是熱的。 2. 用勺子舀起一部分食物倒到自己的小碗內。	1. 不能確認食物是熱的。	1.1 用眼睛觀察有無蒸氣，若有蒸氣則要等待一些時間。 1.2 用手指輕觸食物，若感到有熱氣，則要等待一些時間。
3. 用叉子或湯匙舀食物到嘴裡。	1. 拿食物到嘴裡時，會散落出來。	1.1 使用有凹槽的湯匙。 1.2 允許部分散落，使用圍兜。
4. 張開嘴。		
5. 移動叉子或湯匙離開嘴唇。		
6. 如果食物太熱，等待食物涼了。		
【熱湯】		
1. 確認液體也許是熱的。	1. 不能確認液體是熱的。	1.1 大碗湯舀到小碗中。 1.2 用不銹鋼湯匙或叉子試吃是否太燙。 1.3 若太燙繼續攪拌。
2. 確認看看是否有水蒸氣冒出。	1. 不會確認是否有水蒸氣冒出。	1.1 以小鏡子（深色紙張）靠近，觸摸鏡面（紙面）是否含有水氣。
3. 舉起杯子或馬克杯對著嘴。	1. 拿起杯子時不穩。	1.1 使用有握把式的杯子（或馬克杯）。 1.2 使用安全製杯子（或馬克杯）。
4. 讓嘴唇碰觸杯子或馬克杯，使適當液體碰觸到嘴唇。	1. 不會判斷液體是否太熱。	1.1 用眼睛觀察有無蒸氣，若有蒸氣則要等待一些時間。 1.2 用手指輕觸食物，若感到有熱氣，則要等待一些時間。

技能項目 26：用湯匙汲取碗中的燕麥粥 ❖ 徐嘉男

工作分析	可能障礙	修正與支持
1. 用手抓緊湯匙，匙凹朝上。	1. 找不到湯匙握把的適當位置。 2. 不會分辨湯匙凹面。 3. 拿不穩湯匙。	1.1 將湯匙改成握把式。 1.2 在握把做記號（如貼貼紙）。 2.1 選用凹面有卡通的圖案的湯匙。 3.1 協助將其食指、中指、大拇指抓緊湯匙。
2. 將食物舀起。	1. 食物在送入口前掉落。	1.1 使用寬盤子。 1.2 使用凹面大一點的湯匙。
3. 嘴巴閉上吃食物。	1. 不會先拿出湯匙就咀嚼食物。	1.1 教學生先拿出湯匙再咬食。
4. 將溢出嘴巴外的食物撥入口中。	1. 不容易將食物撥入口中。	1.1 使用紙巾或圍兜擦乾淨。
5. 重複步驟（1.～5.）直到食物能吃完為止。	1. 無法熟悉每個步驟和順序。	1.1 同步驟（1.～5.）反覆演練直到精熟為止。

技能項目 27：用湯匙喝湯 ❖ 陳立玲

工作分析	可能障礙	修正與支持
1. 握住湯碗。	1. 握不住碗，對不準碗邊緣。 2. 碗會在桌面滑動。 3. 湯碗會弄倒。	1.1 使用嬰兒用、有握把的碗。 2.1 在碗的下方放置一塊防滑桌墊。 3.1 使用寬底湯碗。
2. 握住湯匙。	1. 握不住，或拿不穩湯匙。	1.1 使用嬰兒用、套環式粗把柄湯匙。
3. 把湯匙放入碗中。	1. 力量無法控制，對不準碗。	1.1 使用嬰兒用、有耳朵把柄的杯碗，且杯碗口有蓋子，蓋子上有一個凸起狀的出口，讓兒童由出口直接吸食。
4. 舀起一湯匙湯。	1. 力道和方向不易控制，且無法順利舀起一湯匙的湯。	1.1 使用嬰兒用、有耳朵把柄的杯碗，且杯碗口有蓋子，蓋子上有一個凸起狀的出口，可讓兒童由出口直接吸食。
5. 把湯匙靠近嘴邊。	1. 把湯匙拿靠近嘴邊時，會把湯弄倒。	1.1 使用嬰兒用、有耳朵把柄的杯碗，且杯碗口有蓋子，蓋子上有一個凸起狀的出口，可讓湯由出口流出。

（續上表）

工作分析	可能障礙	修正與支持
6. 把湯匙內的湯倒入口中。	1. 會無法控制湯匙要深入口中多深。	1.1 在湯匙上加裝奶嘴狀控制點。
7. 把湯吞嚥下去。	1. 吞嚥有困難。	1.1 每次孩子吞嚥時，用手輕壓，協助吞嚥。

技能項目 28：使用叉子　　　　　　　　　　　❖ 詹麗貞

工作分析	可能障礙	修正與支持
1. 拿起叉子。	1. 不會用中指和拇指及食指，拿用叉子。 2. 手柄太細不容易拿起。 3. 不會握在手柄適當的地方。	1.1 用握拳頭式的五隻手指抓握替代。 2.1 使用粗手柄的叉子。 2.2 套上類似握筆器的套子。 3.1 在手柄適當位置做記號，如貼貼紙。
2. 移動叉子到食物上。	1. 叉面不會向下。	1.1 在叉子背面做記號，如貼貼紙（與步驟 1 之修正 3 配合）。
3. 將食物插起來。	1. 不會選取適當的叉子。 2. 不知叉子的齒插入食物要多深。	1.1 在叉子收納櫃做分類標示，如貼水果或蛋糕等貼紙。 2.1 在叉子適當位置畫上或刻上刻痕。 2.2 將食物切成適當的大小。
4. 將食物送入口中。	1. 食物在送入口前掉落。 2. 叉子太硬或太尖銳危險。 3. 叉子插入嘴巴太深。	1.1 使用寬邊的盤子。 1.2 將盤子靠近自己。 1.3 移動身子以口就叉子。 1.4 若像麵食類則可捲動叉子來固定食物。 1.5 若食物個體小，則可用湯匙代替叉子。 2.1 使用塑膠叉。 2.2 使用安全叉子，如加圓球或鈍頭設計的叉子。 3.1 在叉子適當位置刻畫上刻痕或綁上橡皮筋。 3.2 用熱熔膠在叉齒上固定像奶嘴的套環。
5. 將叉子移離開嘴。	1. 未移開叉子就咬食。	1.1 使用塑膠叉，避免牙齒受傷。 1.2 讓學生從錯誤經驗中自行學習。

註：對於極重度或併有其他障礙而無法學習此技能的孩子，可教導他直接用湯匙取食食物。

類別：飲食──餐後收拾

技能項目 29：將廚餘放入容器中 ❖ 郭正田

工作分析	可能障礙	修正與支持
1. 挑選放廚餘的容器。	1. 無法挑選適當的容器。	1.1 選用較大的容器。
2. 掀開容器的蓋子。	1. 不能辨認蓋子。	1.1 在蓋子上貼上辨認標示。
3. 將廚餘倒入容器中。	1. 無法將廚餘倒入容器中。	1.1 先將廚餘裝載小容器中，再倒入廚餘容器中。
4. 蓋子對準容器蓋緊。	1. 無法將蓋子對準容器蓋上。	1.1 將蓋子與容器各標上辨識的標記。
5. 將容器放在適當儲藏區。	1. 無法將容器放在適當的位置。	1.1 在適當的位置上標上辨識的標記。

技能項目 30：將廚餘放入塑膠袋中 ❖ 郭正田

工作分析	可能障礙	修正與支持
1. 挑選放廚餘的塑膠袋子。	1. 不會挑選適當的塑膠袋。	1.1 選用較大的塑膠袋。
2. 打開塑膠袋。	1. 不會辨認袋口。	1.1 在袋口處貼上辨認標示。 1.2 將袋口編上繩子以方便打開袋口。
3. 將廚餘放入塑膠袋中。	1. 不會將廚餘倒入容器中。	1.1 先將塑膠袋套在適當的塑膠容器中。 1.2 先將廚餘裝在小容器中，再倒入廚餘塑膠袋中。
4. 綁緊袋子。	1. 不會將袋口綁緊。	1.1 將編好繩子的袋口拉緊固定即可。 1.2 採用魔術扣。
5. 將廚餘袋子放在適當儲藏區。	1. 不會將塑膠袋放在適當的位置。	1.1 在適當的位置上標上辨識的標記。

技能項目 31：使用保鮮膜 ❖ 黃碧玲

工作分析	可能障礙	修正與支持
1. 把容器放桌上。	1. 可能把碗弄倒。 2. 推動容器。	1.1 用重心低的平底容器如保鮮盒。 2.1 用止滑墊。

（續上表）

工作分析	可能障礙	修正與支持
2. 一手握住保鮮膜盒，另一手拉出保鮮膜約一個手掌長。	1. 不會平整拉出保鮮膜。	1.1 準備一截與保鮮膜盒等長的塑膠水管，使用時先將保鮮膜黏靠在塑膠水管上，拉動塑膠水管，則保鮮膜即可展開。
3. 將拉出的保鮮膜，沿著容器一邊的邊緣按壓包緊固定。	1. 不會按壓保鮮膜。 2. 保鮮膜無法包緊容器。	1.1 老師先以動作協助按壓保鮮膜，再讓學生操作練習。 2.1 只要能包住容器，不強求包緊。
4. 握住保鮮膜盒的手，往容器另一邊移動至能完全包住容器口，再多出一個手掌長的長度。	1. 不會測知比容器口多出的長度。	1.1 製作十五公分寬、與保鮮膜盒等長的厚紙板，使用時先包住容器口，再對照厚紙板的寬度，即為多餘的長度。
5. 將保鮮膜盒遠離身體的一邊向上提升，另一手拉住盒邊保鮮膜往下壓，靠緊盒緣鋸齒狀刀子，將保鮮膜撕下來。	1. 不會使用保鮮膜盒鋸齒狀刀子撕下保鮮膜。	1.1 老師以動作輔助，指導學生使用盒緣鋸齒刀，讓學生多操作、練習至熟練。 1.2 功能較低無法學會使用盒緣鋸齒刀者，以小刀（或美工刀）取代，割開保鮮膜。
6. 把保鮮膜沿著容器四周按壓包緊固定。	1. 不會按壓、包緊容器。	1.1 改用塑膠袋套住容器即可。

註：1.建議使用微波爐專用的保鮮膜。
　　2.學生無法學會時，可指導學生運用保鮮盒即可。

技能項目 32：將食物放在保鮮盒中存放冰箱　　❖ 郭正田

工作分析	可能障礙	修正與支持
1. 拿出一個保鮮盒。	1. 無法判斷應採用多大容量的保鮮盒。	1.1 盡量使用較大容量的保鮮盒。
2. 打開保鮮盒。	1. 無法辨認保鮮盒的蓋子。	1.1 貼上辨認標示。 1.2 選用蓋子和盒身不同顏色的保鮮盒。
3. 將食物放入保鮮盒中。	1. 無法正確的將食物放入盒中。	1.1 使用水平湯匙將食物放入保鮮盒中。 1.2 使用漏斗式的傾倒器（例如夜市賣甜不辣的傾倒器）。
4. 將蓋子扣上。	1. 無法準確的扣上蓋子。	1.1 將底座與蓋子做上辨識的標記。 1.2 教導對齊技能。

（續上表）

工作分析	可能障礙	修正與支持
5. 將保鮮盒放入冰箱適當的位置（每種冰箱設計不一樣）。	1. 無法辨識應放的位置。 2. 圓形保鮮盒占空間或易傾倒。	1.1 在適當位置貼上辨識標記。 2.1 採用方形保鮮盒。

技能項目 33：用餐後餐盤清理　　　　　　　　❖ 李映伶

工作分析	可能障礙	修正與支持
1. 輕輕的握住盤子讓它傾斜在垃圾桶上方。	1. 盤子滑落會破碎。	1.1 使用不銹鋼盤，並在盤子一個角落打洞穿上繩子，讓學生可以將繩子套在手上。 1.2 改用塑膠盤。
2. 將食物殘渣全部刮進垃圾桶內。	1. 無法刮除乾淨。	1.1 可用廚房紙巾擦拭。 1.2 較小的殘渣直接用水沖。
3. 將流理台的水龍頭轉到熱水。	1. 不會轉開水龍頭。 2. 不會調溫度。	1.1 水龍頭改為按壓式。 2.1 水溫事先設定到適合的溫度。
4. 在水流下握住盤子。	1. 無法握緊盤子。	1.1 將手套進盤子邊的繩子中。
5. 用海綿、刷子或抹布將盤子上的食物碎屑擦掉。	1. 無法緊握住海綿、刷子或抹布。	1.1 用一枝長柄綁住海綿、刷子或抹布，以利抓握。
6. 將相同的盤子堆疊起來。	1. 不會分辨相同的盤子。 2. 不會堆疊。	1.1 使用相同大小的盤子。 2.1 用一個籃子擺放即可，不必要求堆疊整齊。

技能項目 34：洗餐具　　　　　　　　　　　❖ 李映伶

工作分析	可能障礙	修正與支持
1. 流理台的水槽先塞住。	1. 分不清楚塞子的正反面。	1.1 將朝上的一邊塗上顏色。 1.2 可改為如浴室使用的洗臉盆般按壓式活塞。
2. 將水龍頭打開並且調整水溫。	1. 不會轉開水龍頭。 2. 不會調溫度。	1.1 水龍頭改為按壓式。 2.1 水溫事先設定到適合的溫度。
3. 在水流下擠一些洗碗精到流理台中。	1. 不會倒著拿洗碗精。 2. 不會擠出「適量」的洗碗精。	1.1 將洗碗精倒入按壓式容器中（如公共廁所中的洗手乳罐）。 2.1 在容器上用圖案標明按壓次數（如兩個不同的卡通圖案表示壓兩次）。

（續上表）

工作分析	可能障礙	修正與支持
4. 當流理台的水到三分之二滿時，將水龍頭的水關掉。	1. 不知道水到三分之二滿時要關水龍頭。	1.1 在水位三分之二滿處做記號（貼有顏色的膠帶或畫線）。
5. 一次洗一個玻璃杯。	1. 可能將玻璃杯打破。 2. 手無法伸進杯子中清洗。	1.1 改為塑膠杯或鋼杯。 2.1 準備一把可洗杯子的長柄刷。
6. 放掉肥皂水。		
7. 將肥皂水沖洗乾淨。	1. 沖不乾淨。	1.1 用天然無毒的洗潔劑。 1.2 將所有的餐具放在一個大桶子內沖洗。
8. 將杯子的底部朝上放在架子上排水（瀝乾）。	1. 不會將底部朝上。 2. 可能將餐具打破。	1.1 在底部做記號（如貼標籤或著色）。 2.1 全部改為塑膠或不銹鋼製品。
9. 清洗其他還沒有洗的物品：盤子、碗、杯子、銀器、銳利的刀子、鍋子、平底盤等。	1. 銳利的刀子可能有危險性。	1.1 刀子不要清洗。
10. 水放掉、清洗和擰乾抹布、清洗流理台。	1. 活塞打不開。 2. 不會擰抹布。 3. 不會清洗流理台。	1.1 改為如洗臉盆般按壓式活塞。 2.1 用一個器具夾住抹布的一端，兩手握於另一端使力扭轉。 3.1 在水龍頭上加裝水管，拉著水管將流理台的泡沫或食物殘渣沖淨。

技能項目 35：使用洗碗機

❖ 郭正田

工作分析	可能障礙	修正與支持
1. 打開洗碗機的門。	1. 不知從何處開啟。 2. 門打不開。	1.1 在開啟處貼明顯標誌。 1.2 改成油壓按鈕式的門。
2. 拉出洗碗機的架子。	1. 不知道要拉哪裡。	1.1 在把手處漆上無毒紅（或黃、藍）色塗漆。 1.2 選用自動進出裝置（選購或改裝）。
3. 餐具放在餐具盤上正確位置。	1. 無法分辨正確位置。	1.1 在洗碗機放置各種不同餐具位置，先行放置一樣餐具，讓學生照樣放置。 1.2 在位置上貼上圖示或噴漆。

（續上表）

工作分析	可能障礙	修正與支持
4. 小心地推進洗碗機的架子。	1. 不知如何推進去。	1.1 在手推處漆上無毒紅色（適當）塗漆。 1.2 選用自動進出裝置。
5. 倒入正確適量的洗碗精。	1. 不知如何將洗碗精對準倒入口倒入。 2. 倒入的量過多。	1.1 使用符合倒入口的特製漏斗。 2.1 將洗碗精的出口改成小出口。 2.2 嘗試選購小塊固體，每次一塊。 2.3 改成小包裝，每次一小包。
6. 關門。	1. 不知如何關門。	1.1 在正確關門處漆上無毒紅色塗漆。 1.2 選購設有自動開關按鈕（或改裝）。 1.3 選購油壓觸動開關。
7. 選擇正確循環和溫度設定。	1. 不知如何設定。	1.1 使用固定的循環和溫度。
8. 按開始洗滌鈕。	1. 不知如何按開始洗滌鈕。	1.1 洗滌鈕以不同顏色標示。

技能項目 36：使用烘碗機　　　　　　　　　　　✿ 郭正田

工作分析	可能障礙	修正與支持
1. 打開烘碗機的門。	1. 不知從何處開啟。 2. 門打不開。	1.1 在開啟處貼明顯標誌。 1.2 改成油壓按鈕式的門。
2. 餐具放在餐具盤上正確位置。	1. 無法分辨正確位置。	1.1 在洗碗機放置各種不同餐具位置，先行放置一樣餐具，讓學生照樣放置。 1.2 在位置上貼上圖示或噴漆。
3. 關門。	1. 不知如何關門。	1.1 在正確關門處漆上無毒紅色塗漆。 1.2 選購設有自動開關按鈕（或改裝）。 1.3 選購油壓觸動開關。

技能項目 37：餐後清洗與擦拭桌面　　　　　　　❖ 蔡碧

工作分析	可能障礙	修正與支持
1. 先將食物碎屑從桌面擦拭到手上。	1. 小肌肉動作不協調者無法拿海綿或抹布。 2. 無法有效將食物屑由遠而近擦至桌面。 3. 將食物屑擦至手中有困難。	1.1 飲食前在桌面墊上小紙桌巾，用完餐後連同桌巾丟掉。 2.1 在學生椅子上掛著縫有鬆緊帶圈圈（供孩子容易套上）的抹布或海綿。 2.2 桌旁可放一把容易握住的軟尺狀長條約三十公分，供孩子掃食物屑至桌旁。 3.1 手圈套抹布，將桌面食物屑擦進盤子裡或手中。
2. 將食物碎屑丟棄在廢物袋或垃圾袋。	1. 無法將垃圾袋置於垃圾桶中。	1.1 做一個比餐桌稍矮且裝有滑輪的立架。 1.2 將立架套好垃圾袋。 1.3 將立架置於餐桌下。 1.4 要丟棄食物屑時，可將垃圾架推出，方便學童整理食物屑及廢棄物。
3. 清理桌面時，先弄濕抹布或海綿。	1. 無法開水龍頭的水。 2. 無法將海綿或抹布放入水中。	1.1 取水台最好裝置「按鈕給水」或感應式洗手台，方便孩子取水。 2.1 在海綿或抹布旁縫上鬆緊帶圈供孩子套在手上。
4. 用濕的抹布或海綿擦拭桌子的表面。	1. 無法平鋪抹布。 2. 無法擦拭整個桌面。	1.1 採用容易鬆開的抹布，例如洗車用的魔術抹布。 2.1 可依孩子的工作範圍之大小，將桌面分成幾個區塊，再教孩子邊走動邊擦拭桌面。
5. 用水沖洗抹布或海綿。	1. 無法在水中加入清潔劑。 2. 沒有能力搓揉抹布。	1.1 採用環保且無毒性的清潔劑。 1.2 採用「觸控式」或「分段」機器供給清潔劑。 2.1 以海綿塊取代抹布。
6. 重複工作分析 5. 及 6.，直到整個桌面乾淨為止（完全沒有食物殘渣殘留下來）。	同工作分析 5. 及 6.。	同工作分析 5. 及 6.。
7. 將抹布或海綿放入溫水中清洗。	1. 無法使用溫水。	1.1 採用自動控溫設備，避免孩子燙傷。

（續上表）

工作分析	可能障礙	修正與支持
8. 將抹布或海綿過多的水分擰乾。	1. 沒有能力擰乾抹布。	1.1 將抹布做成長條環狀，一邊套在水龍頭上，使用者只要旋轉一端即可將抹布扭乾。
9. 可選擇性的再次（或多次）擦拭桌子表面。	同工作分析 5. 及 6.。	同工作分析 5. 及 6.。
10. 弄乾整個桌面（可用杯盤用的餐巾或紙巾）。	1. 無能力擦拭桌面。	1.1 採用抽取式紙巾較易拿取。 1.2 紙巾架固定在餐桌旁。 1.3 指導學童邊走邊擦拭桌面，直到弄乾桌面為止。

類別：環境整理——一般

技能項目 38：物品歸位　　　　　❖ 蕭月卿

工作分析	可能障礙	修正與支持
1. 握住抽屜的手把，將抽屜拉開。	1. 有些抽屜沒有手把，是在抽屜面板中間下方有一凹槽，學習者不知應將手置於何處。	1.1 老師示範將拇指置於抽屜面板之上，其餘四指置於抽屜面板下之凹槽內。 1.2 於抽屜面板之置放拇指處貼上標誌。
	2. 沒有手把而在抽屜面板中間下方有凹槽之抽屜，學習者不知如何使力拉開抽屜。	2.1 老師示範將右手拇指置於抽屜面板之上，其餘四指置於抽屜面板下之凹槽內，往外拉開抽屜；並以左手（手心向面板）扶住抽屜，以免用力過度，致抽屜掉落。 2.2 若學習者仍有困難，則於抽屜面板上加上手把。
	3. 於拉開抽屜時，因物品的擺放不合適，或有突出物卡住抽屜，以致拉不開抽屜。	3.1 老師示範藉著抽屜拉開的空隙，將手（或長條物）伸入抽屜內，將卡住之物品推開，使能拉開抽屜。 3.2 老師協助依 3.1 之步驟拉開抽屜。
	4. 於拉開抽屜時無法控制力道，以致抽屜掉落。	4.1 以卡榫固定。

（續上表）

工作分析	可能障礙	修正與支持
2. 將物品歸放於抽屜中。	1. 學習者無法擺放整齊。	1.1 老師示範並說明物品的置放原則（如：較重的物品置於下方，方正的物品置於抽屜邊……等）。 1.2 鼓勵學習者重新移置物品，擺放整齊。
	2. 無法依物品之性質分類擺放。	2.1 以整理盒分格，並在整理盒上以貼紙標示該格整理盒應該放置的物品種類。 2.2 於抽屜外貼物品放置位置照片，讓學習以配對的方式將物品放置於適當的位置。
3. 將抽屜推回關上。	1. 於推回抽屜時，因物品的擺放不合適，或有突出物卡住抽屜，致無法關上抽屜。	1.1 指導學生將突出物壓下。

技能項目 39：清潔家具上的灰塵　　　　　　　✦ 李宜潔

工作分析	可能障礙	修正與支持
1. 取下噴霧劑的外蓋。	1. 外蓋不易取下。 2. 取下之外蓋易丟掉。	1.1 事先就將外蓋取下。 2.1 外蓋與瓶子之間事先用繩子連在一起。
2. 將噴嘴對準欲清潔的部位。	1. 不知何處為噴嘴。 2. 噴嘴對不準欲清潔處。	1.1 噴嘴上貼紅色貼紙標示。 2.1 在欲清潔的部位貼上黃色貼紙。
3. 壓噴嘴。	1. 不知該壓何處。	1.1 按壓處貼綠色標示。
4. 將噴霧劑均勻地噴灑在家具表面。	1. 無法掌握噴清潔劑的適當距離。	1.1 準備一支五至十公分的尺為衡量距離的參考物。
5. 用抹布擦拭家具。	1. 不知該擦何處或無法擦遍所有的部位。	1.1 在欲清潔的部位貼上黃色貼紙。

技能項目 40：抖落小地毯上的塵埃　　　　　　✦ 李一飛

工作分析	可能障礙	修正與支持
1. 捲地毯。	1. 不會捲地毯。	1.1 指導學生如何將地毯捲成圓筒狀。 1.2 指導如何攜帶地毯。

（續上表）

工作分析	可能障礙	修正與支持
2. 選擇抖地毯的工作地點。	1. 不會注意風向問題。	1.1 指導如何測試風向。 1.2 指導學生應立於上風處，面對下風處工作。
3. 抖落地毯上的灰塵。	1. 無法緊握地毯抖動。 2. 能緊握地毯抖動，但抖動速度不足。	1.1 將地毯掛在橫桿上，用雞毛撢子或掃把拍打。 2.1 抓握地毯在牆上或地上拍打。

技能項目 41：掃地　　　　　　　　　　　❖ 陳雍容

工作分析	可能障礙	修正與支持
1. 打掃散落的灰塵（垃圾）成為一推。	1. 無法一次掃太大範圍。	1.1 給予小範圍，例如一次規定掃四塊磁磚，再逐漸擴大。
2. 在地板上拿著畚斗。	1. 無法單手拿畚斗。	1.1 協助他拿穩畚斗。 1.2 加重或減輕畚斗重量。
3. 直接將塵埃掃入畚斗。	1. 無法單手掃地。	1.1 協助拿著畚斗，讓其用雙手將塵埃掃進畚斗裡。 1.2 用輕巧型掃把。
4. 斜放畚斗，輕微向後移動畚斗。	1. 無法單手移動畚斗。	1.1 老師掃地，讓其用雙手握住畚斗，老師協助畚斗向後移動，讓其感覺移動角度，再慢慢撤除協助。
5. 將剩餘的塵埃掃入畚斗。 6. 繼續打掃直到全部散落塵埃進入畚斗。	1. 無法單手拿掃把及畚斗，無法同時配合作業。	1.1 利用玩具掃把及畚斗，練習在桌上掃紙屑。 1.2 利用小型的掃地工具，以能單手拿起為原則，做小範圍的練習，等熟悉動作後再訓練使用正常的掃地工具。 1.3 利用靜電式的紙拖把掃地。
7. 畚斗內的塵埃倒到垃圾桶。	1. 無法對準垃圾桶的口。	1.1 協助握住畚斗的柄，調整角度，再引導其倒入。
8. 將掃把和畚斗放回保管區。	1. 不會放回固定位置。	1.1 在保管區的牆上或地上指定的位置，畫上掃把及畚斗的圖案。再逐漸以符號代替，最後完全撤除。

技能項目 42：拖地（無地毯地板）

❖ 李一飛

工作分析	可能障礙	修正與支持
1. 穿拖鞋。	1. 平衡感欠佳，易跌倒。 2. 拖鞋穿不住，易掉落。	1.1 認識可供抓握與支撐身體的設備。 1.2 使用止滑拖鞋。 2.1 使用附有鬆緊帶的拖鞋。
2. 準備抹布。		
3. 準備拖把。	1. 不會抓握拖把的正確位置。 2. 無法緊握拖把工作。	1.1 用膠帶在拖把上的正確位置處做上手形記號。 1.2 用抹布擦地。 2.1 用紙黏土或silicon（矽片）製作手握凹形，增加抓臥緊度。 2.2 用抹布擦地。
4. 準備水桶。	1. 無法提動已裝水的水桶。 2. 不會控制水桶的盛水量。	1.1 將水放入浴缸或洗臉台。 1.2 將空水桶放入拖曳式菜籃中，再以水瓢舀水於水桶中。 1.3 製作大小合適、有輪子、附拖曳帶的小平台，再將水桶置於其上盛水。 2.1 用油性筆或膠帶在水桶內做記號。
5. 擦拭透空處地面。	1. 不會循序完整地擦拭。 2. 地面有黏著性污物。	1.1 指導如何分區擦拭。 1.2 移動小物品做作記號。 1.3 檢視已擦拭過的地面清潔。 2.1 指導用手或利用衛生紙，加以清除。 2.2 用湯匙加以刮除。
6. 擦拭高腳家具下的地面。		
7. 擦拭矮腳、小面積家具下的地面。		
8. 擦拭床下的地面。		
9. 善後與收拾。		

技能項目 43：擦地板　　　　　　　　　　　　　　　　　❖ 徐嘉男

工作分析	可能障礙	修正與支持
1. 先將灰塵髒東西清掉。	1. 不知該清掃何處。	1.1 在欲清掃的部位做標記。
2. 依據指示將清潔劑與水混在一起。	1. 無法倒適量清潔劑。	1.1 在清潔劑包裝外，套上橡皮筋或做記號。 2.1 使用按鈕式的清潔劑。
3. 將拖把放入水中。	1. 拖把太長，拿不穩。	1.1 使用海綿拖把。 1.2 改用抹布。
4. 擰乾拖把。	1. 不知如何用手擰乾。 2. 不知要擰乾的程度為何。	1.1 改用吸水性強的海綿拖把。 2.1 準備多條乾抹布。
5. 開始拖地。	1. 無法擦遍整個地板。	1.1 給予小範圍，再逐漸擴大範圍。
6. 將水桶髒水倒掉。	1. 水桶太重，提不動。	1.1 使用小水桶。
7. 將水桶加滿水。	1. 不會扭轉水龍頭。	1.1 將水龍頭改成觸控式或按鈕式。 1.2 旋轉方向用記號標明。
8. 將拖把放入水中弄濕。	1. 同工作分析 3.。	1.1 同工作分析 3.。
9. 將拖把擰乾。	1. 同工作分析 4.。	1.1 同工作分析 4.。
10. 再前後來回拖一遍。	1. 同工作分析 5.。	1.1 準備大面積的乾抹布。
11. 重複工作分析 9.—10. 直到地板乾為止。		

技能項目 44：倒垃圾 1　　　　　　　　　　　　　　　　❖ 陳雍容

工作分析	可能障礙	修正與支持
1. 提起垃圾桶的垃圾袋。	1. 不會從垃圾袋的外緣拉起，手會沾到垃圾。	1.1 先拉起垃圾袋一角，拉著學生的手從垃圾袋的外層往內集中雙手握住。
2. 抓緊或綁緊袋子。	1. 無力抓緊袋子。 2. 不會打結。	1.1 將雙手置於垃圾袋外緣輕輕往下壓，開口不需用力抓緊，讓空氣能排出。 2.1 使用袋口有附加繩子及拴扣的垃圾袋，教其將繩子用力拉緊，推動拴扣扣緊。
3. 提著垃圾袋到放置區。	1. 不知放置區在何處。	1.1 若在校區內，可貼腳印標誌引導其前進。 1.2 若在居家附近，可先帶其到放置區，逐步帶領的路程愈來愈短，直到自己能辨認方向。

（續上表）

工作分析	可能障礙	修正與支持
4. 檢查垃圾桶有無被垃圾沾污或留有殘渣。	1. 無法判斷沾污處。	1.1 在垃圾桶底下先墊兩層舊報紙，若報紙有濕，則要清洗。 1.2 在清洗之前，先處理舊報紙，置於小垃圾袋內，等垃圾桶清理好再丟入。
5. 洗滌垃圾桶的殘渣。	1. 不會使用刷子。	1.1 學生扶住垃圾桶，老師握住他的手刷洗。 1.2 用長把刷子（洗廁刷）刷洗。
6. 讓垃圾桶表面乾燥。		1.1 將垃圾桶倒扣，一側墊高（利用現有地勢或容易取得之物墊著）。
7. 在垃圾桶裡放一個新的袋子。	1. 若有若干尺寸的垃圾袋，不知要放多大的垃圾袋。	1.1 在每個適用的垃圾袋與垃圾桶邊緣貼上同樣的貼紙，以利辨識。 1.2 購買不同顏色的垃圾袋，配合適用的同色垃圾桶。
8. 在垃圾桶邊緣牢固的摺疊垃圾袋的頂端或襯裡。	1. 不會用手指撥開垃圾袋。	1.1 讓學生雙手夾住垃圾袋開口處，來回搓揉，即可分開開口。 1.2 抓住開口，左右或上下晃動，使垃圾袋充滿空氣，即可順利放置入垃圾桶中。 1.3 固定邊緣後，直接用手往桶內壓擠。

技能項目 45：倒垃圾 2

❖ 李宜潔

工作分析	可能障礙	修正與支持
1. 兩手拉住垃圾袋口的兩端。	1. 分不清哪裡是袋口。	1.1 袋緣兩端貼上大型紅色膠帶標示。
	2. 不會拉住垃圾袋的外緣，雙手可能沾到袋內的垃圾。	2.1 在紅色膠帶外側附大型夾子或手拉環，方便用雙手直接拉起。
2. 將袋口打結封緊。	1. 不會將袋口收集起來。	1.1 雙手抓住垃圾袋的外緣，輕壓讓空氣排出，減少體積。 1.2 雙手抓住袋緣兩側，慢慢向中間集中。
	2. 不會打結，會鬆落。	2.1 一手握住已收集的袋口，一手拿膠帶纏繞一圈。

（續上表）

工作分析	可能障礙	修正與支持
3. 將垃圾袋提起離開垃圾筒。	1. 垃圾袋與垃圾桶不會分開。 2. 因用力過猛，而打翻垃圾桶。	1.1 一手提垃圾袋口，一手按住垃圾桶，再輕輕提起垃圾袋。 2.1 必要時，用一腳靠住垃圾桶，增加桶子的重心。
4. 提起垃圾袋走到屋外放置。	1. 提不動一整袋的垃圾。 2. 將垃圾袋在地上拖行，而使袋子磨破。	1.1 指導用雙手提起一整包的垃圾。 2.1 如果是大型的垃圾，可置於小型推車上，較省力。

技能項目 46：清潔窗戶

❖ 李宜潔

工作分析	可能障礙	修正與支持
1. 將清潔劑均勻的噴在窗戶上。	1. 分不清噴頭方向或無法掌握噴清潔劑的適當距離。	1.1 噴頭處用貼紙標示。
2. 用抹布從上至下擦拭窗戶。	1. 分不清上下。	1.1 貼上有箭頭的紅色貼紙標明方向。
3. 擦乾角落或邊緣過多的水氣。	1. 不知角落在何處。	1.1 在四個角落貼上黃色貼紙。
4. 檢查表面是否有汙點。	1. 無法辨識汙點。	1.1 擦拭前先示範何為汙點；例如擦拭粉筆灰、指紋痕跡、塵埃等污點。
5. 用抹布擦掉殘留的汙點。	1. 分不清汙點在哪一面。 2. 汙點擦拭不乾淨。	

技能項目 47：開／關窗戶　　　　　　　　　　　❖ 蕭月卿

工作分析	可能障礙	修正與支持
【開窗戶】		
1. 手置於閉鎖開關上，由上往下打開閉鎖開關。	1. 不知道應如何旋開。	1.1 老師示範將拇指置於接近身體之一側，其餘四指置靠近窗戶之一側，由上往下拉開閉鎖開關。 1.2 於閉鎖開關之置放拇指處貼上標誌。
	2. 閉鎖開關太緊，不知道如何打開。	2.1 老師示範將一手置於附閉鎖開關把手之窗框上，往外推，另一手由上往下旋開閉鎖開關。 2.2 學習者操作步驟2.1，教師協助。
2. 將手置於窗框上，推開窗戶。	1. 另一手不知應置放於窗框之外而夾傷手。	1.1 老師示範推窗戶時，應將手置於窗框之外。 1.2 學習者操作步驟 1.1，教師協助。 1.3 於窗框做小手記號，以提醒將手置於窗框處。
3. 繼續將窗戶開到適當的位置。		
【關窗戶】		
1. 將手置於窗框上，藉由窗框將窗戶關上。	同開窗戶之工作分析 2.。	同開窗戶之工作分析 2.。
2. 手置於閉鎖開關把手上，由下往上旋緊，關上閉鎖開關。	1. 不知道應如何關上。	1.1 老師示範將拇指置於靠近窗戶之一側，其餘四指靠近身體之一側，由下往上旋緊閉鎖開關。 1.2 於閉鎖開關之置放拇指處貼上標誌。
	2. 閉鎖開關太緊，不知道如何鎖上。	2.1 老師示範將一手置於附閉鎖開關把手之窗框上，往外推，另一手由下往上旋緊閉鎖開關。 2.2 學習者操作 2.1 步驟，教師協助。

類別：環境整理——臥室

技能項目 48：清洗與存放梳子　　　　　　　❖ 黃小玲

工作分析	可能障礙	修正與支持
1. 將掉落的頭髮從梳子裡拉出來。	1. 頭髮太細，無法將頭髮拉出。	1.1 再拿另一枝梳子，互梳。
2. 將頭髮丟入垃圾桶。	1. 頭髮太細、太滑，容易掉落。	1.1 將垃圾桶擺在梳子的下方。 1.2 在梳子下方擺放一張報紙或廣告紙，用完後，再將報紙或廣告紙丟棄。
3. 將梳子放入熱肥皂水中清洗。	1. 不會泡熱肥皂水。 2. 不會清洗。	1.1 備一容器，分別在適當位置以藍色及紅色的筆或膠布做記號，再用一湯匙的洗衣粉倒入攪拌至泡沫出現。 2.1 用另一枝梳子互刷。 2.2 讓梳子泡久一點，讓它自然溶解。
4. 將梳子放在水龍頭下沖洗，直到肥皂泡沫都被沖走。	1. 不會開水龍頭至適當的水量。 2. 無法將梳子完全地放在水龍頭沖洗。	1.1 將水龍頭上做記號，將把柄轉到固定的地方。 2.1 在水龍頭放一容器，將梳子放在容器裡，用流動的水沖洗。
5. 甩甩梳子，將梳子裡的水甩開。	1. 無法握緊梳子握把，易將梳子甩掉。	1.1 將梳子把柄綁一細繩倒掛，直到水流乾為止。
6. 讓梳子乾了以後，才將它收起來。	1. 無法判斷梳子是否已乾。	1.1 將梳子倒掛起來。 1.2 將梳子放置在類似杯狀物的容器內，刷毛在上，把柄在下放置著。

技能項目 49：整理床鋪

❖ 蕭月卿

工作分析	可能障礙	修正與支持
【鋪床單】		
1. 將床單單依正確方向平鋪在床上。	1. 無法找出正確方向。	1.1 依圖案之方向判斷，站在床尾往床頭看圖案是正的。 1.2 若床單的圖案是幾何圖案，則採下列方式：(1)床單單之長寬不一，若放置錯誤，則大小不合，可試著左轉或右轉九十度後，再依圖案之方向找出正確方向；(2)改用床單單尾端有裙襬設計者；(3)以圖案配對方式，於床單及床舖四個角落各以四個不同的圖案標示。
2. 將床單單鬆緊帶塞入床墊下四個角落，將兩邊及床尾的床單摺入床下，並將皺摺撫平。	1. 將兩邊及床尾的床單摺入床下時，因床舖太重，無法抬起床舖。	1.1 於床舖下緣及床單相對應處，以魔鬼氈貼住床單。
【整理被單】		
1. 將被單平鋪於床上，並將皺摺撫平。	1. 無法找出正確方向。	1.1 依圖案之方向判斷，站在床尾往床頭看圖案是正的。 1.2 若被單的圖案是幾何圖案，則採下列方式：(1)被單之長寬不一，若放置錯誤，則大小不合，可試著左轉或右轉九十度後，再依圖案之方向找出正確方向；(2)被單若無法判斷方向，通常在被單上若有特殊設計者為被單頭；(3)以圖案配對方式，於床單及床舖四個角落各以四個不同的圖案標示；(4)不計較蓋哪一頭。
2. 將枕頭放在床頭被單的上方或下方。		
3. 撫平枕頭上的皺摺。		

技能項目 50：舖床單

❖ 陳雍容

工作分析	可能障礙	修正與支持
1. 將床單的正面朝上，攤平在床墊上。	1. 無法辨別床單的正反面。	1.1 將床單的正面，在攤開時容易看到的部分縫上貼布。
2. 將床單的四個角對齊床墊的四角。		1.2 將床單四個角分別縫上不同圖案，將床墊與其對應的角縫上相同的圖案。
	2. 無法正確的對齊四個角。	2.1 將床單的四個角對照床墊相同的圖案即可正確舖上床單。
3. 用手指捉住床單的一角，並套上所對齊床墊的一角。	1. 無力將床單的一角撐開套進床單。	1.1 改用非固定縫角的床單，只在四角做記號，將攤開的床單下垂的部分，用整個手掌推進床墊下。
4. 依序將床單的另外三個角套上床墊的另外三個角。		1.2 協助將床單的一角撐開並置於床墊下緣，再指示學生用手掌將床單平整推進床墊下。
5. 以雙手掌心從床墊中央線位置向床墊兩邊壓平床單。	1. 手不夠長，無法伸到床中央。	1.1 老師從床中央位置壓平床單，至學生手能伸及處，再由學生將床單往外側壓平。
6. 把露出超過床墊厚度的床單，塞進床墊底下。	1. 固定縫角的床單，無法平整拉出超出床墊厚度的床單。	1.1 改用無縫角的床單練習，較容易整理平整。

技能項目 51：裝枕頭套

❖ 陳雍容

工作分析	可能障礙	修正與支持
1. 將枕頭套攤平，拉鍊口打開並朝向自己。	1. 無法拉拉鍊。	1.1 枕頭套口改用魔鬼氈。
2. 握住枕頭同邊的兩角，將枕頭裝進枕套內，使枕頭的兩角對齊枕頭套的兩角。	1. 枕頭套與枕頭一般大，無法順利塞進枕頭套。	1.1 採用較大枕頭套。 1.2 同時在枕頭的兩角與枕頭套的對應角縫上相同對應的圖案或貼布。
3. 重複工作分析 2.，把枕頭的另外兩角裝進枕頭套內。		

（續上表）

工作分析	可能障礙	修正與支持
4. 將一手放入枕頭套內，一手在枕頭套外，並捉其枕頭與枕頭套的四個角。	1. 雙手無法協調動作。	1.1 將兩手一起伸入枕頭套中，抓其兩角，教師在外抓其雙手中的枕頭兩角。 1.2 學生雙手退出再抓另外兩角，重複上一動作。
5. 拉上拉鍊，並拍打枕頭面數下，直至枕頭可平順攤開。	1. 無法拉拉鍊。	1.1 枕頭套口改縫上魔鬼氈。 1.2 用無拉鍊的枕頭套。

類別：環境整理——衛浴

技能項目 52：清洗澡盆　　　　　　　　　❖ 李一飛

工作分析	可能障礙	修正與支持
1. 穿拖鞋。	1. 平衡感欠佳，易跌倒。 2. 拖鞋穿不住，易掉落。	1.1 認識可供抓握與支撐身體的浴室設備。 1.2 使用止滑拖鞋。 2.1 使用附有鬆緊帶的拖鞋。
2. 準備刷子或海綿。	1. 無法抓握刷子。 2. 無法抓握海綿。	1.1 使用有短柄或長柄的刷子。 1.2 刷子側面加裝橡皮圈套，以便刷子能套牢於手掌心。 2.1 使用有短柄或長柄的海綿刷子。 2.2 使用環形海綿圈。
3. 準備清潔劑。	1. 無法抓握肥皂。 2. 不會使用液體清潔劑。	1.1 將肥皂放置於固定式的肥皂盒，用刷子或海綿刷之。 2.1 用大小適合的量杯，量取清潔劑，再直接倒在刷子或海綿上。 2.2 用大小適合的量杯，量取清潔劑，倒入預先畫記的水桶，盛水至畫記處，再用刷子或海綿加以攪拌後，直接使用。
4. 刷洗浴缸。	1. 無法彎腰久站。 2. 不會完整刷洗（胡亂刷洗）。	1.1 用椅凳置於浴池中，坐著刷洗浴缸。 2.1 使用油漆筆畫記，並指導如何將浴缸分五區清洗。 2.2 指導直式刷洗：由上往下且由左往右（或由右往左）循序刷洗。

（續上表）

工作分析	可能障礙	修正與支持
		2.3 指導橫式刷洗：由左往右（或由右往左）且由上往下循序刷洗。
5. 清水沖洗浴缸。	1. 不會妥善沖洗。	1.1 用水桶盛水，以水瓢舀水由上往下且由左往右（或由右往左）循序沖洗。 1.2 用蓮蓬頭由上往下且由左往右（或由右往左）循序沖洗。 1.3 指導學生追視肥皂泡沫清除狀況。 1.4 用手檢視清潔狀況。
6. 收拾工具。		

技能項目 53：清洗浴缸　　　　　　　　　　❖ 王玉琳

工作分析	可能障礙	修正與支持
1. 將浴缸表面淋濕。	1. 不會轉開水龍頭。	1.1 貼上方向指示箭號。 1.2 改用感應式的水龍頭。 1.3 改用上下拉把式水龍頭。 1.4 改用左右撥動式水龍頭。
	2. 不會正確轉到冷水的位置。	2.1 改用只有冷水的水龍頭。 2.2 改用溫控電熱水器。 2.3 直接裝置有冷熱水顏色之分的水龍頭。
2. 使用噴霧清潔劑噴灑浴缸的四周和底部。	1. 不會將開口轉到開的位置。	1.1 將其開口固定在開的位置。 1.2 嘗試錯誤法直到有清潔劑噴出為止。
	2. 不會手握式一開一放的噴灑清潔劑。	2.1 改用按壓式的清潔劑。 2.2 改用拉把式的清潔劑。
3. 將海綿或破布沾溼。	1. 不會轉開水龍頭。	1.1 貼上方向指示箭號。 1.2 改用感應式的水龍頭。 1.3 改用上下拉把式水龍頭。 1.4 改用左右撥動式水龍頭。
	2. 不會正確轉到冷水的位置。	2.1 改用只有冷水的水龍頭。 2.2 改用溫控電熱水器。 2.3 直接裝置有冷熱水顏色之分的水龍頭。

（續上表）

工作分析	可能障礙	修正與支持
4. 擦洗浴缸四周和底部直到乾淨。	1. 不會依序不遺漏的擦拭每一個地方。	1.1 指導孩子從上到下擦拭每次只小移一個海綿的寬度，環繞一圈後，再擦拭底部。 1.2 教導孩子直到每個地方都有泡泡為止。
5. 用水清洗海綿或抹布。	1. 不會加入清潔劑。	1.1 使用按壓式的清潔劑。 1.2 使用按壓式的清潔劑。 1.3 不使用清潔劑。
	2. 沒有能力搓揉抹布。	2.1 平舖海綿或抹布再打開水龍頭沖洗。 2.2 放入裝水的桶中，上下拉、浸、泡。
6. 用水清洗浴缸四周和底部。	1. 不會一邊用海綿擦拭一邊沖水。	1.1 先用蓮篷頭沖掉浴缸裡的泡沫，再用海綿擦拭，最後再用水沖一次。 1.2 用海綿沾水擦拭多次後，直到泡沫清除。
7. 重複工作分析 4.￣6.直到污物、毛髮、清潔劑都清洗乾淨為止。	1. 重複工作分析 4.￣6.。	1.1 重複工作分析 4.￣6.。
8. 擦拭水龍頭和浴缸邊緣過多的水。	1. 使用抹布擦拭後不會擰乾抹布。	1.1 將抹布的一端縫上一個布掛環，將此端掛在水龍頭上，使用者只要旋轉一端即可將抹布扭乾。 1.2 將抹布做成長條狀，分段扭乾。 1.3 多用幾條乾抹布擦拭。 1.4 使用後，懸掛晾乾。

技能項目 54：清洗抽水馬桶 ❖ 徐嘉男

工作分析	可能障礙	修正與支持
1.將馬桶蓋掀起。	1.不會從適當位置掀起。	1.1 使用按鈕式或觸控式的馬桶蓋。
2.清潔劑倒入馬桶內。	1.無法倒適量的清潔劑。	1.1 在清潔劑包裝外，套上橡皮筋或做記號。 1.2 使用按鈕式的清潔劑。
3.用刷子刷洗馬桶。	1.不會握住刷柄適當位置。	1.1 在刷柄上貼上紅色記號。
4.刷馬桶較髒的地方。	1.不會分辨髒的地方。 2.不會每個面都刷洗到。	1.1 髒的地方多刷幾次。 2.1 教他循環刷。
5.壓桿沖水。	1.不知壓桿方向。	1.1 在壓桿表面貼上箭號指示方向。 1.2 改用按鈕式或觸控式。
6.在馬桶水池內清洗刷子。	1.清洗不乾淨。	1.1 多清洗幾次。
7.將刷子上多餘的水，甩在馬桶水槽內。	1.不會等水滴完再放回。	1.1 使用附有刷子台座的浴廁刷子。
8.用抹布擦乾馬桶表面。	1.不會擦乾所有表面。	1.1 準備可替換的乾抹布。
9.重複工作分析 1.~8.直到所有程序可以做到。	1.工作分析 1.~8.中的步驟，有些仍無法連貫。	1.1 反覆練習工作分析 1.~8.中的步驟。

低功能自閉症兒童的教學技巧
修正與支持技巧「社區生活」

謝宛陵

技能項目 1：到郵筒寄平信　　　　　　　　　　　　　　❖ 陸春滿

工作分析	可能障礙	修正與支持
1. 走到郵筒前。	1. 不認識郵筒。 2. 找不到郵筒的位置。	1.1 拍攝郵筒的照。 1.2 實際帶孩子去看郵筒。 2.1 將前往郵筒的路線用攝影機拍照。 2.2 繪畫路線簡圖，並插上特定建築物的照片。 2.3 使用褪除法的方式來教導孩子前往郵筒處。
2. 拿出信件。	1. 找不到信件。	1.1 將信件單獨放置於皮包的夾層內。 1.2 將信件拿在手上。
3. 選擇綠色郵筒。	1. 不會分辨綠色或紅色郵筒。	1.1 在信封上貼上綠色貼紙。 1.2 用彩色筆在信封上做綠色記號。 1.3 拍攝綠色郵筒的照片。
4. 選擇「本地」或「外埠」的投信孔。	1. 不認識「本地」或「外埠」的字。	1.1 在信封上標示「本地」或「外埠」，再對照郵筒上的字。
5. 將信件投入。	1. 無法將信件投入。 2. 沒有將信完全投進去。	1.1 請求他人協助。 1.2 教導將信完全投入。

技能項目 2：到郵筒寄限時信或航空信 ❖ 陸春滿

工作分析	可能障礙	修正與支持
1. 走到郵筒前。	1. 不認識郵筒。 2. 找不到郵筒的位置。	1.1 拍攝郵筒的照片。 1.2 實際帶孩子去看郵筒。 2.1 將前往郵筒的路線用攝影機拍照。 2.2 繪畫路線簡圖並插上特定建築物的照片。 2.3 使用褪除法的方式來教導孩子前往郵筒處。
2. 拿出信件。	1. 找不到信件。	1.1 將信件單獨放置於皮包的夾層內。 2.2 將信件拿在手上。
3. 選擇紅色郵筒。	1. 不會分辨綠色或紅色郵筒。	1.1 在信封上貼上紅色貼紙。 1.2 用彩色筆在信封上做紅色記號。 1.3 拍攝紅色郵筒的照片。
4. 選擇「限時」信或「航空」信的投信孔。	1. 不認識「限時」信或「航空」信的字。	1.1 在信封上標示限時信或航空信，再對照郵筒上的字。
5. 將信件投入。	1. 無法將信件投入。 2. 沒有將信完全投進去。	1.1 請求他人協助。 2.1 教導將信完全投入。

技能項目 3：坐電梯拜訪同棟公寓中的朋友（事先約定） ❖ 蔡淑惠

工作分析	可能障礙	修正與支持
1. 確定自己是要上樓或下樓。	1. 無法分辨要上樓或下樓。	1.1 給他一個「☺▲」或「☺ ▼」的標記。
2. 進電梯後按自己欲到達的樓層。	1. 無法分辨要到達的樓層。	1.1 拍電梯中正確樓層亮燈的照片，讓他對照。 1.2 或是給他欲到達樓層的號碼；自己便可按照號碼按或是請電梯中的人幫忙。
3. 到達所要的樓層後能自己走出電梯。	1. 無法在到達正確樓層時走出電梯。	1.1 給他一張正確樓層亮燈的照片，讓他對照。 1.2 若電梯內有旁人時，給他一張預備好的紙條，請旁人提醒協助他。

（續上表）

工作分析	可能障礙	修正與支持
4. 找出朋友家的門牌號碼。	1. 無法分辨朋友家的門牌號碼。	1.1 給他一張朋友家門口的照片。
5. 找出門鈴的位置。	1. 無法分辨門鈴的位置。	1.1 在門鈴上做標記（如貼上鈴鐺的貼紙）。
	2. 電鈴故障或無電鈴。	2.1 電鈴故障或無電鈴時可用敲門替代。
6. 按門鈴後等朋友來開門。	1. 不知如何使用門鈴。	1.1 在指尖上做記號，用指尖去碰觸門鈴的位置。
	2. 按門鈴後不知放開。	2.1 聽到門鈴聲後，將手指移開等朋友來開門。

技能項目 4：看家樂福的廣告單買特價商品　❖ 賴碧美

工作分析	可能障礙	修正與支持
1. 選取「家樂福」的廣告單。	1. 不知道哪一份廣告單是「家樂福」的廣告單。	1.1 提供家樂福的廣告單給學生對照。 1.2 拿大賣場的廣告單詢問家人。
	2. 拿到過期的廣告單。	2.1 對照日曆，查看廣告單上的日期。 2.2 家人事先拿掉過期的廣告單。
2. 圈選廣告單中的特價商品。	1. 不知道什麼是特價商品。	1.1 教導學生辨識印花商品的標誌。 1.2 教導學生特價商品可能出現的標示（「特價」的字樣、大圖案、大數字）。 1.3 提供特價商品的圖卡給學生對照。 1.4 家人協助找出特價商品。
	2. 不會使用筆做「圈選」的動作。	2.1 以蓋章、塗顏色或貼貼紙等方式，標示出特價商品。 2.2 家人協助圈選廣告單中的特價商品。
3. 將廣告單上特價商品的圖片和價格剪下來。	1. 不會使用剪刀。	1.1 家人協助將廣告單上特價商品的圖片和價格剪下來。
	2. 特價商品的圖片和價格沒有完整剪下來。	2.1 將圈選的範圍加大後，請學生依圈選的範圍來剪裁。

（續上表）

工作分析	可能障礙	修正與支持
4. 將特價商品的圖片分類後，用膠水將剪下的圖片貼在剪貼簿上。	1. 沒有分類的概念。 2. 倒出太多膠水。	1.1 先在剪貼簿貼上不同類別的商品，如食品類及日常用品類等給學生對照。 1.2 家人協助分類。 2.1 改用口紅膠、漿糊或雙面膠等黏著劑。 2.2 請家人協助。
5. 決定最近需要什麼商品。	1. 不知道最近需要什麼商品。	1.1 事先列出最近所需商品的清單。 1.2 詢問家人。
6. 比較同類特價商品的價格。	1. 沒有幣值大小的概念。	1.1 使用計算機來計算同類特價商品的差額（兩者相減，找出便宜的商品）。 1.2 詢問家人。
7. 決定要購買哪些商品。	1. 不知道想買什麼商品。	1.1 事先列出想購買商品的清單。 1.2 詢問家人。
8. 決定欲購買商品的數量。	1. 沒有數量的概念。 2. 無法決定各種商品需要購買多少個。	1.1 依所需購買商品的數量，以圖示或貼貼紙的方式，在剪貼簿上先標示出來。 2.1 詢問家人。
9. 計算所欲購買商品的總金額。	1. 不會計算。 2. 沒有四則運算的概念。	1.1 使用計算機。 1.2 由家人幫忙核算金額。 2.1 先將單一商品的價格列出來後，使用計算機逐一加總商品的金額。 2.2 由家人幫忙核算金額。
10. 攜帶足夠的金錢到家樂福購買特價商品。	1. 無法找到欲購買的特價商品。	1.1 對照剪貼簿上的圖片去尋找。 1.2 請服務人員協助。 1.3 家人陪同。

技能項目 5：到游泳池玩水 ❖ 黃姿綺

工作分析	可能障礙	修正與支持
1. 準備泳具。	1. 無法帶齊泳具。	1.1 裝泳具做成目錄照片，以供參考。 1.2 提供泳具清單（檢核表）。 1.3 先在家中換好泳裝。 1.4 提供固定位置或包包來擺放相關物品。
2. 購票。	1. 不會買票。 2. 未帶身心障礙手冊。	1.1 由家人預購游泳券或月票。 1.2 先寫好票的種類、數量及價錢，並備好足額的錢。 2.1 先將手冊影印及護貝，並用繩子固定在包包上。
3. 更衣。	1. 不會分辨男女更衣間。 2. 不會穿泳衣。	1.1 提供標示牌照片協助辨識。 1.2 由同性家人或朋友陪同。 1.3 在家中先換好游裝。 2.1 選擇有拉鍊、易穿脫衣服。
4. 做暖身操。	1. 無法做出正確的動作。	1.1 由家人或朋友帶領。 1.2 請救生員指導。 1.3 將所有暖身操動作分解，以照片呈現。 1.4 設計簡單易背之口訣。
5. 淋浴。	1. 走錯淋浴間。 2. 無法自己清洗。	1.1 提供標示牌照片協助辨識。 1.2 由同性家人或朋友陪同。 2.1 家人或陪同者協助。
6. 下水。	1. 跳下水。 2. 不知從哪裡下水。 3. 不知如何走下水。	1.1 下水前說明注意事項。 1.2 能找到可下水的階梯。 2.1 能協助學生用手抓階梯扶手下水。

技能項目 6：到郵局存款——需領號碼牌的郵局 ❖ 蔡美玲

工作分析	可能障礙	修正與支持
1. 至櫃檯填寫存款單。	1. 櫃檯上有多種單子，不知該取用哪一張。	1.1 在家裡預先寫好存款單。 1.2 用一張紙寫阿拉伯數字的存款數目。
2. 到號碼機處抽取一張號碼。	1. 不會辨別號碼機。 2. 不知號碼機的位置。	1.1 請旁人幫忙。 1.2 拍照後給個案核對。

（續上表）

工作分析	可能障礙	修正與支持
3. 在等候區聽廣播。	1. 可能疏忽掉廣播的聲音。 2. 不知道要等多久。	1.1 請旁人幫忙提醒。
4. 聽到自己的號碼數字廣播，走到適當的櫃檯。	1. 不知道走到哪一個櫃檯。	1.1 搜尋櫃檯上正在閃爍的燈光。 1.2 請旁人指引。 1.3 用手上的號碼牌核對窗口的號碼。
5. 存款簿、存款單、要存的金額、號碼單一起遞給與指示燈號相同的櫃檯服務員。	1. 該拿的東西不齊全。	1.1 預先準備一透明袋子，把所有要交給櫃檯人員的東西，全部放進去；再一起遞給櫃檯人員。
6. 拿回存款簿，並核對存入的金額。	1. 不會核對。	1.1 教導核對事先準備好的存款金額的紙條，和存款簿存入欄最後一列的金額是否吻合。

註：社會適應以個案自家生活區域為範圍最佳，最好至個案居家或習慣去的郵局，把流程實地操作與演練。

技能項目 7：搭計程車　　　　　　　　　　　　　❖ 張淑媛

工作分析	可能障礙	修正與支持
1. 在適當的位置等車。	1. 不會到大馬路等車。 2. 不會到路旁等車。	1.1 教導到車子來往很多的大馬路等車。 2.1 教導在白線旁等車。
2. 舉手招車。	1. 不會辨識計程車的外型和顏色。	1.1 提供 TAXI 的字卡。 1.2 提供計程車的照片。 1.3 由大人陪同招車。
3. 打開車門坐入車內。	1. 不會開車門。	1.1 請司機幫忙。 1.2 教導說「請開門」、「請關門」。
4. 告訴司機目的地。	1. 記錯或不會說出目的地。 2. 口齒不清。	1.1 將住址寫在紙條上。 1.2 身上掛名牌寫上住址、電話、名字。 2.1 將住址寫在紙條上。 2.2 身上掛名牌寫上住址、電話、名字。
5. 搭車的安全規則。	1. 將頭手伸出車外或隨意開門。	1.1 在名牌上寫上「請關車窗」。

（續上表）

工作分析	可能障礙	修正與支持
6. 到達目的地時，會給正確的錢。	1. 不知道給多少錢。	1.1 由家人給予比到目的地多的金額，分裝在兩個信封內，教導去時拿一個給司機，回來時拿一個給司機。

技能項目 8：過紅綠燈十字路口　　　　　　　　　　　❖ 蔡旻玲

工作分析	可能障礙	修正與支持
1. 走到十字路口停下來。	1. 會往前衝。	1.1 在可能經過的十字路口地上做記號。 1.2 陪同者動手拉住他。
2. 抬頭看紅綠燈。	1. 不知抬頭。 2. 不會看正前方的紅綠燈。	1.1 動口或動手提示。 2.1 將其身導正看正前方的紅綠燈。
3. 綠燈行。	1. 不會看紅綠燈。 2. 不敢過馬路。	1.1 實地拍照並練習。 2.1 陪同者指示他前進。 2.2 陪同者在前方引導他。 2.3 陪同者以口語鼓勵他。 2.4 陪同者伸手牽他同行。
4. 黃燈快步行。	1. 因緊張停下腳步。 2. 依然慢步款行。	1.1 以口語催促他。 2.1 動手牽他往前走。 2.2 口頭或手勢提示他。 2.3 陪同者牽他快步走。
5. 邊走邊看左右來車。	1. 遇到闖紅燈者。 2. 低頭直走。	1.1 教他原地不動。 1.2 舉手明顯示意。 2.1 穿上明顯顏色衣服。 2.2 口頭提示他。
6. 通過馬路口。		1.1 指示他往下一個方向。

技能項目 9：到中醫診所掛號看病　　　　　　　　　　❖ 洪純凌

工作分析	可能障礙	修正與支持
1. 推開門進入診所。	1. 推不動門。 2. 站在門口不知道如何進入。	1.1 等其他患者開門時一同進入。 1.2 敲門請裡面的人協助開門。 2.1 家人或教學者當場示範——找尋開門線索，如「推」，則用力推開門。

（續上表）

工作分析	可能障礙	修正與支持
2. 走到掛號處。	1. 不知掛號處位置。	1.1 家人或教學者當場示範。 1.2 事先提供圖片或照片流程。
3. 拿出健保卡掛號。	1. 不知要拿出健保卡。	1.1 事先讓他拿在手上或掛在脖子上。
4. 繳交所需費用。	1. 不知給多少錢。	1.1 事先將掛號費準備好。
5. 拿回健保卡、找零（如有）、收據及掛號卡。	1. 沒有拿齊所有物件。	1.1 請掛號小姐協助。
6. 走到候診處等候。	1. 不知候診處位置。 2. 不安、焦慮或因身體不適，無法在候診處安靜等候。	1.1 請問掛號人員或旁人。 1.2 跟著其他病患一同前往。 2.1 讓他帶著最喜歡的物品在身邊。 2.2 家人陪同。
7. 被叫到名字時，進入診療室。	1. 沒聽到或沒聽懂或舉手喊「有」，而沒有動作。	1.1 請醫護人員再叫一次。 1.2 家人或教學者從旁協助。 1.3 事先知會醫護人員請求協助帶領。
8. 將掛號卡拿給醫師。	1. 不知醫師要什麼東西。	1.1 於掛號處時先協助收起其他證件並只拿著掛號卡。 1.2 事先知會掛號處不用給掛號卡。
9. 坐下並依醫師指示伸出手臂讓醫師把脈。	1. 聽不懂指示或不肯伸出手臂。	1.1 事先知會醫師孩子的情形。
10. 說出身體不適的情形並回答醫師詢問。	1. 不會表達。	1.1 教孩子以比手畫腳（自己身體、人體模型、圖片）或點頭搖頭的方式表達。 1.2 事先填妥孩子的病症說明，讓孩子拿給醫師。 1.3 主要照顧者以電話和醫師聯繫。 1.4 家人陪同。
11. 看診後，到等候領藥處等候領藥。	1. 不知該去哪裡。 2. 不會去。	1.1 請問醫師。 2.1 請問旁人或請人帶領。
12. 被叫到名字時，到領藥處領藥，並聽取醫護人員說明用藥方式及應繳費用。	1. 聽不懂用藥說明。 2. 不給錢。	1.1 請醫護人員再說一次。 1.2 請醫護人員寫下來。 2.1 事先讓醫護人員知道孩子的情形。
13. 拿藥離開診所。	1. 不會開（拉開）門。	1.1 請人幫忙或跟著其他人出去。 1.2 事先訓練。 1.3 家人陪同並協助之。

技能項目 10：到耳鼻喉科診所看病　　　　　　　　　　　　❖ 蕭玉滿

工作分析	可能障礙	修正與支持
1. 走到掛號處。	1. 不知掛號處在哪兒。	1.1 對照程序本上的照片（字樣）。 1.2 由陪同者指出該地點。 1.3 由陪同者帶至該地點。
2. 拿出健保卡給護士。	1. 不知何謂健保卡。 2. 不知接下來的程序。	1.1 對照程序本上的圖樣。 1.2 由陪同者提示。 2.1 翻閱程序本。 2.2 由陪同者提示。
3. 繳交掛號費。	1. 不會拿出適當錢數。 2. 不知接下來的程序。	1.1 對照程序本上的圖樣。 1.2 事先請人準備好。 2.1 翻閱程序本。
4. 到候診室等候。	1. 不知道在何處等候。 2. 不知接下來的程序。	1.1 對照程序本上的照片。 1.2 由同行者提示。 2.1 翻閱程序本。
5. 聽到自己名字入診療室。	1. 不知診療室在何處。 2. 不知接下來的程序。	1.1 對照程序本上的照片。 2.1 翻閱程序本。
6. 敘述症狀。	1. 不知如何敘述症狀。	1.1 在程序本上的症狀圖樣上指出來。 1.2 以回答「是」、「否」或點頭搖頭方式代替。 1.3 交給醫生事先寫好的紙條。
7. 回候診室等候領藥。	1. 不知要等著領藥。	1.1 翻閱程序本。 1.2 由同行者提示。
8. 聽到自己名字到領藥處拿藥。	1. 不知領藥處在哪兒。 2. 不知接下來的程序。	1.1 對照程序本上領藥處的照片。 2.1 翻閱程序本。
9. 將藥收好回家。	1. 不知已完成。	1.1 翻閱程序本。 1.2 由同行者提醒。
備註	程序本依工作分析的九個步驟而做成九頁小本子，裡面可包含照片、字樣、圖樣等，並視個別需求而做增減修改。	

技能項目 11：到麵攤用餐　　　　　　　　　　　　　　　❖ 蕭玉滿

工作分析	可能障礙	修正與支持
1. 點餐。	1. 不知要先點餐。	1.1 由陪同者提示。 1.2 自行翻閱程序本。
	2. 口齒不清。	2.1 寫在紙上。 2.2 指出程序本上的字或照片。
	3. 不會在點菜單上點菜。	3.1 用說的。 3.2 請老闆代為圈選。 3.3 給老闆預先寫好的字條。
2. 找一個適當位置坐下。	1. 站著不知所措。	1.1 由陪同者提示去找位置。 1.2 自行翻閱程序本。
	2. 找不到適當位置。	2.1 請老闆幫忙找。 2.2 由陪同者帶領至適當位置。
3. 坐著等待上菜。	1. 起來走動。	1.1 對照程序本上的圖樣。 1.2 翻閱程序本。
4. 用餐。	1. 不會用筷子。	1.1 用湯匙。 1.2 帶自己的餐具。
5. 擦嘴。	1. 忘記擦嘴。	1.1 翻閱程序本。 1.2 由同行者提醒。
6. 付錢。	1. 忘記要付錢。	1.1 翻閱程序本。 1.1 對照「物品—錢數」本給錢。
	2. 不知給多少錢。	2.1 給一張大鈔。 2.2 由同行者協助。

技能項目 12：到燒臘店買便當　　　　　　　　　　　　　❖ 王姿文

工作分析	可能障礙	修正與支持
1. 找到燒臘店。	1. 不認識燒臘店。	1.1 將燒臘店的招牌拍照下來先行教導辨識。
2. 走進燒臘店門。	1. 不知該如何進門。	1.1 教導學生辨認推／拉二字。 1.2 先行演練推／拉門的方式。
3. 告訴老闆需要什麼便當。	1. 不知各種便當的名稱。	1.1 先將各種便當的名稱製成字卡教學。 1.2 索取燒臘店菜單教導學生辨識。 1.3 將各種便當內容拍照讓學生練習配對／選擇。
	2. 不會表達。	2.1 先在家裡把菜單勾選好，再交給老闆。

（續上表）

工作分析	可能障礙	修正與支持
4. 告訴老闆要外帶。	1. 不知內用／外帶的差別。	1.1 先行解說或實際演練對話。
5. 付錢。	1. 不知便當應付多少錢。	1.1 將上述便當拍照並配合售價，讓學生練習辨識／付錢。 1.2 一個便當的售價都在一百元以內，可以讓學生每次都帶一百元。

技能項目 13：使用售票機購置捷運車票　　　　❖ 劉玉蓮

工作分析	可能障礙	修正與支持
1. 找到售票機。	1. 找不到售票機。	1.1 準備一張售票機的實物照片。 1.2 請問別人。
2. 在機器上找到所要到達的站名及金額。	1. 不認識站名。	1.1 使用與所到站名相符字卡核對。 1.2 使用與所到站名相符的照片核對。
3. 準備所需的錢幣。	1. 不會數錢幣。	1.1 使用已書寫好金額的鏤空板替代。 1.2 請別人幫忙拿出正確金額的錢幣。
4. 依金額按壓「票價按鍵」。	1. 手指無法出力。 2. 按不到鍵。	1.1 改用拳頭按壓「票價按鍵」。 1.2 請別人代按。 2.1 請別人代按。
5. 將錢幣投入「投幣孔」。	1. 手眼協調不佳，無法將硬幣投入投幣口。	1.1 請別人代投硬幣。
6. 伸手至「取票口」拿出車票。	1. 不認識「取票口」。	1.1 使用與「取票口」相符的字卡來核對。 1.2 使用與「取票口」相符的照片來核對。
7. 若有找錢，伸手到「退幣口」將錢取出。	1. 不認識「退幣口」。	1.1 使用與「退幣口」相符的字卡來核對。 1.2 使用與「退幣口」相符的照片來核對。
備註	若案主為長期運用捷運為交通工具的客戶，可教其使用月票或儲值卡，以避免每次買票的動作。	

技能項目 14：搭公車　　　　　　　　　　　　　　❖ 姜韻梅

工作分析	可能障礙	修正與支持
1. 從家裡到公車站牌。	1. 迷失方向。	1.1 事先講解清楚並帶著他反覆來回。 1.2 陪同他到公車站。
	2. 無法確認站牌。	2.1 向路人詢問。 2.2 事先準備好公車的號碼牌紙條。 2.3 事先準備好公車的照片。
2. 認出所要搭乘的公車。	1. 認不出所要搭乘公車的外型。	1.1 事先準備好公車的照片以辨識。 1.2 請求路人協助。
	2. 認不出來要搭的公車路線。	2.1 認識車牌數字或顏色。 2.2 請求路人協助。
3. 舉手表示要搭車。	1. 不知道該舉手。	1.1 事先訓練到能認出要搭乘的公車之號碼。 1.2 訓練他看到要搭乘的公車之號碼就舉手。
	2. 招錯車。	2.1 會跟司機表示舉錯手並道歉。
4. 排隊候車。	1. 排錯隊伍。	1.1 事先訓練到能找到搭乘的公車站牌隊伍。
	2. 排錯位置。	2.1 事先訓練到能站在搭乘的公車隊伍中。
5. 上車。	1. 不知道先下後上。 2. 不會投幣或拿出月票。	1.1 練習爬上階梯的動作。 2.1 親自示範。 2.2 事先教導投幣的動作。 2.3 事先教導拿出月票的動作。
6. 找座位。	1. 沒有座位。	1.1 事先教導沒有座位時要站的位置。
7. 下車。	1. 不知道哪一站要下車。	1.1 事先教導下車位置的名稱。 1.2 親自陪同搭乘公車並說明下車的地點。 1.3 將事先做好的目的地名稱拿給公車司機請求協助。
	2. 不會拉鈴表示要下車。	2.1 訓練看到站牌要拉鈴。 2.2 請求協助。

技能項目 15：到麥當勞點餐　　　　　　　　　　　　❖ 謝宛陵

工作分析	可能障礙	修正與支持
1. 到店門口推門進去。	1. 站在門口不知如何進去。	1.1 等其他人開門再一起進入。 1.2 看其他人如何進去，模仿之。 1.3 找尋開門線索，找到「推」，則用力推開門；找到「拉」則用力拉門。 1.4 直接教學生先往前推門，推不進時再拉門。
2. 找到點餐櫃檯。	1. 找不到櫃檯。	1.1 教導他直接站在有服務生的櫃檯前面。 1.2 教導他認識麥當勞工作人員所穿的衣服，去找穿這種衣服的人幫忙。
	2. 不會排隊。	2.1 跟隨一個人的後面一起排隊。
3. 告訴服務生想點的菜單。	1. 不會點餐。	1.1 可事先在家想好，請家人幫他寫下來，再拿紙條給服務生看。 1.2 以溝通圖卡代替。
4. 拿錢結帳。	1. 不知多少錢。	1.1 看收銀機上的金額給錢。 1.2 將事先準備好的大鈔直接拿給服務生找零。
	2. 聽不懂服務生所說的金額。	2.1 事先在家備妥錢直接拿給服務生。
5. 取統一發票（及找零）並收好。	1. 不會收好發票及找零。	1.1 直接放入口袋或包包。 1.2 交給跟他一起去的親友。
6. 拿吸管及面紙。	1. 不知放哪裡。 2. 不會取用。	1.1 詢問服務生。 2.1 看他人如何取用模仿之。 2.2 告知服務生請幫忙。
7. 端起托盤。	1. 不會端。	1.1 請服務生幫忙端。 1.2 請服務生用紙袋裝，直接提。
8. 找到座位坐下來用餐。	1. 不會找座位。	1.1 請服務生帶領。 1.2 教導他到沒人的桌上用餐。
	2. 找不到空的座位。	2.1 回家用餐。

技能項目 16：到理髮店理髮 ❖ 林信香

工作分析	可能障礙	修正與支持
1. 走進理髮店。	1. 不知如何進入。	1.1 敲門請裡面的人幫忙。 1.2 攜帶推、拉及自動門的照片，以便與門上的「推」、「拉」及「自動門」字樣比對。
2. 向服務人員說明自己所需要的服務項目。	1. 無法完整及正確地表達自己的需要。 2. 不會表達自己的需要。	1.1 事先將頭髮要做怎樣的處理及設計，寫或畫在紙上，以提醒自己。 2.1 將紙張直接拿給服務人員看。 2.2 由家人陪同說明。
3. 配合服務人員的指示，完成理髮的服務。	1. 聽不懂指示。	1.1 請服務人員再說清楚一點。 1.2 家人陪同並給予動作示範或簡單的口語提示。
4. 檢查看看髮型是否滿意，並告訴設計師。	1. 不會回答滿意或不滿意。 2. 不會向設計師表達哪邊不滿意，以及希望再做怎樣的修整。	1.1 用點頭或搖頭表示。 2.1 用手比。 2.2 由家人代答。
5. 到櫃檯結帳。	1. 不會算錢。 2. 不知應找回多少錢。	1.1 準備一張千元紙鈔給對方找零。 1.2 由家人事先詢問好價錢，並準備剛好的錢帶著。 2.1 帶計算機。
6. 走出理髮店。	1. 不知如何出去。	1.1 請服務人員幫忙。 1.2 攜帶推、拉門或。自動門的照片，以便比對。

技能項目 17：到相館沖洗相片 ❖ 楊素惠

工作分析	可能障礙	修正與支持
1. 找到相館。	1. 找不到相館。	1.1 攜帶相館的相片，依相片所示找尋相館。 1.2 家人或師長陪同前往。
2. 拿出底片。	1. 找不到底片。	1.1 將底片放在預先準備好的袋子。 1.2 將底片拿在手上。
3. 說明沖洗相片尺寸。	1. 不會說明要沖洗的相片尺寸。	1.1 攜帶 3×5 或 4×6 的相片一張。 1.2 給老闆 3×5 或 4×6 的相片一

（續上表）

工作分析	可能障礙	修正與支持
4. 告訴老闆自己的姓名，以便開發收據。	1. 說不清楚自己的姓名。	1.1 在衣服別上自己的名牌。
5. 領取收據。		
6. 妥善保管收據。	1. 不知道將收據收好。	1.1 將收據放入預先準備好的袋子。

技能項目 18：到麵包店買麵包

❖ 黃杏媚

工作分析	可能障礙	修正與支持
1. 準備錢。	1. 不知攜帶多少錢。	1.1 準備百元鈔票十張替代零錢。
2. 走進麵包店。	1. 麵包店的門是自動門。	1.1 站在門口正中間等候門打開再進去。
	2. 麵包店的門是用推或拉。	2.1 門口如有貼字「推」或「拉」，則需用手去推或拉。
3. 拿麵包夾和盤子。	1. 手指細部動作能力不佳，夾子不會使用。	1.1 使用手拿（麵包有包裝）。 1.2 尋求服務人員協助（麵包無包裝）。
4. 走到麵包櫃。	1. 沒有方向概念。	1.1 聞麵包香味。 2.1 第一次由親朋陪同前往。
5. 選擇要買的麵包。		
6. 看標價。	1. 看不懂標價。 2. 包裝上無標價。	1.1 請服務人員協尋。
7. 到櫃檯給服務人員結帳。		
8. 付錢並找回零錢。	1. 不知找回的零錢是否正確。	1.1 攜帶計算機幫助計算。 1.2 向收銀員詢問。 1.3 核對收銀機上的價錢。
9. 同時取回麵包。		
10. 索取發票。	1. 忘記索取發票。	1.1 將錢包區隔兩份，一邊裝錢，另一邊裝發票，取回零錢時，看到放發票區即提醒要拿發票。
11. 離開麵包店。		

技能項目 19：到便利商店買飲料   ❖ 蔡秀娟

工作分析	可能障礙	修正與支持
1. 走路到便利商店。	1. 找不到便利商店。	1.1 問路人。 1.2 請家人事先教導。
2. 站在門口，等自動門打開後，走入便利商店。	1. 便利商店不是電動門。	1.1 找大門標示，推門或拉門。 1.2 請他人協助。 1.3 跟著其他人一起進去。
3. 走到飲料區。	1. 找不到飲料區。	1.1 請店員協助。 1.2 問其他人說：「請問飲料在哪裡？」
4. 拿起所要的飲料。	1. 拿不到所要的飲料。 2. 找不到所要的飲料。	1.1 請店員或他人協助。 2.1 請店員或他人協助。
5. 走到櫃檯。	1. 不知道要付帳。	1.1 請家人事先教導。
6. 從口袋掏出錢給店員。	1. 錢不夠。	1.1 請家人協助帶足夠的錢。 1.2 指導學生退回飲料。 1.3 請店員協助更換其他飲料。
7. 拿回找的零錢與發票。	1. 忘了找零錢，取發票。	1.1 請家人事先教導。 1.2 請店員協助提醒。
8. 走出便利商店。		

技能項目 20：搭火車上下學   ❖ 邱義隆

工作分析	可能障礙	修正與支持
1. 使用售票機／到售票口買車票。	1. 不知如何使用／表達所要購買的車種之車票，與該付多少錢。	1.1 帶剛好足夠的金額，分別置於特定的皮包中。 1.2 事先寫好所要到達車站的站名，請服務台人員代為購買。 1.3 購買火車月票。
2. 到驗票口驗票。	1. 不知道驗票口在何處。	1.1 尋求旁人協助。
3. 到月台候車。	1. 不知如何選擇正確的月台候車。	1.1 製作來回所需等候的月台之字卡，如 第二月台 。 1.2 向驗票人員尋求協助。
4. 搭乘正確的火車班次。	1. 不知如何分辨車種，如自強號、莒光號、復興號、電聯車、普快的區分。	1.1 教導學生從車體的外觀形狀、顏色加以辨認。 1.2 聽車站內廣播，宣布到達的火車班次。

（續上表）

工作分析	可能障礙	修正與支持
5. 到達目的地、下車。	1. 不知是否到達目的地。	1.1 於目的地的前一站，即提醒準備下車。 1.2 在車廂內廣播，目前到站的站名。 1.3 尋求旁人的協助。
6. 走出月台，找到出口。	1. 不知「出口」在何處。	1.1 尋求旁人的協助。 1.2 製作「出口」的字卡，供參考對照。

技能項目 21：在自助餐店用餐　❖ 詹美春

工作分析	可能障礙	修正與支持
1. 開門。	1. 不會開門。	1.1 敲門。 1.2 請旁人協助。 1.3 在門上貼上有顏色的箭頭膠帶，指示開門的方向。（→）
2. 拿餐盤。	1. 不知道餐盤放哪裡。	1.1 自行帶餐盤。 1.2 詢問旁人。
3. 點菜或自己打菜。	1. 不會用夾子夾菜。	1.1 由店員幫忙夾。
4. 付帳。	1. 不會付帳。	1.1 固定拿百元鈔，再由店員找回。 1.2 由店員記帳，一星期或一個月由家人結帳一次。
5. 用餐後做垃圾分類。	1. 不會分類。	1.1 請店員幫忙協助。 1.2 事先用照片教導垃圾分類。 1.3 不在店裡用餐，改用餐盒帶回家。

技能項目 22：使用大賣場的購物推車　❖ 李慧貞

工作分析	可能障礙	修正與支持
1. 找到推車置放處。	1. 找不到推車置放處。	1.1 事先教導看推車置放處的符號標示。 1.2 準備推車置放處的符號圖，拿在手上當線索。 1.3 旁人協助引導至推車置放處。

（續上表）

工作分析	可能障礙	修正與支持
2. 拿出十元錢幣。	1. 不知道要拿出十元硬幣取車。 2. 不認得十元硬幣。	1.1 使用口語提示。 1.2 旁人拿出一個十元硬幣當作指示。 2.1 將一個十元硬幣事先放置在口袋內。
3. 將錢幣對準投幣孔。	1. 不知道十元硬幣投幣孔在哪裡。 2. 無法將十元硬幣對準於投幣孔。	1.1 旁人以手指出投幣孔。 2.1 事先練習投幣動作。 2.2 旁人拉著手協助完成。
4. 將錢幣推入投幣孔，同時拉出連接鏈。	1. 不知要拉出連接鍊。	1.1 示範後再讓其重複動作。 1.2 旁人拉著手協助完成。
5. 將推車拉出。	1. 不知道要拉出推車。 2. 無法使力將推車拉出。	1.1 以口語提示。 1.2 使用手勢引導。 2.1 陪同家人拉著手協助完成。
6. 推著推車行走。	1. 不知握住推車手把。 2. 無法向前使力推推車。 3. 到處碰撞其他推車、人或商品。	1.1 由陪同家人協助。 2.1 旁人以肢體協助。 3.1 隨時口語引導。 3.2 教導其先停住，等一下再走。

技能項目 23：送小狗到寵物美容院洗澡　　　　　　　　❖ 魏君芝

工作分析	可能障礙	修正與支持
1. 打開提籃，抱出小狗。	1. 無法順利打開。 2. 小狗亂動，無法抱好。	1.1 提籃開口處貼上貼紙。 1.2 畫出旋轉鈕的方向。 2.1 請寵物店人員幫忙。
2. 交給寵物店人員。	1. 寵物店人員正在忙，需等待。	1.1 出發前家人先電話通知寵物店人員。
3. 說明需要服務的項目。	1. 需要服務的項目表達不清楚（例如修剪毛髮、剪指甲、清耳朵……等）。 2. 說漏了一些項目。	1.1 請寵物店人員主動提出服務項目來詢問。 2.1 製作卡片，說明需美容的項目。
4. 付錢。	1. 忘記付錢。 2. 錢數不正確。	1.1 請寵物店人員主動說明費用並收費。 2.1 準備剛好的錢，以供付費。 2.2 採記帳方式，由家人前往付錢。

（續上表）

工作分析	可能障礙	修正與支持
5. 將小狗放回籠子裡。	1. 小狗亂動，無法放進提籃裡。	1.1 請寵物店人員幫忙。
6. 向寵物店人員道別並回家。	1. 忘記道別。 2. 忘記提籃子。	1.1 請寵物店人員先主動說再見並提醒其回答。 2.1 請寵物店人員提醒。

技能項目 24：使用公用電話

❖ 江煒堃

工作分析	可能障礙	修正與支持
1. 尋找公用電話。	1. 無法找到公用電話。 2. 不會使用投幣或插卡電話。	1.1 教導學生認識公用電話的標誌。 2.1 教導學生正確的投入硬幣數量。 2.2 使用插卡的電話時，教導正確的插入及取出方式。
2. 正確的拿起話筒。	1. 將聽筒及話筒顛倒使用。	1.1 老師示範正確的使用話筒方式。 1.2 請學生將嘴巴對準話筒（即接電話線的一頭），並將耳朵貼近電話的另一頭（聽筒）。
3. 正確的撥打對方電話號碼。	1. 不會或撥錯電話號碼。	1.1 將電話號碼抄在紙上。 1.2 請學生將電話號碼先念一遍。 1.3 然後對著鍵盤復誦且按鍵。 1.4 確定電話接通的嘟嘟聲。
4. 先說明自己的身分。	1. 無法告知對方自己的身分。	1.1 老師示範一次報出自己姓名的方式。 1.2 先說出自己的姓名。 1.3 待對方了解後再進行下一步驟。
5. 確認要找的人。	1. 不會表達要找誰。	1.1 老師示範一次要找的人。 1.2 請學生說出要找的人。 1.3 確認對方的身分後再進行下一步驟。
6. 若要找的人不在時，該如何留言。	1. 不會留言。	1.1 老師示範一次留言的方式。 1.2 教導學生說明打這通電話的目的。 1.3 確認對方能了解自己說明的內容。

（續上表）

工作分析	可能障礙	修正與支持
7. 使用電話,能說重點及長話短說。	1. 無法說出重點。	1.1 老師示範一次說話的重點。 1.2 請學生將談話內容寫在紙上。 1.3 按照紙上內容簡單說明之。
8. 通電話時,音量的控制。	1. 不會控制音量的大小	1.1 老師示範一次適度的說話音量。 1.2 讓學生練習控制適度的音量說電話。
9. 通完電話後,會說再見。	1. 不會說再見。	1.1 老師示範一次電話中說再見的方式。 1.2 讓學生練習在通完電話後記得說再見。

技能項目 25：到麵攤用餐　　　　　　　　❖ 張媛媛

工作分析	可能障礙	修正與支持
1. 走到巷口麵攤。	1. 不知道地點。	1.1 由家人陪同一次。 1.2 家人先畫好地圖。 1.3 家人先打電話給老闆現在要去吃麵。
2. 找一個適當的位置坐下。	1. 站著不知所措。 2. 找不到適當位置。	1.1 由家人陪同。 1.2 自行翻閱程序本。 2.1 請老闆或服務生幫忙。
3. 向老闆點餐。	1. 不會點餐。 2. 不知道點什麼餐。	1.1 自行翻閱程序本。 1.2 請老闆或服務生幫忙。 2.1 事先在紙條上寫好要吃什麼。 2.2 請老闆介紹。
4. 自己取用筷子和湯匙。	1. 找不到筷子和湯匙。	1.1 請老闆或服務生幫忙。 1.2 自備。
5. 當麵送來時,記得向老闆或服務生說謝謝。	1. 忘了說。 2. 不會表達。	1.1 在家裡先演練一遍。
6. 付帳。	1. 不知道到哪裡付帳。 2. 不會給正確的錢。	1.1 請老闆或服務生幫忙。 2.1 事先將準備的錢放在口袋中。 2.2 家人每月固定與老闆結帳。

國家圖書館出版品預行編目資料

自閉症兒童的治療與教育／黃金源等著.
--初版. --臺北市：心理，2008.09
面；　公分. --（障礙教育系列；63082）
含參考書目

ISBN 978-986-191-190-8（平裝）

1. 特殊教育　　　2. 自閉症

529.6　　　　　　　　　　　　　　　97016205

障礙教育系列 63082

自閉症兒童的治療與教育

主　　　編：黃金源
作　　　者：黃金源、賴碧美、謝宛陵、許素真、鄭秀真、李一飛等
執 行 編 輯：高碧嶸
總　編　輯：林敬堯
發 行 人：洪有義
出 版 者：心理出版社股份有限公司
地　　　址：231026 新北市新店區光明街 288 號 7 樓
電　　　話：(02) 29150566
傳　　　真：(02) 29152928
郵 撥 帳 號：19293172 心理出版社股份有限公司
網　　　址：https://www.psy.com.tw
電 子 信 箱：psychoco@ms15.hinet.net
排 版 者：龍虎電腦排版股份有限公司
印 刷 者：龍虎電腦排版股份有限公司
初 版 一 刷：2008 年 9 月
初版十二刷：2021 年 10 月
Ｉ Ｓ Ｂ Ｎ：978-986-191-190-8
定　　　價：新台幣 520 元